Colin Angus

Einmal um die
ganze Welt

Colin Angus

Einmal um die ganze Welt

Wie uns die erste Weltumrundung allein
mit Muskelkraft gelang

Aus dem Englischen von
Thomas Bertram

Mit 16 Seiten Farbbildteil und einer Karte

Mehr über unsere Autoren und Bücher:
www.malik.de

Für Julie

Der Verlag dankt dem novum Verlag, Neckenmarkt, für die Erlaubnis,
Colin Angus' Bericht auf Deutsch »Einmal um die ganze Welt« nennen zu dürfen.
Unter dem gleichen Titel liegt bei novum ein Buch des Grazer Autors El Buitre
vor.

Bibliografische Information der Deutschen Nationalbibliothek
Die Deutsche Nationalbibliothek verzeichnet diese Publikation in der
Deutschen Nationalbibliografie; detaillierte bibliografische Daten
sind im Internet über http://dnb.d-nb.de abrufbar.

MALIK NATIONAL GEOGRAPHIC

Ungekürzte Taschenbuchausgabe
Juli 2010
© 2007 Colin Angus
© Piper Verlag GmbH, München 2008
Die kanadische Originalausgabe erschien 2007 unter dem Titel »Beyond the
Horizon. The Great Race to Finish the First Human Powered Circumnavigation
of the Planet« bei Doubleday Canada.
Umschlaggestaltung und -illustration: Dorkenwald Grafik-Design, München
unter Verwendung von Fotos von Colin Angus
Innenabbildungen und Autorenfoto: Colin Angus
Karte: Eckehard Radehose, Schliersee
Satz: Büro Sieveking, München
Papier: Naturoffset ECF
Druck und Bindung: CPI – Clausen & Bosse, Leck
Printed in Germany   ISBN 978-3-492-40385-6

Das Papier wurde aus chlorfrei gebleichtem Zellstoff hergestellt.

Inhalt

Prolog 7

1 Sprung ins kalte Wasser 10

2 Aufbruch 27

3 Paddeltour zum Beringmeer 45

4 Per Ruderboot nach Asien 53

5 Ins Innere Sibiriens 65

6 Klinikgroteske in Anadyr 82

7 Verirrt in Tschukotka 100

8 Auf der »Knochenstraße« 118

9 Allein 138

10 Auf normalen Straßen mit dem Rad nach Irkutsk 157

11 Sibirisches Selbstgespräch 185

12 Mit doppelter Kraft 213

13 **Vom Roten Platz an die Donau** 225

14 **Von Wien nach Lissabon** 242

15 **Mit einem roten Ruderboot in See** 267

16 **Hurrikan Vince** 284

17 **Wasser, nichts als Wasser** 296

18 **Von Delta nach Epsilon** 314

19 **Ein Geburtstag und ein Weihnachtsfest auf See** 324

20 **In die Tropen** 339

21 **Wieder auf festem Boden** 355

22 **Nach Hause** 381

Epilog 389

Dank 393

Nachwort 395

Karte 398

Prolog

Am 6. September 1522 glitt einsam ein ramponiertes Segelschiff bei Flaute in den Hafen von Sanlúcar de Barrameda an der Mündung des Guadalquivir in Südspanien. An Bord der *Victoria* freuten sich 18 zerlumpte Besatzungsmitglieder über das Ende ihrer langen Reise.

Die Expedition war drei Jahre zuvor aus ebendiesem Hafen als Armada von fünf Schiffen mit 270 Männern Besatzung aufgebrochen. Während dieser drei Jahre hatten sie Hunger, blutige Gefechte, Meutereien, Schiffbrüche, Skorbut und andere Krankheiten ertragen. Der Kapitän der Expedition, Fernando de Magalhães, fiel im Kampf. Die restliche Besatzung hatte eigentlich so gut wie keine Chance gehabt, es zurück nach Spanien zu schaffen. Mit ihrer gelungenen Heimkehr vollendeten die Männer eine der bemerkenswertesten seefahrerischen Leistungen aller Zeiten: die erste Reise um den Planeten Erde.

Zum ersten Mal hörte ich in der siebten Klasse von Magalhães' erstaunlichem Unternehmen und fragte mich, wie es wohl sei, sich auf eine mit so viel Ungewissheit und Gefahr verbundene Reise zu begeben. Die Männer müssen bei ihrer Abreise gewusst haben, dass sie ihre Familien höchstwahrscheinlich niemals wiedersehen würden. Vor dem Hintergrund meiner behüteten nordamerikanischen Erziehung erschien mir eine solche Härte unbegreiflich. Durchaus vorstellen konnte ich mir indes, welche Verzauberung es bereiten konnte, neue Länder zu erkunden, Völker, Gegenden und Naturwunder zu entdecken, die wir heute als selbstverständlich betrachten, sonderbare Geschöpfe zu sehen, beispielsweise Elefanten, oder nach Monaten auf den menschenfeindlichen Meeren zum ersten Mal gierig tropische Früchte zu verschlingen.

Heutzutage ist es leicht, die Entbehrungen, die frühere Forschungsreisende ertrugen, kurzerhand beiseitezuwischen. Der »Abenteurer« von heute braucht bloß ein paar Monate zu kellnern und den Verdienst zu sparen, um sich ein Flugticket rund um die Welt kaufen zu können. Mit ein paar Expeditionsartikeln – Rucksack, Schwimmweste, Digitalkamera, einer Packung Kondome – ist er bereit, die Welt zu erkunden. Sechs Monate später kehrt der moderne Forschungsreisende zu seinen strahlenden Eltern zurück und heitert sie mit Geschichten darüber auf, wie er den Ayers Rock in Australien hochlatschte, tropische Regenwälder durchwanderte und sich an einem Bungeeseil in tiefe Schluchten stürzte.

Um die Welt zu reisen ist zu einer Beschäftigung geworden, die heute als Flitterwochenausflug vermarktet wird. Und dennoch hat der Wunsch, die Welt zu umrunden, Forschungsreisende seit Jahrhunderten fasziniert. Viele bemerkenswerte Expeditionen des 20. Jahrhunderts waren Versuche, den Planeten mithilfe unterschiedlicher Beförderungsmittel zu umrunden. Heute berichten erdumspannende Odysseen von den Pioniertaten per Flugzeug, Ballon, Hubschrauber, Orbitalraumschiff und sogar Zeppelin.

Einigkeit herrscht darüber, dass die größten Forschungs- und Entdeckungsleistungen alle längst vollbracht sind. Die höchsten Berge wurden bestiegen, die fernsten Pole erreicht, die tiefsten Meeresgräben inspiziert und die längsten Flüsse befahren. Expeditionen, die heutzutage Schlagzeilen machen, sind gewöhnlich subtile, manchmal komische Variationen dessen, was bereits vollbracht wurde: »Erste Muslima bezwingt den Everest«; »Erster Afroamerikaner rudert über den Atlantik«; »Erstmals Marsch zu beiden Polen in aufeinanderfolgenden Jahreszeiten«.

Mit dem Anbruch des neuen Jahrtausends schien es bei modernen Expeditionen nur mehr darum zu gehen, berühmteren Pioniertaten persönliche Fußnoten hinzuzufügen. Und genau deshalb war ich im Jahr 2001 nach einer Google-Schnellsuche außerordentlich überrascht zu erfahren, dass eine der einfachsten Bestrebungen nach wie vor unerfüllt war: Niemand hatte die Erde jemals einzig und allein mit Muskelkraft umrundet.

Wenn ich mit dem Rad unterwegs war oder meinen täglichen Dauerlauf machte, stellte ich mir vor, wie eine solche Reise wohl wäre, ohne mir konkret etwas dabei zu denken. Was für ein Gefühl wäre es wohl, nach Jahren der Plackerei – der Überquerung weiter Meere im Ruderboot und der Durchquerung der Kontinente zu Fuß und mit dem Rad – wieder den Ort zu erreichen, von dem man aufgebrochen war. Ich dachte niemals ernsthaft daran, selbst diese Reise zu unternehmen. Solche wilden Phantasien fielen in dieselbe Kategorie wie die Frage, was man mit einem Lottogewinn anfangen oder in welches Restaurant ich Angelina Jolie einladen würde, wenn sie mit mir ausginge.

Das Konzept einer solchen Reise war einfach: nur mithilfe der eigenen Puste um die Welt reisen. Planung und Ausführung einer solchen Großtat andererseits wären kompliziert, kostspielig und gefährlich. Die Expedition würde die Überquerung von wenigstens zwei Ozeanen in irgendeinem Paddelboot erfordern. Drei Kontinente müssten zu Fuß, mit dem Rad oder auf eine andere, allein auf menschlicher Muskelkraft beruhende Beförderungsart durchquert werden. Die zur Durchführung einer solchen mehrjährigen Expedition erforderlichen finanziellen Mittel wären gewaltig. Noch beängstigender wäre die ermüdende Arbeit, die nötig wäre, um diese Meisterleistung zuwege zu bringen. Wer auch immer es täte, müsste im Grunde einen Marathon oder noch mehr laufen – jeden Tag, Woche für Woche, Jahr für Jahr.

Nein, auch wenn es ein außergewöhnliches Konzept war – eine derartige Expedition überstieg meine begrenzten Möglichkeiten. Obwohl ich in der Vergangenheit ein paar kleinere Abenteuer zu Ende gebracht hatte, war ich in keiner Weise dazu qualifiziert, eine Pioniertat dieser Größenordnung durchzuziehen. Irgendjemand würde es eines Tages tun, da war ich mir sicher. Aber es wäre einer dieser besonderen Menschen, von denen wir so oft in den Medien hören – ein Visionär mit unbegrenzten finanziellen Mitteln und übermenschlichen Fähigkeiten.

1 Sprung ins kalte Wasser

Ein Jahr nach meiner Google-Entdeckung, im Jahr 2002, bekam ich eine philosophische Anwandlung. Wie so viele Menschen war auch ich beeindruckt von dem Paradox, dass das menschliche Streben nach Fortschritt den Planeten zerstört, der uns am Leben erhält. Die Gemeinde der Wissenschaftler war sich darin einig, dass der globale Temperaturanstieg eine direkte Folge menschlicher Eingriffe war. Sollte es nach diesem Muster weitergehen, würden sich die klimatischen Bedingungen auf unserem Planeten binnen Jahrzehnten in einem noch nie da gewesenen Tempo verändern. Küstenstädte würden von den ansteigenden Ozeanen überflutet, saftiges Ackerland würde sich in Wüste verwandeln, und Stürme würden an Stärke wie an Zahl zunehmen. Millionen von Menschen würden an den Folgen von Vertreibung und Hunger sterben.

Trotz dieser apokalyptischen Prognose bleibt die Lösung einfach. Die Menschen müssen die Emissionen sogenannter Treibhausgase reduzieren. Der einzige Haken daran: Diese Art von Umweltschutz kann auf kurze Sicht zu einer globalen wirtschaftlichen Depression führen. Die Lebensqualität – wie Wirtschaftswissenschaftler sie definieren – könnte abnehmen, insbesondere für all jene, die lieber mit ihrem Geländewagen fahren, um eine Tüte Milch einzukaufen, als zu Fuß zu gehen oder sich aufs Fahrrad zu schwingen. Die unmittelbaren Vorteile jedoch wären weniger Luftverschmutzung, eine gesündere Bevölkerung und eine Zunahme innovativer Technologien und Produktionszweige, die den Bedürfnissen einer weniger zerstörerischen Gesellschaft gerecht würden. Vor allem aber würde eine Verringerung der Emissionen das Gleichgewicht der Atmosphäre gewährleisten und letztendlich allen unseren Kindern und deren Kindern und Kindeskindern nützen.

Das sind die Fakten.

Obwohl klar ist, welche Vorgehensweise angemessen wäre, hat unsere Gesellschaft einen anderen Weg eingeschlagen. Die Gesamtemission von Treibhausgasen ist zwischen 1975 und 2000 um 50 Prozent gestiegen. Und dieser Trend hält an.

Wie viele ökologisch bewusste Bürger tat ich, was ich konnte. Fast immer, wenn ich etwas zu transportieren hatte, benutzte ich mein Fahrrad oder den öffentlichen Nahverkehr. Bei mir zu Hause achtete ich darauf, dass die Heizung stets niedrig eingestellt war. Ich versuchte, so wenig wie möglich vom Stromnetz abhängig zu sein. Doch es war frustrierend, dass trotz der Veränderungen und der Anstrengungen, die einige Menschen unternahmen, die Treibhausemissionen insgesamt unaufhaltsam weiter anstiegen. Was konnte ich sonst noch tun, um etwas zu verändern?

Ich kam aus einem ernsthafteren Blickwinkel nochmals auf meine Tagträumerei von einer Erdumrundung mit Muskelkraft zurück. Eine solche Reise würde viel Aufsehen erregen, und diese mediale Aufmerksamkeit könnte werbewirksam für emissionsneutrales Reisen eingesetzt werden. Wenn ich es mit der Kraft meiner Muskeln um den ganzen Planeten schaffen konnte, dann fühlten andere sich vielleicht bemüßigt, mit dem Fahrrad zur Arbeit zu fahren oder zu Fuß zur Schule zu gehen. Plötzlich wurde mir klar, dass eine solche Expedition mehr wäre als bloß ein einmaliges Abenteuer im Leben von irgendjemandem. Sie könnte auch ein lautes und deutliches Statement zur Dringlichkeit, den Klimawandel zu stoppen, sein, eine Tat, die das Problem vernehmlicher artikulieren würde als bloße Worte. Ich könnte die Geschichte der Expedition in einem Buch erzählen, um die Botschaft einem breiten Publikum nahezubringen.

Ich fuhr mit dem Finger über die Oberfläche eines Globus. Ich versuchte mir die leichteste Route vorzustellen und auf welche Weise ich die verschiedenen Regionen durchqueren könnte. Mitte des Jahres 2002 stand mein Entschluss fest, dass ich es tun würde. Ich würde als erster Mensch versuchen, unseren Planeten allein mit Muskelkraft zu umrunden.

Ein wenig kam ich mir vor wie ein Kind, das verkündet, es werde zum Mond fliegen. Obwohl ich mir selbst gegenüber erklärt hatte, dass ich es machen würde, und fest entschlossen war, den Plan in die Tat umzusetzen, fiel es mir dennoch schwer zu glauben, dass ich Erfolg haben würde. Wie das Kind, das nach seinem Entschluss anfängt, den Bereich um die Startrampe von Spielzeug freizuräumen, setzte ich mich an den Computer, um mir über Google ein paar grundlegende Informationen über das zu beschaffen, was auf mich zukäme.

Weil mich diese extremen Zweifel quälten, wollte sich bei meinen ersten Vorbereitungen nicht die übliche Begeisterung einstellen, die ich normalerweise verspüre, wenn ich ein einfacheres und leichter erreichbares Ziel anstrebe, beispielsweise den Bau eines kleinen Bootes oder die Anlage eines Gemüsegartens. Ich arbeitete einfach deshalb an dem Projekt, weil ich gesagt hatte, ich würde es tun. Es war, als würde ich mich widerwillig für den kleinen Teil meines Gehirns abmühen, der fand, dass der Erfolg im Bereich des Möglichen liege.

Wenn ich heute an diese erste – von Ungewissheit und Selbstzweifeln erfüllte – Zeit der Vorbereitung zurückdenke, dann frage ich mich oft, welches meine wahre motivierende Kraft war. Vielleicht wurzelte mein Antrieb einfach in einem Urverlangen, neue Länder zu entdecken und zu erforschen. Unabhängig davon, ob die Expedition ihr erklärtes Ziel erreichte oder nicht, würde sie auf jeden Fall Aufregung und Abenteuer bieten.

Sich auf eine Expedition vorzubereiten, die – als absolutes Minimum – Ruderfahrten über zwei Ozeane, einen Marsch durch die kälteste Region der nördlichen Hemisphäre, zwei Jahre Schinderei und ein Budget von 400 000 kanadischen Dollar* umfasst, ist ein gewaltiges Unterfangen. Meine Planung bestand aus drei Teilen: Geldbeschaffung, Logistik und der Suche nach einem passenden Partner. Für eine derart langwierige und schwierige Expedition wäre ein Zweierteam ideal. Mehr als zwei Teilnehmer wiederum

---

* Das entspricht rund 250 000 Euro.

würden die Logistik erschweren, zusätzliche Kosten verursachen und sich – wie jeder mit zwei Zimmergenossen oder zwei Geschwistern leicht versteht – ungünstig auf die Teamdynamik auswirken. Angesichts der Tatsache, dass bereits so viele Variablen im Spiel waren, wollte ich, dass die ganze Angelegenheit möglichst überschaubar blieb.

Meine erste Wahl als Partner war Ben Kozel, ein australischer Freund und Umweltschützer, mit dem ich sowohl den Jenissei als auch den Amazonas erkundet hatte. Als harter Arbeiter, guter Problemlöser und liebenswürdiger Freund hatte Ben sich als der ideale Expeditionsgefährte erwiesen. Vor allem aber war der große, lockenköpfige Aussie persönlich absolut integer. Ich wusste, ich konnte ihm hundertprozentig vertrauen. Ich wusste, ich konnte ihm mein Leben anvertrauen.

Ich schickte Ben eine E-Mail und schilderte ihm kurz die Expedition. Ich erklärte, wenn er interessiert sei, gäbe es einen Platz für ihn. Als er zurückschrieb und sagte, er müsse ablehnen, war ich enttäuscht. Er hatte sich gerade verlobt und außerdem an der Universität von Adelaide eingeschrieben, um seinen Abschluss als Lehrer zu machen. Obwohl er nicht die Absicht hatte, der Welt des Abenteuers gänzlich den Rücken zu kehren, war eine zweijährige Unternehmung in dieser Phase seines Lebens einfach zu viel.

Ein anderer Freund, Dean Fenwick aus Vancouver, der einen Abschluss als Sportlehrer hatte und gut in Form war, musste leider ebenso absagen. Er hatte kürzlich eine Firma gegründet, die Buchhaltungs-Software für Zahntechniker herstellt, und wäre außerstande, sich so lange Zeit von seiner Arbeit freizumachen.

Ich war entmutigt. Den richtigen Partner zu finden war unerlässlich für den Erfolg der Expedition. Die meisten Leute, die ich kannte und die über die richtigen Eigenschaften verfügten – Fitness, Disziplin, körperliche und mentale Belastbarkeit –, hatten ebenfalls familiäre oder berufliche Verpflichtungen, die sie davon abhielten, sich auf eine derart ausgedehnte Expedition zu begeben.

Aus heiterem Himmel erhielt ich eine E-Mail von Tim Harvey, einem flüchtigen Freund. Tim war gerade aus El Salvador zurückgekehrt, wo er als Praktikant für eine Filiale des Sierra Club* gearbeitet hatte. Ob ich ihm wohl meinen LCD-Projektor leihen könnte, damit er an seiner alten Schule einen Vortrag halten könne. Ich lieh Tim den Projektor und nahm eine Einladung zu einer Kajaktour an. Ich begann zu überlegen, ob er vielleicht der fehlende Partner sein könnte.

Ich war Tim, einem Journalistikstudenten, zum ersten Mal gegen Ende des Jahres 2000 während einer vom Kajakclub der Universität von Victoria abgehaltenen Trainingsstunde im Schwimmbad begegnet. Ich war zwar kein Student, war aber mit der Vereinspräsidentin befreundet, und sie hatte mich eingeladen, ein bisschen mitzutrainieren. Tim interessierte sich für eine Expedition, die ich unternommen hatte, eine Reise den gesamten Amazonas stromabwärts, und fragte, ob er mich für die Universitätszeitung interviewen könne. Später machten wir ein paar Kajaktouren zusammen und blieben in Verbindung.

Tim ist knapp ein Meter achtzig groß, bei einer schlanken Figur. In der Stadt läuft er normalerweise mit einem Spitzbart herum und kämmt sich sein dichtes braunes Haar zu einer elvisartigen Tolle zurück. Oft ist er auf einem langen Skateboard unterwegs, das er elegant und in halsbrecherischem Tempo steuert. Was mir an Tim am meisten auffiel, war sein offensichtlicher Wohlstand, ein verblüffender Gegensatz zum Klischee des hungernden Studenten. Er besaß einen protzigen Jeep und einen Apple-Laptop und bewohnte gemeinsam mit anderen ein komfortables Haus in Top-Lage an der Cadboro Bay. Ich vermutete, sein aufwendiger Lebensstil war entweder das Ergebnis harter Arbeit oder kluger geschäftlicher Entscheidungen.

Als Dritter von vier Söhnen eines Anwalts und einer Zahnärztin wuchs Tim in dem wohlhabenden Viertel Shaughnessy auf und besuchte die St.-George-Privatschule. Auf der Highschool führten zunehmende Konflikte zu seinem Wechsel auf eine nahe gelegene

---

* Von dem bekannten Umweltschützer John Muir am 28. Mai 1892 in San Francisco gegründete amerikanische Umweltorganisation.

öffentliche Alternativschule. Tim zog aus dem elterlichen Heim aus, um sich mit mehreren Freunden ein Haus zu teilen.

Trotz seiner bewegten Vergangenheit schien Tim erwachsen geworden zu sein. Er war intelligent und konnte sich gut ausdrücken, und er begeisterte sich für Abenteuer in der freien Natur. Ich fand, dass Tims Werdegang in gewisser Hinsicht eine motivierende Kraft für ihn sein könnte. Sein aufrührerischer Geist und sein Wunsch, jeglichem Konformismus den Rücken zu kehren, könnten von Vorteil sein. Richtig genutzt, konnten diese Eigenschaften ihm den Antrieb und die Energie verschaffen, dort erfolgreich zu sein, wo andere möglicherweise scheiterten. Die vor uns liegende Expedition würde strapaziös und gefährlich werden. Ich hatte den Eindruck, dass Tim das Zeug dazu hatte, auch dann weiter vorwärtszumarschieren, wenn die Dinge am trostlosesten aussahen.

Wir gingen auf Galiano Island wandern, und während wir einen Panaromablick auf die Gewässer von Active Pass und die Golfinseln genossen und durch Wälder mit Erdbeerbäumen, Eichen und Zedern streiften, beschrieb ich meine geplante Expedition und versuchte Tims Reaktion einzuschätzen. Er war ohne Frage gefesselt von dem Vorhaben. Schließlich stellte ich die entscheidende Frage: »Na, und was hältst du davon, auf eine Paddel- und Wandertour zu gehen, die ein bisschen länger dauert als das, was wir uns für dieses Wochenende vorgenommen haben?«

Tim zögerte nicht. »Wenn es bedeutet, mit Muskelkraft um die Welt zu reisen«, sagte er, »dann bin ich dabei.«

Trotzdem machte ich mir ein wenig Sorgen um das Kräftespiel innerhalb unseres Teams. Ich kannte Tim nur oberflächlich, wenngleich mir gefiel, was ich gesehen hatte. Ich hoffte, dass wir, wenn die Expedition uns stärker in Anspruch nahm, vom Naturell und von der inneren Einstellung her zusammenpassten. Ich hatte drei recht langwierige Expeditionen mit unterschiedlichen Partnern hinter mir und wollte den Bann relativ harmonischer Teambeziehungen nicht brechen. Eine der größten Stärken Tims war sein Sinn für Humor, und ich schätzte, dass diese Eigenschaft uns über einige der widrigeren Phasen hinweghelfen könnte, die vor uns lagen. Oft können Wut und Schmerz mit ein paar witzigen Bemerkungen, zum rechten Zeitpunkt geäußert, gelindert werden.

Kurz nachdem Tim eingewilligt hatte, sich meiner Expedition um die Welt anzuschließen, zog er von seinem provisorischen Zuhause in Victoria wieder nach Vancouver, sodass wir uns gemeinsam um Logistik und Geldbeschaffung kümmern konnten. Wir hatten ein Jahr, um die Reise zu planen und Geld dafür aufzutreiben, ein Vollzeitprojekt für uns beide. Tim arbeitete hart. Da er künstlerisch veranlagt war, deichselte er die grafische Gestaltung unserer Website und unseres Werbeauftritts.

Gemeinsam versuchten wir, ein Paket zusammenzustellen, das potenzielle Sponsoren beeindrucken würde. Es reicht heute nicht mehr, eine interessante Idee zu haben. Als moderner Abenteurer muss man Unternehmensvertreter davon überzeugen, dass man erfolgreich sein und dass die positive Berichterstattung in den Medien die Firmeninvestitionen rechtfertigen wird. Unternehmen erwarten ein vollständiges und professionell gestaltetes Programmpaket.

Wir konnten mehrere starke Trümpfe ausspielen. Der Verlag Doubleday Canada hatte die Expedition durch das Angebot, meinen Reisebericht zu veröffentlichen, unterstützt. Außerdem hatten die beiden von mir koproduzierten Filme über meine früheren Abenteuer acht Preise auf internationalen Filmfestivals gewonnen und waren über den Sender National Geographic Television auf der ganzen Welt gezeigt worden. Solche Erfolge veranschaulichten das Potenzial für eine Dokumentation, die über unsere neue Expedition berichtete. Eine kürzliche Partnerschaft mit Iridium Satellite Solutions erschloss möglicherweise weitere Finanzierungsmöglichkeiten. Ich hatte die Satellitentelefone der Firma auf meinen vorherigen Expeditionen benutzt, und die kompakten Geräte hatten sich als geradezu unbezahlbar erwiesen. Für diese Expedition bot Iridium die Verwendung eines Handsets und unbegrenzte Gesprächszeit an – ein Deal, der mehr als 50 000 Dollar wert war. Diese Vereinbarung würde uns ermöglichen, den Medien von jedem Ort auf der Welt glasklare Interviews zu geben.

Tim und ich standen vor einem letzten Problem: Weil wir fürchteten, Konkurrenten beim Wettlauf um die erste Weltumrundung per menschlicher Muskelkraft auf uns aufmerksam zu machen, wollten wir unsere Expedition zunächst nicht groß publik machen. Immerhin wussten wir, dass noch zwei andere Teams genau diese Großtat zu vollbringen versuchten.

Der Engländer Jason Lewis hatte fast zwei Drittel der Strecke um die Erde unter ausschließlichem Einsatz von Muskelkraft bereits zurückgelegt. Er war mit seinem Freund Stevie Smith von Großbritannien aufgebrochen. Die beiden überquerten in einem eigens konstruierten Tretboot den Atlantik in Richtung Miami und fuhren anschließend auf Inlinern und mit Fahrrädern durch Nordamerika. Nach mehreren Jahren intensiven Reisens wurde ihr Verhältnis allmählich brüchig, und deshalb trennten die zwei sich, als sie mit ihrem Wasserfahrzeug Hawaii erreichten. Stevie kehrte nach Hause zurück, und Jason setzte seinen Weg nach Westen fort, wobei er für den Rest der Strecke nach Australien verschiedene Besatzungsmitglieder anwarb. Als Tim und ich uns auf unsere eigene Reise um die Welt vorbereiteten, hatte Jason Lewis es nach zehn Jahren des Reisens bis nach Darwin, Australien, geschafft.

Unterdessen hatte ein in Seattle im US-Bundesstaat Washington lebender türkischer Immigrant noch ehrgeizigere Pläne. Erden Eruç versuchte ebenfalls, der Erste zu sein, der die Erde mit Muskelkraft umrundete, während er außerdem noch die »Seven Summits« – den höchsten Gipfel auf jedem Kontinent – bestieg. Bislang hatte er etwa 8000 Kilometer geschafft und den Gipfel des Mount McKinley in Alaska bezwungen.

Angesichts der Tatsache, dass Jason Lewis so weit in Führung lag, schätzten Tim und ich, dass wir keine Chance hatten, ihn zu schlagen, wenn er erfuhr, dass wir ihm auf den Fersen waren, und er sein bisheriges Schneckentempo zu einem rasanten Endspurt ins Ziel steigerte. Wir beschlossen, nur für die erste Hälfte der Expedition, von Vancouver nach Moskau, als eigenständige Expedition zu werben. Erst nachdem wir Moskau erreicht hätten, würden wir den

Plan für die zweite Hälfte unserer Reise enthüllen und unser eigentliches Ziel verraten.

Extrem wichtig war die Auswahl der Route. Wir wollten einen Weg nehmen, der Risiken so weit wie möglich ausschloss, uns dabei aber im Rahmen der Regeln für eine offizielle Umrundung bewegen. »Umrundung« bedeutet wörtlich, um ein Objekt »herumgehen« oder »herumfahren«. Eine perfekte Umrundung der Erde würde einen großen Kreis von 40 075,16 Kilometern beschreiben, indem man beispielsweise einem Weg genau den Äquator entlang folgte. Allerdings ist es aufgrund geografischer Realitäten unmöglich, dieser pfeilgeraden Route zu folgen, und es wurden zwei Bündel von Richtlinien entwickelt, die realistische Parameter für eine rein nautische Umrundung einerseits und für eine kombinierte Route zu Lande und zu Wasser andererseits festsetzten.

Eine offizielle nautische Umrundung erfordert laut International Sailing Federation/World Sailing Speed Record Council* zum Beispiel, dass Start- und Zielhafen des Schiffes identisch sind, dass das Schiff alle Längenmeridiane sowie den Äquator überquert und mindestens 21 600 Seemeilen (40 000 Kilometer) zurücklegt.

Eine durchgehende Umrundung auf dem Land- und Seeweg ermöglicht eine Route, die einem perfekten Kreis näherkommt. Tim und ich erfuhren, dass es nur eine einzige Organisation gibt, die Richtlinien für eine solche Route um die Erde festsetzt: die Fédération Aéronautique Internationale. Obwohl die Regeln der FAI mit Blick auf Flugreisen aufgestellt wurden, sind sie die einzigen anerkannten Parameter für eine Umrundung, so wie wir sie planten.

Laut FAI muss ein motorgetriebenes Luftfahrzeug für eine offizielle Umrundung des Planeten alle Meridiane in einer Richtung überqueren, eine Strecke von mindestens 36 787,559 Kilometern zurücklegen (die Länge des nördlichen Wendekreises) und die Reise am Ausgangspunkt beenden. Es ist nicht erforderlich, dass es den

---

* Der World Sailing Speed Record Council (WSSRC) ist ein Ausschuss der ISAF, des Weltsegelverbands, zur Ratifizierung von Geschwindigkeitsweltrekorden.

Äquator kreuzt oder zwei antipodische Punkte (Punkte, die einander auf dem Globus direkt gegenüberliegen) berührt. Die meisten existierenden Rekorde über durchgehende, nicht ausschließlich nautische Umrundungen haben diese Regeln befolgt. Das *Guinness-Buch der Rekorde* billigt die FAI-Anforderungen, indem von der Redaktion Leistungen anerkannt werden, die sich an den Richtlinien des Weltluftsportverbandes orientieren: Den Guinness-Rekord für die schnellste Erdumrundung (Orbitalraumschiffe ausgenommen) hält die Air France mit einem Concorde-Flug, der knapp über 31 Stunden dauerte und ausschließlich innerhalb der nördlichen Hemisphäre absolviert wurde.

Als Tim und ich unsere Expeditionsroute ausarbeiteten, waren wir zuversichtlich, dass niemand die Berechtigung unseres Anspruchs anzweifeln könnte, wenn wir denselben Richtlinien folgten wie der Concorde-Flug. Die 250 000-PS-Schubkraft der Concorde-Triebwerke ermöglichen dem Jet, gegen die stärksten Winde vorwärtszukommen, ohne jemals mehr als ein paar hundert Meter von einer perfekten Kreisroute abzuweichen – mit anderen Worten, es gibt kein Transportmittel, das für einen perfekten Rundkurs um die Erde besser geeignet wäre. Dass dieselben strengen Regeln für ein Team ausreichen würden, das sich einzig und allein auf die eigene Muskelkraft verließ, schien einleuchtend.

Mit den Regeln der FAI als Grundlage setzten Tim und ich uns noch ein paar zusätzliche Ziele, um mit unserem Unternehmen einer perfekten Umrundung so nahe wie möglich zu kommen. Wir stellten fest, dass man, vorausgesetzt, man folgt entweder einem Kreis durch die nördliche oder durch die südliche Hemisphäre, der entfernungsmäßig dem Durchmesser der Erde entspricht, mindestens drei Kontinente berührt, mindestens zwei Ozeane überspannt und, sobald man die geografischen Realitäten berücksichtigt, gezwungen ist, mehr als 40 000 Kilometer zurückzulegen. Diese drei Bedingungen fügten wir den Kriterien hinzu, die wir für unsere Expedition festlegten. Diese Herausforderung würde uns alles abverlangen, und wir wollten sichergehen, dass wir es richtig machten.

Tim und ich fingen an, eine Route zu planen. Wir würden mit dem Rad aufbrechen und von Vancouver aus in nördlicher Richtung nach Fairbanks, Alaska, fahren, wo die Straßen endeten. Wir würden die Reise mit dem Ruderboot den Yukon abwärts und dann 400 Kilometer über das Beringmeer nach Sibirien fortsetzen. 3000 Kilometer subarktischer russischer Steppe würden wir zu Fuß oder auf Skiern durchqueren, bis wir auf die fernöstliche Grenze des europäischen Straßennetzes träfen, dem wir, wieder auf Fahrrädern, westwärts bis nach Portugal folgen würden. Von dort würden wir über den Atlantischen Ozean an die nordamerikanische Gestade rudern und anschließend die letzte Etappe zurück nach Vancouver auf Rädern zurücklegen. Wir hofften, die gesamte, 42 000 Kilometer lange Reise in weniger als zwei Jahren zu beenden.

Unsere Reise würde uns durch den Nordosten Sibiriens – ein Gebiet, das mit die kältesten Temperaturen der Welt aufzuweisen hat – und die rauen Wetterlagen von Beringmeer und Atlantischem Ozean führen. Da für das Überleben in derart extremen Umwelten eine erstklassige Ausrüstung unerlässlich ist, schickten Tim und ich Finanzierungsanträge an Firmen, die das entsprechende Zubehör herstellen oder vertreiben.

Die Reaktion war größtenteils positiv. Aber es zeigte sich recht schnell, dass Produkt-Sponsoring viel leichter zu haben war als Bargeld, sodass wir diese Spenden auf jede erdenkliche Art nutzen würden, um unsere Gesamtausgaben zu reduzieren. Freeze Dry Foods bot uns so viel Trockenfleisch und -gemüse an, wie wir brauchen konnten. Diese Nahrung wäre nicht nur gut für das Ruderboot und für Sibirien, wo es schwierig wäre, andere Lebensmittel zu bekommen, sondern wir konnten sie, um Kosten einzusparen, auch auf unserer Fahrradetappe rauf nach Alaska verwenden. Wenn wir nach Fairbanks fuhren, um das Boot abzuliefern, würden wir unterwegs an Tankstellen, in Hotels und kleinen Läden an der Ecke Lebensmittelvorräte deponieren. Norco Performance Bikes würde uns mit robusten Bigfoot Mountainbikes ausstatten, Valandré versorgte uns mit Daunenschlafsäcken für Temperaturen bis minus 50 Grad Celsius, Hilleberg lieferte Zelte, die für Polar-expeditionen konzipiert waren, Helly Hansen bot erstklassige Kleidung an, darunter Daunen-Outfits und Überlebensanzüge für das Beringmeer, und Mountain Equipment Co-op steuerte ein Sortiment von Ausrüstungsgegenständen bei, die wir sonst nirgends bekommen konnten.

Bis Dezember, sechs Monate vor unserem Aufbruch, entwickelte sich bei den logistischen Vorbereitungen und der Beschaffung der passenden Ausrüstung alles ganz vielversprechend. Allerdings hatten wir nach wie vor unsere liebe Not, eine angemessene Finanzierung für die Reise auf die Beine zu stellen. Weder irgendein Sender noch eines der vielen staatlich unterstützten Filmförderungsbüros in Kanada war bereit, uns Hilfe bei unserem Film anzubieten. Im Gegensatz zu den Sponsoren unserer Ausrüstung widerstrebte diesen Unternehmen ein stärkeres finanzielles Engagement, weil sie das Ziel der Expedition für unrealistisch hielten. Ein paar Organisationen zeigten schließlich Interesse, und deren Unterstützung reichte am Ende gerade, um die Expedition in Gang zu bringen.

Einer unserer großzügigsten Sponsoren war Wallace & Carey, eine kanadische Vertriebsfirma. Dort war man an Werbung nicht interessiert, weil das Unternehmen schon alle Aufträge hatte, die es bewältigen konnte. Man wollte einfach, dass wir mit unserer Expedition Erfolg hatten. Ich lernte Frank Carey, den Besitzer, und Jackie Bellerose, ein Mitglied seiner Geschäftsleitung, während eines Fluges kennen, und sie hörten gespannt zu, als ich ihnen von unseren Plänen erzählte. Am Ende boten sie uns alles an, was ihre Firma an Waren vertrieb, wozu Lebensmittel, Filmmaterial, Süßwaren und andere brauchbare Erzeugnisse gehörten. Außerdem trieben sie 9000 Dollar für unsere Expedition auf, darunter 5000 Dollar von einem ihrer guten Freunde, David Morgan.

Ein fortschrittlicher Schulbezirk im südlichen Okanagan, School District 51, beteiligte sich als »Gold Level Sponsor«. Man erkannte dort den Wert einer Verbindung von Unterricht und Abenteuer, um bei den Schülern das Interesse an Geografie und Gemeinschafts-kunde zu wecken. Wir würden von unserem jeweiligen Standort aus mehrere Interviews mit Schulklassen in dem Bezirk durchführen sowie vor und nach der Expedition Vorträge an den Schulen halten.

Wir trieben etwa 19 000 Dollar von Sponsoren sowie ein paar persönliche Spenden auf, darunter 3500 Dollar von meinem Bruder George. Die 24 000 Dollar, die wir insgesamt zur Verfügung hatten, waren weit entfernt von den 400 000 Dollar, die meiner ursprünglichen Schätzung nach notwendig waren, um die Expedition zu einem Abschluss zu bringen. Wir würden Geld brauchen, um unser Ruderboot und eine Filmausrüstung zu kaufen, Transportkosten zu bezahlen etc. Je näher der Tag unseres Aufbruchs rückte, desto stärker belastete mich dieses Defizit, aber ich sah nirgends eine Lösung. Wir mussten einfach mit einem Budget reisen, das knapper war als erwartet.

Die Besorgungslisten waren endlos, und die Zahl der zu erledigenden Aufgaben stieg sehr viel schneller als die Zahl der erledigten. Wir mussten lernen, wie man über einen Ozean rudert, entscheiden, auf welchen Fahrrädern man bei Temperaturen von mehr als 50 Grad minus am besten Tausende, die Knochen durchrüttelnde Kilometer übersteht, die Genehmigung einholen, um in einem Ruderboot in Tschukotka, Russlands letztem abgeschotteten Gebiet, ankommen zu dürfen, und uns überlegen, wie wir diese eisige Weite durchqueren wollten, in der es keine Straßen gab und wo Radfahren unmöglich wäre.

Jede Aufgabe, die wir in Angriff nahmen, warf ganz neue Probleme auf. Beispielsweise erfuhren wir, dass wir, um die Einreiseerlaubnis für Tschukotka zu erhalten, einen Dolmetscher und Gastgeber bräuchten, der uns begleitete. Vergrößert wurden diese Probleme durch die Tatsache, dass unsere kläglichen Finanzen uns oft einfach nicht erlaubten, die leichtesten Optionen zu wählen.

Während meiner Recherchen über das Ozeanrudern erfuhr ich, dass dieser Sport in den letzten Jahren immer populärer geworden war, und über Ozeane zu rudern wurde sogar schon als der »neue Everest« bezeichnet. Ich war bestürzt, als ich erfahren musste, dass das durchschnittliche Budget für diese Hochsee-Ruderfahrten –

das den Transport, die Beförderungsmittel, das Boot selbst, Notfallausrüstung und Versicherung umfasst – bei etwa 200 000 Dollar liegt. Die 24 000 Dollar, die wir bislang für unsere gesamte Expedition um die Welt gesammelt hatten, würden nicht einmal die Hälfte der Kosten für ein eigens angefertigtes Ruderboot decken, ganz zu schweigen von allem anderen.

Sowohl meine Mutter als auch mein Vater stammen aus Schottland, was mir einen genetischen Vorsprung verschafft, wenn es darum geht, sich in äußerster finanzieller Genügsamkeit zu üben. Als wir uns auf unser Riesenunternehmen vorbereiteten, war offenkundig, dass wir in der Abteilung Budgetierung wahre Zauberkunststücke würden vollbringen müssen. Keinesfalls könnten wir uns das schnittige und seetüchtige, eigens angefertigte Hightech-Ruderboot leisten, wie es normalerweise bei Rekordversuchen im Ozeanrudern zum Einsatz kommt. Doch ich hatte eine Idee. Der Markt wird überschwemmt mit kleinen, heruntergekommenen Segelbooten, die relativ billig zu haben sind. Bestimmt konnte die richtige Segelbootkonstruktion mit sehr geringem Aufwand in einen Ozeanruderer verwandelt werden.

Ich beriet mich mit dem Schiffsbauingenieur Patrick Bray aus Vancouver. Er stimmte zu, dass das machbar sei, und wir diskutierten verschiedene Möglichkeiten, um die Seetüchtigkeit des Bootes zu erhöhen, sowie notwendige Umbauten, um seine Rudertauglichkeit zu verbessern.

Um Halloween herum entdeckte ich bei eBay das perfekte Segelboot und erstand von einem Anbieter aus Everett, Washington, für 2400 Dollar (inklusive eines hochwertigen Anhängers) eine Laguna Windrose, einen fünfeinhalb Meter langen Trailer-Segler. Dieses Boot ist ausreichend seetüchtig für offene Gewässer, aber dennoch leicht genug, um es hinter der Familienlimousine herzuziehen. Es verfügt über eine erstaunlich große Kajüte mit zwei Einzelbetten und einem Doppelbett. Tim und ich schleppten es zurück nach Vancouver und machten uns daran, es in ein Ruderboot zu verwandeln. Den ganzen Winter hindurch, selbst an Tagen, an denen die Kais vor Frost glitzerten, hantierten wir mit Sperrholz und Fiberglas herum. Das Surren unseres geliehenen Föhns, der das Fiberglasharz erwärmte, wurde zum gewohnten Geräusch in der Nähe des Kais, wo unser Boot lag. Wir entfernten die Segelausstattung, legten die Abdeckung der Plicht tiefer und bauten Riemenhalterungen und einen Rudergleitsitz ein – mitsamt Schienen gespendet von der Firma Pocock. Wir verschlossen den Niedergang – den Eingang zur Kajüte –, indem wir eine wasserdichte Luke anbrachten. Croker Oars of Australia lieferte strapazierfähige Riemen aus Kohlefaser. Nach getaner Arbeit war das Boot so unsinkbar wie eine verkorkte Flasche und ließ sich mit Leichtigkeit rudern. Mit diesem Boot würden wir den Pazifik überqueren, und wenn es uns gelänge, die logistischen und bürokratischen Hürden für einen Transport von Sibirien nach Portugal zu überwinden, würden wir es auch für den Atlantik benutzen. Insgesamt kostete uns das Ruderboot knapp über 3000 Dollar.

Unterdessen mutierte meine Souterrain-Suite zum Ausbeuterbetrieb im Kleinen, als wir die verschiedenen Lebensmittel verarbeiteten, die auf Paletten aus den Laderäumen von Lastwagen auftauchten. Wallace & Carey hatte 8000 Tafeln Schokolade geliefert, die wir zerkleinerten, wegen der zusätzlichen Nährstoffe mit Erdnüssen und Rosinen mischten und anschließend in Reißverschlussbeuteln portionierten. Unsere gefriergetrockneten Vorräte an Hähnchen, Rindfleisch, Mais und Erbsen wurden zusammen mit einer reichlichen Dosis Gewürze gleichfalls in mahlzeitengerechten Portionen auf Reißverschlussbeutel verteilt. Wir hatten genug Lebensmittel, um uns sieben Monate davon zu ernähren, und einen Großteil würden wir im Ruderboot hinüber nach Sibirien befördern.

Ein paar logistische Probleme blieben schier unlösbar. Wie sollten wir zum Beispiel unsere Ausrüstung nach Sibirien schaffen? Weder Schifffahrtslinien noch Kurierdienste hatten Russlands Fernen Osten im Angebot, dennoch mussten wir alles an Vorräten und Ausrüstung hinbefördern, was erforderlich war, um uns durch diese eisige Landschaft zu schlagen. Nachdem sich keine andere Lösung gefunden hatte, wurde uns schließlich klar, dass wir alles in unserem Fünfeinhalb-Meter-Ruderboot hinübertransportieren müssten.

Wir hatten beschlossen, am 1. Juni von Vancouver aufzubrechen, um vor den heftigen Herbst- und Winterstürmen das Beringmeer zu erreichen. Als dieses Datum näherrückte, legten wir uns mächtig ins Zeug und versuchten, mit unseren mageren Ressourcen alles so weit vorzubereiten. Für körperliches Training blieb wenig Zeit, und am meisten Bewegung bekam ich, wenn ich Dinge mit dem Fahrrad erledigte. Trotz des begrenzten Fitnessprogramms machte ich mir über meine körperliche Verfassung sehr viel weniger Gedanken als über Finanzen und Logistik. Ich war fest davon überzeugt, dass der Erfolg unserer Expedition viel stärker vom Geist als vom Körper abhing. Was uns rund um den Planeten brächte, wäre persönliche Disziplin und nicht eine Statur wie Arnold Schwarzenegger.

Fast all unsere Planungen und Vorbereitungen hatten der ersten Hälfte der Reise – von Vancouver nach Moskau – gegolten. Wir hatten einfach nicht die Zeit oder das Geld gehabt, uns für die zweite Hälfte der Expedition durch Europa und über den Atlantik zu rüsten, die wir planen und für die wir Geld auftreiben müssten, wenn wir unterwegs waren. Es machte mich nervös aufzubrechen, obwohl so vieles unerledigt war. Selbst unsere Genehmigungen und Visa für die Einreise nach Russland waren noch nicht eingetroffen und müssten uns unterwegs nachgeschickt werden. Es gab spannungsgeladene Momente zwischen Tim und mir, als der Abreisetermin drohend näherrückte, und wir stritten oft darüber, was vordringlich war. Trotzdem durften wir nicht länger warten. Wir mussten spätestens im Juni aufbrechen, wollten wir unsere Chancen, es über das Beringmeer zu schaffen, nicht gefährden.

Sechs Wochen vor der Abreise mieteten Tim und ich ein Auto und zogen unser schwer beladenes Ruderboot nach Alaska, wo es unsere Ankunft per Rad erwarten würde. Die Fahrt dauerte fast vier Tage und erlaubte uns, das abgeschiedene Land in Augenschein zu nehmen, das wir bald auf unseren Fahrrädern durchqueren würden. Endlich, nach fast zwei Jahren der Planung, waren Tim und ich startklar. Wir hatten die Ausrüstung, die Fahrräder und das Ruderboot. Und was uns an Bargeld fehlte, machten wir mit Begeisterung wett.

2 Aufbruch

Wir hatten beschlossen, unsere Erdumrundung am Sockel eines Totempfahls zu beginnen, der gegenüber dem Maritime Museum in der Nähe des Kitsilano Beach von Vancouver steht. Von dort hat man über die English Bay hinweg Ausblick auf die Stadtlandschaft von Vancouver, die sich zu Füßen der North Shore Mountains erstreckt.

Der Totempfahl selbst war von dem Holzschnitzer Mungo Martin, einem Angehörigen der First Nations*, geschaffen worden, und das gut 30 Meter hohe Denkmal zeigt die mythischen Ahnen des Volkes der Kwakwaka'wakw. Wir hielten es für angemessen, unsere nur auf Muskelkraft beruhende Reise nach Russland im Zeichen eines bedeutenden Stücks indianischer Kunst der Westküste beginnen zu lassen. Unsere eigene Reise war das genaue Gegenteil der großen Wanderung über die Bering-Landbrücke, die vor rund 13 000 Jahren stattgefunden hatte. Wir würden die Heimatländer der ersten Erforscher Nordamerikas durchqueren.

Am 1. Juni 2004 um halb zehn Uhr morgens fand ich mich mit meiner Verlobten Julie Wafaei an dem Totempfahl ein. Julie hatte sich von ihrer Arbeit bei einer Pharmafirma zwei Wochen freigenommen, damit sie mit Tim und mir bis nach Alaska mitradeln konnte. Ein morgendlicher Nieselregen empfing uns, als wir auf schwer bepackten Fahrrädern eintrafen. Eine kleine Gruppe von Freunden, die uns alles Gute wünschten, hatte sich zu unserer Verabschiedung eingefunden. Da wir um zehn Uhr aufbrechen woll-

---

* Dt. Erste Nationen, frz. Premières nations, Bezeichnung für die indianischen Völker Kanadas ohne die Métis und die Inuit.

ten, blieb uns noch eine halbe Stunde, um die letzten Momente zu genießen, bevor unsere zweijährige Reise beginnen würde.

Mein Norco-Fahrrad war mit mehr als 50 Kilogramm Ausrüstung beladen, darunter eine riesige Profi-Videokamera in einem wasserdichten Koffer, zwei Stative, ein Iridium-Satellitentelefon, eine Spiegelreflexkamera, eine sieben Kilogramm schwere Blei-Säure-Batterie, um unsere ganze Elektronik mit Strom zu versorgen, sowie Reparatur- und Erste-Hilfe-Kästen, Camping-Gerätschaften und Dutzende anderer Gegenstände. Ich hatte mein überladenes Rad nur mühsam unter Kontrolle gehabt, während ich mich an die neuen Clipless-Pedale* gewöhnte, und war auf der Drei-Kilometer-Tour bis zu dem Totempfahl bereits einmal gestürzt. Gegen Julie, die ihr schweres Rad mit Eleganz steuerte, kam ich nicht an.

Tim war bis zehn Uhr immer noch nicht erschienen. Wir hatten vereinbart, uns um halb zehn zu treffen, damit wir CBC Radio und Global Television noch Interviews geben konnten. Endlich, um 10 Uhr 20, trudelte Tim mit dem Grinsen eines Klassenclowns auf seinem Rad ein. Mit der einen Hand umklammerte er ein Egg-McMuffin, während er mit der anderen lenkte. Der Rahmen seines Rades war erst kürzlich mithilfe eines Xtracycle-Gepäckträgersystems verlängert worden. Die zusätzliche Transportkapazität erlaubte Tim, seine Ausrüstung – ein Sortiment von Satteltaschen, Trockensäcken und losen Gegenständen – in völliger Unordnung auf den Rahmen zu packen, bevor er alles an seinem Platz festzurrte. Wir führten eilig unsere Interviews und warfen einen letzten prüfenden Blick auf die Fahrräder.

Meine Mutter war von Vancouver Island herübergekommen, um uns zu verabschieden. Ich wusste, für sie war es ein schwerer Augenblick. Tränen standen ihr in den Augen, als sie ihren Sohn zum letzten Mal umarmte. Es würde zwei Jahre dauern, vielleicht auch länger, bis wir uns wiedersähen.

---

* Pedale ohne Pedalriemen, die spezielle Schuhe erfordern, die mittels einer Vorrichtung unter der Sohle in ihr Gegenstück auf dem Pedal eingeklinkt werden (vergleichbar dem Rastverschluss einer Skibindung).

Tim, Julie und ich stiegen auf die Räder, winkten und traten auf unserer 40 000 Kilometer langen Reise zum ersten Mal in die Pedale. Bei leichtem Regen radelten wir einen Weg am Wasser entlang.

Die letzten Vorbereitungen waren so gehetzt gewesen, dass dies der erste Moment seit Tagen war, wo ich mich entspannen und nachdenken konnte. Es war aufregend, endlich loszufahren, aber ich war auch zugleich traurig und überwältigt. Ich sagte der vertrauten Welt Lebewohl, die ich schon so lange kannte. Während wir uns durch die den Wohlstand ihrer Bewohner zeigende vertraute Umgebung von Vancouver schlängelten, war es unmöglich, uneingeschränkt die Tatsache zu akzeptieren, dass ich mich tatsächlich auf einer Expedition um die Welt befand. Einer Expedition, die gefährlicher, strapaziöser und schwieriger zu werden versprach als alles, was ich jemals zuvor unternommen hatte. Abgesehen von unseren schweren Taschen wirkten wir nicht anders als all die anderen Radfahrer auf der Straße, und ich konnte mich des Gefühls nicht erwehren, dass ich einfach nur eine weitere Besorgung mit dem Rad erledigte.

Meine tranceartige Stimmung hatte sicher viel mit unserem Aufbruch zu tun. Aber es lag ihr auch ein Gefühl tiefer Traurigkeit zugrunde. Julie und mir blieben nur noch zehn gemeinsame Tage, bevor sie nach Hause zurückkehren musste. Und es würde zwei lange Jahre dauern, bis wir bei meiner eigenen Heimkehr wieder dauerhaft vereint wären. Mir war, als würde ich mich von allem verabschieden und einer Welt der Liebe, Behaglichkeit und Stabilität im Austausch für ein Leben in ständiger Gefahr und Unsicherheit den Rücken kehren.

Wir waren erst fünf Kilometer gefahren, als an Tims Rad ein Reifen platzte. Wir brauchten eine Stunde, um einen Ersatz in einem Fahrradgeschäft in der Nähe aufzutreiben und den neuen Mantel zu montieren (solange Fahrradläden in der Nähe waren, wollten wir noch nicht über unsere Ersatzteile herfallen). Dann hörte ich ein Krachen, als wir über eine große Kreuzung fuhren.

Das Nächste, was ich bemerkte, war, dass mein Fahrrad unter mir weggezogen wurde. Unfähig, meine eingeklinkten Schuhe von den Pedalen zu lösen, wurde ich auf die Straße geschleudert, während Autos ausscherten, um meinem Kopf auszuweichen.

Mein selbst entwickeltes Befestigungssystem, mit dem ich die Träger für die Satteltaschen am Rahmen meines Fahrrads angebracht hatte, hatte versagt. Der hintere Träger war mitsamt meiner schweren Ausrüstung nach hinten zu Boden gekracht. Die unteren Enden des Trägers hingen noch am Fahrrad, was bedeutete, dass ich nach wie vor mit dem zerfetzten Gestell und der Ladung verbunden war, die jetzt hinter mir hergeschleift wurden. Ich verlor die Gewalt über das Rad und stürzte auf die Straße.

Bestürzt blickte ich auf den verbogenen Träger, die kaputte Halterung und meine blutbeschmierten Hände und Knie. Julie und Tim halfen mir, das Durcheinander von der Straße fortzuschaffen. Abgesehen von dem Teil, das ich mir gebastelt hatte, um den Träger mit dem Rahmen zu verbinden, war nichts irreparabel beschädigt. Mit einem Stück Bruchbeton hämmerten wir den Träger wieder in Form. Ich fand eine Eisenwarenhandlung und kaufte ein Winkeleisen mit vorgebohrten Löchern. Mit einem geliehenen Hammer klopfte ich das Eisen so zurecht, dass es sich um den Sattelpfosten meines Rades schmiegte und die Träger sicherte. Voilà: Unsere erste Hürde hatten wir genommen. Aber wir waren noch immer erst mitten in Vancouver.

Wegen unserer Pannen kamen wir nur äußerst langsam vorwärts. Um acht Uhr abends hatten wir erst Maple Ridge erreicht, einen Vorort von Vancouver, nur 60 Kilometer von unserem Ausgangspunkt entfernt. Dann hatte ich hinten einen Platten, was uns zwang, für eine weitere Reparatur anzuhalten. Während wir den Schlauch flickten, kam ein Typ angeschlendert und lud uns ein, die Nacht in seinem Reihenhaus zu verbringen. Wir nahmen sofort an. Dwight war ebenfalls Langstreckenradfahrer und fragte, wohin wir wollten.

Es war mir fast schon peinlich, als Tim ausführlich unser Vorhaben erläuterte, mit nichts als der Kraft unserer eigenen Muskeln bis nach Moskau zu fahren. Angesichts unserer glänzenden neuen, überladenen Fahrräder und der tadellosen Ausrüstung klangen wir wie absolute Anfänger – und das waren wir auch und keineswegs die erfahrenen, abgeklärten Reisenden, die sich eigentlich auf ein solches Abenteuer begeben sollten.

Ich war erschöpft, und wir hatten erst ein Siebenhundertstel der Gesamtstrecke zurückgelegt. Damals wurde mir klar, dass man diese Herausforderung nur von einer Warte aus betrachten kann, und das ist tageweise. Heute hatten wir schnell den ersten Teil erledigt – eine Radtour durch unsere Heimatstadt. Im Laufe der nächsten zwei Jahre würden wir über Ozeane rudern, mit den Rädern über zugefrorene Flüsse fahren, einige der extremsten Temperaturen der Welt ertragen und eine unbegreifliche Entfernung zurücklegen. Mit dem Finger über die Oberfläche des Globus zu fahren und mit offenen Augen zu träumen war der leichte Teil gewesen. Jetzt machte die Realität mich demütig – und ängstigte mich.

Die Fahrt verlief besser, als unser kleines Team über die ordentlichen Straßen im Innern von British Columbia radelte. Anscheinend hatten wir die meisten technischen Probleme gleich am ersten Tag aus dem Weg geräumt. Unsere Räder funktionierten, abgesehen von häufigen Reifenpannen, tadellos. Am dritten Tag brachten wir es sogar auf 96 Kilometer – und waren damit nicht allzu weit von den täglichen 120 Kilometern entfernt, auf die wir im Schnitt zu kommen hofften.

Diesen dritten Tag beschlossen wir auf dem 1242 Meter hohen Gipfel des Coquihalla-Passes. Wir fuhren zu einem Imbissstand an einem Kontrollpunkt, wo vor dem steilen Abstieg die Bremsen von Lastwagen überprüft wurden.

»Ich hoffe, ihr habt nicht vor, hier in der Nähe zu zelten«, warnte der Koch. »Direkt die Straße runter leben eine Schwarzbärin und ein Grizzly. Und die alte Blackie hat im Moment Junge. Sie ist eine streitsüchtige alte Sau, die sich von niemandem was gefallen lässt.«

Mit diesen Worten überreichte er uns drei Brötchen, die vor kaltem Corned Beef aus der Dose überquollen. Ich biss in den enttäuschenden Mansch und fragte mich, wie viele andere leichtgläubige Gäste wohl unter »Rindfleisch auf Brötchen« ein heißes, in Bratensoße schwimmendes Salisbury-Steak verstanden hatten.

»Es wird schon dunkel«, sagte Julie. »Lasst uns einfach hier zelten und unsere Lebensmittel von den Zelten fernhalten. Hier sind jede Menge Fernfahrer, deshalb bin ich mir sicher, dass uns nichts passieren wird.«

Tim nickte zustimmend, während ich versuchte, meine Schlachthofreste mittels lebhafter Vorstellungskraft in ein T-Bone-Steak zu verwandeln. Ein kalter Wind pfiff über den Pass und durch die Bäume. Dieser Tag war der bislang anstrengendste gewesen. Wir hatten uns durch Wogen flirrender Hitze die starke Steigung des Coquihalla Highway hinaufgequält, und mein Körper, der noch schlaff war von Monaten vor dem Computer, hatte geschmerzt, während ich ihn immer weiter die gnadenlosen Berge hinaufzwang. Deshalb konnte ich mir, als Julie nun vorschlug, inmitten eines Bärenreviers zu zelten, nichts Besseres vorstellen.

Wir bauten die beiden Zelte auf und deponierten unsere Lebensmittelbeutel oben auf einem zwei Meter hohen Metallkasten mit unbekanntem Zweck. Bevor ich in einen Zustand der Bewusstlosigkeit fiel, tat ich mein Bestes, um vor Julie einen männlichen Eindruck zu machen. Ich zog mein zehn Zentimeter langes Gerbermesser heraus und zwinkerte ihr zu, während ich es in eine Tasche der Seitenwand warf.

»Jeder Bär wird erst mit mir fertig werden müssen, Schatz«, versprach ich. Dann vergaß ich augenblicklich, wo ich das Messer deponiert hatte, und schlief ein.

Am folgenden Morgen machte Tim gerade Porridge, als ein Sattelschlepper, auf dessen Seiten Flammen gemalt waren, am Kontrollpunkt eintraf. Die Daumen in den Bund seiner engen Jeans geklemmt, schlenderte der dickbäuchige Fahrer auf unseren Zeltplatz zu.

»Bleibt ihr lange hier?«, erkundigte er sich.

Julie sagte ihm, wir würden uns nach dem Frühstück auf den Weg machen.

Der Fahrer wirkte nervös. »Etwa hundert Meter die Straße runter ist ein großer Griz«, sagte er, »und er kommt in diese Richtung.«

Er schlenderte zurück zu seinem Truck, und weg war er. Ein zweiter Lastzug traf am Haltepunkt ein, und auch sein Fahrer warnte uns vor dem Bären. Eilig packten wir unsere Räder und fuhren die Straße hinunter. Der Grizzly war nirgends zu sehen, obwohl wir tatsächlich unmittelbar neben der Straße die Schwarzbärin und ihre beiden Jungen erblickten.

Unsere Körper gewöhnten sich an die unablässige Plackerei, und ich begann die Ausblicke auf die umliegenden Berge bei langsamem Tempo vom Fahrradsattel aus zu genießen. Außerdem freute ich mich darüber, wie das Team Gestalt annahm. Das ziemlich entspannte Vorbeiradeln an ständig wechselnden Naturkulissen schien einige der Spannungen abzubauen, die sich in den späteren Planungsstadien zwischen Tim und mir entwickelt hatten.

Vom Coquihalla Highway aus fuhren wir den Highway 97 hinauf weiter nach Norden durch die malerische Cariboo-Region, vorbei an dem Dorf Stoner und dann weiter nach Prince George. Wir brauchten neun Tage, um die Stadt Prince George zu erreichen, die 900 Kilometer von Vancouver entfernt liegt, und es war unser erster großer Meilenstein. Langsam begriff ich, dass die einzige Möglichkeit, sich nicht vom schieren Ausmaß unseres Unternehmens überwältigen zu lassen, darin bestand, sich auf sehr viel kleinere Ziele während der Reise zu konzentrieren. Die Ankunft in Prince George hob unsere Stimmung, und hier schwenkten wir nach Westen und steuerten die etwa 320 Kilometer entfernte Stadt Smithers an. Dort erwartete uns eine leer stehende Blockhütte am See, die Tims Großvater gehörte, und wir legten einen Tag Pause ein und bewunderten die Hochgebirgslandschaft. Tim entschied sich, noch ein paar Tage zu bleiben, statt sich einem kurzen Abstecher hinunter nach Hyder, Alaska, den wir geplant hatten, anzuschließen. Er versprach, in Meziadin Junction am Cassiar Highway wieder zu uns zu stoßen. Julie und ich verließen Tim am Spätvormittag und nahmen die verbleibende 330-Kilometer-Etappe nach Alaska in Angriff.

Wir hatten jetzt Mitte Juni, und in diesen hohen Breiten erstreckte sich die Dämmerung endlos über die langen Abende. Die Sonne ging gegen 22 Uhr unter, sodass Julie und ich noch radelten, als es auf Mitternacht zuging. Wir hatten gehofft, die Einmündung des Cassiar Highway zu erreichen, bevor wir uns für die Nacht schlafen legten, aber keiner von uns verspürte große Lust, durch die hereinbrechende Dunkelheit weiterzufahren.

»Da ist ein Bär!«, rief Julie plötzlich aus.

Ich blickte in die Richtung, in die sie zeigte, und sah einen großen Schatten auf uns zuwatscheln. Der Bär blickte nicht einmal auf, als wir vorbeiklapperten. Ich erinnerte mich, dass Tim und ich, als wir vor sechs Wochen durch diese Gegend gekommen waren, um unser Ruderboot nach Fairbanks zu schaffen, 21 Bären in zwei Stunden gezählt hatten.

»Vielleicht sollten wir noch ein bisschen weiterfahren«, schlug ich vor.

Wir fuhren noch bis halb eins weiter. Inzwischen waren sämtliche Spuren der Dämmerung verschwunden. Die Wälder zu beiden Seiten des Highway schienen unheimlicher denn je. Jeder Schatten, ob echt oder eingebildet, nahm die Gestalt eines Bären an.

»Wie wär's hier?«, fragte Julie. Sie zeigte die Böschung hinunter auf eine Stelle, die noch schwärzer war als der angrenzende Bereich, vielleicht ein Hinweis auf eine Lichtung.

»Hm, ja, sieht großartig aus«, sagte ich. »Ich werd mal runtermarschieren und mir die Ecke ansehen.«

Julie blieb bei den Rädern, während ich den Grashang hinunterstolperte. Ich versuchte mich daran zu erinnern, dass Bären ein ebenso schlechtes Nachtsehvermögen haben wie Menschen. Plötzlich begann es mehrere Meter zu meiner Rechten heftig zu krachen, und ein großes Viech stürmte durchs dichte Gebüsch. Ich konnte nicht erkennen, ob es auf mich zu- oder von mir weglief, und wollte es auch gar nicht herausfinden. Ich stürzte den Hang wieder hinauf und schwang mich aufs Rad.

»Was war das?«, fragte Julie.

»Keine Ahnung«, stieß ich hervor. »Lass uns in die Gänge kommen!«

Wir eilten weiter, und ich versuchte, nicht an die blutrünstigen Bärengeschichten zu denken, die wir von den Einheimischen entlang der Straße gehört hatten. Der grässlichste Angriff hatte sich nur ein paar Kilometer voraus, bei Meziadin Junction, ereignet. Eine Frau, die den Cassiar Highway entlangfuhr, hatte für den Abend haltgemacht und auf dem Rücksitz ihres Autos geschlafen. Mitten in der Nacht hörte sie ein leises Klopfen oder Scharren an ihrem Seitenfenster. Sie glaubte, einen Schatten an ihrer Tür zu sehen, und dachte sofort an Bären. Sie wusste, dass die Gegend voll war von den großen Viechern, und hatte früher am Tag sogar ein paar gesehen. Sie zog sich den Schlafsack über den Kopf und versuchte das leichte, dumpfe Schlagen an ihrer Tür zu verdrängen. Vielleicht bildete sie sich alles nur ein, sagte sie sich.

Am nächsten Morgen fand sie einen verstümmelten Radfahrer zu einem leblosen Haufen ausgestreckt neben ihrem Wagen. Er war von einem Bären angegriffen worden und hatte verzweifelt versucht, Hilfe zu holen. Der junge Sportler hatte hinten in dem Auto die schlafende Frau gesehen und versucht, sie auf sich aufmerksam zu machen, während sein Leben in einer Pfütze zu seinen Füßen dahinschwand.

Wir fuhren noch ein paar Kilometer weiter, als ein Schild vor einer Baustelle weiter voraus warnte. Weil die Arbeiter nachts um diese Zeit schlafen würden, hatte ich eine Idee.

»He, gleich kommt der perfekte Zeltplatz«, sagte ich zu Julie.

Kurz danach tauchte eine gespenstische Ansammlung von schweren Straßenbaumaschinen auf, und ich entdeckte, wonach ich suchte.

»Wir können das Zelt hinten auf diesem Kipper aufschlagen«, erklärte ich. »Es sind fast drei Meter vom Boden bis zum hinteren Teil der Lademulde. Eine richtige Bärenfestung.«

Julie blickte ungläubig, aber auch erfreut über die Aussicht, es sich endlich für die Nacht gemütlich machen zu können. Wir kletterten in die riesige stählerne Mulde und bauten das frei stehende Zelt auf.

»Schon mal was vom Kipplaster-Club gehört?«, fragte Julie schelmisch, während sie die Zeltplane vor dem Eingang zuzog.

Um sechs Uhr am nächsten Morgen schloss das Weckerklingeln meiner Armbanduhr sich einem Orchester aus Dieselmotoren an, die donnernd zum Leben erwachten. Julie und ich sprangen aus unseren Schlafsäcken, halb in der Erwartung, dass das mobile Fundament unseres Zeltes sich dröhnend in Bewegung setzte. Ich stellte mir einen großen Caterpillar-Schaufellader vor, der Tonnen von Gestein und Kies über unserem Zelt ablud. Zum Glück hatten wir uns für eine Maschine entschieden, die vorübergehend außer Betrieb war.

In Rekordzeit packten wir das Zelt zusammen und beluden die Fahrräder. Bei Tageslicht konnten wir die Größe des Bauprojekts erfassen. Der Verkehr aus beiden Richtungen war für eine Stunde gestoppt worden, und Dutzende von Kippern, Schaufelladern, Bulldozern und anderen Schwermaschinen rumpelten wie Dinosaurier über das Gelände. Wir standen unbeholfen inmitten dieser Kulisse, ohne recht zu wissen, was wir als Nächstes tun sollten.

Ein freundlicher Vorarbeiter in seinem Chevy hielt an und sagte uns, wir sollten bleiben, wo wir wären, während er Hilfe holte. Er war überhaupt nicht neugierig zu erfahren, warum zwei Radfahrer mitten auf seiner Arbeitsstelle aufgetaucht waren. Eine Zugmaschine mit einem gelben Blinklicht kam an und lotste uns durch das Chaos, während die gewaltigen Maschinen pausierten, um uns durchzulassen. Zwei Kilometer weiter ließen wir den Staub und die gelben Maschinen hinter uns und erreichten kurz darauf die Cassiar Highway Junction. Hier würden wir auf einen der abgelegensten Highways von Kanada einbiegen.

Der Cassiar Highway verläuft zwischen der Coast Mountain Range und den Skeena Mountains. Das südliche Ende grenzt an den nordwestlichen Regenwald, der sich im Norden allmählich in Wälder mit Fichten und Banks-Kiefern verwandelt. Das Gebiet verfügt über Berge, Gletscher, Flüsse und eine üppige Tierwelt, darunter Schwarz- und Grizzlybären, Wölfe, Dickhornschafe und Bergziegen, Elche und Biber.

Julies Radtour würde in Hyder, Alaska, enden, vom Cassiar Highway ein Abstecher von 65 Kilometern. Drei Tage nachdem wir Smithers verlassen hatten und 16 Tage nach unserem Aufbruch in Vancouver trudelten Julie und ich auf unseren Rädern tieftraurig in Hyder und Stewart ein. Die beiden Dörfer liegen nebeneinander am oberen Ende des Portlandkanal-Fjordes, und die US-amerikanisch-kanadische Grenze verläuft genau zwischen ihnen. Die abgelegenen Gemeinden sehen aus wie der Drehort für einen Hollywood-Film, und tatsächlich hat die Filmbranche diesen Schauplatz wegen der Kombination aus Wildwest-Architektur und Gebirge-trifft-Meer-Landschaft schon ein paarmal benutzt.

In der örtlichen Bücherei hatten wir die Möglichkeit, ins Internet zu gehen, und ich war enttäuscht, als ich den aktuellen Expeditionsbericht las, den Tim auf unsere Website gestellt hatte. Der Tonfall war ausgesprochen weinerlich, und Tim deutete an, dass Julie und ich ihn einfach in Smithers hätten sitzen lassen, um uns zu unserer eigenen Exkursion davonzumachen. Was auch immer er empfand, ich war verärgert darüber, dass Tim sich ausgerechnet die Website, die von Tausenden besucht wurde, ausgesucht hatte, um seinen Frust abzureagieren. Die Expedition stand noch ganz am Anfang, und sein Verhalten war nicht dazu angetan, die Teamdynamik zu stärken. Bis zu diesem Zeitpunkt hatte ich geglaubt, die Beziehung zwischen Tim und mir hätte sich gebessert. Das Leben unterwegs hatte viele der Belastungen, denen wir während der Vorbereitungen ausgesetzt gewesen waren, beseitigt, und die kleinen Neckereien und Scherze zwischen uns waren mir vielversprechend erschienen.

Julie und ich mieteten in Stewart ein Hotelzimmer für unsere letzte gemeinsame Nacht. Julie hatte vor, später ein Flugzeug zu nehmen, um mich in Moskau zu treffen, aber das war im Moment zeitlich und entfernungsmäßig Welten weit weg. Ein kleiner Teil meines Gehirns fragte sich, ob ich ihr für immer Lebewohl sagte. Was, wenn wir es nicht lebend über das Beringmeer schafften? Was, wenn wir in den eisigen Einöden Sibiriens umkamen? Ich drückte Julie fest an mich, während sie leise weinte.

In diesem Augenblick war ich versucht, die Expedition aufzugeben und mit Julie nach Vancouver heimzukehren. Meine Reise um die Welt verblasste plötzlich vor der Stärke unserer Liebe. Stattdessen lag ich einfach mit schwerem Herzen still auf dem Bett.

»Ich ruf dich jeden Tag an«, versprach ich. »Es wird genauso sein, als wäre ich da, und eh du dich versiehst, werde ich wirklich wieder da sein – und zurück nach Vancouver und direkt in deine Arme radeln.«

Julie strich mir über den Kopf. »Keine Sorge, Liebling«, sagte sie, als sie einen Zweifel über mein Gesicht huschen sah. »Ich weiß, du wirst es schaffen. Genau deshalb heirate ich dich – weil du zu deinem Wort stehst und tust, was du gesagt hast.«

Als ich mit den Planungen für diese Expedition begann, war ich Single und wäre nie im Leben darauf gekommen, dass ich meine Lebenspartnerin kennenlernen würde, bevor ich aufbrach. Als Julie und ich jetzt im Bett lagen, dachte ich zurück an unsere erste Begegnung vor fast zwei Jahren.

Es war der 11. September 2002, und ich hatte soeben im Ridge Theater von Vancouver meinen Amazonas-Film gezeigt. Während ich in der Nähe der Bühne Exemplare meines Buches *Amazon Extreme** signierte, konnte ich nicht umhin, ein exotisch aussehendes Mädchen zu bemerken, das mit ihrem Buch in der Schlange wartete. Ich fragte mich, ob sie eine Brasilianerin war, die vielleicht gern etwas über meine Erlebnisse in ihrem Heimatland lesen wollte. Das Mädchen und ich plauderten etwa 30 Sekunden lang, während ich ihr Exemplar signierte. Die Vorführung war Teil einer Werbetour, die mich durch Westkanada führte. Obwohl mehr als 2000 Personen im Ridge Theater gewesen waren, blieb mir die

---

* Dt.: *Amazonas extrem. Drei Männer, ein Boot, ein Abenteuer*, München 2003.

junge Frau mit den lockigen Haaren nachhaltig in Erinnerung. Ich erwähnte sie sogar gegenüber Ben Kozel, meinem guten Freund und Expeditionspartner, und hoffte, sie würde mir vielleicht eine E-Mail schicken.

Sie tat es nie.

Sieben Monate nach der Vorführung wartete ich in Vancouver, um einen Bus zum Sun Run, einem Zehn-Kilometer-Lauf, zu erwischen. Die Busse waren voll, und ein Mann hielt ein Taxi an und fragte, ob sonst noch jemand mitfahren wolle. Ich drängte mich mit ein paar anderen Läufern in das Taxi, und wir fuhren zu dem Wettkampf. Im Laufe der Unterhaltung merkte ich, dass ich neben dem Mädchen saß, das mir so viele Monate nicht aus dem Kopf gegangen war. (Keiner von uns hatte den anderen vom Sehen wiedererkannt.) Viel Zeit zum Reden hatten wir nicht, aber sie ließ mich wissen, sie werde in Nepal wandern gehen. Ich sagte ihr, ich würde gern ihre Bilder sehen, wenn sie zurückkäme, und gab ihr meine E-Mail-Adresse.

Sechs Wochen später schrieb Julie mir eine E-Mail. Auf gemeinsamen Wanderungen in den Bergen von British Columbia und während einer ausgedehnten Kanutour an der Westküste reifte allmählich unsere Beziehung heran. Es stellte sich heraus, dass Julie keine Brasilianerin war, sondern teils deutscher, teils syrischer Herkunft. Ursprünglich aus Ontario, war sie nach British Columbia gezogen, um an der Universität von Victoria ihren Magister in Molekularbiologie zu machen. Als wir uns kennenlernten, arbeitete sie im Bereich Geschäftsentwicklung für ein Pharmaunternehmen.

Mit zunehmender Vertrautheit zwischen uns begann ich mir Sorgen zu machen wegen meiner geplanten Expedition, die uns für zwei Jahre, wenn nicht länger, trennen würde. Wer wusste schon, was während einer so langen Zeit der Abwesenheit vielleicht passieren würde. Julie konnte sich zum Glück von der Arbeit freinehmen und mich auf den ersten zwei Wochen der Expedition mit dem Rad begleiten, und wir hofften beide, dass sie sich der Expedition vielleicht für die eine oder andere Etappe würde anschließen können. Trotzdem empfanden wir unsere kurzfristige Zukunft als ungewiss. Eines allerdings wussten wir: dass wir nach meiner Rückkehr heiraten würden. Ich hatte Julie zwei Wochen vor unserem Aufbruch einen Antrag gemacht, und sie hatte angenommen.

Schließlich kam der gefürchtete Moment. Wir nahmen den Bus raus aus Stewart, und ich stieg drüben in Meziadin Junction aus, wo Tim wartete. Julie würde mit dem Bus weiter bis nach Terrace fahren und von dort nach Hause fliegen. Sie winkte zum Abschied durch eine getönte Scheibe, und ich stand da und sah zu, wie der Bus davonbrauste. Und dann war sie weg.

Der Norden von British Columbia und das Yukon-Territorium verdorrten unter einer Rekord-Hitzewelle. Bald radelten Tim und ich bei Temperaturen von fast 40 Grad Celsius. Die lange Trockenperiode hatte außerdem Tausende von Waldbränden entfacht, und die Flammen vernichteten ausgedehnte vor uns liegende Landstriche in Alaska und im Yukon-Territorium.

Ich hatte mir den Kopf über die Folgen von Tims Update zerbrochen, und als wir, vorbei an schneebedeckten Gipfeln, den heißen Schotter-Highway entlangfuhren, beschloss ich, das Thema anzuschneiden.

»Welches Update?«, sagte Tim und blickte ehrlich überrascht.

»Das Update, das du auf die Website gestellt hast, als du in Smithers warst«, sagte ich. »Ich finde wirklich, wir sollten es rausnehmen, weil die Website einfach nicht der geeignete Ort ist, um solche Informationen zu verkünden.«

»Das muss mein dämlicher Bruder hochgeladen haben«, sagte er mit gequältem Gesichtsausdruck. »Ich habe nichts damit zu tun.«

Ich glaubte ihm. Mit Blick auf intakte Beziehungen innerhalb des Teams und den Gesamterfolg der Expedition wäre die Veröffentlichung eines solchen Updates geradezu ein Eigentor gewesen. Tim war intelligent genug, die Konsequenzen einer solchen Handlungsweise zu erkennen. Der Text entsprach Tims Schreibstil, und ich vermutete, dass sein Bruder Pete, der die Website auf seinem Server verwaltete, einfach eine der letzten E-Mails, die Tim regelmäßig an seine Familie schickte, ins Netz gestellt hatte. Tim rief über das Iridium-Telefon sofort seinen Bruder an und bat ihn, die Aktualisierung von der Website zu nehmen. Obwohl das Web-Problem damit gelöst war, machte ich mir dennoch Sorgen über das, was offensichtlich unter der Oberfläche schwelte.

Nachdem wir seit Vancouver etwa 1900 Kilometer auf dem Rad zurückgelegt hatten, erreichten wir am 25. Juni ein recht eindrucksvolles Hindernis auf dem Alaska Highway. In Swift River – bloß ein Blockhaus mit einer Zapfsäule – hatte sich vor einer Straßensperre, die auf Anweisung des zuständigen Feuerwehrhauptmanns errichtet worden war, ein gewaltiger Verkehrsrückstau gebildet. Dichte Rauchwolken zogen in Schwaden von Westen heran. Man informierte uns rasch, dass unmittelbar neben dem Highway ein Feuer wütete.

Vier Stunden später hatte sich die Lage ein wenig gebessert, und der Verkehr durfte sich langsam wieder vorwärtsbewegen. Tim und ich stiegen auf unsere Räder und folgten im Schritttempo den Autos, bis der Feuerwehrhauptmann sich mit einem Satz vor uns aufbaute.

»Wo wollt ihr denn eigentlich hin?«, fragte er.

»Nach Whitehorse«, erwiderte ich.

»Nicht, solange ich hier Wache schiebe. Im Moment können nur Autos durch – zu gefährlich für Fahrräder«, sagte er. »Ihr könnt aber eure Räder auf einen der Laster da drüben laden und per Anhalter durchfahren.«

»Können wir nicht, weil wir ausschließlich mit Muskelkraft reisen«, erklärte Tim. »Wann, glauben Sie, ist die Straße wieder sicher für Fahrräder?«

»Weiß nicht.« Der Feuerwehrhauptmann zuckte die Achseln und ging weg.

Es könnte Tage dauern, bis die Behörden die Straßen für uns wieder freigaben, und uns drohte die Zeit davonzulaufen. Wir mussten das Beringmeer überqueren, bevor der Sommer vorbei war, und diese unerwartete Verzögerung war nicht gerade hilfreich. Es war ziemlich paradox, dass diese übervorsichtigen Beamten unser Leben mehr gefährdeten, als sie jemals ahnen konnten. Die Stunden vergingen, und nichts änderte sich: Fahrzeuge ließ man passieren, uns aber nicht.

»Na schön, machen wir uns ein Boot«, sagte ich schließlich.

»Was?« Tim war sprachlos.

»Laut Karte fließt der Swift River parallel zur Straße. Hier liegt alles mögliche Bauholz und Material herum. Wir können uns ein Boot oder Floß bauen, die Fahrräder daraufpacken und den Fluss hinunterpaddeln. Es wird hundertmal gefährlicher sein, aber eigentlich bleibt uns nicht viel anderes übrig. Diese Brände werden noch wochenlang wüten.«

Ich informierte den Feuerwehrhauptmann über unseren neuen Plan. Vielleicht würde das Vorhaben unmissverständlich klarmachen, wie dringend wir losmussten. Er sprach mit ein paar anderen Beamten und kam schließlich zurück.

»Okay, ihr könnt durch mit euren Rädern«, sagte er. »Haltet nicht an. Und fahrt, so schnell ihr könnt.«

Wir schwangen uns in den Sattel und fuhren etwa zehn Kilometer durch dichten, in Schwaden aufsteigenden Rauch. Gelegentlich sank die Sichtweite auf etwa 40 Meter. Wir husteten trocken und stoßweise, während wir an hellen Flammen vorbeifuhren, die am Straßenrand züngelten und tanzten. Nach etwa einer Dreiviertelstunde begann der Rauch sich zu lichten, und wir waren auf der anderen Seite des Feuers.

Tim lachte. »Das ist mir tausendmal lieber als ein Sturm auf dem Beringmeer.«

Siebenundzwanzig Tage nachdem wir Vancouver verlassen hatten, trudelten wir in Whitehorse, der Hauptstadt des Yukon-Territoriums, ein. Die Waldbrände hatten an Größe und Zahl zugenommen, und es sah so aus, als stünde das gesamte Territorium in Flammen. Ein dichter Dunstschleier lag über dem Land.

Wir erfuhren, dass der Top of the World Highway nach Alaska wegen der Brände gesperrt war, was bedeutete, wir hatten keine Möglichkeit, Fairbanks zu erreichen. Die Hauptschnellstraße, der

Alaska Highway, war davon nicht betroffen, aber der war für Tim und mich aus einem ganz anderen Grund gesperrt.

Sechs Wochen zuvor, als wir das Ruderboot rauf nach Fairbanks transportiert hatten, waren Tim und ich an der US-Grenze angehalten worden.

»Was haben Sie mit dem Boot da vor?«, fragte die Zollbeamtin.

»Wir liefern es in Fairbanks ab, damit wir es später auf unserer Expedition benutzen können«, antwortete ich.

»Sie meinen, niemand bleibt dabei?«, fragte sie.

»Ja, wir lagern es bei einer Firma ein.«

»Was ist es wert?«, wollte sie wissen.

»Zweitausendvierhundert Dollar«, erwiderte ich.

»Ich kann Sie leider nicht ins Land lassen«, sagte sie mit dem Anflug eines Lächelns. »Sie dürfen nur Güter unbeaufsichtigt lassen, die weniger als zweitausend Dollar wert sind.«

Ich hätte ihr einfach sagen sollen, dass wir am Wochenende angeln gehen wollten, aber jetzt war es zu spät. Ich versuchte einen Rückzieher zu machen. »Zweitausendvierhundert ist der Wert des Bootes *mit* dem Anhänger«, sagte ich. »Das Boot ist sechzehnhundert und der Anhänger achthundert wert. Ich habe sogar die Papiere, um es zu beweisen. Wir werden das Boot abliefern und den Anhänger wieder ausführen.«

»Leider nicht«, sagte sie gedehnt. »Alles über fünfzehnhundert muss beaufsichtigt werden.«

»Gerade vor einer Minute sagten Sie zweitausend«, entgegnete ich und versuchte nicht zu schreien vor Enttäuschung.

»Nein, hab ich nicht«, behauptete sie steif und fest. »Wenn Ihnen das nicht passt, können Sie mit meinem Boss sprechen.«

Sie rief einen stämmigen Mann herüber zu unserem Fahrzeug. Wir erklärten unsere Expedition und dass das Boot nur 1600 Dollar wert sei.

Er schüttelte den Kopf. »Tut mir leid. Ich muss hinter meinen Mitarbeitern stehen«, sagte er. »Es ist so eine Art Grauzone, aber wenn die Entscheidung einmal getroffen ist, müssen wir dazu stehen. Wir können nicht hergehen und Ausnahmen machen.«

»Aber wie lauten die tatsächlichen Vorschriften?«, wollte ich wissen. »Können Sie mir die schwarz auf weiß zeigen?«

Ein neuerliches Kopfschütteln.

»Leute, ich habe einen Entschluss gefasst«, sagte Tim plötzlich. »Diese Expedition war ein lebenslanger Traum von mir, aber ich habe beschlossen, ihn mir zu verscherzen. Stattdessen werde ich hier in Alaska bei dem Boot bleiben.«

Der Dicke strahlte »Das klingt wie eine prima Idee«, sagte er. »Jetzt kann ich Sie in unser Land lassen.«

Als Tim und ich wieder in den Wagen stiegen, drehte der Beamte sich um und zeigte auf Tim. »Wenn ich Sie hier in sechs Wochen auf ihrem Fahrrad hochradeln sehe, werden Sie beide so schnell auf der Straße liegen, dass Sie gar nicht merken, wie Ihnen geschieht.«

Wir machten uns damals weiter keine Gedanken. Wir würden eben einfach den Top of the World Highway nehmen und über einen anderen Grenzübergang einreisen. Doch jetzt, wo überall im Yukon-Territorium und in Alaska Brände wüteten, blieb nur eine Möglichkeit, sich nach Amerika einzuschleichen: der Yukon.

3 Paddeltour zum Beringmeer

Ein Freund von mir, Derek Law, wohnte in Whitehorse, und Tim und ich erklärten sein Haus am Stadtrand rasch zu unserem Basislager, während wir uns voll und ganz der neuesten Herausforderung widmeten: Wir mussten ein billiges Boot auftreiben, um 1500 Kilometer flussabwärts zum Dalton Highway oberhalb von Fairbanks zu paddeln, wo unser Ruderboot eingelagert war.

Ich rief mehrere der örtlichen Ausrüster an, die auf Fremdenverkehr eingestellt waren, und fand rasch einen Verleiher, der bereit war, uns für 200 Dollar ein Old-Town-Kanu zu verkaufen. Das Boot war übel zugerichtet worden und hatte ein Loch von der Größe einer Grapefruit. Ich besiegelte das Geschäft und flitzte rüber zu Canadian Tire, um Paddel, Schwimmwesten, Fiberglas und Polyesterharz zu kaufen. Dann flickte ich das grüne Kanu, und wir waren startklar.

Sechsunddreißig Stunden nachdem wir in Whitehorse angekommen waren, luden Tim und ich unsere Fahrräder, Satteltaschen und Lebensmittel in das Kanu und machten uns den graublauen Yukon abwärts auf den Weg.

Mit 3148 Kilometern ist der mächtige Yukon der drittlängste Fluss Nordamerikas. Der Abschnitt von Whitehorse nach Dawson City ist wegen seiner nördlichen Landschaft und der Relikte aus der Zeit des Goldrauschs zu einem Ziel ersten Ranges für Paddler aus aller Welt geworden. Während der Klondike-Ära war der Yukon die wichtigste Fernverbindung in die Region, und Schaufelraddampfer mit geringem Tiefgang durchpflügten seine Fluten. Unser geflicktes Kanu glitt mühelos über den aufgewühlten Strom, vorbei an dichten Wäldern, zeltenden Deutschen und Elchen auf Futtersuche.

Alles hatte bislang länger gedauert, als wir vorhergesehen hatten, sodass Tim und ich bereits in Verzug waren. Obwohl die Strecke den Fluss abwärts nur unwesentlich länger war als über die Straße, war das Kanu erheblich langsamer als unsere Fahrräder. Wir beschlossen daher, uns abzuwechseln und im Land der Mitternachtssonne rund um die Uhr zu paddeln, um verlorene Zeit aufzuholen. Auf diese Weise schafften wir 150 Kilometer am Tag und waren damit noch schneller als mit unseren Rädern.

Die Ufer des Flusses schienen unberührt von der modernen Entwicklung. Der Kahlschlag, der seinerzeit erforderlich gewesen war, um das für den Antrieb der Raddampfer notwendige Brennmaterial zu erhalten, war längst durch eine dichte neue Vegetation aus Kiefern und Fichten aufgefüllt worden. Hin und wieder waren zwischen den Bäumen die Reste von Blockhäusern zu sehen, eine Erinnerung an den Aufschwung vergangener Tage.

Mein Freund Derek hatte erwähnt, dass es irgendwo an den Ufern des Yukon eine Bäckerei gebe. Nachdem wir ein paar Tage lang unsere eigene eintönige Kost genossen hatten, wurde die angebliche Bäckerei zu einem kleinen Eldorado. Angestrengt suchten wir die bewaldete Uferlinie nach dem unauffindbaren Haus der Leckereien ab.

»Ja, ich glaube, ich werde ein Zimtbrötchen und einen großen heißen Kaffee nehmen«, sagte Tim verträumt, während sein Paddel durch das schlammige Wasser tauchte.

»Ich werde mir einen Kaffee mit vier großen Schokoladenplätzchen bestellen«, sagte ich. »Wo, zum Teufel, hat er gesagt, soll diese Bäckerei überhaupt sein?«

»Ich hab's vergessen«, gab Tim zu. »Eigentlich ist es absoluter Schwachsinn. Ich kann mir nicht vorstellen, dass irgendjemand hier draußen am Ende der Welt eine Bäckerei betreibt. Mit viel Glück kämen wahrscheinlich zwei Kanufahrer pro Tag. Vielleicht hat Derek uns auf die Schippe genommen.«

Die Tage verflogen, und wir glitten langsam durch eine tabakfarbene Welt. Der Rauch von den Waldbränden schien Land und Himmel jegliche Farbe zu nehmen und sie durch Kupfer- und Grautöne zu ersetzen. Die einzigen leuchtenden Farben waren die Flammen der Feuer, die man oft an den Hängen oder an den Flussufern brennen sehen konnte. Wir verloren alle Hoffnung, dass die Bäckerei existierte, und fanden uns mit der Tatsache ab, dass die einzige Leckerei, die wir bekämen, unsere klebrige Masse geschmolzener Mars-Riegel wäre.

Nachdem wir vier Tage und Nächte gepaddelt waren, entdeckten wir an der Spitze einer Insel ein kleines weißes Schild. Als wir näher kamen, lasen wir ein mit unsicherer Hand gemaltes »Nach Kirkman Creek rechts halten«. Unserem Reiseführer entnahmen wir, dass Kirkman Creek eine Geisterstadt mit ein paar Dutzend Gebäuden war. Kurz danach sahen wir eine zerfetzte kanadische Flagge, die direkt über zwei auf die Uferböschung gezogenen Aluminiumbooten in der Brise flatterte.

»Meinst du, das da könnte die Bäckerei sein?«, fragte Tim hoffnungsvoll.

Wir zogen das Kanu an Land und marschierten das Ufer hoch auf eine verwahrloste Blockhütte zu. Die grauen, rissigen Baumstämme waren völlig krumm und schief, und das Dach war ein Flickwerk aus Wellblechen in unterschiedlichen Stadien der Korrosion. Die Ruhe wurde zunichtegemacht durch das wütende Bellen von vier räudigen Kötern, welche die Böschung hinabstürmten, um uns zu begrüßen – oder vielleicht zu fressen. Von ihrer Hundemeute aufgeschreckt, kam eine matronenhafte Frau in den Fünfzigern herunter, die zwei Mädchen im Teenageralter vor sich herscheuchte.

»Ich bin froh, euch zu sehen, Jungs«, sagte sie außer Atem. »Kann einer von euch mit einer Schusswaffe umgehen?«

»Ich hab's beim Outdoor-Training gelernt«, gab ich zu, »aber ich bin ein wenig aus der Übung ...«

»Da ist ein Bär ... war ein Bär ... ein ziemlich großer«, keuchte sie und deutete in die Richtung einer engen Schlucht etwa 60 Meter von der Hütte entfernt. »Meine Hunde haben ihn heute Morgen auf einen Baum gejagt, und, na ja, ich hab ihn angeschossen. Er fiel vom Baum, aber ich weiß nicht, ob er tot ist. Jetzt ist er da unten in der Schlucht, und ich höre ständig Geräusche. Ich habe Angst, dass er vielleicht hochkommt und uns angreift – es gibt nichts Gefährlicheres als einen verwundeten Bären.«

»Und was für eine Rolle spielen wir dabei?«, fragte Tim.

»Ich hatte überlegt ... Hier sind nur die Mädchen und ich ... Vielleicht könntet ihr in die Schlucht hinuntergehen und, na ja, ihr wisst schon, ihn von seinen Leiden erlösen, falls er noch lebt. Und vielleicht könnt ihr ihn hochzerren, damit ich ihn an die Hunde verfüttern kann.«

Ich sah Tim an und zuckte die Achseln, und wir setzten uns in Richtung der Klamm in Bewegung. Das Gelände fiel steil ab, und durch das Gewirr aus Unterholz und Bäumen war es unmöglich, etwas zu erkennen. Ich stellte mir einen großen, abscheulichen Bären vor, der da unten wartete und Rache nehmen wollte an den nichtsnutzigen Kreaturen, die ihm so viele Qualen verursacht hatten. Die Frau und ihre Töchter waren wieder in die Hütte gegangen und starrten durch längs unterteilte Fenster.

Als wir den Grund der Schlucht erreichten, spähten wir angestrengt in die Runde, während unsere Augen sich an das Dunkel gewöhnten. Und dann sah ich ihn, einen großen, dunklen Schatten, zehn Meter vor uns. Er war vollkommen reglos. Die schwarze Tarnung des Bärenfells bildete einen starken Kontrast zu einem Knäuel roter und rosafarbener Därme, die aus einem großen Loch in seiner Flanke quollen. Fliegen umsummten das Viech. Es war eindeutig tot. Wir schlangen ein Seil um den Hals des kleinen Bären und schleiften das Tier den Hang hinauf zu der Hütte.

Die Frau kam zu uns und dem Kadaver herübergewatschelt. Sie blickte kurz auf den Schweiß, der mir von der Nase tropfte, und verkündete: »Das Mittagessen geht aufs Haus.«

Sie führte uns in eine kleine hölzerne, von einem Moskitonetz umgebene Gartenlaube. Kurz darauf tauchten ihre Töchter mit Tabletts voller leckerer Sachen aus dem Schuppen auf. Auf Sandwiches aus selbst gebackenem Brot, frischen Lachs und Gemüsesuppe mit Rindfleisch folgten Zitronenbaisertorte und große Tassen mit starkem Kaffee.

»Also gibt es die Bäckerei doch«, sagte ich. »Gott schütze Derek.«

Am folgenden Tag erreichten wir Klondike City in der Nähe der amerikanischen Grenze. An dieser Stelle verabschieden sich fast alle Kanuten von dem Fluss, da die Landschaft weiter unten bei den Yukon-Sandbänken zunehmend langweiliger wird. Dichter Rauch verbarg die beiden Flussufer voreinander. Als wir uns der Grenze zu Alaska näherten, fing ein Hund an zu bellen. Wir vermuteten, dass wir uns ganz in der Nähe der Gemeinde befanden, wo sich der Grenzübergang über den Fluss befand.

»Vielleicht sollten wir uns einfach vorbeischleichen«, meinte Tim. »Bei diesem Rauch werden sie uns nie entdecken.«

»Ja, vielleicht sollten wir das. Vielleicht ist dein Foto inzwischen an alle Grenzübergänge in Alaska gegangen. Stell dir die Schlagzeile vor: ›Expedition endet wegen saublöder Grenzposten.‹«

Wir stahlen uns, ohne anzuhalten, in die USA und setzten unser gleichmäßiges Tempo in Richtung Beringmeer fort. An diesem Abschnitt des Flusses lebt das Volk der Gwich'in. Wir kamen häufig an Fischcamps auf den kleinen Inseln vorbei, wo die Indianer mit Netzen und Fischrädern die laichenden Lachse fingen. Der Fluss beschrieb einen kleinen Bogen über den Nördlichen Polarkreis, und für zwei Stunden befanden wir uns in der Arktis, bevor er erneut nach Süden unter die Linie abschwenkte.

Zehn Tage nachdem wir von der Hauptstadt des Yukon-Territoriums aufgebrochen waren, zeichnete sich durch den Rauch eine gewaltige Brücke ab. Es war die Dalton Highway Bridge, 1500 Kilometer von Whitehorse entfernt. Trotz pingeliger Vertreter des US-Zolls und heftiger Waldbrände hatten wir es geschafft. Hier würden wir unser Ruderboot abholen, das wir soeben *Bering Charger* getauft hatten, und weiterreisen in Richtung Russland.

Von hier aus müssten wir mehr als 5000 Kilometer zurücklegen – den Yukon abwärts über das Beringmeer und durch Nordostsibirien –, bevor wir wieder Straßen erreichten. In unserem Ruderboot würden wir alles mitführen, was wir benötigten, um diese Reise zu Ende zu bringen, eine Reise, die uns mitten in den berüchtigten sibirischen Winter befördern würde. Zu unserer Ausrüstung gehörten: drei Fahrräder; sechs Fahrradreifensätze mit Spikes; drei Paar Skier; Baffin-Winterstiefel (für Temperaturen bis minus 100 Grad Celsius); Helly-Hansen-Kleidung für alle Witterungsverhältnisse; Helly-Hansen-Überlebensanzüge; mehrere Paar Fausthandschuhe, Kapuzenmützen, Socken und Skibrillen; zwei MSR-Kocher*; 180 Liter Brennstoff für die Kocher; gefriergetrocknete Vorräte für fünf Monate; Werkzeuge und Fahrradflickzeug und vieles mehr.

Zum Schluss ließen wir unser schwer beladenes Boot an genau der gleichen Stelle zu Wasser, wo wir aus dem Kanu gestiegen waren. Ich war jetzt wirklich aufgeregt. Bis heute waren wir auf ausgetretenen Pfaden gereist und den Spuren Tausender motorisierter Reisender oder Kanutourer gefolgt. Von hier aus würden wir etwas versuchen, das noch nie zuvor versucht worden war: eine Durchquerung jenes 5000 Kilometer breiten Streifens Wildnis zu beiden Seiten der Beringstraße, der das amerikanische vom russischen Straßennetz trennt, allein mit Muskelkraft.

In unserem Fünfeinhalb-Meter-Boot lagerte alles, was wir brauchten, um dieses riesige Gebiet zu durchqueren. Wir hatten mehr als ein Jahr darauf verwendet, uns auf diesen Augenblick vorzubereiten.

Noch immer erstickte Rauch das Land, und nachdem wir das Boot zu Wasser gelassen hatten, konnten wir nicht zum anderen Ufer hinübersehen. Unser Schiff war eine Besonderheit auf dem Yukon, weshalb die indianischen Fischer innehielten, um zuzusehen, wie das schwere Wasserfahrzeug schnell über die Oberfläche des Flusses glitt.

Obwohl unser schwer beladenes Ruderboot wahrscheinlich vierzigmal mehr wog als das Kanu, war es aufgrund der Leistungsfähigkeit seines Gleitsitz-Rudersystems schneller. Außerdem schonte dieses System unsere Körper, sodass es geradezu ein Vergnügen

* Multibrennstoffkocher der Firma Mountain Safety Research.

war, die federleichten Kohlefaser-Riemen von Croker Oars zu handhaben.

Wir setzten unseren geregelten Paddelbetrieb rund um die Uhr fort, aber der Komfort eines größeren Schiffes ließ das Leben jetzt sehr viel leichter erscheinen. Wer auf Freischicht war, konnte sich ungehindert auf dem Boot bewegen, ohne ein Kentern zu riskieren. Er konnte sich auf dem Vordeck entspannen oder ins Innere klettern und auf einem weichen Schaumstoffbett schlafen. Außerdem würde das größere Boot uns erlauben, bei jedem Wetter zu fahren. Der Fluss war jetzt breiter, und er war stark und wild. Bei kräftigem Gegenwind erreichten die Wellen Höhen von mehr als einem Meter. Im Kanu hatten wir solche Wetterverhältnisse am Ufer aussitzen müssen, um zu verhindern, dass es volllief. Jetzt durchschnitt unser Boot ohne jede Verzögerung die Wellen. Unser Kanu schleppten wir hinter dem Ruderboot her, um ein zweites Boot zu haben, von dem aus wir filmen konnten.

Der Fluss mäanderte in gewaltigen Biegungen. Im Norden lag die Brooks Range, im Süden erhoben sich die White Mountains. Der Strom war fast zwei Kilometer breit, sodass wir das Gefühl hatten, auf einem riesigen, unruhigen See zu rudern.

Ende Juli erreichten wir das Yukon-Delta. In diesem weiten Sumpfgebiet etwa von der Größe des US-Bundesstaates Oregon teilt sich der Fluss in ein Labyrinth von Wasserläufen. Weil das Delta zu einem staatlichen Wildreservat gehört, ist der größte Teil geschützt. Außerdem ist es die Heimat von fast 20 000 Ureinwohnern vom Volk der Yupik, deren Lebensweise auf Semisubsistenzwirtschaft beruht. Hier, wo Wasserläufe sich in den Sümpfen erweitern, verschwimmt die Grenze zwischen Land und Meer, bis ein Reisender plötzlich merkt, dass gar keine Sümpfe mehr da sind. Doch wegen der ungeheuren Menge an Süßwasser, die der Fluss in den Ozean pumpt, ist das Wasser nach wie vor nicht salzig. Und es gibt auch keine Dünung, da die Untiefen sich von der Küste 15 Kilometer landeinwärts erstrecken und etwaige größere Wellen bändigen.

Wir bahnten uns einen Weg durch das Labyrinth von Wasserläufen und erreichten am 13. Juli das Beringmeer, sechs Wochen und

5300 Kilometer nach unserem schwerfälligen ersten Tag in Vancouver. Wir ruderten zu dem letzten festen Stück Land, einem Uferdamm mit vereinzelten Bäumen und einer Fischerhütte, der bei Flut nur knapp aus dem Wasser ragte. Hier wollten wir günstiges Wetter für unseren gefährlichen Spurt per Eigenantrieb über das Beringmeer abwarten.

4 Per Ruderboot nach Asien

Im Gegensatz zu anderen Teilen des Ozeans gibt es im Beringmeer keine vorherrschenden Winde. Stattdessen bläst der Wind mit außerordentlich schwankender Heftigkeit aus allen Himmelsrichtungen gleichzeitig. Wegen des kalten Wassers (vier Grad Celsius im Sommer), häufiger Stürme, des Fehlens geschützter Häfen und aufgrund von Untiefen, die steile, mächtige Wellen erzeugen können, ist das Beringmeer eines der gefährlichsten Gewässer auf dem Planeten.

Von der Mündung des Yukon bis nach Providenija, dem sibirischen Einreisehafen, den wir zu erreichen hofften, sind es 400 Kilometer Luftlinie. Halbwegs in der Mitte dieses Meeresabschnitts liegt die St.-Lorenz-Insel. Wir hofften, während einer günstigen Wetterperiode zumindest bis zu ihr zu gelangen. Dort könnten wir Schutz vor ungünstigen Winden finden und für die zweite Hälfte der Überfahrt den nächsten ruhigen Wetterabschnitt abwarten.

Am 3. August erhielten wir die Wettervorhersage, auf die wir gewartet hatten. Julie gab uns via Satellitentelefon den Seewetterbericht für das Beringmeer durch. Endlich sah es so aus, als hätten wir gerade lange genug ruhige See und leichte östliche Winde, um die St.-Lorenz-Insel zu erreichen. Zwar rechnete man damit, dass das Wetter sich in vier Tagen wieder verschlechterte, aber wir hofften, es bis dahin zu der Insel geschafft zu haben.

Wir brachen frühmorgens von unserem matschigen Zeltplatz auf. Das Wasser rings um das Boot hatte weiterhin die Farbe von Milchkaffee, und ein Geschmackstest bestätigte, dass es noch immer süß war. Es gab keine verräterische Dünung des Ozeans, aber wir wussten, dass wir uns nicht mehr auf einem Fluss befanden.

Bei Ebbe wurden bis auf ein paar Rinnen, die der Fluss gegraben hatte, riesige Schlammflächen freigelegt.

Binnen kurzer Zeit – wir waren erst sechs Kilometer von der Küste entfernt – waren jegliche Anzeichen von Land vom Horizont verschwunden. Unter einem dunkelgrauen Himmel strich eine Brise kühler Meeresluft leicht über das Wasser. Gelegentlich – und zu unserer Beunruhigung – streifte das Boot die flachen Sandbänke, die wir überquerten. Es war ein unheimliches Gefühl: der Eindruck, mitten auf dem Meer zu sein und doch häufig mit den Riemen an den Meeresboden zu stoßen. Für eine ganze Weile betrug die Wassertiefe nicht mehr als einen Meter, und wir hofften inständig, dass wir von diesen schlammigen Untiefen wegkämen, bevor die Ebbe einsetzte und uns auf einer Sandbank unserem Schicksal überließ.

Die sich vom Yukon-Delta aus fächerförmig ausbreitenden Untiefen stellen eine der größten Gefahren für die Schifffahrt in der Region dar. Bei rauem Wetter brechen sich die Wellen an den seichten Stellen 15 Kilometer vom Land entfernt und bringen viele Schiffe zum Sinken. Ein Indianer aus einem der kleinen Dörfer in der Nähe des Deltas hatte die tragischen Geschichten leidgeprüfter Seeleute, die versuchten, von ihren Schiffswracks ans Ufer zu laufen oder zu schwimmen, ausführlich geschildert. Obwohl das Wasser im Schnitt nur ungefähr einen Meter tief war, starben die Seemänner in der Regel an Unterkühlung, lange bevor sie das rettende Land erreichten.

»Wir sind jetzt acht Seemeilen weit draußen«, sagte ich nach einem Blick auf das GPS. »Kannst du die Tiefe kontrollieren.«

Tim tauchte ein Kanupaddel ins Wasser. »Mehr als Eintauchtiefe«, verkündete er.

Das war eine gute Nachricht. Da die Ebbe nun rasch einsetzte, mussten wir tiefere Gewässer erreichen. Es sah so aus, als würden wir es sicher durch die Untiefen schaffen. Als wir zehn Seemeilen weit draußen waren, begann die Dünung des Ozeans unser Boot zum Schaukeln zu bringen. Ich schöpfte mir etwas Wasser in den Mund und spürte den Geschmack von Salz. Jetzt konnten wir uns ein wenig entspannen und unsere Ruderschichten auf jeweils eine Stunde verlängern. Ich rief Julie an, um ihr mitzuteilen, dass wir endlich auf dem Meer wären, und um die aktuelle Wetterprognose in Erfahrung zu bringen.

»Es sieht so aus, als ob die Wetterlage sich verschärft«, sagte Julie. »Sie sagen jetzt 30-Knoten-Winde und vier Meter hohe Wellen voraus.«

Ich konnte ein Beben in ihrer Stimme hören. Ich wusste, dass auch ich an ihrer Stelle erschrocken gewesen wäre – das Kostbarste, was sie hatte, fuhr in einem unerprobten, unkonventionellen Ruderboot im Angesicht eines aufziehenden Sturms hinaus aufs Beringmeer. Was, wenn meine Theorien über die Seetüchtigkeit des Bootes falsch waren?

»Dürfte kein Problem sein«, versuchte ich sie – und mich selbst – zu beruhigen. »Wenn der Sturm losgeht, werden wir sicher und wohlbehalten auf der St.-Lorenz-Insel sein.«

Julie klang nicht sehr überzeugt. »Sei vorsichtig, Liebling, und denk immer dran, ich liebe dich.«

Ich schaltete das Telefon ab und starrte über das Meer. Das Wasser wurde klar und schluckte alles Licht von dem dunkler werdenden Abendhimmel. Kleine Blasen folgten dem Boot, während Tim nach Kräften versuchte, eine gleichbleibende Geschwindigkeit zu halten. Das rhythmische Surren des Gleitsitzes sorgte für ein beruhigendes Geräusch. Wie das gleichmäßige Ticken einer Standuhr schien es für Ordnung inmitten eines Wirbels von Ungewissheiten zu stehen. Der Wind war nach wie vor leicht, aber die grauen Wolkenballungen und fernen Böen wirkten alles andere als beständig.

Gegen elf Uhr vormittags hatten sich die nördlichen Winde verstärkt, sodass wir beschlossen, mehr nach Süden abzudrehen und dadurch unsere Geschwindigkeit zu erhöhen. Obwohl dieser Weg uns von unserer Dwarslinie zur St.-Lorenz-Insel abbrächte, würde er uns für den Augenblick eine gute Position verschaffen, wenn der Aufruhr tatsächlich losging und die Winde anfingen, mit voller

Wucht aus Süden zu wehen: Die unvermeidliche Drift nach Norden würde uns wieder auf Inselkurs bringen.

Gegen Mitternacht führte das Wasser keinen gelösten Schwemmsand aus dem Fluss mehr. Ich war erschöpft nach unserer Dauerfahrt durch die Untiefen und freute mich ganz und gar nicht auf die lange, mühselige Nacht, die vor uns lag. Auf dem Fluss hatten wir während unserer Schichten an den Rudern Kaffeepausen einlegen oder uns gelegentlich ausruhen können, während die Strömung das Boot in Bewegung hielt. Hier auf dem Meer, wo nur unsere Muskelkraft das Boot antrieb, konnten wir es uns nicht leisten, eine Pause einzulegen.

»Tolle Neuigkeit, Colin!«, brüllte Tim durch die Dunkelheit.

Ich hob den Kopf von einem Stapel feuchter, verschwitzter Kleidungsstücke. Ich wollte nichts lieber, als mir meinen Schlafsack über den Kopf ziehen und wieder in die Bewusstlosigkeit abgleiten.

»Ja?«, fragte ich. »Was denn?«

»Du bist dran mit Rudern«, sagte Tim. »Das bedeutet, ich komme dazu, mich ins Bett kuscheln. Die schlechte Neuigkeit ist, dass es anfängt zu regnen und der Wind nach Nordnordwest gedreht hat. Wir können jetzt nur noch genau nach Süden fahren.«

Ich stöhnte und streifte mir die Regenklamotten über. Die Ruderqual war erträglich, wenn wir gut vorankamen, aber jetzt sah es so aus, als würden wir eine strapaziöse Nacht damit verbringen, in die falsche Richtung zu fahren.

Um fünf Uhr morgens unterbrach eine unheilvolle rote Sonne unsere fünfstündige Periode der Dunkelheit. Wir waren während der Nacht enttäuschend schlecht vorwärtsgekommen. Am Ende hatten wir uns lediglich parallel zur Küste von Alaska in südlicher Richtung bewegt, statt westwärts auf Russland zuzusteuern. Jetzt hatten wir keine Chance mehr, die St.-Lorenz-Insel vor dem Sturm zu erreichen. Vielleicht wäre ein Rückzug an die US-Küste klüger. Angesichts der nordwestlichen Winde könnten wir in vier Stunden ein Dorf namens Scammon Bay am südlichen Ende des Yukon-Deltas erreichen. Wir änderten den Kurs und schlossen langsam die Lücke, die uns von unserem Zufluchtsort trennte.

»He, Colin«, brüllte Tim, der wieder in der Plicht hockte, weil er mit dem Rudern an der Reihe war. »Der Wind hat nach Süden gedreht, und wir werden echt langsamer.«

»Scheiße!«, schrie ich zurück. »Der Wetterbericht hat diese Änderung erst für heute Abend vorhergesagt.«

»Er kommt auf Touren, und wir kommen nicht voran«, sagte Tim. »Und übrigens, du bist mit Rudern dran.«

Ich schnappte mir die Riemen. Eine halbe Stunde lang kämpfte ich gegen Wind und Wellen an, bevor ich mich geschlagen geben musste. Es würde keinen geschützten Hafen oder eine warme Mahlzeit geben, obwohl unser anvisierter Hafen nur sechs Kilometer entfernt war. Wir müssten dem Unwetter ins Auge sehen. Ich wendete das Boot und nahm erneut Kurs auf die St.-Lorenz-Insel.

Obwohl es Mittag war, verdunkelte sich der Himmel wie ein Kinosaal vor dem Hauptfilm, und die schwarzen Gewässer des Beringmeers bildeten einen Kontrast zu den immer zahlreicheren Wellen mit Schaumkronen, welche die Wasseroberfläche zeichneten. Unser Boot kam gut zurecht mit den knapp zwei Meter hohen Wellen, aber ich war trotzdem besorgt, wohl wissend, dass dieser Test erst der Anfang war.

»Tim, deine Mutter ist am Telefon!«, schrie ich in die Kajüte.

»Wa…?«, nuschelte Tim. Seine Augen sahen verquollen und rot aus.

»Ja, sie sagt, es wird Zeit, dass du an die Ruder kommst!«, sagte ich und erwartete meine Ablösung.

Am nächsten Morgen starrten wir in einen ausgewachsenen Sturm. Die Wellen türmten sich dreieinhalb Meter hoch, und gelegentlich brach sich eine Monsterwelle mit einem Strudel aus schäumendem Wasser. Diese zusammenbrechenden Wellen stellten eine große Gefahr für die *Bering Charger* dar und drohten das Boot auf die Seite zu drehen oder schlimmer.

Auf hoher See würden die meisten Seeleute abschätzige Bemerkungen machen über Vier-Meter-Wellen. Das flache Beringmeer jedoch macht diese Wellen trügerisch. Da sich in seichten Gewässern einfach keine großen Wellen bilden können, werden stattdessen kleinere und stärkere erzeugt.

Eine zusätzliche herbe Enttäuschung war ein Wechsel der Windrichtung nach Südwest statt nach Südost, wie vom Wetterbericht vorhergesagt. Mit dem Viertel PS, das durch unsere Ruderanstrengungen erzeugt wurde, konnten wir uns lediglich in einem Winkel von 45 Grad vor diesen starken Winden bewegen. Das GPS bestätigte, dass wir, sollten die Winde sich nicht drehen, die St.-Lorenz-Insel ganz verpassen und nach Norden getrieben werden könnten.

Wir schalteten erneut in den Dauerbetrieb und lösten einander in intensiven Halbstundenschichten ab, während wir uns bemühten, das Boot auf Kurs zu der lebenswichtigen Zuflucht St.-Lorenz-Insel zu bringen. Die Wellen warfen unsere Nussschale hin und her und vereitelten sämtliche Bemühungen, die Bewegungen der Dreieinhalb-Meter-Riemen und des Gleitsitzes aufeinander abzustimmen. Mein Rücken kam mir, während er sich vor und zurück krümmte, vor wie Spaghetti, die gegen eine Wand geklatscht werden.

Am Abend waren wir beide vollkommen erledigt, und meine Stimmung hatte sich analog zum Wetter verschlechtert. Die Winde waren unverändert geblieben, und bald schon würde die St.-Lorenz-Insel an unserer Backbordseite vorbeigleiten. Die Windgeschwindigkeit nahm zu, und viereinhalb Meter hohe Wellen starteten jetzt Angriffe auf unser Boot. Das Wetter war viel zu stürmisch, um dabei zu kochen, obwohl eine Kost, die lediglich aus Kräckern, Marmelade und Dosenthunfisch bestand, unseren heftig arbeitenden Körpern nicht genug Nahrung lieferte.

Unentwegt brachen sich jetzt größere Wellen direkt über dem Heck und füllten die Plicht wie einen eiskalten Whirlpool. Der Ruderer musste dann jedes Mal warten, bis das Wasser über die Abflüsse der Plicht abgelaufen war, bevor er seine Bemühungen auf dem Gleitsitz wieder aufnehmen konnte. Als die Dunkelheit hereinbrach, wurde die nervenaufreibende Situation noch gefährlicher, da die Wellen nun hinter einem schwarzen Schleier verborgen waren. Eine dichte Wolkendecke sorgte dafür, dass die Lichtverhältnisse gleich null waren, und wir steuerten das Boot, indem wir darauf achteten, dass Wind und Regen die rechte Wange trafen, und wir unseren Steuerkurs mit dem Kompass kontrollierten.

Meine Schicht endete um drei Uhr morgens. Ich war fast wahnsinnig vor Erschöpfung.

»Tim!«, schrie ich. Ich war nicht in der Stimmung für weitere komische Weckrufe.

Die Zeit, die Tim brauchte, um Regenzeug, Neopren-Überschuhe und Handschuhe anzuziehen, kam mir vor wie eine Ewigkeit. Anschließend entleerte er seine Blase in die Urinflasche und reichte sie mir, damit ich sie über dem Bootsrand ausschüttete. (Während seiner Schicht könnte er sich unmöglich erleichtern, wenn er sich gleichzeitig mit den Riemen abquälte.) Endlich kroch er durch die Luke und schloss sie schnell, damit sich keine Brecher ins Boot ergossen. Er schnappte sich die zweite Halteleine und knotete sich einen Palstek um die Taille, um sich am Boot zu sichern.

Dies war der Augenblick, von dem ich die ganze Schicht über geträumt hatte, wenn ich endlich der klirrenden Kälte, dem horizontalen Regen und den Wellen entkommen und mich in die feuchte, stinkende, aber warme Koje darunter zurückziehen und wegdriften konnte. Ich schob die Finger unter die Luke und zog. Sie rührte sich nicht.

»Die Luke geht nicht auf!«, schrie ich, während ich kräftig an der Plastiktür rüttelte.

»Das kann nicht sein«, sagte Tim.

Ein Brecher erwischte das Boot, drehte es auf die Seite und schob es dann zehn Meter vorwärts. Das Schiff geriet mit einem Ruck in Schieflage, und Tim fiel vom Rudersitz und auf die Abdeckung der Plicht. Ich hatte das Gefühl, in einen Albtraum geraten zu sein. Unsere Lebensmittel, warme Kleidung, Decken, Kommunikationsausrüstung, Überlebensanzüge und Werkzeuge – alle wichtigen Dinge – befanden sich im Bauch des Bootes. Wie von Geisterhand hatte die Schwerkraft irgendwie die Verschlussspange des inneren Riegels geschlossen. Es war unmöglich, sie von außen zu öffnen.

Von den Überresten der letzten Welle tröpfelte mir unentwegt eiskaltes Wasser in die Stiefel. Tim kämpfte darum, das Boot wieder unter Kontrolle zu bekommen, indem er am Backbordriemen zerrte. Ohne irgendwelche Werkzeuge gab es nur eine Möglichkeit, ins Innere des Bootes zu gelangen, nämlich die Luke aufzubrechen. Aber wenn wir das taten, würde das die Seetüchtigkeit des Bootes beeinträchtigen und uns der Gefahr aussetzen, vollzulaufen. Und wenn Wasser die Kajüte füllte, wäre ein Kentern verhängnisvoll.

Andererseits würden Tim und ich ohne Nahrungsmittel, Wasser, trockene Kleidung oder Karten irgendwann an Unterkühlung sterben, wenn wir draußen auf dem Boot blieben. Es war eine klassische Zwickmühle.

Ich schob meine Finger unter die Plastikluke und zog mit aller Kraft. Die Spange knackte, und der Deckel flog auf. Ich betrat das Bootsinnere mit einem Gefühl der Resignation. Es wäre jetzt möglich, 17 Minuten zu schlafen, bis Tims Schicht vorüber war. Doch dieses Nickerchen würde wahrscheinlich der am wenigsten erholsame Schlaf meines Lebens werden. Das Boot hatte seine wasserdichte Unversehrtheit verloren, und ich hatte den Eindruck, als sei es nur noch eine Frage der Zeit, bevor ein Brecher das Schiff herumdrehen und auf den Grund des Beringmeers versenken würde.

Der Morgen dämmerte herauf mit Viereinhalb-Meter-Wellen und 40-Knoten-Winden. Leider hatte der Wind nicht gedreht, und die Bahnkurve, auf der wir uns gegenwärtig befanden, würde uns 20 Kilometer an der östlichen Spitze der St.-Lorenz-Insel vorbeiführen. Wir hatten keine Hoffnung, irgendeinen Unterschlupf zu erreichen. Der nächste Landungsort lag 200 sturmgepeitschte Kilometer weiter nördlich.

»Wir werden es nicht schaffen«, sagte ich zu Tim, als wir um zehn Uhr morgens die Plätze an den Rudern tauschten. »Es sieht so aus, als bestünde unsere einzige Hoffnung darin, Nome in Alaska anzusteuern. Wenn alles gut läuft, werden wir in drei Tagen dort sein.«

»Und weiter weg von Sibirien als bei der Abfahrt«, bemerkte Tim mürrisch, während er sich die Riemen schnappte.

Die Tortur ging noch zwei Tage weiter. Ich konnte es nicht glauben, als die heftigen Winde schließlich doch ihre Richtung änderten. Hundert Kilometer vor Nome fingen sie an, aus Südosten zu wehen, der Richtung, die wir so dringend gebraucht hätten, als wir versucht hatten, es bis zur St.-Lorenz-Insel zu schaffen. Jetzt liefen wir durch diese verspäteten Winde Gefahr, Schiffbruch zu erleiden, sollten wir den Kurs auf Nome nicht halten können.

Trotz größter Anstrengungen wurde offenkundig, nachdem Tim noch einmal die Karte ausgewertet hatte, dass wir dabei waren, den Kampf zu verlieren. »Noch vierundzwanzig Stunden, und unser Boot wird auf hawaiigroßen Wellen auf die Felsen von Alaska zusurfen«, verkündete er.

Wir könnten unseren Anker werfen, aber er wäre nicht stark genug, um das Boot in den brechenden Wellen zu halten. Es wurde Zeit, über unser Satellitentelefon ein paar Anrufe zu tätigen. Vielleicht könnte ein größeres Schiff von Nome losgeschickt werden, um Hilfe zu leisten. Ich rief Julie an, und sie nannte uns eine Reihe von Telefonnummern, darunter die der US-Küstenwache, der Hafenmeisterin von Nome und der Polizei.

Die Küstenwache informierte uns, dass man so weit nördlich keine Stationen unterhielt, und schlug vor, wir sollten die Hafenmeisterin von Nome anrufen. Joy, die Hafenmeisterin, hatte Verständnis für unsere missliche Lage. Allerdings könnten, wie sie uns mitteilte, auf keinen Fall irgendwelche Schiffe den Hafen verlassen.

»Das ist der schwerste Sturm in diesem Sommer«, erklärte sie. »Die Hafeneinfahrt ist flach, und die Wellen brechen sich genau über ihr. Nicht mal die größten Krabbenkutter können bei diesem Wetter rausfahren.«

Dann hatte Joy eine Idee. »Es gibt ein russisches Forschungsschiff in dem Gebiet – die *Professor Khromov*«, erinnerte sie sich. »Die Russen ankern vor der Küste und warten den Sturm ab, damit ein Versorgungsschiff aus Nome zu ihnen rauskommen kann. Sie könnten eventuell die Anker lichten, zu Ihrer Position fahren, Ihnen ein Tau zuwerfen und wieder vor Anker gehen. Dann könnten Sie Ihre Position halten, bis der Sturm abflaut. Ich werde mich mit ihnen in Verbindung setzen und sehen, ob sie helfen können. Rufen Sie mich in einer halben Stunde noch mal an.«

Wir warteten in der Gewissheit, dass unser Leben von der Entscheidung eines russischen Kapitäns abhing. Ich hatte genug Zeit auf dem Meer verbracht, um zu wissen, dass einen Schiffbruch zu überleben ein Glücksspiel war. Glückliche Seeleute kommen mit heiler Haut davon; andere werden von den Wellen auf die Felsen geschleudert oder zwischen ihrem Boot und dem Fels zerquetscht. Die *Professor Khromov* war unsere einzige Chance, um eine Hochseepartie Russisch Roulette zu vermeiden.

Tim streckte mit dem Telefon in der Hand den Kopf durch die beschädigte Luke, während ich an den Riemen zerrte.

»Sie sagt, sie machen es«, sagte er. »Sie werden in ein paar Stunden den Anker lichten und hierher dampfen.«

Ein Schauer der Erleichterung durchfuhr mich. Dies war unser fünfter Tag auf dem Beringmeer, und in meinem ganzen Leben hatte ich mich nie so erschöpft oder einsam gefühlt. Der finstere Ozean schien sich gegen uns zu verschwören, und ich wusste, dass wir gute Aussicht hatten, vielleicht zu sterben. Der Gedanke an ein großes Schiff, das aus dem prasselnden Regen auftauchte und eine Nabelschnur zu unserer eigenen winzigen Nussschale herüberwarf, hob meine niedergedrückte Stimmung.

Ich hatte die letzten paar Tage damit zugebracht, über mein zukünftiges Leben mit Julie nachzudenken. Ich stellte mir das Stück Land vor, das wir auf den Gulf Islands von British Columbia haben würden, samt Zedern, Erdbeerbäumen und Gemüsegarten. Wir würden frühmorgens aufwachen und einander vorlesen, dabei in kleinen Schlucken frisch gerösteten Kaffee trinken, während über dem Meer die Sonne aufging. Wenn man sie der harten Realität gegenüberstellte, waren diese angenehmen Tagträume quälender als alles andere. Warum war ich bloß hier draußen auf diesem tristen Ozean, wo ich doch bei meiner Liebsten sein und ein herrliches Leben führen könnte? Hätte ich einen magischen Knopf drücken und heimkehren können, ich hätte es getan, ohne auch nur einen Moment zu zögern.

Jetzt, wo unsere Rettung wahrscheinlicher zu sein schien, trübten sich meine Gedanken angesichts der Aussicht, die Expedition fortzusetzen. Ich hatte das Gefühl, dass mir die Kraft fehlte, weiterzumachen. Und dennoch könnte ich es nicht ertragen, der Welt mitzuteilen, ich würde aufhören.

Endlich preschte die *Professor Khromov* durch die Wellen auf unser Boot zu. Das 60 Meter lange Schiff wurde immer größer, bis es nur noch ein paar Hundert Meter entfernt war. Ein amerikanischer Lotse an Bord des russischen Schiffes übermittelte per UKW-Funk die Anweisungen des Kapitäns.

Wir sollten unsere Position halten, während die *Professor Khromov* sich gegen die Windrichtung näherte. Sie würde uns in 50 Meter Entfernung passieren, so nahe, wie es bei dieser unberechenbaren See möglich war. An der Stelle, wo das Schiff unserem Boot am nächsten war, würde ein Besatzungsmitglied eine Affenfaust – einen an einem Stück dünner Schnur befestigten, beschwerten Knoten – zu uns herüberwerfen. An dieser Schnur hing an der anderen Seite ein dickeres Tau, das wir zu unserem Boot heranziehen konnten.

Der erfahrene Kapitän und Mitglieder der Besatzung führten das Manöver fehlerfrei durch, und es dauerte nicht lange, bis wir mit der *Professor Khromov* verbunden waren. Da es ein riskantes Manöver wäre, unser Boot abzuschleppen, warf das russische Schiff stattdessen Anker. Wir würden zusammen warten, bis das Wetter sich beruhigte. Wir verbrachten die Nacht damit, immer mal wieder gegen das Heck der *Professor Khromov* zu prallen. Trotzdem konnten Tim und ich zum ersten Mal seit Tagen ein mehrstündiges, ununterbrochenes Schläfchen machen.

Im Laufe der Nacht begannen die Winde nachzulassen. Bis zum frühen Nachmittag des nächsten Tages war der viertägige Sturm abgeflaut. Wir machten uns von unseren Rettern los und ruderten die letzten 24 Kilometer nach Nome.

Nome ist ein weiteres Produkt des Goldrauschs, und dieser Pioniergeist lebt fort bis zum heutigen Tag. Gebäude mit Blendfassaden säumen die kurze Hauptstraße, und die Bars sind zahlreich und gut besucht. Obwohl sie auf den ersten Blick recht rau wirkt, ist die Stadt eine der lebhaftesten und nettesten Gemeinden, auf die wir in Alaska gestoßen sind. Die Geschäfte auf der südlichen Seite der Hauptstraße grenzen alle an den Ozean, und nur wenige Meter von ihren Türen entfernt brechen sich die Wellen des Beringmeers an den Felsen.

Wir machten unser Boot neben einem Krabbenkutter fest, dessen Besatzung uns sofort ein Bier bei ihnen an Bord spendierte. Kurze Zeit später lud ein Einheimischer namens Kevin uns zu einer Mahlzeit aus frischem Elch und Gemüse aus seinem Gewächshaus zu sich nach Hause ein. Mit Kevins Hilfe konnten wir in Nome unser Boot reparieren, und bald war die *Bering Charger* wieder seetüchtig.

Eine Woche nach unserer Ankunft glitten wir bei ruhigem Wetter aus dem Hafen und nahmen erneut Kurs auf Sibirien. Wir schafften die halbe Strecke, bevor uns die nächste kräftige Brise erwischte. Diesmal kamen die Winde aus nördlicher Richtung und trieben uns den ganzen Weg hinunter zur St.-Lorenz-Insel, 200 Kilometer weiter südlich. Hier ankerten wir und warteten darauf, dass die Wetterverhältnisse sich wieder besserten. Wir folgten dem Verlauf der Insel und versuchten dann, gegen starke nördliche Winde ankämpfend, nach Sibirien zu entkommen. Die Behörden in Sibirien hielten wir während der gesamten Überfahrt über unsere Fortschritte auf dem Laufenden. Es war eine der Bedingungen, die man uns im Vorfeld zur Auflage gemacht hatte.

Am 4. September schließlich, genau einen Monat nachdem wir das Yukon-Delta verlassen hatten, kamen die zerklüfteten Umrisse Sibiriens in Sicht. Um 400 Kilometer übers Meer zu gelangen, hatte unser Schlingerkurs uns über fast 1000 Kilometer geführt. Aber wir hatten soeben die allererste Überquerung des Beringmeers im Ruderboot vollendet.

5 Ins Innere Sibiriens

Im Gegensatz zu dem Flachland, das wir in Alaska hinter uns gelassen hatten, tauchte Sibirien aus dem Meer auf wie ein Hintergrund für *Der Herr der Ringe*. Zerklüftete Berge erhoben sich aus dem Ozean, gekrönt von Gletschern und durch die Brandung geformten Felsen. Millionen von Seevögeln flatterten zwischen dem Meer und ihren Rastplätzen an den Berghängen hin und her. Wir kämpften gegen eine starke Strömung an, während wir das letzte Wegstück in einen Meeresarm zurücklegten, der zu der Stadt Providenija führte. Sobald wir uns in seichteren Gewässern befanden, warfen wir den Anker und konnten endlich eine Pause einlegen.

Am nächsten Morgen ruderten wir den engen Fjord hinauf. Ich konnte kaum glauben, dass um die Ecke versteckt eine Hafenstadt liegen sollte. Das Land wirkte wild und von menschlicher Hand unberührt. Kleine Gletscher schoben sich hinunter bis an die Wasserkante. Verkümmerte Büsche, die mir gerade bis zu den Knien reichten, zeugten von dem unwirtlichen Klima, das dieses Land beherrschte. Wenigstens heute lag die Temperatur bei angenehmen zwölf Grad Celsius.

Providenija, auf 64,5 Grad nördlicher Breite gelegen, ist Russlands nordöstlichster Einreisehafen. Die Bevölkerung ist von den ursprünglich 10 000 Einwohnern zu Sowjetzeiten auf 1900 zurückgegangen. Die Stadt wurde gegründet, um Schiffe zu warten, welche die Nordostpassage befuhren, und verfügt noch immer über ausgedehnte Hafenanlagen einschließlich einer bedeutenden Schiffswerft. Seit dem Zusammenbruch der Sowjetunion ist die Schifffahrt durch die Passage beinahe zum Erliegen gekommen, und heute ist Providenija eine sterbende Stadt.

Wir näherten uns mit einer gewissen Beklemmung diesem entlegenen Außenposten. Das autonome Gebiet Tschukotka ist der
letzte abgeschottete Teil Russlands, was bedeutet, dass ungehin-
dertes Reisen ohne Genehmigung verboten ist. Wir waren ein Jahr
durch den bürokratischen Sumpf gewatet, um die Erlaubnis zu
erhalten, in einem Ruderboot anzureisen und diesen Staat zu
durchqueren. In den letzten Jahren waren zwei andere Gruppen
von Entdeckungsreisenden ohne diese behördliche Rückendeckung
in Providenija eingetroffen, nur um sofort wieder abgeschoben zu
werden.

Einer dieser Abenteurer war Mike Horn. Er hatte vorgehabt, die
Welt zu Fuß und per Segelboot auf dem nördlichen Polarkreis zu
umrunden. Er kam zusammen mit seinem Bruder und einem
Freund in einem kleinen Segelboot von Alaska herüber. Bei der
Ankunft in Providenija erfuhr das Team, dass ihre russischen Visa
allein nicht ausreichten, um ihnen Zugang nach Tschukotka zu
verschaffen. Die Behörden verhafteten Horn und beorderten die
anderen Segler wieder hinaus aufs Meer. Horn wurde kurz darauf
abgeschoben.

Mit Geduld und Beharrlichkeit ist es möglich, die Erlaubnis zur
Reise durch Tschukotka zu bekommen. Um diese magische Genehmigung, eine sogenannte *rasporjazhenije*, zu erlangen, mussten
wir die genaue Route skizzieren, der wir folgen wollten. Sodann
benötigten wir eine Vorabgenehmigung der Grenzposten und der
Bürgermeister oder Verwaltungschefs jeder einzelnen Gemeinde,
durch die wir kämen. Wir mussten einen Einheimischen anheuern,
der bei der Verwaltung registriert wurde und für die Dauer unseres
Aufenthalts als unser Bürge und Begleiter fungieren sollte. Für
sämtliche Kommunikationsgeräte einschließlich Satellitentelefo-
nen und GPS-Einheiten bräuchten wir Sondergenehmigungen von
Beamten in Moskau, bevor wir sie in das Gebiet einführen dürften.
Jeder Schritt in dem Genehmigungsverfahren bedeutete eine weitere Gebühr. Nachdem wir uns ein Jahr lang ein Bein ausgerissen
und Leute geschmiert hatten, wurde uns die außerordentlich wichtige *rasporjazhenije* erteilt.

Dennoch war nichts garantiert, solange unsere Pässe nicht gestempelt waren. Falls die launenhaften Beamten uns wieder aufs Meer hinausschickten, schafften wir es vielleicht niemals zurück nach Nordamerika. Die nördlichen Winde wurden beständiger, und sie würden uns wahrscheinlich in die sich nach Süden weit öffnenden Gewässer des Pazifischen Ozeans treiben.

Als wir um eine Ecke des Fjords bogen, kam Providenija in Sicht. Fast die gesamte Stadt besteht aus vier- bis sechsstöckigen Betonwohnblocks im Sowjetstil. Zwei Drittel der Gebäude mit Reihen zerbrochener Fenster und dunklem Inneren standen offensichtlich leer. Die ganze Stadt war von dem Rauch, den die Schornsteine eines riesigen Kohle-Heizwerks ausspieen, mit einem grauen Film überzogen worden. Unterhalb der Stadt lag der Hafen mit großen verrosteten Ladekränen und drei 20 Meter hohen Kohlehalden.

Vom östlichen Ende des Hafens ragte ein halb gesunkener Lastkahn hervor. Ein Dutzend uniformierter Männer und Frauen stand auf dieser behelfsmäßigen Pier. Zu der Gruppe gehörten Vertreter von Zoll, Einwanderungsbehörde und Armee.

Da wir die russischen Behörden durch Slava, unseren hiesigen Verbindungsmann, über unser Vorwärtskommen hatten informieren müssen, erwartete man uns. Allerdings machte unser Begrüßungskomitee keinen allzu freundlichen Eindruck. Schweigend und ernst sah die Gruppe zu, wie unser Boot näher kam. Schließlich gab ein Mann im Tarnanzug einen Befehl auf Englisch: »Machen Sie das Boot hier fest.«

Wir wickelten unsere Leinen nach seinen Anweisungen. Der Armeeangehörige in Tarnfarben war der Einzige, der Englisch sprach, und er übersetzte für alle anderen Beamten. Wir parierten Dutzende von Fragen und erhielten anschließend eine Vielzahl von Formularen zum Ausfüllen. Die Formulare enthielten Fragen wie »Wie viele Besatzungsmitglieder sind auf See umgekommen?« (beinahe zwei) und »Welcher Art ist Ihre Fracht?« (Mountainbikes und ausreichend gefriergetrocknete Lebensmittel, um die russische Armee zu ernähren). Abgesehen von dem unglückseligen Mike

Horn waren wir die einzigen Seeleute mit einem kleinen Boot, die sie jemals abgefertigt hatten.

Als es dunkel zu werden begann, waren wir zuversichtlich, was unsere Aussichten betraf, ins Land zu gelangen. Von Abschiebung war bislang noch nicht die Rede gewesen, und die Verhandlungen schienen reibungslos vonstattenzugehen.

Schließlich machten sich die Beamten einer nach dem anderen davon. »Sie dürfen noch nicht an Land gehen«, beschied uns der Soldat. »Sie können heute Nacht im Hafenschlepper schlafen, und morgen dürfen Sie vielleicht von Bord gehen.« Wir wurden über den Lastkahn zu einem ordentlich aussehenden Schiff geführt. Drinnen erwarteten Tim und mich zwei bequeme Schlafräume. Ich putzte mir die Zähne, kletterte in die weiche Koje und genoss meine erste Nacht nur ein paar Meter von Sibirien entfernt.

Am folgenden Tag wurden wir befreit, auch wenn wir nicht wussten, dass noch Zoll- und Einwanderungsformalitäten für mehr als eine Woche vor uns lagen – von Amt zu Amt marschieren, Formulare ausfüllen, kleine Gebühren entrichten. Beamte hatten unser Satellitentelefon und das GPS beschlagnahmt, weil erst noch die Genehmigungen aus Moskau eintreffen mussten.

Auf unserem Schlepper trafen wir uns mit Slava, dem Einheimischen, den wir bezahlt hatten, damit er sich um die Bürokratie kümmerte, und mit Julja, unserer russischen Dolmetscherin. Slava war ein massiger, gut gekleideter Teddybär mit Strickjacke und flacher Tweedmütze. Er hatte die asiatischen Züge des einheimischen Volkes der Tschuktschen. Neben ihm stand Julja, mit jungenhaftem Gesicht, kurzem braunen Haar und breitem Lächeln. Sie war von Irkutsk hergeflogen, einer 5000 Kilometer entfernten sibirischen Stadt. Ihre Dienste waren mir von einem russischen Freund, dessen Bekanntschaft ich bei einer früheren Expedition in Sibirien gemacht hatte, empfohlen worden. Julja war Anfang zwanzig, und sie war vom Fleck weg begeistert davon gewesen, sich unserem Team anzuschließen. Ich hatte bislang nur per E-Mail mit ihr kommuniziert, weil sie fast kein Englisch gesprochen und eine Freundin zum Übersetzen gebraucht hatte. Während der vergangenen zwei Monate hatte sie jedoch intensiv gelernt und kannte nun die Grundlagen der Sprache. Slava hingegen sprach überhaupt kein Englisch.

Auf dem Papier und soweit es um die Behörden ging, würde Slava unsere Expedition begleiten. In der Realität würde er bei der Logistik behilflich sein, während das eigentliche Reisen Tim, Julja und ich erledigen würden.

Juljas begrenzte Englischkenntnisse wurden wettgemacht durch ihre optimistische Einstellung, und sie schien ein widerstandsfähiges Mädchen zu sein, mit dem breiten Körper und der stämmigen Figur einer künftigen Babuschka. Ich hatte den Eindruck, dass sie die erforderliche Kraft für die vor uns liegende schwierige Reise besaß. Julja gab zu, »die Schule zu hassen«, interessierte sich jedoch stark für Natur und Umwelt. Ihre Tierliebe hatte sie veranlasst, Vegetarierin zu werden, und das Einzige, was ihr wichtiger war als ihre vierbeinigen Freunde, war Gott. Julja war eine inbrünstig praktizierende Christin.

Nachdem wir uns alle kennengelernt hatten, organisierte Slava einen Lastwagen, um unsere Ausrüstung zu einer leer stehenden Wohnung zu befördern, die wir in ein Ad-hoc-Expeditions-Hauptquartier verwandeln wollten. Hier wollten wir uns auf die nächste Etappe unserer Expedition vorbereiten – einen 850-Kilometer-Marsch nach Anadyr, der Hauptstadt des Autonomen Kreises der Tschuktschen.

Ursprünglich hatten wir vorgehabt, mit unserem Boot die Küste entlang nach Anadyr zu rudern. Die bevorstehenden Winterstürme ließen einen Marsch über Land jedoch als die sicherere Möglichkeit erscheinen. Es war eine gewaltige Entfernung, die zu Fuß durch eine straßenlose Wildnis zurückzulegen war, aber ich fand, es war besser als die Alternative. Zu oft schon hatte uns das Beringmeer seine Stärke demonstriert. Weder Tim noch ich wollten uns den Gefahren dieser kalten und launenhaften Fluten noch einmal aussetzen.

Unsere Fahrräder, Skier und anderen Ausrüstungsgegenstände würden wir von einem Versorgungsschiff nach Anadyr befördern lassen und nur die unentbehrliche Ausrüstung und die gefriergetrockneten Lebensmittel, die wir für die Wanderung brauchten, behalten. Da wir nie vorgehabt hatten zu wandern, hatten wir keine Rucksäcke gekauft. Leider gab es in dieser entlegenen sibirischen Stadt kein Geschäft für Outdoor-Artikel, und alles, was von Nordamerika hierher transportiert würde, bräuchte zwei Monate, bis es einträfe. Doch die Not macht erfinderisch, und wir lösten das Dilemma, indem wir uns aus dem Holz ausrangierter Paletten, russischen Riemen, Zahnseide und aus dem Schaumstoff unserer Schwimmwesten und Bootspolster drei strapazierfähige Rucksäcke anfertigten. Unsere Ausrüstung würden wir in haltbare Trockenbeutel packen und diese mit Gurten auf die Packrahmen binden. Unser Ruderboot würden wir in Providenija einlagern und später versuchen, es nach Portugal verschiffen zu lassen.

Die Stadtverwaltung von Providenija bot an, unsere Expedition mit einem kettengetriebenen Transportpanzer, einem sogenannten Vestihod, zu unterstützen, der unsere gefriergetrockneten Vorräte an mehreren Orten entlang der Strecke deponieren sollte. Wir könnten schließlich unmöglich genug Lebensmittel auf dem Rücken transportieren. Das Geländefahrzeug würde einer bestehenden Route folgen, die gelegentlich benutzt wurde, um abgelegene Küstendörfer zu versorgen, und die Lieferfahrt sollte auch dringend benötigte Vorräte zu einer der fernen Gemeinden bringen.

Da unsere neue Strecke von unseren anfänglichen Plänen abwich, musste Slava mit den Behörden verhandeln, um eine Genehmigung für die neue Reiseroute zu bekommen. Während er sich um die endlose Bürokratie kümmerte, beschäftigten Tim, Julja und ich uns in unserer Ein-Schlafzimmer-Wohnung mit den Vorbereitungen für den bevorstehenden Marsch.

Aus Tim und Julja war binnen zwei Tagen nach unserer Ankunft ein Liebespaar geworden. Julja schwelgte im Hochgefühl verrückter Leidenschaft und verkündete, dass ihre Vereinigung mit Tim Gottes Werk sei. »Als ich früh Fotografie von Tim auf Website ansehe, ich weiß, er wird mein Mann sein«, erklärte sie eines Abends beim Borschtsch. »Ich bete zu Gott, und ich weiß, es soll sein.«

Tim blickte von seiner gefüllten Suppenschale auf und sagte: »Wir sind erst seit ein paar Tagen zusammen, Julja. Wir müssen mehr Zeit zusammen verbringen, bevor wir eine so wichtige Entscheidung treffen können. Wir müssen sehen, ob wir zueinanderpassen, ob wir kompatibel sind.«

»Kom-pat-tee-bull?«, sagte Julja mit verblüfftem Stirnrunzeln. »Aber verstehst du nicht, Tim, wir lieben einander. Wir bestimmt füreinander.«

Tim nickte langsam. Er war stolz auf sein Leben als Casanova, und ich fürchtete, dass die Beziehung nicht den Verlauf nehmen könnte, den Julja sich wünschte. Wir würden Monate zusammen auf engstem Raum miteinander verbringen, und ich hoffte, dass diese neue Zutat in unserem Expeditions-Eintopf sich nicht verheerend auf die Teamdynamik auswirkte.

Juljas Englisch wurde rasch besser, und sie bemühte sich nach Kräften, ihren Wert als Expeditionsmitglied und nun auch als zukünftige Ehefrau unter Beweis zu stellen. Sie stand jeden Morgen um sechs auf und arbeitete fast ununterbrochen bis Mitternacht. Da sie gewöhnlich die Hausarbeit – Kochen, Putzen und Wäschewaschen – erledigte, beschloss ich, mit ihr über diese Arbeitsteilung zu sprechen.

»Julja, du musst nicht die ganze Kocherei und das Putzen übernehmen, bloß weil du eine Frau bist. Wir können alle abwechselnd kochen, abwaschen und so weiter. Außerdem hättest du dann mehr Zeit, dich um Dinge zu kümmern wie Rucksäcke anfertigen oder Ausrüstung packen. Ich weiß, dort, wo du herkommst, erledigen Männer und Frauen unterschiedliche Arbeiten, aber wo Tim und ich herkommen, sind wir alle gleich, und jeder kann sich aussuchen, was er am liebsten machen möchte.«

Julja blickte erschrocken. »O nein. Ich mache das sehr gern«, behauptete sie. »Eine Frau müssen zeigen ihrem Mann, was sie kann.«

Ich zuckte die Achseln und fuhr mit meinen eigenen Arbeiten fort.

Endlich, zwei Wochen nach unserer Ankunft in Sibirien, erhielten wir offiziell grünes Licht für die Reise. Unser Satellitentelefon wurde aus seinem bürokratischen Gefängnis befreit, nicht jedoch das GPS. Laut Slava waren die russischen Behörden zu dem Schluss gekommen, dass unser GPS eine zu große Gefahr für die nationale Sicherheit darstelle.

Auch ohne unsere elektronische Navigationshilfe waren wir bereit, durch eine der abgeschiedensten und menschenfeindlichsten Regionen auf dem Planeten zu wandern. Ich schauderte, während kalte Winde von den Bergen herab und durch Providenija fegten. Es war jetzt Frühherbst. Bald würden die Temperaturen stark fallen. Es wurde Zeit, die ersten Schritte auf unserer 19 000 Kilometer langen Durchquerung Eurasiens nur per Muskelkraft zu tun.

Slava würde zusammen mit einem Fahrer und einem Helfer in dem städtischen Transportpanzer reisen, um unsere Vorräte zu deponieren. Er versprach, in zwei Tagen zu uns zu stoßen. Anschließend würden die drei vorausfahren und Depots in zwei winzigen Außenposten an der Küste anlegen, die etwa zehn Tagesmärsche auseinanderlagen. Damit sie uns nicht verfehlten, studierten wir zusammen auf einer verschmutzten topografischen Karte des russischen Militärs, die ein Lokalreporter uns geliehen hatte, genau unsere beabsichtigte Route. Für den ersten Abschnitt führten wir genug Lebensmittel für mindestens fünf Tage mit, falls Slava und seine Crew auf Schwierigkeiten stoßen und sich verspäten würden.

Am 21. September schulterten Tim, Julja und ich unsere 30 bis 40 Kilo schweren improvisierten Rucksäcke und machten uns auf den Weg ins Unbekannte. Es war unmöglich gewesen, detaillierte Informationen über das Gebiet zu bekommen, durch das wir nun reisen würden, schlicht und einfach deshalb, weil niemand aus dem Westen jemals über diese Route gewandert war. Einheimische vielleicht, aber ihre Berichte wurden nie veröffentlicht. Stattdessen studierten wir die Karte und versuchten die Schnörkel und Punkte in Berge, Flüsse und Sümpfe zu verwandeln. Wie steil waren die Pässe? Wären wir in der Lage, die halb zugefrorenen Flüsse zu überqueren? Hatten wir genug Nahrungsmittel? Viele Fragen blieben unbeantwortet, während wir langsam aus Providenija davonstapften.

Irgendwie hatte es etwas Surreales, sich von einem verfallenden sibirischen Hafen aus in eine riesige Wildnis aufzumachen. Während Providenija hinter uns verschwand und wir über eine niedrige Passhöhe wanderten, beharkte ein eisiger Wind das Land, begleitet von ein paar Schneeflocken. Wir marschierten schweigend durch die einsame Landschaft, und ein Gefühl von Platzangst ergriff mich, als ich über ein Land ohne Bäume, Gebäude oder anderes, was die weichen, sanft ansteigenden Konturen des Landes sonst noch stören könnte, blickte.

Ich dachte an die Millionen von Menschen, die in diesem unwirtlichen Land vor Kälte und Hunger umgekommen waren, und fragte mich, ob wir es unbeschadet durch diese Einöde schaffen würden. Es schien, als ob das Heulen des Windes in meinen Ohren die Stimme Sibiriens wäre, die Geheimnisse von Kälte, Qual und Tod flüsterte. Wenn wir vernünftig wären, würden wir ihre Warnungen ernst nehmen und zu den Bequemlichkeiten der Zivilisation zurückkehren, aber stattdessen wurden wir getrieben von unseren tollkühnen Ambitionen, und wir setzten unseren Weg ins Unbekannte fort.

Was diese Etappe noch beunruhigender machte, war die Tatsache, dass wir nicht autark waren. Wir hatten nicht genug Lebensmittel, um es bis zur nächsten Küstengemeinde zu schaffen, und unser Wohlergehen hing von einem erfolgreichen Rendezvous mit Slava und dem Transportpanzer ab. Was aber, wenn wir uns gegenseitig verpassten oder die veraltete Maschine liegen blieb? Ich versuchte diese Ängste zu ignorieren und konzentrierte mich lieber darauf, schnell voranzukommen, solange noch alles glattlief.

Auf den ersten 300 Kilometern würden wir die Kopfenden mehrerer kleinerer und größerer gewundener Fjorde berühren. Diese schmalen Meeresarme ähnelten der Bucht, in der wir angekommen waren, und ihre schwarzen Gewässer wurden flankiert von den schwarzgrauen Hängen baumloser Berge. Wir folgten den mäandernden Routen von Tälern, die den Weg des geringsten Widerstands boten. Der Boden, über den wir marschierten, wechselte zwischen morastiger Tundra, Kiesmoräne und lockerem Pulverschnee. Da es keine Bäume gab, waren Tiere leicht zu entdecken. Kaum eine Stunde verging, ohne dass einer von uns einen Fuchs, Polarhasen, Grizzly oder anderen Tundra-Bewohner sah. In der Nacht drang zusammen mit der Kühle des herannahenden Winters das schwermütige Geheul der Wölfe durch die dünnen Wände unserer Zelte.

Zwei Tage kamen und gingen, und von Slava war weit und breit nichts zu sehen. Spätestens am dritten Tag fingen wir alle an, uns Sorgen zu machen, und die Anspannung stieg. Zwei weitere Tage konnten wir unsere vorhandenen Lebensmittel noch strecken, aber was, wenn Slava dann immer noch nicht mit neuen Vorräten aufgetaucht war? Wir hatten bereits angefangen zu rationieren und waren hungrig, und die Vorstellung, dass uns die Lebensmittel gänzlich ausgingen, war entsetzlich. Ich verfluchte mich, weil ich nicht darauf bestanden hatte, ausreichend Lebensmittel für zehn Tage mitzunehmen, genug, um es bis zum ersten Dorf zu schaffen. Doch Slava war sich sicher gewesen, dass sie keine Probleme haben würden, und hatte erklärt, es sei töricht, uns unnötig zu bepacken. Töricht kam jetzt ich mir vor, als wir mit unseren letzten Lebensmittelvorräten weiter durch eine endlose Wildnis wanderten.

Wir mussten eine Entscheidung treffen. Sollten wir nach Providenija zurückkehren, bevor es zu spät war, oder weitermarschieren? Wir beschlossen gemeinsam, uns durch das Sumpfland und die Moräne weiter vorwärtszukämpfen. Falls Slava nicht aufkreuzte, würden wir die wild wachsenden Heidelbeeren und Preiselbeeren essen und versuchen, uns bis zum nächsten Dorf durchzuschlagen.

Der dritte, vierte und fünfte Tag vergingen, und wir drangen tiefer in die Wildnis vor. Unser Hilfstrupp war noch immer nicht erschienen. Hatten wir einander irgendwie verpasst? Vielleicht waren wir in diesem Labyrinth von Tälern falsch abgebogen. Unser Proviant war jetzt vollständig aufgebraucht, und mit knurrenden Mägen machten wir regelmäßige Pausen, um von niedrig wachsenden Büschen die säuerlichen Beeren zu pflücken, von denen die

Tundra um uns herum gesprenkelt war. Noch immer waren wir vier Tage von unserem Ziel, einem winzigen Küstendorf, entfernt. Angesichts der Tatsache, dass wir in unseren Rucksäcken nichts mehr zu essen hatten, fragte ich mich, ob wir es schaffen würden. Die Landschaft um uns herum wirkte trostloser denn je. Unsere helle Kleidung passte nicht zur Umgebung, und ich wurde das unheimliche Gefühl nicht los, dass das Land sich bereit machte, uns zu verschlucken. Es schien, als ob wir zu aufrecht und strahlend dastanden in einem Land, das zurückhaltende Auftritte und Brauntöne bevorzugte.

»Ich glaube, ich sehe ein Gebäude«, sagte Julja.

Es war gegen Ende des fünften Tages, nach einem langen Tag des Marschierens und Beerenpflückens. Ich warf einen Blick in die Richtung, in die Julja zeigte, und machte eine Unregelmäßigkeit aus, die entweder ein großer Felsblock oder eine Hütte war. Als wir uns dem Objekt näherten, stellten wir mit Erleichterung fest, dass es tatsächlich eine kleine Hütte war, und wir beteten, dass irgendjemand zu Hause sein möge.

Als wir den winzigen Schindelbau endlich erreichten, war offensichtlich, dass er verlassen war. Aus dem Ofenrohr kam kein Rauch, und die Tür schwang in dem frischen Wind auf und zu. Draußen lag, halb in der Erde versunken, ein von der Sonne ausgebleichter kaputter Schlitten aus Treibholz und Knochen.

Der ganze Bau hatte etwa die Größe eines durchschnittlichen nordamerikanischen Schlafzimmers, und wir schlüpften durch die klappernde Tür, während unsere Augen sich an das Dunkel gewöhnten. Das Glas in dem einzigen Fenster war zerbrochen, und jemand hatte es durch einen dicken Bogen Pappe ersetzt. Das einzige Licht, das ins Haus drang, kam aus Richtung der offenen Tür.

An der gegenüberliegenden Wand standen zwei breite hölzerne Regale, die vermutlich als Betten dienten. In der Nähe des Hütteneingangs befand sich ein Holzofen, ein umfunktioniertes Ölfass, in das eine Tür geschnitten war. Nahe bei dem Ofen standen ein aus Holzlatten zusammengenagelter primitiver Tisch und zwei Stühle. Auf dem schmutzigen Fußboden lagen zwei große Leinensäcke.

Julja und ich sahen gespannt zu, als Tim sie öffnete. Wir alle hofften auf Lebensmittel.

Der erste Sack enthielt Kohle – Brennstoff für den Ofen in einem Land, wo Holz fast nicht vorhanden ist. Tim öffnete langsam den zweiten Sack. Er enthielt trockenes Brot.

»Nicht schlecht! Wir werden leben wie die Könige«, sagte er vergnügt. »Wir werden diesen Ofen in Fahrt bringen und heute Abend ein Festmahl veranstalten.«

Im letzten Licht des Abends pflückten wir Beeren und füllten unsere Kochtöpfe bis zum Rand. Zwar befanden wir uns hier am Ende der Welt, aber die kleine Hütte gönnte uns doch eine Atempause von der Furcht, die uns während der vergangenen paar Tage heimgesucht hatte.

Wir entzündeten ein prasselndes Feuer in dem Holzofen, das die Hütte erwärmte, während die Temperaturen draußen auf unter null Grad fielen, und ließen uns ein kräftiges Abendessen aus in Wasser geschmortem Brot mit Beeren schmecken. Das Brot schien Jahre alt zu sein und war durchsetzt von Kohlenstaub, was ihm einen schrecklichen Geschmack verlieh. Trotzdem füllte der säuerliche Eintopf unsere Mägen, und wir streckten uns behaglich auf unseren Kojen aus. Das übrig gebliebene Brot würde reichen, uns bis zum nächsten Dorf zu ernähren. Mollig warm und zufrieden schlief ich ein, und zum ersten Mal seit Tagen träumte ich nicht von Hunger und Tod.

Am siebten Tag unserer Wanderung, um drei Uhr morgens, wurden unsere Zelte von den Scheinwerfern einer Maschine erhellt, die klang wie ein UFO, das auf unserem Zeltplatz niedergeht. Der Transportpanzer hatte es endlich geschafft. Drinnen waren drei betrunkene Insassen. Slava torkelte als Erster ins Freie und erklärte, sie hätten sich verspätet, weil sie unterwegs ein paar ausgezeichnete Jagd- und Angelreviere gefunden hätten. Stolz präsentierten die Männer Schnüre mit Fischen und mehrere Polarhasen, die sie geschossen hatten. Die Männer schlugen für den Rest der Nacht noch ihr Zelt auf und ließen uns am nächsten Morgen mit ausreichend Lebensmitteln zurück, damit wir es bis zum nächsten

Versorgungspunkt schafften, während sie das Tal hinunter davon-donnerten.

Wir setzten unseren Marsch fort. Irgendwann wichen die zer-klüfteten Falten der Berge einer leichter zu durchquerenden Küs-tenebene, einer ausgedehnten arktischen Schotterwüste ohne jeg-liche Flora, abgesehen von kleinen Beeten mit Flechten. Die meis-ten Tiere, die wir zu Gesicht bekamen, ernährten sich hier von den Stränden, an denen wir entlangmarschierten. Tausende von Walrossen tollten herum und fischten, während nur wenige Meter vom Strand entfernt Grauwale schwammen und nach Nahrung suchten.

Zwei Tage nachdem wir uns von Slava verabschiedet hatten, erreichten wir ein kleines, heruntergekommenes Fischerdorf von etwa 100 Seelen, das sich in eine schmale Bucht schmiegte. Die Dorfverwaltung übergab uns unsere gefriergetrockneten Lebens-mittel, und wir setzten unseren Marsch nach Westen fort.

Nicht alle unsere Begegnungen mit der Tierwelt waren harmlos. Nach drei Wochen Wanderung hatte sich die Tschuktschen-Halb-insel so weit verbreitet, dass die größeren Wasserscheiden kräftige Flüsse bildeten. Diese schnellen Gewässer zu durchqueren fiel uns zunehmend schwerer. Gewöhnlich zogen wir die Hosen aus, nah-men die Socken aus unseren Gummistiefeln und krachten dann durch das dünne Eis an den Rändern, wenn wir mit unseren schwe-ren Rucksäcken zur anderen Seite des Flusses schwankten – das alles bei Lufttemperaturen um minus 15 Grad.

Einmal stießen wir auf einen Fluss, der so breit war, dass ein Hindurchwaten nicht möglich war – zumindest nicht von dem Ufer aus, an dem wir standen. Ich machte mich allein stromauf-wärts auf den Weg, um eine seichtere Furt zu suchen. Plötzlich stürmte ein Wolf aus einem Hohlweg unmittelbar vor mir und er-schreckte mich. Ich ging weiter und beobachtete das scheue Tier, wie es in sicherer Entfernung innehielt, um mich prüfend anzuse-hen. Ich betrat den kleinen Hohlweg und kam schlitternd zum Stehen. Nur 30 Meter war ich noch von einem Grizzly entfernt, der gebückt über einer Beute stand. Wenn man in die Statistik angefallener Opfer eingehen wollte, war dies hier sicher eine Bilderbuchmethode.

Der Bär war ziemlich erregt. Soeben erst hatte er einen lästigen Wolf vertrieben. Und nun hielt ihn ein neuer Eindringling von seinem Abendessen ab. Statt Reißaus zu nehmen, wie es alle sieben Grizzlys, die wir bislang gesichtet hatten, getan hatten, stürmte diese riesige Bestie den Hang hinauf auf mich zu, wobei sie mit einer Tatze in der Luft herumfuhrwerkte. 15 Meter von der Stelle entfernt, wo ich, gelähmt vor Angst, stand, hielt der Bär auf einer Erhebung inne und zog witternd die Luft ein. Zum Glück befand ich mich im Windschatten. Ich ging langsam rückwärts, bis ich aus der Blickrichtung des Bären verschwunden war. Dann eilte ich den Fluss entlang zurück.

Slava und seine fröhlichen Kumpanen sahen wir nie wieder, da sie über eine andere Route heimkehrten, aber wir stellten mit Erleichterung fest, dass sie die restlichen Lebensmittelvorräte wie geplant abgeliefert hatten. Dennoch waren wir deprimiert – wenn auch eigentlich nicht überrascht –, als wir erfuhren, dass Slava und die Jungs derart betrunken in einem Dorf angekommen waren, dass sie aus Versehen ein Fischerboot platt gewalzt hatten und durch die Seitenwand eines Betonhauses gebrettert waren. Zum Glück war niemand verletzt worden, und die Dorfbewohner taten den Zwischenfall gutmütig ab.

Die Temperaturen sanken, und die Überquerung der halb zugefrorenen Flüsse wurde immer tückischer. Auf einigen konnten wir über das junge Eis laufen, das jedes Mal unter unserem Gewicht knirschte und nachgab. Falls wir durchbrachen, riskierten wir, unter Wasser gespült und unter einer Decke aus Eis gefangen zu werden. Durch andere Flüsse mussten wir bis zu den Hüften im Wasser waten und dabei das Eis mit den Händen brechen, während wir uns langsam vorwärtsbewegten.

Ein Fluss war zu tief, um hindurchzuwaten, also suchten wir nach dem dicksten Eis. In einem Bereich mit langsamer fließendem Wasser hatten sich Eisbrocken gesammelt und einen Halbkreis dickeren Eises quer über den Fluss gebildet, wie ein schwimmender Biberdamm. Tim und Julja überquerten die Eisblockade auf Händen und Füßen, um ihr Körpergewicht zu verteilen.

Ich ging als Letzter. Als ich bereits halb drüben war, sackten meine Hände durch das Eis ins Wasser. Zwischen ihnen blieb das Eis ganz, und mein Brustkorb wurde gegen die Oberfläche gepresst. Ich verlagerte mein Gewicht auf die Knie und versuchte die Hände aus dem Wasser zu ziehen, und plötzlich brachen auch meine Knie durch das Eis. Das enorme Gewicht meines Rucksacks nagelte mich auf der Stelle fest, während ich mit allen vier Gliedmaßen in dem schnell fließenden Wasser baumelte.

Wenn das restliche Eis brach, würde ich in den mit Eis gefüllten Fluss stürzen. Die Strömung würde mich unter das Eis ziehen, und es wäre unwahrscheinlich, dass ich nach oben durchbrechen könnte, um zu entkommen. Ich erstarrte augenblicklich und geriet in Panik, weil ich fürchtete, jede Bewegung würde das Eis unter meinem Körper veranlassen nachzugeben. Ich hatte kein Gefühl mehr in den Gliedmaßen, da unerträglich kaltes Wasser um sie herumwirbelte, ein Vorgeschmack darauf, wie es wäre, ganz unterzutauchen. Tim und Julja standen hilflos am gegenüberliegenden Ufer und sahen bestürzt zu.

Wie durch ein Wunder blieb die Eisscholle unter meinem Körper ganz, und ich rollte mich herum, um mich zu befreien. Dann kroch ich vorsichtig zurück zu der Stelle, wo ich losgekrochen war, und aufs sichere Ufer. Ich lief mehrere Hundert Meter den Fluss entlang, bis ich auf seichteres, schnell fließendes Wasser stieß, das nicht gefroren war. Hier watete ich hinüber, wobei das Wasser mir bis zur Hälfte der Oberschenkel ging, und erreichte endlich das andere Ufer.

Gegen Mitte Oktober, etwa fünf Wochen nachdem wir zu unserem Marsch aufgebrochen waren, begannen winterliche Schneefälle das Land zu bedecken. Sie wurden von kreischenden Winden begleitet. Beides führte dazu, dass wir ständig erschöpft waren. Eisplättchen bildeten sich überall in meinem und Tims Bart. Wir sehnten uns nach unserer Extremwinterkleidung, die wir nach

Anadyr vorausgeschickt hatten. Wir erreichten eine hohe Bergkette, die uns den Weg versperrte, und mussten den höchsten Pass erklimmen, auf den wir bislang gestoßen waren. Schneeverwehungen türmten sich auf dem Passanstieg. Über der Schneedecke hatte sich eine harte Kruste gebildet, die das Laufen erleichterte. Gelegentlich jedoch war die Kruste dünn, und wir versanken bis zur Brust in dem flockigen Schnee.

Ich hatte während dieses strapaziösen Marsches kräftemäßig enorm abgebaut und schlief nachts nicht gut. Weil ich meinen schlechten Gesundheitszustand allgemeiner Erschöpfung zuschrieb, war ich erleichtert, als wir uns endlich Egvenikot näherten, einer relativ großen Hafenstadt. Während wir auf die Passhöhe zustolperten, kam eine Ansammlung aus Betonwohnblocks, Hafenkränen und Schwaden von Kohlenrauch in Sicht. In meinem geschwächten Zustand sah das alles himmlisch aus. Es hatte uns mehr als sechs Wochen ununterbrochenen Marschierens gekostet, diese Stadt zu erreichen.

Wir hatten 650 Kilometer zu Fuß zurückgelegt, und Anadyr lag noch einmal 200 Kilometer entfernt. Inzwischen war es November, und wir waren bereits ungefähr einen Monat in Verzug. Die Temperaturen fielen nachts auf minus 35 Grad Celsius und erwärmten sich erst zum Nachmittag hin auf milde minus 25 Grad. Auch wenn wir es kaum glauben mochten, das Wetter würde ab jetzt nur noch kälter werden. Wenn wir weitermachen wollten, mussten wir einfach unsere wärmere Kleidung, die Skier und anderes Winterzeug holen. Wir müssten einen schnelleren Weg nach Anadyr finden, dann mit den erforderlichen Vorräten zurückkehren und die Lücke anschließend zu Fuß wieder schließen.

Julja und Tim hüpften die Hänge hinab der Bequemlichkeit und Wärme der Zivilisation entgegen. Ich folgte in sehr viel langsamerem Tempo nach. Mein Zustand war über eine gewöhnliche Erschöpfung mittlerweile weit hinaus, ich fühlte mich absolut schrecklich.

Als wir in der Stadt eintrafen, informierte uns ein Beamter, dass an diesem Abend der letzte Eisbrecher des Jahres nach Anadyr ausliefe. Der Kapitän des Schiffes gewährte uns freie Überfahrt, und er warf die Leinen los, sobald wir an Bord gegangen waren. Während das noch zu Sowjetzeiten gebaute große Schiff sich einen Weg durch weite Eisflächen bahnte, verschlechterte sich mein Gesundheitszustand weiter. Ich hatte leichtes Fieber, war vollkommen kraftlos und verspürte ein merkwürdiges Zerren im Unterleib. Der Kapitän hatte uns eine Kabine zur Verfügung gestellt, die eher einer Wohnung glich. Während Julja und Tim sich im Schlafzimmer ausruhten, lümmelte ich mit benebeltem Kopf und körperlich ausgelaugt auf der Couch herum. Was war los mit mir?

6 Klinikgroteske in Anadyr

Wir trafen am nächsten Abend in Anadyr ein und fuhren mit einem Lada-Taxi zu einem Hotel im russischen Stil – einer Ansammlung von Wohnungen in einem alten sowjetischen Wohnblock. Ich fragte mich allmählich, ob mein elender Zustand mit meinem langsamen Urinfluss zusammenhing. Ich habe ein angeborenes Leiden, eine sogenannte Harnröhrenstriktur oder -verengung, die das Wasserlassen zu einer langsamen Prozedur macht. In letzter Zeit war mir der Harnfluss noch langsamer erschienen als gewöhnlich. So wie ich im Moment beieinander war, war mir klar, dass ich mir möglicherweise eine Blasenentzündung einfangen konnte.

Der Besitzer des Hotels führte uns durch ein stockfinsteres Betontreppenhaus nach oben in den sechsten Stock. Er öffnete eine Tür und wies uns in eine Wohnung mit insgesamt etwa sechs Betten, die überall herumstanden. Wir waren die einzigen Bewohner.

Julja und Tim zogen es vor, in dem angrenzenden Raum zu übernachten, sodass ich das große Schlafzimmer für mich allein hatte. Fünf Einzelbetten waren rings an den Wänden aufgestellt, und ich sank auf das Bett direkt neben der Tür und fiel in einen unruhigen Schlaf. Eine Stunde später erwachte ich völlig durchgefroren und musste urinieren. Meine Zähne klapperten, während ich einen kleinen Teil meiner Blase Tropfen für brennenden Tropfen entleerte. Es war, als würde man Lava durch eine Spritze hindurchleiten.

Wieder im Bett, rollte ich mich zusammen wie ein Embryo und versuchte warm zu werden, vergebens. Ich holte mir noch ein paar Steppdecken von den benachbarten Betten, wickelte mir eine Fleecejacke um den Kopf und schlief endlich, als ich das Gefühl hatte, dass meine Blase sich bereits wieder zu füllen begann, ein. Eine halbe Stunde später wurde ich wach. Es war, als hätte jemand einen Eimer mit warmem Wasser über mir ausgeschüttet. Das Bett war schweißdurchtränkt, ich war wirr im Kopf, und hinter meinen Augen tanzten Lichter.

Am anderen Morgen badete ich lange und hoffte, das Wasser würde mich von meinem unerfindlichen Gebrechen reinwaschen. Das Fehlen eindeutiger Symptome machte mich ein bisschen unruhig. Ich hatte weder eine Erkältung noch Grippe oder Magenprobleme. Woher kamen mein extremes Fieber und die Trägheit?

Ich hielt es für besser, ins Krankenhaus zu gehen. Julja führte mich die vereisten Straßen hinunter zu einem modernen vierstöckigen Gebäude. An der Tür reichte uns eine Krankenschwester Plastiktüten, die wir über unsere Schuhe ziehen sollten, und dann eierten wir den Flur hinunter. Eine andere Schwester führte mich in einen sterilen Raum und steckte mir ein Thermometer in die Achselhöhle.

»Diese Thermometer sind neu«, sagte Julja, die für die Schwester übersetzte. »Früher haben sie nicht die Achselhöhle genommen.«

Hätte ich mich besser gefühlt, hätte ich vielleicht in mich hineingelacht bei dem Gedanken an eine Schwester mit fleischigen Armen, die ein Thermometer aus kommunistischer Produktion einschmierte, während ihr Patient vor Angst zitterte. Stattdessen wartete ich ruhig, dass das Instrument meine Temperatur registrierte. Die Schwester blickte auf die Anzeige und sagte ›Na, na!‹.

»Du hast eine sehr hohe Temperatur«, informierte mich Julja. »Die Schwester fragt, warum.«

Ich wusste nicht, warum. Ich sagte ihr, dass ich sehr langsam pinkelte und dass da vielleicht ein Zusammenhang bestünde. Die Schwester machte einen verwirrten Eindruck und rief zwei ihrer Kolleginnen, denen eine junge Ärztin auf dem Fuß folgte. Die Ärztin sagte schroff etwas auf Russisch.

»Lass die Hose runter«, übersetzte Julja.

Ich ließ meine Hose auf den Boden fallen, während die fünf

Frauen zusahen. Die Ärztin drückte meine Oberschenkel von beiden Seiten.

»Tut das weh?«, gab Julja weiter.

»Nein«, sagte ich.

Die Ärztin umklammerte meine Hoden und quetschte sie leicht.

»Tut das weh?«, sagte Julja.

»Nein.«

Dann drückte die Ärztin den Bereich direkt über meinem Penis.

»Wie ist das?«

»Nicht anders, als wenn meine Blase sich voll anfühlt.«

Die Ärztin schnappte sich meinen Penis, betrachtete ihn nüchtern und ließ ihn dann los.

»Wieso kannst du nicht pinkeln?«, übersetzte Julja.

Ich hob zu einem Monolog an und erklärte, dass ich ein angeborenes Leiden namens Harnröhrenstriktur hätte, verursacht durch eine Verengung der Harnröhre. Das sich allmählich verschlimmernde Leiden verlange regelmäßige Operationen, um den verengten Durchlass zu erweitern. Das Problem verursache nicht nur einen geringen Harnfluss, sondern bedeute auch eine unvollständige Entleerung der Blase, was zu einer Entzündung führen könne.

Julja schüttelte den Kopf, noch immer verwundert, ebenso wie der Rest meiner Zuhörerschaft.

Ich war verlegen, da mein unbekleideter Penis bei jedem Wort wackelte. »Kann ich meine Hose wieder anziehen?«

»Nein«, sagte Julja. »Wir warten auf den Chefchirurgen. Er kennt dieses Problem vielleicht besser.«

Ein Mann um die fünfzig mit dicker Brille trat ein. Er strahlte eine gewisse Autorität aus und trug lockere blaue Dienstkleidung, die ihn von den Krankenschwestern unterschied.

»Wo fehlt's?«, fragte er. Sein Blick wanderte direkt zu meinen Genitalien.

Ich fragte mich langsam, ob ich nicht etwas Intimkosmetik hätte betreiben sollen, bevor ich zum Krankenhaus gekommen war. Vielleicht die Schambehaarung mit Wachs entfernen. Ich hätte nie gedacht, dass meine Männlichkeit Gegenstand einer derart eingehenden Prüfung sein würde. Die Ärztin versuchte die Situation zu erklären, aber es war offenkundig, dass sie keinen Schimmer hatte.

Da ich kaum ein Wort von dem verstehen konnte, was sie zu dem Chirurgen sagte, füllte mein fiebernder Verstand die Lücken. »Er hat ein Problem mit seinem Penis, wobei wir allerdings nicht sicher sind, welches. Wir glauben, die einzige Möglichkeit ist, ihn abzuschneiden.«

Der Chirurg bedeutete mir, ich solle meine Hose wieder hochziehen und ihm den Gang hinunter folgen. Julja und ich latschten hinter ihm her, bis wir den Operationssaal erreichten. »Legen Sie sich hin«, befahl er auf Englisch und zeigte auf ein Bett, das von drei Deckenlampen angestrahlt wurde. »Und lassen Sie die Hose runter.« Zwei Assistenten gesellten sich zu ihm, und plötzlich führte er ein langes, biegsames Periskop in meine Harnröhre ein. Der Chirurg klebte mit einem bebrillten Auge am Okular und versorgte seine Helfer mit anschaulichen Kommentaren.

Während ich mich unbehaglich wand, übersetzte Julja: »Er sieht Verstopfung. Er versucht zu durchstoßen.«

Das merkte ich. Ein brennender Schmerz strahlte von meinen unteren Regionen aus. Das Fünf-Millimeter-Periskop war zu dick, um durch die Verengung zu passen, aber der Doktor schob weiter – und ich wand mich weiter und biss mir auf die Lippen, um etwaige Schreie zu ersticken.

»Es sieht so aus, als ob es nicht passt«, sagte Julja schließlich. »Er wird jetzt Schlauch in dich stecken, damit du pinkelst.«

Der Katheter erwies sich gleichfalls als zu groß, also wurde er nach einer weitere Drehungen und Windungen meinerseits auslösenden Sitzung wieder herausgezogen. Der Chirurg runzelte die Stirn. »Seeehr schwieeerig. Sehr klein.«

Einer seiner Assistenten trieb einen kleineren Schlauch auf, und nach einem kräftigen Stoß glitt der Plastikschlauch durch meine Verengung und in meine Blase. Binnen Minuten wurde meine Blase entleert. Der Doktor klebte den Schlauch an meiner Penisspitze fest und schloss das andere Ende an einen Beutel an. »Kommen Sie mit«, sagte er.

Ich lief unbeholfen den Flur hinunter, und wir fuhren mit einem Fahrstuhl in den Keller. Meine Blut- und Urinproben waren untersucht worden. Laut den Ergebnissen hatte ich eine Nierenentzündung. Eine Technikerin fuhr anschließend mit einem Ultraschallstift über meine Nieren, während der Doktor auf den Bildschirm starrte und den Kopf schüttelte. »Nicht eine, sondern zwei Nieren« erklärte er. »Seeehr krrrank. Ihre Nieren seeehr krrrank. Miiiendestens drei Wochen Krankenhaus.«

Das war ein ziemlicher Dämpfer. Wir waren bereits in Verzug. Und jetzt sollte ich mit angeschlagenen Nieren fast einen Monat in einem Krankenhaus verrotten. Eine Schwester führte mich in einen sauberen, aber überfüllten Krankensaal. Der 10 mal 15 Meter große Raum enthielt sechs Betten, die bis auf eines belegt waren von Patienten mit ersichtlichen Gebrechen: einem alten Mann mit einer leeren, blutigen Augenhöhle, einem Tschuktschen mit einem grapefruitgroßen Kropf am Hals und einem Teenager mit einem frisch genähten Einschnitt quer über dem Unterleib. Ich humpelte zu dem leeren Bett, blickte durch das Fenster auf die gefrorene Hafenansicht und legte mich matt unter die Decken. Eine Schwester befestigte einen intravenösen Tropf an meinem Arm und gab mir dann ein halbes Dutzend Injektionen mit wer weiß was in mein Hinterteil.

Das Mittagessen wurde mit einem gackernden Ruf angekündigt, und alle möglichen Patienten liefen, hinkten und krochen buchstäblich zum Ende des Korridors, wo das Essen ausgeteilt wurde. Ich stellte mich an, wobei ich mit der einen Hand den Tropfhalter schob und mit der anderen meinen Urinbeutel festhielt. Eine Babuschka teilte an jedes Paar Hände, das sich ihr entgegenstreckte, einen Napf Fischsuppe (Fischbrocken voller Gräten, irgendeine Getreidesorte und viel Wasser), zwei Stücke trockenes Brot und eine Tasse Tee aus. Die Patienten mussten sich jeder um seinen eigenen Napf, um Tasse und Löffel kümmern, die, wenn wir unsere Mahlzeit beendet hatten, im Waschbecken der Toilette gespült werden sollten. Da ich wegen des Fiebers keinen Appetit hatte, machte ich mir keine allzu großen Gedanken über meine mageren Rationen. Ich würgte das Essen langsam hinunter und fiel anschließend in meinem neuen Zuhause in einen unruhigen Schlaf.

»TEMPERATUR ZU HOCH!«

Ich erwachte und blickte auf einen Arzt mit blauen Handschuhen, der sich darüber zu freuen schien, endlich eine Verwendung für seine zwei Semester Englisch an der medizinischen Fakultät zu finden.

»Neununddreißig Grad«, erklärte er. »Wir geben Ihnen Medikament, um Temperatur zu senken. Ja?«

Ein paar Minuten später schritt eine junge Schwester mit einem bösen Glitzern im Blick und einer gewaltigen Spritze in der Hand zielstrebig auf mein Krankenbett zu. Die anderen Schwestern baten mich gewöhnlich, mich herumzudrehen, damit sie mich in das fettere Gewebe meines Hinterteils piksen konnten. Diese Schwester tauchte einfach drohend über mir auf, sah verächtlich auf mich herab und bohrte mir dann die Nadel in den Oberschenkel. Brennende Flüssigkeit spritzte in den Muskel.

Um zwei Uhr morgens wachte ich mit einer vollen Blase wieder auf. Der Beutel neben meinem Bett war leer. Ich vermutete, dass entweder der Katheter verstopft oder das Ende des Schlauchs herausgerutscht war. Ich tappte die dunklen Flure entlang, um jemanden aufzutreiben, der die Situation beheben könnte. Am Ende des Gangs fand ich die Nachtschwester in einem Feldbett schlafend vor.

»Da?«, sagte die matronenhafte Frau matt, als ich sie wach rüttelte.

»Problem«, sagte ich und zeigte auf den leeren Entleerungsbeutel. Ich versuchte mich an pantomimischen Darstellungen von »aufgeblähter Blase«.

Die Schwester folgte mir zurück auf mein Zimmer, befestigte meinen Urinbeutel am Bettgestell und ging. Ich vermutete, sie sei gegangen, um einen Arzt aufzutreiben oder irgendwelche Instrumente zu holen. Aber eine halbe Stunde verstrich, und sie war nicht zurückgekommen. Allmählich fragte ich mich, ob die Schwester meine Gesten missverstanden hatte und einfach dachte, ich sei ein Schwachsinniger, der keinen Altweiberknoten knüpfen konnte.

Ich machte den Beutel los und lief wieder den Flur hinunter. Tatsächlich schlief die korpulente Schwester tief und fest. Diesmal schlug ich das Verb »entleeren« in meinem russisch-englischen Wörterbuch nach.

»Da?« Die Schwester wirkte ausgesprochen verärgert über meinen zweiten Weckruf. Sie blickte auf den leeren Urinbeutel in meiner Hand, als wollte sie sagen: ›Ich werde dieses Ding da nicht ein zweites Mal anbinden, du Trottel.‹

»Njet entleeren, njet entleeren«, sagte ich langsam. Wieder machte ich Aufbläh-Gesten in Richtung meiner Blase, die sich nun anfühlte wie ein übervoller Wasserballon. Wieder marschierten wir zurück zu meinem Bett, und wieder befestigte die Schwester meinen Beutel am Bettgestell. Diesmal kehrte sie mit einer großen Spritze in der Hand zurück.

»Wofür ist *die*?«, brüllte ich erschrocken, aber meine Worte stießen auf taube Ohren.

Die Schwester hatte das Licht eingeschaltet. Alle anderen Patienten sahen belustigt zu. Ich wollte schreien, dass die Verstopfung des Katheters irgendetwas mit dem Material zu tun habe und kein Medikament das Problem lösen würde. »Njet, njet«, war alles, was ich zustande brachte.

»Da, da«, erwiderte die Schwester. Ein fleischiger Arm verabreichte mir ein rätselhaftes Medikament in den Hintern.

Die Schwester schaltete das Licht aus und ging, während ich schwitzend dalag. Was war in dieser Spritze gewesen? Ein Beruhigungsmittel? Ein Muskelrelaxans? Ein streng geheimes russisches Medikament, um Patienten davon abzuhalten, Krankenschwestern zu belästigen?

Mehrere Minuten vergingen, und ich spürte keine wahrnehmbaren Wirkungen aufgrund des Medikaments. Meine Blase stand kurz vor dem Platzen, und ich wurde immer verzweifelter. Ich ging ins Bad und setzte mich auf die Toilette. Dann löste ich den Katheterschlauch von dem Beutel und saugte an dem Schlauch, um eventuelle Verstopfungen zu beseitigen. Nichts. Wenn er nicht verstopft war, dann musste das Ende des Schlauchs aus meinem Blasenschließmuskel gerutscht sein. Ich schob den Schlauch nach oben, bis ich einen Druck verspürte, und dann schob ich ein bisschen fester. Ich spürte einen leichten Schmerz tief in meinem Innern, als irgendetwas schließlich nachgab und warme, gelbe Flüssigkeit aus dem Katheter schoss. Binnen Augenblicken war meine Blase leer, und ich fühlte mich ein ganzes Stück besser. Ich hatte – denkbar knapp – meinen ersten Tag in einem sibirischen Krankenhaus überlebt.

Um 6 Uhr 30 morgens weckte ein erneutes Anknipsen des Lichts alle Patienten. Dieselbe Nachtschwester schlenderte herein und blickte auf den vollen Beutel Urin an meinem Bett. »Mmm, hmmm«, murmelte sie in zufriedenem Tonfall. Sie schien sich sicher zu sein, dass ihre Spezialinjektion Wunder gewirkt hatte.

»Njet, njet!«, schrie ich. Auf keinen Fall würde ich zulassen, dass sie das Verdienst für meine schmerzhafte Handarbeit in Anspruch nahm.

Sie sah mich an, wie ein Erwachsener ein einfältiges Kind ansieht, das einen Wutanfall hat.

Ich hatte jetzt ein zweites Problem. Normalerweise werden Katheter in der Blase durch einen kleinen Ballon verankert, der am Ende des Schlauchs aufgeblasen wird, nachdem dieser eingeführt worden ist. Leider hatte der Arzt wegen des begrenzten Weges durch meine Verengung keinen richtig großen Katheter mitsamt den dazugehörigen Teilen einführen können. Stattdessen war ein Miniaturschlauch hineingeschoben worden, der einfach durch einen Haufen Klebeband am Ende meines Penis an seinem Platz fixiert wurde.

Das Klebeband hatte seine Haftfähigkeit verloren, und der Schlauch rutschte nun bei jeder meiner Bewegungen rein und raus. Genau das war der Grund für mein Problem in der Nacht zuvor gewesen. Als ich mich den übrigen Patienten auf dem Marsch zum Futtertrog anschloss, musste ich mit der einen Hand unten in meiner Hose den Schlauch halten, damit er nicht verrutschte, während ich die andere ausstreckte, um einen Schlag Grieß in Empfang zu nehmen.

Nach dem Frühstück kam die Schwester mit dem bösen Blick in den Krankensaal, um mir vier Injektionen in den Oberschenkel zu geben. Ich hatte das Wort für Klebstreifen in meinem Wörterbuch nachgeschlagen.

»Kann ich bitte etwas Klebeband bekommen?«, fragte ich.

Sie wirkte verwirrt und beunruhigt zugleich und begann sich zu entfernen, offenbar nicht in der Absicht, irgendwelches Klebeband zu bringen. Ich schlug die Bettdecke zurück und zeigte auf meinen Penis und das Klebebandgewurstel, das seinen Zweck nicht mehr erfüllte. Ich packte den Schlauch und schob ihn fünf Zentimeter rein und raus, um zu demonstrieren, dass wir ein Problem hatten. Alle Augen in dem Zimmer waren auf meine Leistengegend gerichtet.

»Der Doktor kommt heute Nachmittag. Er kann helfen.«

Ich wollte aus dem Bett springen und diese bösartige Schwester in den Schwitzkasten nehmen. »Alles, was ich brauche, ist ein bisschen Scheißklebeband! Ankleben kann ich es selbst. Warum müssen wir sechs Stunden auf einen gottverdammten Arzt warten, du blöde Schwester!«

Wahrscheinlich war es gut, dass sie mich nicht verstand, sonst hätte ich vermutlich eine Injektion bekommen, die ein kleines bisschen weniger harmlos gewesen wäre als der Mitternachtscocktail vergangene Nacht. Die Schwester verließ das Zimmer, und ich stand mit der Hand am Glied da und hatte Angst, irgendeine plötzliche Bewegung zu machen, durch die mein Katheter herausgezerrt werden könnte.

Eine Stunde später betrat eine freundlicher aussehende Schwester den Raum, um mir intravenös mein tägliches Antibiotikum zu verabreichen. Sie stach mit einer Kanüle in eine hervorquellende Vene auf meinem Arm, fixierte sie mit Klebeband und startete den Zufluss. Kaum war sie gegangen, zog ich die langen Klebestreifen von der Kanüle ab und benutzte sie, um den Katheter an meinem Pimmel zu befestigen. Hallelujah!

Eine halbe Stunde später sprang die Kanüle, da sie nicht mehr fixiert war, aus meinem Arm, woraufhin Blut und intravenöse Flüssigkeiten auf die Laken zu tropfen begannen. Eine vorbeikommende Schwester drückte die Kanüle wieder hinein und umwickelte sie erneut mit Klebeband. Meine Probleme waren gelöst.

Später am Nachmittag sah der Chefchirurg nach mir. »Normalne?«, fragte er.

Ich wollte ihm erzählen, was für ein Albtraum die letzten 24 Stunden gewesen seien – dass ich um drei Uhr am Morgen an meinem Katheter gesaugt hätte, damit meine Blase nicht platzte, und dass seine Krankenschwestern mir in den frühen Morgenstunden rätselhafte Injektionen verabreicht hätten. Stattdessen erwiderte ich nach einer schnellen Überprüfung meines 60 Wörter umfassenden Russisch-Wortschatzes: »Normalne.«

»Prima«, sagte er. »Kommen Sie mit. Wir röntgen Ihre Verengung.«

Wieder wurde ich unruhig. Ich hatte schon immer den Verdacht gehabt, dass Röntgenstrahlen auf die Hoden eine todsichere Methode sind, um einen Zweig vom Familienstammbaum abzuhacken. Ich deutete auf meine Hoden und fragte: »Problem?«

Der Doktor musste meinen besorgten Blick bemerkt haben. Er legte mir beruhigend die Hand auf die Schulter und sagte: »Njet Problem – Blei.«

Meine Besorgnis wich ein wenig. Eine solide, dicke Bleiplatte dürfte verhindern, dass ich dreiköpfige Kinder in die Welt setzte. Eine Technikerin geleitete mich zu einem flachen Bett und legte mir die Fotoplatte unter den Hintern. Dann injizierte der Doktor mir aus einem spritzenähnlichen Kolben eine Flüssigkeit in die Harnröhre, die meinen Penis aufpumpte wie einen Wasserballon. Die Flüssigkeit würde auf dem Röntgenbild erscheinen und die Umrisse meiner ansonsten unsichtbaren Harnröhre zeigen. Die Technikerin legte mir eine Platte über die Hoden. Klick. Ein paar Minuten später erschien der Doktor mit dem belichteten Film.

»Hier ist die Verengung«, sagte er zufrieden. Er zeigte auf eine Stelle, wo die Harnröhre sich bis zu einem Nichts verjüngte.

Ich brauchte einen Moment, um aufzunehmen, was er sagte. Mein Blick war stattdessen von der Abbildung meiner Hoden angezogen worden, die auf dem Bild sonnenklar zu erkennen waren. Wieder gingen mir Bilder sabbernder zweiköpfiger Kinder durch den Kopf.

Der Doktor runzelte die Stirn, während ich die Röntgenaufnahme studierte. »Stent?«, fragte er. »Sie haben Stent?«

Ich hatte bei der Internetsuche nach Informationen über meinen Gesundheitszustand von Harnröhren-Stents erfahren. Ein Stent ist ein Gitterröhrchen, das dauerhaft in die Harnröhre eingesetzt wird, um zu verhindern, dass wiederkehrende Verengungen sich schließen. In der Theorie klingt das großartig. In der Praxis steigt die Gefahr von Infektionen, Beschwerden und größeren Komplikationen. Ich war mir sicher, dass ich keinen Stent hatte. Obwohl meine Verengung vor fünf Jahren in Kanada operiert worden war, konnte ich mir nicht vorstellen, dass die Ärzte mir einen Stent in die Harnröhre eingesetzt hatten, ohne es mich wissen zu lassen. Außerdem würde ein Kerl doch gerade so etwas merken.

»Njet«, erwiderte ich.

Der Doktor tippte auf das Röntgenbild und deutete auf ein spiralartiges Röhrchen in meiner Harnröhre. Es schien ohne Frage ein unbekannter Fremdkörper zu sein. »Es ist ein Stent«, behauptete er steif und fest.

Ich war völlig platt. Ich konnte nicht glauben, dass die kanadischen Ärzte mir ohne mein Wissen oder meine Zustimmung dieses mechanische Hilfsmittel eingesetzt hatten. Alles, was ich über Stents gelesen hatte, hatte darauf hingedeutet, dass sie bei meinem Problem nicht gut funktionieren würden. Jetzt würde der Stent bei dem bevorstehenden chirurgischen Eingriff, der bei mir erforderlich wäre, für weitere Komplikationen sorgen. Die Technikerin studierte das Bild ebenfalls genau. Sie blickte kurz auf meine Fleecehose und dann wieder auf das Bild. Plötzlich hellte sich ihr Blick auf. Dann griff sie nach meiner Hose – und drückte den Knebel für das Zugband, um ihre Vermutung zu bestätigen, dass eine Feder im Innern verborgen war. Heureka!

Ich war erleichtert, dass ich keinen Stent hatte. Nicht erleichtert war ich – angesichts der Sprachbarrieren und der launenhaften Behandlung –, dass ich in diesem Krankenhaus operiert werden sollte, vor allem, wo ein so empfindlicher Teil meines Körpers auf dem Spiel stand.

Die Tage huschten vorbei wie in einem Nebel. Ich hatte keine Bücher zum Lesen, keinen Fernseher zum Gucken und niemanden zum Reden, abgesehen von Tim und Julja bei ihren regelmäßigen Besuchen. Meine Gesundheit besserte sich mit einer Flut unbekannter Medikamente. Ich erhielt jeden Tag elf Injektionen, vier Pillen und hing vier Stunden an einem intravenösen Tropf. Kommunikation fand praktisch nicht statt, und trotz meiner unablässigen Bemühungen erfuhr ich nie, was für Medikamente man mir verabreichte. Mein von Nadeln durchlöcherter Hintern fühlte sich nach elf Tagen an, als sei er von einem Schwarm Killerbienen attackiert worden. Aber das Fieber und die Trägheit waren verschwunden.

Julja übermittelte die Prognose der Ärzte. »Sie sind zufrieden mit deiner schnellen Genesung und sagen, dass Operation bald beginnen kann. Aber Problem ist, sie haben beschlossen, dass sie es nicht selbst machen wollen. Sie noch nie mit so einem Problem zu tun gehabt und meinen, es sei zu riskant. Du wirst entweder nach Moskau oder nach Vancouver gehen müssen, wo sie Spezialisten für so ein Problem haben.«

Insgeheim war ich erleichtert. Ich hatte mich davor gefürchtet, in Anadyr unters Messer zu kommen, obwohl es um der Expedition willen die kostengünstigste und schnellste Option gewesen wäre. Nun hatten die Ärzte mir die Entscheidung abgenommen. Ich würde für die Operation heimfliegen nach Kanada. Ironischerweise würde die billigste und schnellste Möglichkeit, nach Hause zu kommen, darin bestehen, vier Fünftel der Strecke um den Planeten zu fliegen – via Moskau.

Die altersschwache, noch zu Sowjetzeiten gebaute Tupolew TU-154 gewann über einer endlosen verschneiten Weite allmählich an Höhe. Die Dämmerung setzte rasch ein, und mir blieben nur ein paar Minuten, um das Land unter mir zu betrachten, bevor es in einer weiteren langen sibirischen Nacht verschwand. Die Berge wogten sanft, ohne dass im Schatten liegende Felsen eine Unterbrechung des samtigen Weiß boten, das das Land bedeckte. Sogar die Vegetation, entstanden in einer Welt, die allem wild Wuchernden feindlich gegenüberstand, war unter einem halben Meter Schnee verborgen und geschützt vor den darüber unablässig kreischenden Winden und Temperaturen von minus 40 Grad.

Die Grausamkeit der Welt unter mir war so extrem, dass es mir beinahe schon unangenehm war, sie in einem überheizten Düsenjet zu überfliegen. Der Nonstopflug von der Nordostecke Sibiriens nach Moskau würde neun Stunden dauern. Dreißig Minuten nach dem Start vom Anadyr Airport kamen wir nahe der kältesten Stelle auf dem Planeten außerhalb der Antarktis vorbei, einem Dorf namens Oimjakon. Die Durchschnittstemperatur im Januar beträgt dort minus 50 Grad Celsius, damit ist es in Oimjakon 32 Grad kälter als in Winnipeg, einer kanadischen Stadt, von der viele meinen, dort herrschten extrem kalte Durchschnittstemperaturen.

Beinahe noch beunruhigender als die Kälte war die Einsamkeit. Stundenlang studierte ich von meinem Aussichtspunkt in dem dröhnenden Flugzeug das Land unter mir, ohne auch nur das geringste Glimmern zu sehen, welches auf das Vorhandensein menschlicher Behausungen hingedeutet hätte. Sibirien ist größer als ganz Kanada, und seine Fläche ist fünfzig Mal größer als die Großbritanniens.

Waren wir verrückt zu glauben, wir könnten diese Weite von 14 000 Kilometern mit nichts weiter als der Antriebskraft unserer Muskeln durchqueren? Nordostsibirien besaß nicht einmal Straßen, und wir müssten eine Distanz, die viermal so groß war wie die eines Marsches zum Nordpol, überwinden, bloß um die ersten ausgefahrenen Straßen zu erreichen. Von dort aus wären es noch einmal 10 000 Kilometer mit dem Rad auf Schotter- und Asphaltstraßen durch Eis, Schneematsch, Schlamm und Staub, bevor wir die Hauptstadt des Landes erreichten.

Aber diese Probleme waren einem späteren Zeitpunkt vorbehalten. Im Moment ging es mir hauptsächlich darum, sicherzustellen, dass die bevorstehende Operation nach Plan verlief und dass meine Gesundheit so weit wiederhergestellt wurde, dass ich die Expedition fortsetzen konnte.

Meine unvorhergesehene Rückreise nach Kanada stand im Zeichen hektischer Aktivität. Nach 19 Stunden Flug per Hubschrauber und zwei Düsenflugzeugen sowie sieben Tagen Warterei auf Flughäfen war ich zurück in Vancouver und in Julies Armen. Die freundlichen Leute bei Wallace & Carey (einem unserer Sponsoren) stellten uns ein komfortables Apartment zur Verfügung, da es in Julies Gemeinschaftsunterkunft keinen Platz für einen weiteren Bewohner gab.

Die Operation meiner Verengung erfolgte kurz nach meiner Ankunft, und alles ging glatt. Es würde fast zwei Monate dauern, bis ich mich vollständig erholt hätte, und diese Zeit wollte ich in Kanada verbringen.

Julie war unsere Trennung äußerst schwergefallen, und sie hatte die ständige Sorge als eine starke emotionale Belastung empfunden. Deshalb hatte sie beschlossen, ihr eigenes Abenteuer in Angriff zu nehmen, statt daheim zu sitzen und sich verrückt zu machen. Julie hatte Tim und mir bei der Logistik und den Recherchen von zu Hause aus enorm geholfen, und erst kürzlich hatte sie sich intensiv mit den logistischen Erfordernissen unserer beabsichtigten Ruderfahrt über den Atlantik beschäftigt. Und weil sie überzeugt davon war, dass das etwas war, das sie ebenfalls machen konnte, plante sie, in derselben Jahreszeit, in der Tim und ich unsere Überfahrt unternehmen würden, ihre eigene Ruderreise über den Atlantischen Ozean zu versuchen.

Julies Expedition umfasste eine kürzere Strecke – von den Kanarischen Inseln zur Karibik –, aber trotzdem müsste sie jemanden finden, der die Reise mit ihr unternahm. Während ich in Vancouver war, begann Julie mit ihren Vorbereitungen – dem Aufbau einer

Website und der Ausarbeitung eines Finanzierungsvorschlags. Obwohl es ein großes Vorhaben war, hegte ich keinerlei Zweifel, dass Julie dieses Projekt ernst nahm und es nicht bloß eine vorübergehende Laune war. Sie verfügte über eine unerschütterliche Entschlossenheit und konnte jede Aufgabe in eine logische Abfolge leicht zu befolgender Schritte zerlegen. Gleichzeitig bekam ich allmählich eine Ahnung davon, was sie während meiner Abwesenheit durchgemacht hatte. Obwohl ich wusste, dass sie eine fähige, intelligente Frau war, konnte ich nicht umhin, mir Gedanken über die Gefahren zu machen, mit denen sie konfrontiert wäre.

Ich selbst nutzte unterdessen meinen Zwischenaufenthalt daheim für den Versuch, unsere schwindenden Expeditionsmittel aufzustocken. Unsere mickrigen Finanzen waren inzwischen erschöpft, und ich hatte mein letztes eigenes Geld eingesetzt, damit die Expedition weitergehen konnte. Wenn es uns nicht gelänge, weitere Geldquellen aufzutun, würde das ganze Unternehmen bald abrupt zum Stillstand kommen. Dreitausend Kilometer abgeschiedener Wildnis lagen vor uns, bevor wir die ersten Straßen Sibiriens erreichen würden. Und wir würden bei Temperaturen unterwegs sein, die sehr viel kälter waren als jene, die man bei einem Marsch zum Nordpol erlebt – minus 40 bis 50 Grad im Durchschnitt, bei häufigen Winden mit Sturmstärke und totalen Schneesturmbedingungen. Und es gab keinerlei Garantie, dass wir in irgendeinem der entlegenen Außenposten Nahrungsmittel bekommen würden.

Niemand in unserem Team hatte irgendwelche Erfahrungen mit Märschen bei derart kalten Temperaturen, und unsere jüngste Schinderei hatte uns die Augen geöffnet. Ständig in der Kälte zu leben ist etwas ganz anderes, als für ein paar Stunden ein warmes Heim oder Auto zu verlassen, mollig warm eingepackt in dicke Kleidung, und anschließend nach Hause zurückzukehren. Stattdessen wird die Kleidung klamm, da sich im Laufe der Wochen Kondenswasser bildet, und es gibt keine Möglichkeit, sie trocken zu bekommen. Kleine Routinearbeiten wie das Herumbasteln an einem kaputten Kocher oder eine Fahrradreparatur werden fast unmöglich, solange man notwendige, aber hinderliche Fausthandschuhe trägt. Unser Marsch von Providenija bis Egvenikot schien sich eine Ewigkeit hingezogen zu haben, und doch betrug die Entfernung weniger als ein Viertel des straßenlosen Abschnitts, der jetzt vor uns lag.

Mir bangte vor dem, in das wir da hineingerieten. Die Durchquerung der Antarktis von einer Seite zur anderen via Südpol gilt als die Grenze dessen, was ein Mensch durchzuhalten imstande ist, und dennoch hatten wir vor, dieselbe Distanz zu Fuß zurückzulegen, unter ähnlichen Witterungsbedingungen und über noch stärker zerklüftetes Gelände. Normalerweise bedeutet ein solches Unternehmen Jahre der Planung, aber für uns war es nur ein kleiner Teil unseres Gesamtabenteuers, und wir konnten nicht unbegrenzte Ressourcen, Zeit und Energie darauf verwenden, diesen Streckenabschnitt zu bewältigen.

Nachdem wir die logistischen Hürden einer ohne fremde Hilfe unternommenen Reise erwogen hatten, kamen wir am Ende zu dem Schluss, dass der Einsatz eines geländegängigen Hilfsfahrzeugs der realistische Weg war, um durch Ostsibirien zu kommen. Ein großer Lastwagen oder Transportpanzer mit Sechsradantrieb wäre in der Lage, das gefrorene Land zu durchqueren und unsere Vorräte zu befördern. So hätten wir die Möglichkeit, uns ungehindert fortzubewegen, und könnten je nach den äußeren Bedingungen problemlos von unseren Rädern auf Skier umsteigen. Außerdem könnten wir es durch die Tundra, über Seen und Flüsse schaffen, bevor das Land während der Schneeschmelze des Frühjahrs zu einem undurchdringlichen Morast würde.

Tim und Julja hatten die Kosten einer solchen Unterstützung durchgerechnet, und sie beliefen sich auf fast 10 000 Dollar – Geld, das wir einfach nicht hatten. Doch Bema Gold, ein kanadisches Bergbauunternehmen, das Geschäfte in dem autonomen russischen Gebiet Tschukotka plante, nahm meinen Finanzierungsvorschlag begeistert auf. Zwei Tage vor meiner Rückkehr nach Russland bot Bema Gold an, die Kosten für die Verstärkung zu übernehmen.

Tim und Julja kamen unterdessen drüben in Russland, was die Erteilung neuer Reisegenehmigungen für unsere überarbeitete

Route betraf, bei den Behörden nicht weiter. Einheimische hatten uns informiert, dass es nördlich von Anadyr eine bessere Winterroute gebe, die dem Lauf der Kolyma folge. Im Spätwinter, wenn der Fluss zugefroren sei, werde seine Oberfläche von Schnee geräumt, und Transportfahrzeuge benutzten die Kolyma als Fernstraße, um entlegene Dörfer zu erreichen. Dieser zugefrorene Fluss würde auch uns auf unseren mit Spikereifen versehenen Rädern ein schnelles Vorwärtskommen ermöglichen.

Als ich Mitte Januar, zwei Monate nach meiner Abreise, nach Sibirien zurückkehrte, war es Tim und Julja immer noch nicht gelungen, unsere Reisegenehmigungen zu bekommen. Wir beschlossen, uns mit der kanadischen Botschaft in Moskau in Verbindung zu setzen, und der dortige Botschafter, Christopher Westdall, schickte in unserem Namen einen in starken Worten formulierten Brief an die lokalen Behörden und drängte sie, die Fortsetzung unserer Expedition zu gestatten.

Einen Tag nachdem dieser Brief eingegangen war, wurden unsere Genehmigungen erteilt.

Eine höhere Charge im Transportministerium hatte angeboten, uns gegen die inoffizielle Zahlung einer großen Summe Bargeldes ein staatliches Fahrzeug, einen Ural-Laster mit Sechsradantrieb, zur Verfügung zu stellen, der uns unterstützen sollte. Dieses Fahrzeug fuhr von der nördlich gelegenen Stadt Pewek aus über die gefrorene Tundra nach Süden, um Vorräte auszuliefern, und der Wagen könnte auf der Rückfahrt unsere Ausrüstung transportieren. Wir waren erfreut, dass unser Hilfsmittel die CO_2-Emissionen nur minimal erhöhen würde, da der Laster diese Strecke ohnehin fuhr. Das Hilfsfahrzeug sollte 88 Kilometer nördlich von Egvenikot, der Stadt, wo wir unseren Marsch beendet hatten, zu uns stoßen. Ein städtischer Laster würde unsere Ausrüstung von Egvenikot aus zu dem Treffpunkt befördern.

Wie sich herausstellte, hatte meine vorübergehende Rückkehr nach Kanada die Expedition kaum verzögert. Die Seen und Flüsse sind erst Ende Januar oder Anfang Februar fest genug gefroren, um von Geländefahrzeugen überquert zu werden. Wären wir früher aufgebrochen, hätten wir es ohne Unterstützung tun müssen. Aber selbst wenn wir ohne Hilfe weitergemacht hätten, wäre es dennoch zu denselben Verzögerungen beim Erhalt der Genehmigungen gekommen.

Das Meer war jetzt zugefroren, und die Küstengemeinden wurden nicht mehr von Schiffen versorgt. Um von Anadyr zurück nach Egvenikot zu kommen, wo unser Marsch wieder beginnen würde, mieteten wir einen Transportpanzer, der über den Tiefschnee fahren und unsere Massen an Ausrüstung und Lebensmitteln transportieren konnte.

Endlich waren wir nach fast drei Monaten erneut bereit, unsere Expedition fortzusetzen.

7 Verirrt in Tschukotka

Am 7. Februar gegen Mittag hatten wir unsere Ausrüstung in den Ural-Laster verladen und waren mit den Fahrrädern abmarschbereit. Zweieinhalb Monate waren vergangen, seit wir nach der Wanderetappe von Providenija aus zum ersten Mal hier gewesen waren. Als ich jetzt an derselben Stelle stand, kam es mir vor, als sei die Zeit stehengeblieben. Der Eisbrecher, das Krankenhaus, Vancouver und die ganze Bürokratie schienen nur ein Traum zu sein. Wir begaben uns wieder in unsere Realität: Eis, Fels und Schnee. Der Wind fegte kreischend von den Bergen herab und bombardierte unsere Gesichter mit Schneenadeln.

Laut dem letzten Wetterbericht betrug die Temperatur minus 35 Grad Celsius, bei durchschnittlichen Windgeschwindigkeiten von 65 Stundenkilometern. Zehn Kilometer landeinwärts würde das Thermometer auf minus 45 Grad fallen, und die Windkälte würde dafür sorgen, dass man das Gefühl hatte, es herrschten minus 100 Grad. Die Metereologen erwarteten, dass ein aufziehender Schneesturm diese ohnehin schon extreme Wetterlage im Laufe der nächsten paar Tage noch verschärfen würde.

Wir kontrollierten uns gegenseitig, ob Hautstellen unbedeckt waren. Jeder Fetzen entblößter Haut würde rasch fünf Jahre altem Rindfleisch mit Gefrierbrand ähneln. Die mit dem Schwitzen verbundenen Probleme machten es erstaunlich schwer, sich für ausgedehnte Herz-Kreislauf-Aktivitäten in extremer Kälte passend anzuziehen. Unsere Kleidung musste möglichst luftdurchlässig sein und dafür sorgen, dass unsere Kerntemperatur stets ziemlich kühl blieb, um starke Transpiration möglichst zu verhindern. Ich trug an diesem Tag lange Unterwäsche aus einem Merinowolle-Polypropylen-Gemisch, welche die Feuchtigkeit von meiner Haut wegleiten würde. Darüber hatte ich eine Fleecehose und eine Fleecejacke angezogen. Die dritte, äußere Schicht bestand aus Interfacehose und -jacke, die als Garnitur am Bund per Reißverschluss verbunden werden konnten. Diese dicht gewebten Kleidungsstücke würden den meisten Wind abhalten, sind aber um ein Vielfaches luftdurchlässiger als Gore-Tex-artige Stoffe. In extremer Kälte wasserdichte Kleidung zu tragen ist wegen der eingeschränkten Luftdurchlässigkeit nicht ratsam. Da sämtliche Flüssigkeit ohnehin gefroren ist, spielt äußere Feuchtigkeit keine Rolle.

Unsere Füße wurden von in Kanada hergestellten Baffin-Stiefeln geschützt, die für Temperaturen bis minus 100 Grad Celsius ausgelegt waren. Die Stiefel verfügen über zwei Komponenten: einer äußeren Schale aus Leder und Gummi und einem zentimeterdicken Innenschuh, bestehend aus mehreren Lagen Hightech-Material – reflektierendem Alufutter, Schaumstoffisolierung und weiteren synthetischen Isolier- und feuchtigkeitsableitenden Schichten, zusammen mit guter altmodischer Wolle. In den Stiefeln trugen wir VBL-Socken* – im Grunde Plastiktüten, die über die Füße gezogen werden –, damit die Feuchtigkeit von unserer Haut sich nicht in den Innenschuhen sammelte. Unter dieser »Dampfsperre« trugen wir dicke Wollsocken und darunter ein Paar dünne Polypropylen-Socken. Angesichts von fünf Schutzschichten zwischen unseren zarten Füßen und dem Schnee müssten wir während der kommenden Monate eigentlich immer warme Füße haben, selbst wenn die Windkälte auf unter minus 100 Grad fiel.

Unsere Köpfe hielten wir mit einer dünnen Polypropylen-Kapuze warm, gefolgt von einer zweiten, dickeren aus windundurchlässigem Fleece. Eine Skibrille bedeckte die ungeschützte Haut um die Augen. Lebenswichtig war es, unsere Hände warm und geschmeidig zu halten. Funktionierende Finger können in einem Notfall den Unterschied zwischen Leben und Tod ausmachen. Mit Polypropylen-Innenhandschuhen, dicken, bauschigen

---

* *Vapour Barrier Liner*-Socken, die dafür sorgen, dass Schweiß nicht in Socken und Stiefel eindringt.

Fausthandschuhen aus PrimaLoft (einer leichten, weichen und atmungsaktiven Mikrofaser von geringer Dichte), gefolgt von äußeren Hüllen, die mehr dem Schutz der Innenfäustlinge als der Isolierung dienten, würden wir dafür sorgen, dass unsere Hände sich wohlfühlten.

Unsere Hausaufgaben über Kaltwetterkleidung hatten wir gemacht. Jetzt war es Zeit für die Abschlussprüfung.

Hinter uns standen vereinzelt Backsteinhäuser, die letzte Spur der Zivilisation, die wir für geraume Zeit zu Gesicht bekommen würden. Vor uns führte ein Pfad aus zusammengepresstem Schnee ein weites Tal hinunter, bevor er in einem wehenden Schneeschleier verschwand. Das Fehlen von Häusern, Bäumen oder irgendwelchen anderen Objekten zur perspektivischen Gliederung des Landes steigerte das Gefühl der Leere. Wir stiegen auf unsere Räder, ließen uns auf den mit Rentierfell bespannten Sätteln nieder und brachen auf ins Innere Sibiriens. Endlich war unsere Expedition wieder auf Kurs.

Wir fuhren mitten hinein in die schlimmsten Witterungsverhältnisse auf dem Planeten. Die Temperaturen in diesem Teil Sibiriens sind kälter als in jedem anderen Land der Erde, und die Winde wehen heftiger und anhaltender als in irgendeiner anderen Polarregion. Unsere Reiseroute würde uns frontal den eisigen nördlichen Böen aussetzen, die mit Spitzengeschwindigkeiten von 80 Stundenkilometern jegliches Vorankommen bremsen. Wir müssten herunterschalten, bis wir alle im niedrigsten Gang fahren würden, mit wild rotierenden Beinen, während die Fahrräder sich mit drei Kilometern in der Stunde im Schneckentempo vorwärtsschöben. Wenn uns ein starker Windstoß oder eine Bö unerwartet von der Seite erwischen würde, würden wir alle drei gleichzeitig stürzen.

Trotz der windundurchlässigen Stoffe drang schneidend kalte Luft durch die winzigen Spalten in unseren Reißverschlüssen, kroch von unten unsere Jacken hoch oder glitt in die Ärmel und verursachte einen stechenden Schmerz auf der nackten Haut. Die Schutzbrillen beschlugen, vereisten und übertrugen eine ohnehin schon weiße und konturlose Welt in eine neue Dimension, eine, in der alles um uns herum, über und unter uns gleich aussah – weiß. Eine Welt, die nicht durch Raum und Zeit perspektivisch gegliedert wurde, sondern durch Kälte. Ich trat kräftig in die Pedale und versuchte so, meine Kerntemperatur zu erhöhen und diese eisigen undichten Stellen in meiner Winterausrüstung erträglicher zu machen. Das tosende Heulen des Windes dröhnte mir in den Ohren und verschwor sich mit der schneidenden Eiseskälte, bis mein Kopf mit nichts anderem ausgefüllt war als einem Gefühl von Kälte. Brüllender Kälte.

Hinter uns rumpelte unsere eigene, ganz spezielle Kuscheldecke: der Ural-Laster. Konstruiert, um auch mit den widrigsten Bedingungen fertig zu werden, sind Ural-Laster die mechanischen Arbeitspferde Sibiriens. Sie rollen auf sechs knubbeligen Rädern, die an einem Antriebsstrang befestigt sind und ihnen erlauben, über die gefrorene, straßenlose Tundra zu fahren. Die Fenster sind doppelt verglast, um die Kälte draußen zu halten, und die Motoren sind starke, zuverlässige Dieselaggregate. Selbst der Kraftstoff wurde mit chemischen Zusätzen modifiziert, um ein Verklumpen in der Kälte zu verhindern. Auf unserem Ural-Laster war hinten eine Mulde montiert, sodass die städtischen Behörden ihn auch als Kipper einsetzen konnten.

Aus Sicherheitsgründen fahren Ural-Laster im Allgemeinen im Konvoi durch das winterliche Gelände. Es gibt zahlreiche Geschichten, die ausführlich von einsamen Lastern berichten, die in abgelegenen Gegenden liegen blieben. Der Fahrer und sein Helfer kommen darin jedes Mal unweigerlich binnen weniger Stunden um. Einfache Fehler oder Defekte können sich in dieser Umwelt schnell zu Tragödien auswachsen. Das Herzstück eines Ural-Lasters ist ganz und gar der Motor, der nicht nur das Fahrzeug in Gang, sondern auch dessen Insassen am Leben hält. Sobald eine Reise in die Wildnis begonnen hat, wird der Motor nie mehr abgestellt, weil die Kälte ihn, bekäme sie eine Chance, für immer zum Schweigen brächte. Selbst bei Nacht, wenn die Fahrer schlafen, laufen die Motoren immer beruhigend im Leerlauf.

Unser Fahrer war ein schnauzbärtiger Mann Ende dreißig, der für den Gemeinderat von Egvenikot arbeitete. Er redete nicht viel, schien aber zufrieden zu sein, dass man ihm die öde Aufgabe anvertraut hatte, zwei Tage lang drei schrecklich langsamen Radfahrern zu folgen. Er äußerte sich besorgt über die Wetterverschlechterung, meinte aber, dem Laster würde das nichts ausmachen. Allerdings kamen ihm einige Zweifel, als er unsere Fahrräder in Augenschein nahm. Unser zweirädriges Beförderungsmittel wirkte in diesem trostlosen Land so fehl am Platze wie Strandbälle auf dem Mond.

Wir gewannen an Höhe, da wir mit den Fahrrädern 18 Kilometer landeinwärts auf einen Pass zukrochen. Zumindest die Oberfläche der Fahrspur war gut: zusammengepresster und vereister Schnee, in den sich unsere Spikereifen begierig verbissen. Gelegentlich versperrten uns Schneeverwehungen den Weg, und wir mussten die Räder durch den trockenen Pulverschnee schieben.

Um zwei Uhr nachmittags traf Julja eine weitreichende Entscheidung, als sie die Qual des Radfahrens gegen einen bequemen Sitzplatz im Laster eintauschte. Mehr als 600 Kilometer war sie mit Muskelkraft gereist. Konfrontiert mit dem wahren Ingrimm des sibirischen Winters, kam sie nun zu dem Schluss, dass die Bedingungen einfach zu schwer erträglich waren.

Tim und ich fuhren allein weiter. Ohne Julja an unserer Seite kam uns die Welt leerer vor. Wir waren so lange ein Dreierteam gewesen, dass wir nun, obwohl sie nur ein paar Hundert Meter in unserem Rücken hinter einer doppelten Glasscheibe saß, das Gefühl hatten, als sei Julja gänzlich aus unserer kleinen Welt verschwunden.

Einige Partien meines Gesichts wurden taub, und ich fragte mich, ob dies die ersten Anzeichen von Erfrierungen waren. Mein gesamter Unterleib war gefühllos geworden, wo der Wind mir von unten in die Jacke gefahren war. Dennoch blieb meine Kerntemperatur warm, und die verstreichenden Stunden schienen die Qual, in Sibirien am Leben zu sein, zu lindern.

Im Licht der Schweinwerfer des Lasters erreichten wir um sechs

Uhr abends ein steinernes Gebäude, das groß genug war, um zwei traktorartige Fahrzeuge zu beherbergen, die zur Instandhaltung der Winterfahrspuren eingesetzt wurden. Die drei Männer, die diese Maschinen bedienten, blieben den ganzen Winter über hier. Ihr Wohnbereich lag versteckt am einen Ende des riesigen kahlen Baus. Sie begrüßten uns mit typisch russischer Gastfreundschaft. Bald saßen wir alle um einen grob geschnitzten Holztisch und nippten am heißen Tee. Die Wände zierten aus Magazinen und Einkaufstüten ausgeschnittene Fotos von Frauen.

Sowohl Tim als auch ich bemerkten Erfrierungen an unseren Körpern. Mein Unterleib hatte sich violett verfärbt, als hätte ich einen schweren Körpertreffer von Mike Tyson eingesteckt; mein Hals war stellenweise rot und geschwollen. An Tims Kinn saß eine große rote Beule genau dort, wo sich der Wind an seiner Kapuze vorbeigezwängt hatte. Allerdings sahen unsere Erfrierungen nicht allzu schlimm aus, und ich war stolz darauf, unseren ersten Tag unversehrt überstanden zu haben. Wir hatten 19 anstrengende Kilometer zurückgelegt, und es war Zeit fürs Bett.

Am nächsten Tag fiel Tim das Fahren im weichen Schnee eher schwer. Ich kehrte etwa alle zehn Minuten um und fuhr zurück, damit mein Vorsprung nicht zu groß wurde. Um nicht übermäßig zu schwitzen, trug ich wieder eine dünne Kleidungsschicht, sodass ein Anhalten, um auf Tim zu warten, nicht infrage kam. Ich konnte nicht einmal langsamer werden, ohne dass sich sofort ein Kältegefühl einstellte.

Unser Ural-Laster folgte in 30 Metern Abstand demjenigen, der gerade hinten lag, sodass ich mich Tims Tempo anpassen musste. Ich hatte zwei Fahrrad-Satteltaschen gepackt mit allem, was zum Überleben unbedingt notwendig war, sollten wir jemals getrennt werden oder uns in einem Unwetter verirren. Zu der Ausrüstung gehörten eine Daunenjacke und -hose, eine kleine Plane, eine 18-Stunden-Kerze, ein Feuerzeug, zwei Tüten Studentenfutter, eine Stirnlampe und das Satellitentelefon. Die Satteltaschen wogen zwar nicht viel, allerdings konnte der Wind an ihnen zerren, sodass wir nur langsam vorankamen. Und weil unser Hilfsfahrzeug immer in der Nähe war, hatten wir beschlossen, diese Sicherheitstaschen im Laster zu lassen.

Als es auf den Nachmittag zuging, besserte sich die Sicht etwas, und mein Tempo wurde schneller. Ich ertappte mich dabei, wie ich mit offenen Augen träumte, und merkte, dass ich inzwischen einen großen Vorsprung vor Tim und dem Ural-Laster hatte. Ich radelte mehr als zwei Kilometer zurück, bevor die Wolke aus Schnee sich teilte, um den Blick auf meine zurückbleibenden Gefährten freizugeben. Ich konnte mir nicht helfen, ich war einfach enttäuscht. Tim machte alle zwanzig Minuten im Laster Pause, während ich hier draußen im Kreis fuhr. Der Laster war nicht geräumig genug für uns alle vier, und ich wollte nicht eine Weile im Fahrzeug hocken, während Tim fuhr, weil wir dadurch noch langsamer vorankämen. Bei meiner ganzen Radelei würde ich bis zum Ende des Tages mehr als das Doppelte der Distanz, die wir dann tatsächlich zurückgelegt hätten, gefahren sein.

Wir aßen im Windschatten des Lasters rasch zu Mittag, bevor die Kälte uns noch bis ins Mark kroch. Rings um unsere Münder hatten sich Eisplättchen gebildet, und die Kapuzen waren an unseren Bärten festgefroren, was das Essen ein wenig kompliziert machte. Sobald wir unsere Münder befreit hatten, schaufelten wir die gefrorenen Sandwiches schnell in uns hinein, bevor wir uns Erfrierungen holten. Unser Fahrer sagte uns, wir müssten nur noch 30 Kilometer bis zum nächsten Rasthaus fahren, der letzten Unterkunft auf den nächsten 300 Kilometern. Das Wetter hatte leicht aufgeklart, und ich überlegte, ob ich allein weiter vorausfahren sollte. Tim wäre in der Nähe des Hilfsfahrzeugs in Sicherheit. Und sollte ich irgendwelche Probleme haben, würde der zuverlässige Ural-Laster mit unserem Vorrat an Lebensmitteln, Kleidung und Werkzeugen nachkommen.

Ich erzählte Tim und Julja von meinem Plan. Binnen Minuten war ich allein und radelte wie wild durch Schnee, der in Flocken über die Straße tanzte wie verirrte Dämonen. Die Eisfurchen, denen ich folgte, waren leer geweht worden, was das Vorankommen relativ leicht machte. Ich fühlte mich wohl. Eine Stunde zuvor waren wir an einem stählernen Monument vorbeigekommen, das die Stelle bezeichnete, wo wir den nördlichen Polarkreis überquert hatten. Ich fuhr mit einem Fahrrad mitten im Winter mitten durch Sibirien. Ich war bloß ein Punkt in einer unfassbaren Weite, und es fiel mir schwer zu glauben, dass ich mir den Planeten mit sechs Milliarden anderen Menschen teilte. Niemals habe ich mich so allein gefühlt.

Meine Hochstimmung wurde jedoch bald durch quälende Zweifel verdrängt. Die Luft war extrem kalt, und meine Kleidung war nur für Tätigkeiten geeignet, die Herz und Kreislauf stark beanspruchten. Wenn mein beschleunigter Stoffwechsel, der Kalorien schnell verbrannte, sich auf ein Ruhetempo verlangsamte, würde ich wahrscheinlich binnen weniger Stunden an Unterkühlung sterben. Was, wenn ich den Fahrer falsch verstanden hatte und das Rasthaus eigentlich gar nicht unmittelbar voraus bei Kilometer 86 lag? Was, wenn der Laster im Schnee stecken blieb und ich eine Panne mit dem Fahrrad hatte? Ich malte mir verschiedene Szenarien aus, die alle schlimm endeten – für mich. Vielleicht hatte ich zugelassen, dass meine Ungeduld mein Urteilsvermögen trübte.

Schilder neben der Fahrspur hakten die Kilometer seit Egvenikot ab. Bei Kilometer 70, nur 16 Kilometer von meinem Ziel entfernt, verwischten Schneeverwehungen die Fahrspur fast vollständig. Um mich zu orientieren, musste ich den Metallstangen folgen, die in Abständen von etwa 50 Metern eigens für solche starken Schneegestöber aufgestellt worden waren.

Das Wetter verschlechterte sich weiter, aber gerade als ich drauf und dran war, umzukehren und mich wieder den anderen anzuschließen, tauchten die Eisfurchen erneut auf und die Oberfläche wurde jetzt so gut, dass man wieder fahren konnte. Um halb vier Uhr nachmittags passierte ich Kilometer 73. Ich dachte mir, dass ich die letzten 13 Kilometer runterreißen könnte, bevor um fünf völlige Dunkelheit einsetzte. Das schwindende Tageslicht und meine beschlagene Schutzbrille erschwerten die Unterscheidung zwischen dem festgedrückten Schnee und der angrenzenden weichen Oberfläche. Alle zehn Minuten musste ich die Schutzbrille absetzen und mit meinen Innenhandschuhen die Eiskristalle abkratzen. Die eisige Luft an der ungeschützten Haut um meine Augen erzeugte einen sofortigen Kältekopfschmerz und ließ meine Augenlider zufrieren. Vorsichtig musste ich meine Augenlider auseinanderziehen, bevor ich den Schutz wieder aufsetzte.

Tieferer Schnee sorgte dafür, dass ich langsamer vorwärtskam. Gegen Viertel vor fünf am Nachmittag konnte ich die Spuren, denen ich eigentlich folgen sollte, nicht mehr ausmachen. Um fünf schob ich das Fahrrad durch eine fast pechschwarze Finsternis. Ein Kilometerschild tauchte undeutlich in dieser Dunkelheit auf. Ich ging darauf zu, wischte den Schnee beiseite und benutzte das Licht meiner Armbanduhr, um die Ziffern zu beleuchten: Kilometer 86!

Genau hier müsste das Rasthaus sein, wo Tee und Wärme mich begrüßen sollten. Stattdessen war es dunkel. Und saukalt. Der Wind rüttelte meinen erschöpften Körper durch. Wehender Schnee bahnte sich einen Weg durch die Ritzen in meiner Kleidung. Wo zum Teufel war das Rasthaus? Es war, als hätte man mir die Augen verbunden in dieser Schneesturmnacht. Kein ferner Schein in der Dunkelheit erbrachte einen Hinweis auf eine gemütliche Behausung irgendwo.

Plötzlich hatte ich sehr, *sehr* große Angst.

Ich benutzte die Dichte des Schnees als Anhaltspunkt und versuchte in den Furchen zu bleiben, aber ich merkte bald, dass ich sie vollkommen verloren hatte und mit knirschenden Schritten ziellos über die gefrorene Tundra lief. Weil ich mein Fahrrad durch den Tiefschnee schob, kam ich noch langsamer voran, also ließ ich es liegen. Es nützte mir nichts mehr. Ich begann zu frieren, und während ich verirrt in dem Schneesturm herumtaumelte, war mein einziger Wunsch, am Leben zu bleiben, koste es, was es wolle.

Ich orientierte mich am vorherrschenden Wind und beschrieb einen weit ausholenden Zickzackkurs, um die Spur wiederzufinden. Ohne Erfolg. Wahrscheinlich war sie unter dem lockeren Schnee verborgen. Da wir uns den ganzen Tag genau gegen den

Wind bewegt hatten, beschloss ich auch jetzt, direkt gegen den Sturm zu marschieren, und betete, dass diese Taktik mich in Sicherheit bringen möge. Weil mir von der Kälte die Augen tränten, waren meine Wimpern unter der Schutzbrille allmählich zusammengefroren. Zehn Minuten lang machte ich mir nicht die Mühe, sie zu trennen. Schließlich schob ich die Brille hoch, löste die Lider mit zitternden Fingern voneinander und suchte die Dunkelheit nach irgendeinem Lichtschein ab. Nichts.

Meine Zähne klapperten unkontrollierbar, wie ein Gerippe in einem Spukhaus. Ich näherte mich dem Punkt der Unterkühlung. Normalerweise verlangsamt sich mein Stoffwechsel nach einem sehr anstrengenden Tag, und mir ist dann selbst in einem warmen Gebäude kalt. Der Gedanke, dass ich in ein paar Stunden tot sein könnte, war merkwürdig. Ich fühlte mich schuldig, als ich mir die Qualen ausmalte, die Julie durchmachen würde. Und ich wusste, dass mein Tod meiner Mutter die restlichen Jahre ihres Ruhestands verderben würde.

Ich war verzweifelt wie ein Schachspieler, der in einer bis dahin ausgeglichenen Partie soeben seine Dame verloren hat. Er spielt weiter, aber tief in seinem Innern weiß er, dass er kaum noch eine Chance hat. Aber das hier war eindeutig kein Spiel. Im Falle eines Scheiterns würde ich alles verlieren, was ich hatte.

Ich fing an, in dem Schnee unter meinen Füßen zu graben. Kurzfristig hing mein Überleben davon ab, dass ich so schnell wie möglich aus dem Wind herauskam. Das ging nur, wenn ich mir eine Schneehöhle baute. Die Theorie der Schneehöhlen war mir bekannt. Ich hatte im Fernsehen gesehen, wie welche gebaut wurden, und ich hatte in Büchern etwas darüber gelesen. Jetzt hoffte ich, mit diesem Überlebenstrick mein Leben retten zu können.

Zehn Zentimeter weiter unten wurde der Schnee hart und krustig. Meine Handschuhe kratzten vergeblich an dem Eis. Ich holte mein Gerber-Taschenmesser heraus und schabte durch die Kruste. Meine Bemühungen wirkten so schleppend, dass ich versucht war, aufzugeben und weiter durch den Wind zu taumeln. Aber ich sagte mir, grab weiter. Schließlich schaffte ich ein Loch von ein Meter zwanzig Durchmesser und knapp einem Meter Tiefe, das an seiner tiefsten Stelle die Vegetation der Tundra erreichte. Dann untertunnelte ich die dem Wind zugekehrte Wand, bis ich eine knapp einen Meter lange und sechzig Zentimeter hohe flache Höhle gegraben hatte. Sie war nicht lang genug, um innen auf dem Bauch zu liegen, aber wenn ich die Beine übereinanderschlug und mich über meine Knie nach vorn beugte, konnte ich mich zu einer Haltung verrenken, die den klaustrophobischen Dimensionen meiner Höhle entsprach. Ich kroch in mein neues Zuhause.

Stille.

Es war unwirklich. Den ganzen Tag über war der Wind als ein konstantes Heulen zu hören gewesen. Jetzt war es vollkommen verschwunden. Die einzigen Geräusche waren mein Atmen und das Scharren meines Körpers, wenn ich mich in meinem eisigen Grab bewegte. Ich war dem Schneesturm entronnen.

Die Minuten vergingen. Ich hatte noch immer Angst, und mir war sehr kalt. Ich rechnete durchaus nicht damit, dass irgendjemand mich in diesem einsamen Teil der Tundra fände. Ich erwog meine Möglichkeiten. Wenn ich versuchte, weiter durch die Nacht zu laufen, war ich so gut wie tot. Schon als ich die Höhle grub, hatte ich spüren können, wie meine Kräfte schwanden. Ich hatte gewusst, dass ich, wenn ich dem Wind nicht binnen einer Stunde entkäme, zusammenbrechen und rasch an Unterkühlung sterben würde.

Meine einzige Chance bestand darin, die lange Nacht zu überstehen und zu hoffen, dass ich bei Tageslicht das Rasthaus finden konnte. Ich blickte auf meine Armbanduhr. Es war erst kurz nach sechs Uhr abends. Ich hatte noch 13 Stunden vor mir.

Mein Körper zuckte krampfhaft, und ich hätte am liebsten gellend geschrien, um meiner Qual Luft zu machen und ein paar zusätzliche Wärmejoules zu produzieren. Dabei wusste ich, dass meine Schreie die stürmische Schwärze jenseits meiner Höhle nicht mehr als ein paar Meter durchdringen würden.

Nach einer halben Stunde hörte mein Schüttelfrost auf. Was den physiologischen Verlauf des Kältetods betraf, so kannte ich mich gut aus, und ich war recht zuversichtlich, dass dies nicht der schläfrige, fast behagliche Zustand nach dem Schüttelfrost war, den Menschen erleben, bevor sie einschlafen und dann sterben. Woher ich das wusste? Ich war nicht schläfrig, vielmehr war mir durchaus so entsetzlich unbehaglich und kalt wie eh und je. Der Schüttelfrost war ersetzt worden durch ein Keuchen, dessen Intensität sich steigerte, bis mir die Luft wegblieb, als befände ich mich mitten in einem Wettlauf. Ich musste die Kapuze leicht aufziehen, um nicht zu ersticken.

Bevor wir zu der Expedition aufgebrochen waren, hatte Julie mir ein tragbares Diskettenlaufwerk geschenkt. Auf dieses Minigerät hatte sie Tausende von Songs sowie mehrere Hörbücher heruntergeladen. Während wir über die Highways radelten oder den Yukon hinunterpaddelten, fand ich es erstaunlich, dass ich mir über winzige Kopfhörer ein Buch anhören konnte.

Einer der Titel, die Julie aufgenommen hatte, war *Last Breath* von Peter Stark.* In dem Buch schildert der Autor ausführlich die physiologischen und psychologischen Stadien, die Menschen bei verschiedenen Todesarten durchlaufen. In den Geschichten geht es um glückliche, abenteuerlustige junge Leute, die ausnahmslos auf grauenhafte Weise zu Tode kommen, indem sie von Klippen stürzen, im Wildwasser ertrinken oder in der dünnen Luft auf irgendeinem obskuren Berg in Nepal ersticken. Ich fand das Buch deprimierend, düster und hielt es in jeder Hinsicht für schlechten Expeditionslesestoff. Dennoch kam ich, da unsere Möglichkeiten, uns angenehm zu unterhalten und zu entspannen, arg begrenzt waren, immer wieder darauf zurück und hörte mir die belehrenden Geschichten eine nach der anderen an. Als ich jetzt unterkühlt und verängstigt in einer Schneehöhle in Sibirien lag, fiel mir eine dieser Geschichten wieder ein und nahm mein Bewusstsein vollständig in Beschlag.

* Dt.: *Zwischen Leben und Tod. Extreme Erfahrungen, letzte Abenteuer*, Reinbek bei Hamburg 2003.

In ihr ging es um einen jungen Mann, der losfuhr, um sich mit Freunden in einer Berghütte zu treffen. Es war eine fürchterliche Winternacht, und sein Jeep geriet ins Schleudern und blieb in einem Graben stecken. Nur ein paar Kilometer von der Hütte entfernt, beschloss der Mann, seine Skier anzuschnallen und den Rest der Strecke auf dem direkten Weg abseits der Straße zurückzulegen.

Nach einer Pannenserie – zuerst zerbrach eine Bindung, und dann verlor er einen Handschuh – lag der junge Mann im Sterben, während seine kostbare Körperwärme in die Nacht entschwand. Mit letzter Energie riss er sich die Kleidungsstücke vom Leib und lag halb nackt im Schnee. Dieser Unterkühlungs-Striptease kommt anscheinend häufig vor – wenn unsere komplexen Nervenschaltkreise den Betrieb einstellen, kreuzen sich die Leitungen auf bizarre Weise. Ironischerweise hat man im letzten Stadium des Kältetods das Gefühl, einen drückend heißen Tag am Strand zu verbringen.

Dieser Gedanke ließ mich nicht los. Würde ich mir in einem Zustand des Deliriums sämtliche Kleider vom Leib reißen? Würden Tim und Julja mich zusammengekuschelt in dieser Höhle vorfinden, nackt wie am Tag meiner Geburt? Ich schwor mir, dass ich, ganz gleich, was passierte, ein so schmachvolles Ende vermeiden wollte. Und ich würde auch nicht einschlafen, wo doch der weiche, im Wind treibende Schnee so gemütlich aussah wie eine Daunendecke auf einem Himmelbett.

Ich hörte nicht auf zu keuchen. An mangelndem Sauerstoff lag es nicht, da die Frischluftzufuhr in meiner Höhle ausreichend war. Ich fragte mich, ob irgendeine physiologische Urreaktion ausgelöst und mein Stoffwechsel zu unglaublichen Höhen beschleunigt worden war, um mit der übernatürlichen Kälte fertig zu werden.

In meiner Position mit den gekreuzten Beinen schlief mir ein Bein ein. Dieses Anzeichen beunruhigte mich, da ich keine Ahnung hatte, wie sehr die verringerte Durchblutung meine Anfälligkeit für Erfrierungen vergrößern würde. Ich hatte Visionen, dass mein Bein nie wieder aufwachen würde. Mir bliebe nichts anderes übrig, als mit einem kalten, leblosen Klumpen Fleisch gegen den Schnee zu hämmern. Ich kletterte aus der Höhle und hinaus in das Schneetreiben, um Leben in meine tauben Gliedmaßen zu schütteln. Der Wind warf mich beinahe um. Ich hüpfte auf und ab und versuchte mehr innere Wärme zu mobilisieren. Es war zwecklos. Der Wind entzog meinem Körper die Hitze ebenso schnell, wie ich in der Lage war, das noch verbliebene innere Feuer zu schüren.

Ich verschwand eilig wieder in der Höhle. Es war acht Uhr abends, und ich war immer noch nicht tot. Es war jetzt zwölf Stunden her, seit ich die Sicherheit unserer Unterkunft von letzter Nacht verlassen hatte.

Die Einheimischen drüben in Egvenikot und Anadyr hatten einen Riesenspaß daran gehabt, Geschichten von den unzähligen Menschen zum Besten zu geben, die dem extremen Klima Tschukotkas erlegen waren: Leute, die mal eben zum Pinkeln hinausgingen und zwei Stunden später steif gefroren gefunden wurden. Und diese Leute hatten gewöhnlich warme, gefütterte Kleidung und dicke Pelzmützen getragen. Unser Fahrer hatte an diesem Morgen von einem Freund erzählt, der, um seine Blase zu erleichtern, bei starkem Schneegestöber mit seinem Transportpanzer angehalten hatte. Er schlenderte etwa zehn Meter von dem Fahrzeug weg, um der Stimme der Natur zu folgen, und wurde erst im Frühjahr wieder gesehen, als die Schneeschmelze seinen bleich gewordenen Leichnam enthüllte. Ich fragte mich, was wohl seine letzten Gedanken gewesen waren.

Mein Keuchen war stärker geworden, und meine Kehle fühlte sich rau an, weil ich zu schnell kalte Luft einzog. Ich überlegte, ob meine Speiseröhre allmählich einfror.

Als ich das nächste Mal auf die Uhr sah, war es zehn Uhr abends. Ich lag jetzt seit vier Stunden in der Schneehöhle. Ich fühlte mich zwar elend, aber hellwach. Das war ein gutes Zeichen. Nur noch neun Stunden. Ich kletterte auf einen weiteren verrückten Hüpfer hinaus in die Nacht. Nachdem ich ein paar Minuten herumgehopst war, wurde mir plötzlich klar, dass ich keinen Schimmer hatte, an welcher Stelle im Boden mein Loch war. Panik durchfuhr mich. Es musste sich im Umkreis von etwa einem Meter von der Stelle befinden, wo ich stand. Aber ohne das Geringste sehen zu können, konnte ich es für immer verlieren, sobald ich anfing herumzustolpern. Ich trat daher ein kleines Loch in den Schnee und legte mich dann mit dem rechten Fuß fest in dieser Vertiefung verankert hin. Dann drehte ich meinen ganzen Körper in einem Vier-Meter-Radius und tastete gleichzeitig mit den Armen. So fand ich schließlich meine Höhle wieder und krabbelte hinein.

Mein Körper hatte in dieser an einen Fleischschrank erinnernden Umgebung eine Art Gleichgewicht gefunden. Mir war eiskalt, ich fühlte mich unbegreiflich geschunden, und ich verharrte einfach Stunde um schreckliche Stunde in diesem Zustand. Vielleicht hätte ich die schläfrige Phase freudig begrüßt, aber für mich kam sie nie. Als es Mitternacht wurde, feierte ich das Ereignis mit ein paar weiteren Tanzbewegungen bei extremen Minusgraden, umheult von Winden, die so kalt waren, dass ich mir vorstellte, ihre eisige Kraft sei die Verkörperung jedes Einzelnen der Millionen von Gulag-Häftlingen, die in diesem verdammten Land umgekommen waren. Mein plumpes Herumtapsen und haltloses Stöhnen stellte ich mir als trotzigen Tanz im Angesicht des Todes vor.

»Leck mich, Sibirien!«, schrie ich.

Und dann rutschte ich zurück in meine Höhle.

Gegen ein Uhr 30 morgens wurde ich allmählich zuversichtlich. Ich hatte siebeneinhalb Stunden in der Höhle überlebt. Noch fünfeinhalb Stunden, und es wäre hell. Ich konnte es schaffen. Ein schlichter, allumfassender Gedanke bündelte meine Willenskraft: Bleib fünfeinhalb Stunden am Leben. Ich werde leben.

Ich kletterte noch einmal hinaus in den Wind, um meine absterbenden Gliedmaßen durchzuschütteln. Springen, springen, schütteln, springen, stolpern. Ich nahm die Schutzbrille ab und blinzelte in den Wind. Ich hatte jede Hoffnung aufgegeben, irgendetwas zu sehen, und das Absetzen der Brille war jetzt nur noch ein Teil meiner Routinehandlungen.

Ich machte meine von Raureif bedeckten Augen weiter auf. Etwas schräg zur Windrichtung konnte ich eine Anomalie in der Schwärze ausmachen. War es ein Lichtschein? Ich starrte hin und war mir jetzt sicherer, dass meine Netzhaut mir keinen Streich spielte.

Konnte es einfach Mondlicht sein, das den Schneesturm durchdrang? Ich war unschlüssig. Der Lichtschein war so schwach, dass er verschwinden würde, wenn der Wind stärker wurde. Ich fragte mich schon, ob das Ganze eine durch die Kälte hervorgerufene Halluzination gewesen war. Während ich über dieses mysteriöse Licht nachdachte, kühlte ich rasch aus.

Ich musste eine Entscheidung treffen. Ich konnte auf den Lichtschein zumarschieren und hoffen, dass er meine Rettung wäre. Sollte es nicht der ersehnte Außenposten sein, würde ich sterben, daran bestand nicht der geringste Zweifel. Oder ich konnte in meiner Höhle bleiben und versuchen, bis zum Morgen durchzuhalten. Aber auch wenn ich das tat, gäbe es keine Garantie, dass ich am Tag die Zuflucht bei dem Schneesturm finden würde.

Ich beschloss, mich wieder in Marsch zu setzen. Unter meiner Skibrille hatten sich fast anderthalb Zentimeter Eis gesammelt, sodass ich sie absetzen musste. Ich wusste, dass Erfrierungen mein Gesicht verunstalten würden, während ich durch die zyklonartigen Winde lief, aber ich war nicht bereit, irgendetwas zu tun, das meine Sicht auf das Licht auch nur für einen Moment trübte. Es war mein einziger Leitstern heraus aus diesem Unwetter. Häufig verschwand der Lichtschein ganz, und ich achtete beim Weiterlaufen darauf, dass der Wind mich in einem Winkel von 45 Grad an der rechten Wange traf. Meine Augen klebten alle paar Minuten zusammen, und ich musste die Lider jedes Mal auseinanderreißen und mir Eiskügelchen aus den Wimpern zupfen.

Meine Beine waren wie Gummi, aber ich lief mit knirschenden Schritten weiter vorwärts. Der Lichtschein wurde heller. Mit der rechten Hand umklammerte ich mein Messer, nicht aus Angst vor Wölfen, sondern weil ich es mit meinen gefühllosen, in die Handschuhe eingepackten Händen nicht schließen konnte.

Ich stieg eine niedrige Anhöhe hinauf und sah drei unterschiedliche Lichtpunkte. Ich war gerettet! Ein triumphales Gefühl erfüllte mich, und aus meinem wankenden Gang wurde ein Hüpfen. Eine Viertelstunde später stand ich vor einer hölzernen Tür. Ich wollte gerade hereinplatzen, als ich aus dem Augenwinkel das glänzende Messer in meiner rechten Hand sah. Ich muss wie eine böse Kreuzung aus Yeti und Jack the Ripper ausgesehen haben. Ich entschied, die offene Klinge besser auf einem Fenstersims zu lassen. Dann schickte ich mich an, diesen winterlichen Furor hinter mir zu lassen und in eine Welt der Wärme einzutreten.

Ich öffnete die schwere Holztür und wankte in einen schwach erleuchteten Raum. Sechs Männer saßen um einen Holztisch, und in einem von ihnen erkannte ich unseren Fahrer. Ihr erschrockener Blick verwandelte sich rasch in ein strahlendes Lächeln, und der Fahrer stürzte auf mich zu und umarmte mich heftig.

Er führte mich nach oben in ein Zimmer, wo Tim und Julja schliefen, und weckte sie. Erleichterung zeigte sich auf ihren Gesichtern, als sie ihren verirrten Gefährten erblickten.

»Wir dachten, du wärst tot«, sagte Julja mit großen Augen. »Sie haben Suchtrupp losgeschickt von Egvenikot. Drei Transportpanzer draußen suchen nach dir, und schließlich geben sie auf. Niemand glauben, du kannst so lange leben in dem Schneesturm. Wir denken, du tot.«

Ich betrachtete mich in einem kleinen Spiegel an der Wand und fand, ich sah tatsächlich aus wie eine Erscheinung aus dem Totenreich. Meine blauen Lippen bildeten einen krassen Gegensatz zum Rest meiner bleich gewordenen Haut. Schnee und Eis zierten noch immer meine Schultern und meinen Bart.

»Ach du dickes Ei«, sagte Tim. »Das war ganz schön knapp. Wir hatten vor Stunden ein heißes Bad für dich fertig, zur Vorbereitung darauf, wenn der Suchtrupp dich unterkühlt anbrächte, aber das Wasser ist schon lange kalt. Na los, machen wir das Ding wieder voll.«

Als ich mich umschaute und die Sorge und Anspannung sah, die mein Verschwinden ausgelöst hatte, fühlte ich mich schrecklich.

Zugleich erzeugten die Wärme, das Licht und die Tatsache, dass ich zu neuem Leben erweckt worden war, in mir ein Gefühl absoluter Hochstimmung. Mir war das allergrößte Geschenk gewährt worden: das Leben.

Ein paar Minuten später streckte ich mich in einer Wanne mit heißem Wasser aus, weit weg von den kreischenden Winden, dem Schneetreiben und den Temperaturen von minus 45 Grad.

8 Auf der »Knochenstraße«

Während ich mich in dem Rasthaus erholte, machte ich mir Gedanken über die weitere Reise. Wir hatten noch immer 35 000 Kilometer vor uns, und unser bisheriges Vorankommen hatten wir uns keinesfalls leicht verdient. Was, wenn wir bei der Überquerung des Beringmeers während des Sturms am Ende auf die Felsen geschleudert worden wären? Was, wenn meine Nierenentzündung etwas früher begonnen hätte, als wir Tage von der Zivilisation entfernt gewesen waren? Und was, wenn ich in dem Schneesturm nicht diesen Lichtschein des Rasthauses gesehen hätte? Die Lichtquelle war eine ramponierte Lampe, die von einem Mast herabhing. Ich erschauderte bei dem Gedanken, dass, wäre dieses Licht ausgegangen, mein Leben zusammen mit ihm ausgelöscht worden wäre.

Waren wir verrückt, wenn wir uns entschlossen weiterzumachen? Wir mussten noch den Rest Eurasiens durchqueren, eine Reise, die mehr kalte Temperaturen, viel befahrene schmale Straßen und mögliche Banditen versprach. Und daran anschließen würde sich unser Versuch, die Ersten zu sein, die vom europäischen Festland zum nordamerikanischen Festland ruderten.

Es sah so aus, als spielten wir eine Partie Russisch Roulette nach der anderen. Dass wir höchste Besonnenheit und Umsicht walten lassen würden, war leicht gesagt, dennoch kamen wir nicht um die Tatsache herum, dass wir vielen weiteren unvermeidlichen Gefahren begegnen würden. Keine noch so große Vorsicht kann ein Ruderboot in einem Hurrikan schützen oder einen Sattelschlepper auf der Hauptstraße davon abhalten, einen zu zerquetschen.

Trotz dieser Bedenken entschied ich, dass ich weitermachen würde. Als ich vor mehreren Jahren die Entscheidung getroffen hatte, diese Expedition zu unternehmen, hatte ich mir selbst versprochen, alles zu geben, was ich besaß. Im Augenblick war meine Gesundheit noch ausgezeichnet, und es gab keinen körperlichen Grund, warum ich nicht weitermachen konnte. Wenn ich jetzt besiegt heimkehrte, wusste ich, dass ich mich den Rest meines Lebens wegen dieser Entscheidung quälen würde.

Während wir auf unser neues Hilfsfahrzeug warteten, fingen Tim, Julja und ich an, uns auf die Weiterreise vorzubereiten. Unser Fahrer würde nach Egvenikot zurückkehren, und wir würden einen Versorgungslaster erwarten, der nach Pewek im Norden zurückfuhr und als Verstärkung für uns fungieren würde. Ich nutzte die Pause, um Julie über das Satellitentelefon anzurufen, unterließ es aber, ihr zu erzählen, dass ich dem Tod nur knapp entronnen war. Es hätte alles für sie nur noch schwerer gemacht. Sie teilte mir vergnügt mit, dass sie eine Ruderpartnerin gefunden habe, die sich ihr für die Atlantiküberquerung anschließen wolle. Sie und ihre neue Partnerin, Cathy Choinicki, hätten alle Hände voll zu tun mit den Vorbereitungen, und ihre Website sei bereits in Betrieb. Ein Freund von Cathy, der das Marketing und die Werbekampagnen für die Hockeymannschaft der Vancouver Canucks leitete, habe seine Hilfe bei der Produktion eines Werbevideos angeboten, das ihr angestrebtes Ziel groß herausstellen sollte.

Ab dem Rasthaus bei Kilometer 87 (eigentlich Kilometer 88) verlief unsere Reise relativ glatt. Unser neuer Ural-Hilfslaster, der hinten über eine beheizte Kabine verfügte, holte uns dort ab. Wir fuhren auf Fahrrädern und Skiern weiter und folgten dem Hilfsfahrzeug über die gefrorene Tundra. Jeden Abend machten wir halt und genossen unsere kleine wind- und schneegeschützte Oase im Innern der Lkw-Kabine.

Schließlich erreichten wir die Kolyma, die ins Nordpolarmeer mündet, und da unsere Spikereifen festen Halt auf dem Eis fanden, konnten wir problemlos diesen Fluss hochradeln. Auf dem geräumten Fluss zu fahren war beinahe leichter, als auf einer Straße zu radeln, weil der Fluss absolut eben war.

Nahe der Mündung der Kolyma war das umliegende Gelände flach und langweilig, aber als wir uns auf den Oberlauf zubewegten, nahm unser Fluss seinen Weg durch tiefe Schluchten unterhalb gezackter Berggipfel. In manchen Gegenden strömte er zu schnell, um zuzufrieren, und die Fahrspur folgte unsicheren Routen neben dem Fluss.

Mitte März erreichten wir schließlich die Stadt Ust-Nera an der »Knochenstraße« im tiefsten Nordostsibirien. Wir hatten die erste Durchquerung nur per Muskelkraft des 5000 Kilometer breiten straßenlosen Streifens Wildnis zu beiden Seiten der Beringstraße offiziell abgeschlossen. Die hier beginnende ausgefahrene Schotterstraße war mit einem Netz von Hauptverkehrsstraßen verbunden, die uns bis ins 10 000 Kilometer entfernte Moskau bringen würden.

In Ust-Nera organisierten wir uns in einem größtenteils aus Gemeinschaftszimmern im Herbergsstil bestehenden Hotel aus der kommunistischen Ära neu. Ich gab der matronenhaften Babuschka Geld für ein privates Zimmer, in dem Tim und Julja übernachten würden, und für ein billigeres Bett in einem der Schlafsäle, das ich nehmen würde. Fortan stünde uns kein Hilfsfahrzeug mehr zur Verfügung, und wir müssten jedes Ausrüstungsstück auf den Fahrrädern transportieren. Es war an der Zeit, einen Berg Ausrüstung durchzusehen und ein paar schwere Entscheidungen zu treffen. Die Ausrüstung, die nicht mitkäme, müsste entweder per Post nach Hause geschickt oder zum Verschenken in Ust-Nera zurückgelassen werden.

Ein wichtiger Gesichtspunkt waren die Postgebühren, da wir unsere Expeditionsmittel schon vor langer Zeit erschöpft hatten. Meine Ersparnisse waren auf 3500 Dollar geschrumpft, und dieses Geld müsste uns den ganzen Weg bis nach Moskau reichen. Julja und ich gingen zum Postamt, um uns über Tarife und Verfahren zu informieren, und ich war von beidem schockiert. Die Gebühren für Sendungen von Russland nach Kanada waren sehr viel höher als umgekehrt. Außerdem musste jedes Teil von den Postmitarbeitern geprüft werden, bevor es verpackt werden durfte. Sachen, die nach Kanada gingen, mussten in 15 x 30 x 30-cm-Kartons verstaut werden, die vom Postamt zur Verfügung gestellt wurden. Was nicht hineinpasste, konnte nicht verschickt werden. Sachen, die nach Irkutsk vorausgeschickt werden sollten, mussten in spezielles weißes Sackleinen eingenäht werden, das wir kaufen mussten. Die Näharbeit musste makellos sein, ließ uns die Angestellte wissen. Dann zeigte sie uns den »Postamtsstich«, der dabei anzuwenden war.

Ich konnte das ausgeleierte Getriebe der russischen Bürokratie förmlich knirschen hören, und ich wusste, dass diese Angelegenheit hier eine Weile dauern würde. Ich hatte auf eine eintägige Abfertigung in Ust-Nera gehofft, bevor wir wieder unterwegs in Richtung Portugal wären. Stattdessen gestaltete sich die Aufgabe unserer Ausrüstung zu einer 64 Arbeitsstunden beanspruchenden Tortur und drohte noch länger zu dauern. Nach zwei Tagen in Ust-Nera nähten wir immer noch Verpackungen zu, und lange Schlangen auf dem Postamt waren ein beliebter Aufenthaltsort für uns. Ich hatte fast 800 Dollar für Porto ausgegeben, und trotzdem gab es immer noch mehr Zeug nachzusenden.

Allmählich wurde ich ungeduldig und ärgerlich. Aus Gründen der Zweckmäßigkeit und um kostbare Dollars zu sparen, hatte ich ein Opfer gebracht und zahlreiche meiner eigenen Habseligkeiten nach Hause geschickt. Doch es schien, als ob Julja jeden Gegenstand, den ich auf den »Geschenkehaufen« legte, wieder fortnahm, um ihn einem weiteren Paket nach Irkutsk beizufügen. Zuerst ließ ich das durchgehen, da solche hochwertige Ausrüstung extrem wertvoll für sie wäre, wenn sie nach Hause zurückkäme. Doch irgendwann, während Zeit und Geld dahinschwanden, begann ich zu ahnen, dass die Expedition gefährdet wurde. Ich konnte nicht immer weiter das letzte Bargeld ausgeben, indem ich nicht benötigte Ausrüstung per Post aufgab, wenn wir kaum genug hatten, um uns während der nächsten paar Monate zu ernähren.

»Wir werden noch einen Tag brauchen, um den Rest von diesen Sachen einzunähen«, sagte Julja.

Es war das Ende unseres zweiten Tages in Ust-Nera, und in den vergangenen 48 Stunden hatten wir nichts anderes getan, als uns nach dem ineffizienten russischen Postsystem zu richten.

»Julja, den Rest brauchen wir nicht, und wir haben nicht die Zeit oder das Geld, ihn zu verschicken«, sagte ich.

Julja war ungehalten. »Diese Expedition zu machen dauert Monate. Was bedeutet da ein weiterer Tag?«

»Wir müssen auf dem Atlantik sein, bevor die stürmische Jahreszeit beginnt, und momentan sind wir in Verzug«, erwiderte ich. »Wir müssen daher unsere Routinearbeiten jeden Tag möglichst effizient und schnell erledigen; nur so können wir ein deutlich höheres Tempo erreichen.«

Meine Logik passte nicht zu ihrer Philosophie, und sie zuckte einfach die Achseln und machte in aller Ruhe mit dem »Postamtsstich« weiter. Ich ging den Flur hinunter, um zum letzten Mal die Sachen zu sortieren, die wir für die vor uns liegende Reise benötigten.

Wir brachen spät am nächsten Tag auf. Unsere unbedingt erforderliche Ausrüstung hatten wir entweder in unsere Satteltaschen gepackt oder sie nach Irkutsk vorausgeschickt. Das Winterwetter in diesem Gebiet ist nicht sehr veränderlich, weil sich jeden Winter ein riesiges, unbewegliches Hochdrucksystem über der Autonomen Republik Jakutien (seit 1992 Republik Sacha) aufbaut, das Monate windstiller, wolkenloser und extrem kalter Tage garantiert. Momentan waren die nächtlichen Tiefstwerte auf minus 35 bis 45 Grad Celsius gefallen, während die Höchstwerte am Tage milde minus 25 Grad erreichten.

Wir hatten vor, nötigenfalls zu zelten und ansonsten wann immer möglich in Dörfern und Straßencamps zu übernachten. Ein Problem dabei war: Die meisten der winzigen Dörfer auf unserer Karte waren Gerüchten zufolge verlassen. Ein Lastwagenfahrer, der diese entlegene Gulag-Fernstraße kannte, warnte uns, dass es auf den nächsten 400 Kilometern keine Dörfer gebe, in denen man Lebensmittel kaufen könne. Es gebe bloß eine Goldmine, die für die Öffentlichkeit gesperrt und schwer bewacht sei, und ein paar Straßenbaucamps.

Die Straße, die durch einige der malerischsten Abschnitte der Wildnis Sibiriens führt, ist ein Wunder der Ingenieurskunst und ein Symbol für das, was mit praktisch unbegrenzt zur Verfügung stehenden Arbeitskräften erreichbar ist. Leider ist sie auch ein Symbol für eines der verabscheuungswürdigsten Verbrechen in der sowjetischen Geschichte. Es heißt, dass für fast jeden gebauten Straßenmeter ein Gulag-Häftling starb. Die Toten wurden einfach im Straßenbett begraben, deshalb der Name »Knochenstraße«. Unter unseren Reifen lagen also die Überreste der Intellektuellen und der politischen Gegner, die Stalin so sehr verachtet hatte.

Über diese einsame, schöne Straße der Kälte und des Todes würden wir nach Jakutsk, der Hauptstadt Jakutiens, radeln. Die größte Gefahr würde uns dabei von der Kälte und der Abgeschiedenheit drohen. Wir würden 200 Kilometer an Oimjakon vorbeifahren, jenem Dorf, das sich der weltweit kältesten Temperaturen außerhalb der Antarktis rühmt. Die Januartemperatur beträgt hier durchschnittlich minus 50 Grad Celsius und sinkt regelmäßig unter minus 60 Grad. Im Sommer steigt das Quecksilber und erreicht gelegentlich 40 Grad plus, womit dieses Gebiet auch den größten Temperaturausschlag auf dem Planeten aufweist.

Unter den ungläubigen Blicken der Einheimischen radelten wir über den festgefahrenen Schnee raus aus Ust-Nera. Bis zum Nachmittag hatten wir den Gipfel eines gewaltigen Passes erreicht, einer der zwei höchsten Pässe, auf die wir während der nächsten 1000 Kilometer nach Jakutsk treffen würden. Gigantische Gipfel erstreckten sich unter einem wolkenlosen Himmel in beide Richtungen, und die Straße verlor sich in Schlangenlinien in der Ferne. Die einzigen Bäume in dieser Region waren Lärchen. Da die Lärche der einzige Nadelbaum ist, der seine Nadeln im Winter abwirft, waren die Bäume tot und braun.

Wir ließen es ruhig angehen in den ersten paar Tagen, damit Julja Kondition aufbauen konnte – nach so vielen Wochen Fahrt im Laster war sie außer Form. Wir rollten den langen, sanften Passabstieg hinunter und schlugen nach 60 Kilometern unser Lager auf.

In der extremen Kälte zu zelten und zu leben erfordert, dass man einen permanenten Zustand äußerster Unbequemlichkeit aushält.

Alle Verrichtungen müssen mit unförmigen, isolierten Handschuhen an den Händen getan werden. Und nachts überziehen dicke Eisschichten den Bart.

Wir verbrachten zwei Stunden damit, Schnee für das Abendessen, für Tee und das Trinkwasser für den nächsten Tag zu schmelzen, das wir in Thermoskannen gossen. Für das Abendessen und die Trinkwasserherstellung verbrauchte der Kocher einen halben Liter Brennstoff, viermal so viel, wie er unter sommerlichen Bedingungen benötigen würde. Während wir warteten, hüpften wir herum, um bei den 45 Grad Kälte die Körper-Kerntemperatur aufrechtzuerhalten. Nachdem wir unsere gefriergetrockneten Rationen hinuntergeschlungen hatten, zogen wir uns in unsere zwei Zelte zurück und krabbelten in die Schlafsäcke.

Wenn man in der Kälte Schlafsäcke benutzt, kann die Feuchtigkeitsansammlung zu einem gefährlichen Problem werden. Irgendwo zwischen dem eigenen Körper und der Außenseite des Schlafsacks liegt der Gefrierpunkt. Und genau dort kondensiert der beim Schwitzen freigesetzte Dampf. Nach ein paar Tagen wird der Schlafsack unweigerlich feucht (oder bei Temperaturen unter null Grad steif), und die lebenswichtige Isolierung seiner Daunen- und Federfüllung wird mehr oder weniger nutzlos.

Die einzige Lösung besteht darin, eine »Dampfsperre« zu verwenden – eine undurchlässige Plastikmembran, die verhindert, dass die Feuchtigkeit in den Stoff eindringt. Im Grunde steigt man nackt in ein riesiges Kondom und rutscht anschließend in den Schlafsack. Die Feuchtigkeit kondensiert innerhalb der »Dampfsperre« und ruiniert nicht den Schlafsack. Aber sie garantiert einem am nächsten Morgen einen kalten und klammen Ausstieg.

Eine dicke Isomatte zwischen Schlafsack und Zeltboden sorgte für den unentbehrlichen Schutz vor den kalten Klauen der sibirischen Erde. Tim und Julja benutzten ihre Thermarest-Matten zusammen mit Rentierfellen. Ich begnügte mich mit dem Fell. Der dichte, aus Hohlröhrchen bestehende Pelz des Rentiers drückt sich nicht zusammen und schützt unglaublich gut vor dem Schnee darunter.

Vor dem Schlafengehen zu lesen oder zu schreiben war fast unmöglich. Sobald wir im Innern der Dampfsperre und des Schlafsacks eingemummt waren, mussten wir die Zugschnur festziehen, sodass nur noch Münder und Nasen herausschauten, und Hände und Arme im Schlafsack behalten.

Dies war der behaglichste Moment des Tages – warm und gemütlich in unseren Hightech-Schlafsäcken zu liegen, ohne darauf angewiesen zu sein, Herz und Kreislauf in Wallung zu bringen, um uns warm zu halten. Trotz der Wärme war jeder Atemzug frostiger Luft unangenehm, so als atmete man Glassplitter ein.

Der Morgen war die härteste Zeit. In Schwung zu kommen erforderte äußerste Disziplin. Der Wecker meiner Armbanduhr klingelte um sieben und begrüßte mich in einer dunklen Welt mit den kältesten Temperaturen des Tages. Nachdem ich nackt und klatschnass aus der Dampfsperre gestiegen war, zog ich mich schnell an, bevor ich zu viel von meiner Kernwärme verlor. Sobald ich die dicke Daunenjacke, meine Baffin-Stiefel und die bauschigen Fäustlinge übergezogen und meine Kopfbedeckung aufgesetzt hatte, rannte ich, so schnell ich konnte, zum Zelt von Tim und Julja und weckte die beiden. Weil sie fürchteten, ihr Intimleben im Innern der per Reißverschluss zusammengezogenen Schlafsäcke würde dadurch beeinträchtigt, hatten Tim und Julja ihre Dampfsperren seit der ersten Nacht nicht benutzt. Jetzt waren ihre Schlafsäcke klatschnass vor Feuchtigkeit. Nach dem Wecken zündete ich in ihrem Vorzelt den Kocher an und bereitete ein Frühstück aus Haferbrei und Kaffee.

Nach dem Frühstück fing ich an zusammenzupacken, während Tim und Julja sich um ihre eigene Ausrüstung kümmerten. Ich war immer 30 bis 45 Minuten vor den beiden fertig und musste auf der Stelle joggen oder über die Straße sprinten, um warm zu bleiben. Wenn wir auf die Fahrräder stiegen, hatte ich jedes Mal das Gefühl, schon einen harten Arbeitstag hinter mir zu haben.

Trotz ihres unheilschwangeren Namens erwies sich die Fahrt über die »Knochenstraße« als relativ leicht. Die Reifen unzähliger Transportlaster hatten den Winterschnee zusammengepresst und die ausgefahrene Schotteroberfläche darunter in eine harte, glatte Schicht aus weißem Eis verwandelt. Unsere Nokian-Spikereifen griffen auf der Oberfläche, und das Fahrgefühl war nicht viel anders, als wenn man über Asphalt radelt. Die größte Sorge bereitete uns die Überwindung der steilen Berge mit unseren schwer beladenen Fahrrädern.

Wir radelten langsam durch den Tag und legten häufig Pausen ein, damit Julja verschnaufen konnte. Nachdem sie schon nicht gefrühstückt hatte, knabberte sie nun an ihrem Studentenfutter, nahm aber immer nur eine Erdnuss und machte die große Tüte kaum leerer.

»Julja, du musst mehr essen«, drängte ich sie sanft. »Dein Körper ist wie ein Auto. Wenn es keinen Sprit bekommt, läuft es nicht. So einfach ist das.«

»Ich zu müde zum Essen«, sagte sie. »Mein Herz tut auch weh.«

»Dein Herz?«

»Ja. Als ich klein war, ich habe viel Herzkrankheit.«

»Hm … hast du dein Herz vor der Expedition untersuchen lassen?«, fragte ich.

»Ja, Doktor sagen, mein Herz ist gut«, erwiderte Julja. »Aber er hat auch gesagt, ich sollte nicht auf Expedition gehen.«

»Warum hat er das gesagt?«

Julja blickte nach unten auf ihren Lenker. »Ich erinnere mich nicht mehr!«, platzte sie schließlich heraus.

Ich fuhr voraus und dachte über das nach, was Julja gerade gesagt hatte. Warum hatte sie uns vor der Expedition nichts von ihren Herzproblemen erzählt? Und welche Beschwerden genau hatte sie, dass ihr Arzt offenbar empfohlen hatte, keine solche körperliche Anstrengung zu unternehmen? Allzu besorgt war ich nicht, weil Julja so langsam vorwärtskam. Sie hatte lange Zeit nicht viel Bewegung gehabt, und ich hatte den Eindruck, dass sie ein paar Tage bräuchte, bevor sie wieder anfangen konnte, sich in der gewohnten Weise abzurackern.

Nach 40 Kilometern erreichten wir eine Goldmine an einem Hang. Ein weiblicher Wachtposten in dick isoliertem Tarnanzug stand neben der Straße, die zu dem Betrieb führte. Ein gepflegter Mann schlenderte über die Hauptstraße auf uns zu, während wir uns am Eingang herumdrückten. Er stellte sich als der Arzt der Mine vor. Die Öffentlichkeit habe keinen Zutritt zu dem Bergwerk, informierte er uns, aber er würde mit der Verwaltung reden und sehen, ob wir vielleicht über Nacht bleiben könnten.

Eine Viertelstunde später kam er zurück und teilte uns lächelnd mit, dass wir ein eigenes Gästehaus haben könnten, solange wir wollten. Außerdem könnten wir gern zusammen mit der Grubenbelegschaft in der Cafeteria essen. Und am folgenden Vormittag würden wir eine Führung erhalten.

Das Grubengelände hatte die Größe eines kleinen Dorfes, die hölzernen Gebäude wurden durch eine zentrale Kesselanlage beheizt, die Kohlenrauch in den azurblauen Himmel ausstieß. Am anderen Ende machte sich die Erzverarbeitungsanlage durch ein dröhnendes Grollen bemerkbar. Die Flanken des Berges waren durchlöchert von einem Tunnelsystem, das den Goldadern bis tief in die Erdkruste hinein folgte.

Wir wurden zu einem Holzhaus mit zwei Schlafzimmern und dreifach verglasten Fenstern geführt und tauschten die Außentemperatur von minus 35 Grad gegen angenehme 21 Grad Wärme im Innern. »Essen Sie nicht zu Abend«, sagte uns der Doktor. »Wir bereiten ein besonderes Abendessen zu, das Sie zusammen mit dem Betriebsleiter einnehmen werden.«

Wir gingen zu einem späten Mittagessen, bestehend aus Suppe und Gulasch, in die Cafeteria. Der Doktor schloss sich uns an, und Julja übersetzte unsere Unterhaltung.

»Haben Sie eine Frau?«, fragte mich der Doktor.

»Nein«, antwortete ich, »aber ich habe eine Verlobte.«

Der Doktor stellte Tim die gleiche Frage.

»Nein«, kam Tims knappe Antwort.

Ich zuckte zusammen. Ich wusste, wie Julja seine Erwiderung wahrscheinlich interpretierte, und ich vermutete, dass dieses eine

Wort Stunden oder sogar Tage drückenden Schweigens auslösen würde. Als wir die Cafeteria verließen, hörte ich zufällig den Wortwechsel zwischen Julja und Tim mit.

»Warum du sagen nein, als er fragte, ob du hast Frau?«, wollte sie wissen.

»Nun ja, ich habe keine Frau«, erwiderte er. »Noch sind wir nicht verheiratet, und er hat nicht gefragt, ob wir heiraten.«

»Colin und Julie auch nicht verheiratet, aber Colin sagen, er heiraten«, konterte Julja. »Du gibst mir Gefühl, ich bin nichts!«

»Julie und Colin haben eine kleine Zeremonie vollzogen, was wir noch nicht getan haben«, versuchte Tim Julja zu beschwichtigen. Ihre Stimmen wurden leiser, da wir unterschiedliche Richtungen einschlugen.

Später an diesem Abend fragte ich Tim, ob er und Julja sich wieder ausgesöhnt hätten.

»Klar, sie ist mustergültig«, erwiderte er vergnügt. »Ich habe ihr gesagt, wir würden eine kleine Zeremonie abhalten, wenn wir in Irkutsk sind.«

»Du meinst, du machst ihr einen Antrag?«, fragte ich.

»Im Grunde ja«, sagte Tim. »Sie ist verrückt. Hätte ich ihr nicht versprochen, sie zu heiraten und ihr einen Antrag zu machen, wäre sie für den Rest der Expedition grüblerisch, trübsinnig und ungehalten gewesen.«

Am nächsten Morgen statteten wir in Begleitung des Betriebsleiters der Erzverarbeitungsanlage einen Besuch ab. Zuerst wurde das Gestein fein gemahlen, bevor es aufgeschlämmt eine Reihe von Trennverfahren, darunter eine Zentrifuge und ein vibrierendes Waschbrett, durchlief.

»Diese ganzen Geräte wurden in Kanada hergestellt«, informierte uns unser Führer stolz. »Wir haben diese hochmodernen Maschinen vor vier Jahren gekauft, und unsere Erträge sind heute bedeutend höher. Und beim Trennungsprozess werden keine Chemikalien verwendet, weil alles rein mechanisch abläuft.«

Unser Rundgang durch die Mine endete mit einem Geschenk – drei großen gebundenen Büchern, die ausführlich die Geschichte und die Verhältnisse der Minengesellschaft beschrieben. Die farbigen Lehrbücher dürften jedes ein Kilo gewogen haben. Ich stöhnte innerlich bei dem Gedanken, dieses zusätzliche Gewicht über die Berge schleppen zu müssen.

Wir verließen die Mine um elf Uhr vormittags und winkten den Leuten von der Verwaltung und dem Doktor zum Abschied zu. Sie hatten uns gesagt, dass wir 40 Kilometer die Straße runter mit einem Straßenbaucamp rechnen könnten, das den Winter über geschlossen sei, jedoch von einem Wachtposten bewohnt werde. Ein belegtes Brückenbaucamp liege 90 Kilometer voraus.

Bislang waren wir alles andere als gut vorangekommen. Wir gerieten erneut in Verzug. Ich schlug vor, das Brückenbaucamp anzusteuern, aber sowohl Tim als auch Julja schreckten zurück. »Wir sind schon spät dran«, sagte Tim, »also haben wir nicht mehr genügend Zeit dafür.«

»Wenn wir es bis zum Einbruch der Dunkelheit nicht schaffen, können wir zelten«, sagte ich. »Wir haben die beste Campingausrüstung der Welt und können sie eigentlich auch benutzen.«

Juljas Augen weiteten sich. »Wir können nicht zelten«, behauptete sie beharrlich. »Es ist gefährlich und nicht gesund.«

»Was meinst du damit, es ist gefährlich?«, fragte ich. »Wir haben vorletzte Nacht ohne Probleme gezeltet.«

»Ich habe sehr gefroren«, sagte Julja. »Ich möchte nicht wieder zelten, wenn wir an besiedelten Stellen übernachten können.«

Ich seufzte. Wir würden unseren Zeitplan niemals einhalten, wenn wir in jedem warmen Unterschlupf auf unserer Route herumtrödelten, aber Tim und Julja schienen mehr an Bequemlichkeit als an Fortkommen interessiert zu sein. Wir hatten genau die gleiche Ausrüstung wie eine Antarktis-Expedition, doch mehr als eine Nacht Zelten in der Kälte konnte unser Team nicht verkraften.

»Morgen machen wir einen vollen Tag«, versprach Tim. »Nicht wahr, Julja?«

Julja gab keine Antwort.

Am Nachmittag hupte hinter uns ein Kleinbus und hielt kurz darauf neben uns an. Eine Horde fröhlicher Jakuten, unterwegs von Ust-Nera nach Oimjakon, bat uns auf Kaffee, eingelegtes Pferdefleisch und andere Leckereien in den Bus. Nach dem Essen zogen Tim und ich Geschenke aus unseren Satteltaschen, um die Freundlichkeit unserer russischen Gastgeber zu erwidern: zwei glänzende neue gebundene Bände, die ausführlich die großartige Geschichte des Bergbaus in der Region erzählten. Vor Freude außer sich, baten unsere neuen Freunde uns, die Umschlaginnenseiten zu signieren.

Kurz danach erreichten wir unser Tagesziel – eine unschöne Ansammlung von Wohnwagen und Hütten, die im Frühjahr und Sommer Straßenarbeiter beherbergten. Zwei Hunde riefen mit ihrem Bellen den Hausverwalter aus dem angrenzenden Wald herbei. Er stellte sich als Grigorij vor. Offensichtlich bekam er nicht viel Besuch und schien sich zu freuen, dass er unerwartete Gäste für die Nacht hatte.

»Wartet hier in meiner Hütte und trinkt eine Tasse Tee«, sagte er. »Ich mache in der am besten isolierten Hütte das Feuer an, und in einer Stunde ist sie warm.« Nachdem er den Holzofen in Gang gebracht hatte, kam Grigorij zurück, um uns von seinem Leben als Hausverwalter zu erzählen. »Man vereinsamt, aber wenigstens habe ich meine Hunde als Gesellschaft. Meine Frau und meine Familie leben in einem Dorf 400 Kilometer von hier.«

Grigorij erzählte uns von der Tier- und Pflanzenwelt der Gegend, zu der ein Tier mit einem Namen gehört, den ich mir in meinen Notizen als »caberge« aufschrieb. Im Englischen ist dieses Tier von der Größe eines Hundes als *musk deer* (im Deutschen als »Moschustier« oder »Moschushirsch«) bekannt. Statt eines Geweihs schmücken stoßzahnartige Hauer den männlichen »caberge«. Zuerst dachte ich, er wolle uns auf den Arm nehmen, also holte Grigorij den gefrorenen Kopf eines »caberge«, den er im vergangenen Monat geschossen hatte. Er sah einem Hirsch überhaupt nicht ähnlich, erinnerte vielmehr eher an einen Säbelzahntiger.

Nachdem wir eine gute Nacht gewünscht hatten, gingen Tim und ich unter dem Licht eines Vollmonds mit knirschenden Schritten zu unserer kleinen Hütte. Bei unserem Eintreten fanden wir Julja, wie sie Bilder von der Wand riss und in den Holzofen warf.

»Was tust du da?«, schrie ich.

»Diese Bilder sind schmutzig«, erwiderte Julja. »Sie sind sündhaft.«

Ich schielte auf die wenigen noch verbliebenen Bilder von mal mehr, mal weniger spärlich bekleideten Frauen.

»Julja!«, schrie ich. »Das ist eine Privatwohnung. Du bist hier Gast. Du hast nicht das Recht, die Besitztümer anderer Leute zu zerstören. Hör sofort damit auf!«

Julja ignorierte meine Bitten. Sie warf die restlichen nackten Damen in den Ofen und schlug die Tür zu. »Verstehst du nicht?«, wollte sie wissen. »Diese Bilder werden zum Masturbieren benutzt. Masturbieren ist eine der größten Sünden. Es ist ungesund!«

Ich versuchte sie erneut davon zu überzeugen, dass sie nicht die Dekorationen ihrer Gastgeber zerstören dürfe, und wenn die Abbildungen sie noch sosehr beleidigten. »Wenn du nicht in einem gemütlichen Häuschen mit pornografischem Zeug an der Wand schlafen willst, kannst du ja im Zelt schlafen«, sagte ich zu ihr. Aber meine Worte stießen auf taube Ohren.

»Gott sagt, masturbieren ist böse«, erklärte Julja mit Entschiedenheit. »Ich werde auf ihn hören.« Ihre Wangen glühten, ob vor Erregung oder von der Hitze des Feuers, konnte ich nicht feststellen.

Am nächsten Morgen machten wir uns nach einem weiteren späten Start auf zu dem 50 Kilometer entfernten Brückenbaucamp. Ich radelte vor Tim und Julja und wartete auf jeder Hügelkuppe, dass die beiden mich einholten. Ich war ratlos, wie ich unsere kleine Gruppe motivieren sollte, sich bei dieser Expedition quer durchs Land mehr anzustrengen. Weil die Expedition schon so viele Monate gebraucht hatte, schien Julja zu glauben, dass Zeit und Geschwindigkeit keine Rolle mehr spielten. Unser Unternehmen war so gewaltig, dass sie unser letztendliches Ziel aus dem Blick verloren hatte. Tim äußerte sich weder im einen noch im anderen Sinne. Er schien sich ganz gern jedem Tempo anzupassen, das Julja vorgab. Ich fragte mich, ob er es gut fand, jemanden dabeizuhaben, der noch langsamer war als er selbst.

Während unsere Gruppe durch Sibirien krebste, machte ich mir weiter Hoffnung auf eine bessere Teamdynamik. Wir hatten bereits gewaltige Hindernisse überwunden, aber die Spannungen zwischen uns nahmen zu. Tim und Julja stritten in einer Tour, meist über Juljas romantische Ängste. Tim und ich zankten uns über die Logistik der Expedition und darüber, welche Veränderungen unser Vorankommen beschleunigen könnten. Unsere zwanglosen Gespräche und scherzhaften Geplänkel verebbten allmählich.

Grigorijs zwei Hunde, ein junger sibirischer Husky und eine Promenadenmischung, waren uns die Straße hinunter gefolgt, als wir aufbrachen. Während die Kilometer verstrichen, machten die Hunde keinerlei Anstalten, nach Hause zurückzukehren, und langsam wurde ich unruhig. Die Hunde hielten mit dem vordersten Fahrer Schritt und deckten ihren Flüssigkeitsbedarf, indem sie Schnee aufleckten, während sie mühelos quer durchs Land rannten.

Julja radelte vorneweg, als Tim und ich von unserem Aussichtspunkt 500 Meter weiter zurück beobachteten, wie sie zwei entgegenkommende Lastwagen anhielt. Jeder Fahrer stoppte kurz, um sich mit ihr zu beraten, und rumpelte dann weiter.

»Sie wollten die Hunde nicht mit zurück nach Hause nehmen?«, fragte ich, als ich sie eingeholt hatte.

»Ich weiß nicht«, sagte Julja. »Ich habe nicht gefragt. Ich habe gefragt, wie weit bis Brückencamp.«

»Du hast zwei große Sattelschlepper angehalten, um zu fragen, wie weit es bis zu dem Brückencamp ist? Es sind 20 Kilometer.«

»Ich weiß, aber ich wollte mich vergewissern. Es ist sehr gefährlich hier draußen.«

Ich blickte auf die armen Hunde. Sie hatten den ganzen Tag nichts gefressen. Der junge Hund begann zu jaulen.

»Warum hast du nicht gefragt, ob sie die Hunde heimbringen könnten?«, fragte ich.

»Ich habe vergessen.«

Nachdem wir einen hohen Pass erklommen hatten, kamen wir in ein Flusstal hinunter und konnten vereinzelte Schuppen neben einer teilweise fertiggestellten Brücke sehen. Die Fahrzeuge überquerten den Fluss auf dem Eis direkt neben der Metallkonstruktion. Als wir uns dem Brückencamp näherten, brach zwischen unseren erschöpften Hunden und Hunden des hiesigen Reviers ein Kampf aus. Ein paar Arbeiter tauchten auf, verdutzt über den knurrenden, bellenden Aufruhr, den wir mitgebracht hatten.

Die russische Gastfreundschaft gewann die Oberhand, und man bot uns eine warme Unterkunft für die Nacht an. Ich würde mir eine Hütte mit dem Vorarbeiter teilen, und Tim und Julja erhielten Betten in einer nahe gelegenen Hütte mit mehreren anderen Arbeitern. Die Hunde wurden mit ein paar Resten aus dem Kasino gefüttert.

Die meisten Männer in dem Camp waren aus fernen Winkeln des ehemaligen Sowjetreiches hergekommen – aus der Ukraine, Kasachstan, Usbekistan und Georgien. Getrieben von schlechten wirtschaftlichen Verhältnissen in ihren Heimatländern, hatten diese Männer sich selbst nach Ostsibirien verbannt, um dort weiterzumachen, wo die Insassen des Gulag aufgehört hatten. Sie erzählten uns, dass es noch fünf Jahre dauern werde, bis die Kolyma-Fernstraße als Ganzjahresstraße fertig sei. Es hieß sogar, sie würde später asphaltiert.

Man bot uns ein Abendessen aus rohem Fisch, Fischsuppe und Brot an – fade, aber köstlich nach einem Tag in der Kälte.

Nach dem Essen kam ein Mann namens Kolja in meine Hütte. »Die *banja* ist heiß«, sagte er zu mir. »Kommen Sie und waschen Sie sich.«

Kolja gab mir Nachhilfe in der Etikette des *banja*-Badens. Zuerst schrubbt man sich in einem Raum neben der Sauna ab und benutzt dabei Wasser, das auf dem Ofen heiß gemacht worden ist. Sobald man sauber ist, betritt man den hölzernen Backofen, schlägt sich mit einem Strauß Kiefernzweigen und -nadeln windelweich (angeblich, um die Durchblutung anzuregen und tote Haut abzustreifen), und gerade wenn man im Begriff steht, vor Hitze ohnmächtig zu werden, stürmt man hinaus in die Minus-40-Grad-Kälte und wälzt sich im Schnee. Nach diesem Erlebnis hat man einen ganz neuen Begriff davon, was es heißt, wirklich sauber zu sein. Die Enttäuschung – für mich – bestand darin, wieder in meine verschmutzte, feuchte Reisekleidung steigen zu müssen.

Als ich die Sauna verließ, sah ich, dass eine Traube von Männern Tims Fahrrad umstand. Tim zeigte einem von ihnen, einem Metallarbeiter, wo die Plastik-Handmanschetten von den Lenkerverlängerungen abgebrochen waren. Der hochgewachsene Mann untersuchte die Angelegenheit und sagte: »Njet Problem.«

»Sieht so aus, als ob dieser nette Bursche hier, Igor, mir meine kaputte Lenkstange reparieren wird«, sagte Tim.

Igor montierte Tims defekte Lenkerverlängerungen ab und bedeutete uns, ihm zuzusehen, wie er in der Metallwerkstatt sein Zauberkunststück vollbrachte. Der einfallsreiche Georgier schnitt etwas Metall von einem ausrangierten Benzintank ab und formte es nach Tims kaputten Plastikmanschetten. Ich blickte zu Julja hoch und merkte, dass ihre Aufmerksamkeit nicht dem Metallarbeiter galt, sondern der Wand hinter ihm. Zwei Bilder spärlich bekleideter Frauen waren dort angepinnt. Ich zuckte zusammen und machte mich bereit, Julja zurückzuhalten, sollte sie versuchen, die Bilder abzureißen. Stattdessen sagte sie etwas auf Russisch zu dem Georgier, während dieser sich mit Tims Lenkstange abplagte.

»Was hast du gesagt?«, fragte ich.

»Ich habe ihm gesagt, er ist widerlich«, erwiderte sie.

Meine Stimmung verdüsterte sich am nächsten Tag, als wir von dem Brückencamp wegfuhren. Wir hatten noch immer die Hunde bei uns. Unsere Nahrungsmittel waren begrenzt, und wir konnten es uns nicht leisten, die hungrigen Kreaturen durchzufüttern. Mir tat Grigorij leid. Weil er sich um drei Radfahrer gekümmert hatte, verlor er zur Belohnung seine Pornosammlung und seine zwei Hundefreunde.

Mit jedem Tag, der verging, spürte ich, dass Tim und Julja in einer anderen Realität lebten, einer Realität, die nicht zu meiner eigenen passte. Mir selbst erschien unser Plan ganz einfach: Wir hatten uns vorgenommen, in weniger als zwei Jahren die Welt zu umrunden. Wenn wir allerdings im gegenwärtigen Tempo weitermachten, würden wir es nicht schaffen, während des wettermäßig günstigsten Zeitpunkts den Atlantik zu überqueren. Jeder von uns dreien war körperlich in der Lage, sich sehr viel schneller zu bewegen. Was fehlte, war die geistige Konzentration auf unser Unternehmen. Ich versuchte unser Team zu motivieren – ich sprach aufmunternde Worte, lobte Julja, wenn sie Dinge effizient erledigte oder sich besondere Mühe gab, erklärte unser Ziel. Dennoch verringerte sich das Tempo unseres Vorankommens immer mehr.

Fünf Tage nachdem wir Ust-Nera verlassen hatten, schafften wir im Schnitt 47 Kilometer pro Tag. Erneut beschlossen wir, einen besiedelten Punkt anzusteuern – ein verlassenes Dorf in der Nähe –, der weit vor der Stelle lag, die wir an diesem Tag hätten erreichen können. Ich hatte das Gefühl, dass ich mich allmählich von den Gründen entfernte, derentwegen ich auf Expeditionen ging. Ich erkunde mich gern selbst und fordere mich heraus, ich mag das Erlebnis exotischer Länder und Menschen, und ich arbeite für mein Leben gern harmonisch in einem Team und bin glücklich und zufrieden dabei. Was zwischen Tim und Julja ablief, änderte all dies. Ich nahm die Schönheit um mich herum nicht mehr wahr. Stattdessen regte ich mich auf und befand mich innerlich in einem Zustand ständiger Frustration und Anspannung.

Tim Cope, ein guter Freund von mir, radelte in den Jahren 1999 und 2000 mit seinem Kumpel Chris Hatherly durch Russland. Ihre Beziehung begann zu brüchig zu werden – keine ungewöhnliche Erfahrung bei Langstreckenexpeditionen. Sie kamen gemeinsam zu dem Schluss, dass sich dieses Problem am einfachsten lösen ließe, wenn sie einige Zeit getrennt verbrächten. Sie fuhren unabhängig voneinander weiter und trafen mehrere Wochen später an einem vorab vereinbarten Ort wieder zusammen. Für die Beilegung ihrer Differenzen und die neuerliche nüchterne und sachliche Konzentration auf ihr größeres Ziel wirkte die »Trennung auf Probe« Wunder. Die beiden schrieben später ein Buch, in dem sie ihre Reise ausführlich schilderten (*Off the Rails*), und produzierten einen Film.

Vielleicht könnte diese Lösung auch bei uns funktionieren. Ich könnte die 4000 Kilometer bis Irkutsk fahren und an meinem Buchprojekt arbeiten, solange ich auf Tim und Julja wartete. Und vielleicht kämen Tim und Julja besser voran, wenn ich ihnen nicht ständig in den Ohren lag, sie sollten schneller fahren. Manchmal hatte ich den Verdacht, dass ihre Apathie eine unterbewusste Form der Rebellion war.

Ein paar Hundert Meter von den skelettartigen Überresten des zu Sowjetzeiten erbauten Dorfes Kjubjume entfernt wartete ich auf Tim und Julja. Das Dorf bestand aus vereinzelten fensterlosen Betonwohnblocks und Betonhäusern mit rissig werdenden Fassaden und einstürzenden Dächern. Es war der deprimierendste Ausschuss der Zivilisation, den ich je gesehen habe. 35 Menschen wohnten anscheinend noch in dieser Geisterstadt. Von einigen Häusern wehte Kaminrauch.

Als Tim und Julja mich eingeholt hatten, weihte ich sie in meinen neuen Plan ein. Wir befanden uns nun auf dem regulären Straßennetz Russlands. Die Hindernisse, auf die wir fortan möglicherweise stießen, wären weit kleiner als die Unannehmlichkeiten, die wir auf der Halbinsel Tschukotka hatten ertragen müssen. Um der Sicherheit willen mussten wir nicht länger zusammenbleiben.

»Ich fahre allein weiter voraus«, sagte ich. »Ich denke, es ist das Beste für die Beziehungen innerhalb des Teams, und es gibt keinen Grund, warum wir unser gemeinsames Ziel, es bis nach Moskau und noch weiter zu schaffen, gefährden sollten. Ich fahre mit dem Rad nach Irkutsk und warte dort auf euch.« Während ich das sagte, verspürte ich am ganzen Körper ein Gefühl der Erleichterung. Ich hatte mich aus einer Situation befreit, die mich gefühlsmäßig zu lange belastet hatte. »Da wir hier fast alles in doppelter Ausfertigung haben – Zelte, Kocher, Flickzeug –, werden beide Gruppen alles zum Zelten und Radfahren Erforderliche haben.«

Tim nickte bloß mit dem Kopf.

An diesem Abend trennten wir unsere Ausrüstung. Wir teilten

die Lebensmittel auf – zwei Drittel für Tim und Julja und ein Drittel für mich. Den Rest meines Geldes teilte ich im gleichen Verhältnis. Tim versicherte mir, dass seine Einkünfte aus den Artikeln, die er für die *Vancouver Sun* schrieb, ausreichten, damit er bis Irkutsk über die Runden käme. Die beiden einzigen Posten, die nicht paarweise zur Verfügung standen, waren das Satellitentelefon und die Videokamera. Das Telefon hatte nie richtig funktioniert – die Verbindung zur Antenne war defekt –, und Tim beschloss, die Videokamera zu nehmen.

Seit der Abfahrt von Ust-Nera vor sechs Tagen hatten wir nur eine Nacht gezeltet. Von jetzt an würde ich mein Zelt fast jeden Tag aufschlagen, um so schnell wie möglich voranzukommen. Die Unannehmlichkeiten der extremen Kälte wären groß, aber genau deswegen hatten wir Outdoor-Firmen gebeten, uns mit ihrer allerbesten Kaltwetterausrüstung zu unterstützen. Außerdem konnten wir Russland nur dann vor Ablauf unserer Visa verlassen, wenn wir uns an einen festeren Zeitplan hielten.

Um sieben Uhr am nächsten Morgen, als das schneebedeckte Land ein diffuses Leuchten auszustrahlen begann, verabschiedete ich mich von meinen Expeditionsgefährten und machte mich auf meine 4000 Kilometer lange Reise nach Irkutsk. Die Reifen meines Fahrrads knirschten durch den Schnee, während ich nach Westen radelte – allein.

9 Allein

Ich fragte mich, ob Tim und Julja auf sich allein gestellt besser vorwärtskämen.

Was würde passieren, wenn sie weiterhin im Schnitt nur 40 bis 50 Kilometer pro Tag schafften? Wir kämen zu spät, um in diesem Jahr noch den Atlantik zu überqueren. Außerdem war mir nicht ganz wohl bei dem Gedanken, durch den Rest Ostsibiriens allein zu reisen. Kaum eine Menschenseele hier draußen kann zwei zusammenhängende Worte auf Englisch sagen, sodass jegliche Verständigung aus meinem Tarzan-Russisch und aus Pantomimen bestünde. Hinzu kam, dass ich nur 1500 Rubel (60 Dollar) in der Tasche hatte, die mich die 750 Kilometer bis nach Jakutsk bringen mussten, wo ich hoffte, einen Geldautomaten zu finden.

Da die Zukunft ungewiss war, tröstete ich mich mit dem Gedanken an das anscheinend unaufhaltsame Vorwärtskommen meines Fahrrads im Verbund mit meinen Beinen. Ich brauchte nur immer weiter in die Pedale zu treten. Am Morgen meines Aufbruchs warf ich einen Blick auf das Thermometer: Es zeigte minus 45 Grad an. Rings um meine Kapuze bildete sich rasch ein Kranz aus Eis, und ich musste häufig anhalten, um meine Skibrille von Eis freizukratzen. Gelegentlich auszumachende Schneehühner verblüfften mich stets aufs Neue, wenn sie sich von einem weißen Klumpen im Schnee in einen Wirbel schlagender Flügel verwandelten. Abgesehen von diesem gefiederten Tumult war die Luft bewegungslos und dick. Kaltluft hat eine größere Dichte als Warmluft, und ich bildete mir ein, ihren erhöhten Widerstand spüren zu können, während sie versuchte, mich langsamer zu machen und mir das Tempo des Landes aufzuzwingen, durch das ich reiste – ein Land der Reglosigkeit und der Stille.

Ein Dröhnen in der Ferne kündigte stets einen herankommenden Transportlaster an. Der Lärm klappernden Metalls und das Hupen des Signalhorns rissen mich dann jedes Mal aus der Trance, in die ich beim gleichmäßigen Treten fiel. Gegen zwei Uhr am Nachmittag hatte das Tal sich verengt, und die Straße lief nun auf eine eindrucksvolle Bergkette zu. Stoßzähne aus Granit reckten sich oberhalb der spindeldürren Äste von Lärchen himmelwärts. Zwischen zwei solchen Gipfeln wand sich die Straße hindurch. Vermutlich war dies der erste der beiden gefürchteten Pässe, vor denen Lastwagenfahrer uns gewarnt hatten. Zahllose Sattelschlepper waren auf den steilen, glatten Straßen außer Kontrolle geraten und einen der vielen Steilhänge hinabgestürzt. Ich selbst machte mir keine allzu großen Sorgen, schroffe Abhänge hinunterzufallen, da meine neuen Scheibenbremsen und die mit Karbid-Spikes versehenen Reifen mir sicheren Halt auf der Straße gaben, aber ich war beunruhigt wegen der enormen Steigung, die ich mein überladenes Fahrrad würde hochwuchten müssen.

Den ersten Pass erklomm ich ohne Schwierigkeiten. Das Panorama, das ich von der Passhöhe aus genoss, sollte sich als die spektakulärste Landschaft erweisen, die ich bis zum Erreichen der etwa 10 000 Kilometer entfernten russisch-ukrainischen Grenze zu sehen bekäme. Auf der rechten Seite des Passes glitzerte saphirblau ein von Schnee freigewehter zugefrorener Fluss, der sich in Krümmungen auf eine steilwandige Schlucht zubewegte. Die Straße vollführte akrobatische Kunststücke, während sie im Schatten schneebedeckter Gipfel mehr oder weniger parallel zur Schlucht verlief.

Ich benötigte acht Tage, um Jakutsk zu erreichen. Nach zwei Tagen in den Bergen wurde das Land flacher und erleichterte somit das Vorwärtskommen. Weil ich nach Westen fuhr und außerdem der Frühling nahte, stiegen die Temperaturen auf Höchstwerte von minus vier und auf Tiefstwerte zwischen minus 20 und minus 30 Grad. Der Straßenzustand hatte sich während der letzten paar Tage kontinuierlich verschlechtert, weil die nachmittäglichen Sonnenstrahlen den Schnee schmolzen und die Straße in eine dicke Suppe aus Matsch, Schlamm und Felsbrocken verwandelten. Darüber hinaus machte ich mir Sorgen wegen des schlechter werdenden Innenlagers im Tretlager meines Fahrrads, das bei jedem Pedaltritt wackelte. Obwohl ich ein Ersatz-Tretlager dabeihatte, fehlte mir das Spezialwerkzeug, um die Tretlager zu tauschen. Ich hoffte, das Problem in Jakutsk beheben zu können.

Während ich mich über die letzten 100 Kilometer quälte, wurde mir klar, dass ich das Gewicht auf meinem überladenen Fahrrad reduzieren musste. Aufgrund des festgefahrenen Schnees war die Oberfläche der rauen, unebenen Straßen glatt wie Asphalt gewesen. Jetzt, wo die steigenden Temperaturen die wahre Beschaffenheit der Straße enthüllten, stiegen die Belastungen, denen das Fahrrad ausgesetzt war. Während ich krachend durch tiefe Schlaglöcher fuhr und fußballfeldgroße Felsbrocken umkurvte, wusste ich, dass ich mit meinem Fahrrad unmöglich weiter 50 Kilogramm Ausrüstung über die restlichen 9000 Kilometer des russischen Straßennetzes transportieren konnte. In Jakutsk würde ich mein Gepäck um jedes einzelne überflüssige Stück erleichtern. Noch immer lagen 2500 Kilometer Schotterstraßen vor mir, von denen 800 Kilometer noch im Bau waren und lediglich aus einem lockeren Bett von Felsbrocken bestanden. Und jedes größere technische Problem dort draußen wäre eine Katastrophe, weil ich nach wie vor 3000 Kilometer vom nächsten Fahrradgeschäft entfernt war.

Jakutsk, mit einer Bevölkerung von ungefähr 200 000 Menschen, liegt am Nordufer des zehntlängsten Flusses der Welt, der Lena. Die 1632 von Kosaken gegründete Stadt wurde die Hauptstadt der Autonomen Republik Jakutien. Reichliche Reserven an Gold und anderen Bodenschätzen in der Region sorgen dafür, dass die Wirtschaft in Jakutien stärker boomt als in einigen der ärmeren Staaten im Süden. Der wichtigste Transportkorridor für Jakutsk ist die Lena selbst, die bis zum Schienennetz Südsibiriens oder bis hinauf zum Nordpolarmeer schiffbar ist. Die Straßen, die in diese Hauptstadt Zentralsibiriens führen, sind hingegen katastrophal; die »Knochenstraße« führt 2000 Kilometer nach Osten zum Pazifik, und eine weitere Schotterstraße (regelmäßig unterbrochen von Abschnitten mit schlechtem Asphalt) verläuft direkt nach Süden.

Sechs Monate nach Erreichen der östlichen Gestade Sibiriens kam ich nun endlich nach Jakutsk, der ersten bedeutenden Stadt seit Fairbanks, Alaska. Die Härten, die wir hatten ertragen müssen, zeigten jetzt deutlich ihre Wirkung, und ich schlängelte mich langsam durch die verstopften Straßen ins Zentrum. Feucht, stinkend und erschöpft, wie ich war, wollte ich nur noch eines – ein Hotel finden und mich und meine Ausrüstung säubern. Die Straßen waren ein derartiger Morast gewesen, dass jeder Zentimeter meines Fahrrads und der Satteltaschen mit dickem, durchfallbraunem Schlamm bespritzt war.

Die Fahrspur über den brückenlosen, zugefrorenen Fluss führte direkt zu einer schönen russisch-orthodoxen Kathedrale. Ihre goldenen Zwiebelkuppeln schienen das Zentrum der Stadt zu bezeichnen. Lada-Busse und neue europäische und japanische Autos schwirrten eine Schnellstraße entlang, welche die Stadt vom Fluss trennte. Ich fühlte mich überwältigt von dem Tempo, dem Lärm und den Abgasen.

Mehr als die Hälfte der Einwohner der Stadt schien jakutischer Abstammung zu sein, entfernte Verwandte der Mongolen. Man zeigte mir den Weg zum »Lena«-Hotel, einem prächtig aussehenden Gebäude ein paar Blocks vom Stadtzentrum entfernt. Von Kopf bis Fuß schlammbespritzt, hatte ich Angst, dieses Etablissement zu betreten. Was mich an den Bewohnern Jakutiens bisher am meisten beeindruckt hatte, war ihre perfektionistische Art. Jeder kleidete sich makellos, trug Anzug bzw. Kostüm oder andere modische Kleidung. Die Schuhe waren stets gewienert, sämtliche Schnallen an Aktentaschen geschlossen, und jeder Jakute, ob Mann oder Frau, stampfte dreimal mit den Füßen auf, bevor er oder sie vom Schnee auf den nackten Beton trat. Ihre perfekten Manieren und ihre Beachtung selbst von Kleinigkeiten faszinierten mich, steht beides doch in krassem Gegensatz zu dem, was man vorfindet, wenn man einen entlegenen Außenposten in Kanada oder den Vereinigten Staaten besucht.

Den Angestellten des »Lena«-Hotels stand ihre Bestürzung beim Anblick meiner verschmutzten Kleidung ins Gesicht geschrieben.

Doch sie meisterten die Situation mit Fassung, und bald schon führte man mich zusammen mit den Schlammknäueln, die meine sämtlichen Besitztümer enthielten, auf mein Zimmer. Mein Fahrrad wurde in eine Garage draußen hinter dem Haus verbannt. Nachdem ich eine halbe Stunde geduscht hatte, sank ich auf mein Bett und schlief bald darauf ein.

Obwohl Jakutsk über kein Fahrradgeschäft verfügt, gibt es einen örtlichen Fahrradclub mit einem Dutzend Mitglieder. Ich hatte vor einigen Monaten eine E-Mail von Gawril Skrjabin, dem Projektmanager des Clubs, bekommen, der mir mitteilte, sie würden sich freuen, mir helfen zu können, wenn ich in Jakutsk sei. Jetzt betete ich, dass die Clubmitglieder das richtige Werkzeug hätten, um das Tretlager meines Fahrrads und den Rest des ramponierten Antriebs zu ersetzen.

Nachdem ich mich eine Nacht lang ordentlich ausgeruht hatte und nach mehreren kräftigen Mahlzeiten im Hotelrestaurant, machte ich mich auf die Suche nach dem vielleicht nördlichsten (in jedem Fall aber abgelegensten) Fahrradclub der Welt. Ich marschierte durch die belebte Stadt und spürte das Gebäude in einer ruhigen Seitenstraße auf. Der große Blockbau beherbergte mehrere Büros, aber nichts, was sehr fahrradmäßig aussah.

»Velecopjet Kloob?«, fragte ich einen Mann, der hinter einem Computer saß.

»Njet, njet«, sagte der junge Mann, der aussah wie ein bebrillter Börsenmakler. »Tschass wait.« Er telefonierte. Binnen fünf Minuten trafen in einem neuen Toyota-Camry-Modell zusammen mit einer jüngeren Frau zwei jakutische Männer in Anzügen ein.

Sie stellten sich als Gawril und Nikolai vor. Die Männer sprachen kein Englisch, aber Helena sprach es fließend, das beste Englisch, das ich seit Monaten gehört hatte. Sie hatte mehrere Jahre in Finnland studiert, und alle ihre Seminare waren auf Englisch gewesen. »Wir sind stolz, dass Sie beschlossen haben, mit dem Fahrrad durch unsere Stadt zu fahren«, sagte sie. »Gawril und Nikolai haben angeboten, Ihnen bei allem zu helfen, was Sie benötigen, solange Sie in Jakutsk sind. Und wir haben Fahrradwerkzeug, falls Sie welches brauchen.«

Ich stieß einen Seufzer der Erleichterung aus. Die nächsten zwei Tage standen im Zeichen hektischer Aktivität, da ich – mit Gawrils und Nikolais Hilfe – den Antrieb meines Rades erneuerte, verschiedene Teile erstand, die kaputtgegangen waren, meine gebrochenen Ausrüstungsträger schweißte und die großzügige Gastfreundschaft des Fahrradclubs genoss.

Der Club organisierte sogar eine Zeremonie für mich. Wir gingen zu einem traditionellen jakutischen Blockhaus, wo eine Schamanin ein Ritual vollzog, das mir Glück bringen sollte auf meiner Reise. Während sie sang, schöpfte sie Kraft aus einem prasselnden Feuer und leitete sie in meine Richtung um. (Dieses magische Feuer hätte ich während der vergangenen paar Wochen bei meiner Radtour durch Sibirien gebrauchen können.) Zehn Mitglieder des Fahrradclubs kreuzten zum Essen auf, und wir labten uns an traditioneller jakutischer Kost, zu der fermentierte Stutenmilch, aufgeschnittener gefrorener, roher Fisch und Rentierfleisch gehören.

Die Videokassetten und den Kamerafilm konnte ich von Jakutsk nicht zurück nach Kanada schicken. Auf dem Postamt informierte man mich, dass nach dem Gesetz sämtliche Aufnahmen entwickelt werden müssten und der russische Zoll sich das gesamte Filmmaterial und die Fotos ansehen müsse, um sich davon zu überzeugen, dass keine Sperrgebiete dokumentiert worden waren. Anschließend würde man mir dort ein Dokument ausstellen, mit dem der Versand des Materials nach Übersee genehmigt würde. Die ganze Prozedur würde Monate dauern. Mir blieb nichts anderes übrig, als das unbezahlbare Material weiter auf meinem Fahrrad durch Russland zu schleppen.

Die M56 führt von Jakutsk aus 1150 Kilometer direkt nach Süden, bevor sie auf die Transsibirienstraße stößt, die längs der südlichen Grenze des Landes verläuft. An der Transsibirienstraße würde ich mich nach Westen wenden und 2200 Kilometer weit nach Irkutsk fahren. Obwohl die M56 stärker befahren ist als die Kolyma-Fernstraße, rechnete ich wegen der Frühjahrsschneeschmelze mit schlechteren Straßenverhältnissen. Wahrscheinlich würden sich die Straßen am Nachmittag in einen einzigen morastigen, schlammigen Matsch verwandeln; bis zum Morgen wäre genau dieser Matsch dann zu einer holprigen Hindernisstrecke gefroren. Zwischendurch gab es asphaltierte Abschnitte, aber man hatte mir gesagt, diese Unterbrechungen seien eher eine Plage denn eine selig machende Gnade. Doch der Hauptvorteil war, dass ich durch dichter besiedeltes Gebiet fahren würde. Ich freute mich auf regelmäßige Mahlzeiten in preisgünstigen Fernfahrerraststätten.

Meine neuen Freunde vom Fahrradclub drängten sich ins Foyer des »Lena«-Hotels und wünschten mir alles Gute, als ich auf meinem frisch gewarteten und erleichterten Fahrrad loszog. Sämtliche überflüssigen Kleidungsstücke, meine schweren Winterstiefel, die sieben Kilogramm wiegende Blei-Säure-Batterie, mein (durch eine dünne Schaumstoffmatratze ersetztes) Rentierfell, meinen Reiseführer (mit Ausnahme der Seiten, die noch wichtig waren), eine Thermoskanne und viele andere Dinge hatte ich verschenkt. Ich fand, dass mein minimalistischer Ansatz die einzige Möglichkeit war, es auf der vor mir liegenden Straße zu schaffen.

Hinter Jakutsk blieb ich bei meinem Plan, pro Tag 100 Kilometer zu fahren und nachts zu zelten. Die Tage gingen ineinander über, jeder einzelne ein ununterbrochener Kampf, mein Fahrrad durch Bedingungen zu zwingen, für die Fahrräder einfach nicht gebaut sind. Ich hatte fast jeden Tag einen Platten, was bei Reparaturen das Anwerfen des Campingkochers erforderte, um den Klebstoff zu trocknen. Jeden Tag kam ich an zwei oder drei Straßenrestaurants vorbei, gewöhnlich an abgelegenen Orten, und verzehrte deftige Mahlzeiten, die Höhepunkte meines Tages. Diese kleinen Lokale, die in Blockhütten oder Eisenbahnwaggons betrieben wurden, verfügten selten über fließend Wasser oder gar Strom. Beheizt mit Kohle, waren es Oasen inmitten der Kälte, während ich Borschtsch, Gulasch, Salat und zum Nachtisch Crêpes mit Kondensmilch verschlang. Die Babuschkas, welche die Cafés führten, füllten mir jedes Mal meine Thermoskanne mit heißem Wasser, bevor ich mich wieder hinaus in die Kälte stürzte. Zwischen den Mahlzeiten naschte ich Schokoriegel und *prjalnekes*, russische Kekse. Den Tag beschloss ich regelmäßig in meinem Zelt mit einem chinesischen Instant-Nudelgericht, einem Kaffee und Keksen.

Je weiter ich nach Süden fuhr und aus dem dauerhaften winterlichen Hochdrucksystem herauskam, das über Jakutien hing, desto schlechter wurde das Wetter. Heftiger Schneefall, manchmal 30 Zentimeter in 24 Stunden, machte das Radfahren gefährlich. Unmittelbar neben dem Straßenrand zu zelten war fast unmöglich, wenn ich bei diesen Bedingungen versuchte, das Fahrrad durch brusthohen Schnee zu schieben und das nicht frei stehende Zelt* zu errichten. Stattdessen musste ich das Zelt jedes Mal auf Nebenwegen aufbauen, die von der Straße weg zu 100 bis 200 Meter entfernten kleinen Holzeinschlägen führten. Hier war der Schnee von schwerem Gerät geräumt oder festgestampft worden. Ich hoffte, dass nicht irgendwelche Maschinenungetüme auch mein Zelt und mich räumten oder im Boden feststampften.

An einem besonders schlimmen Tag überragten zwei bis drei Meter hohe Schneewehen die Straße zu beiden Seiten, und ich fuhr statt meiner üblichen 100 Kilometer noch weitere 20 Kilometer den schmalen, zugigen Korridor zwischen den Verwehungen entlang, immer in der Hoffnung, auf einen Nebenweg zu treffen, damit ich mein Lager aufschlagen konnte. Schließlich, als es vollkommen dunkel und ich selbst zu erschöpft war, um weiterzufahren, errichtete ich das Zelt auf dem Rücken der Schneewehe, zwei Meter vom fließenden Verkehr entfernt. Die ganze Nacht über fuhr ein Auto nach dem anderen an mir vorbei und kehrte meist auf der Stelle wieder um; alle Fahrer tauchten mein Zelt in Scheinwerferlicht und zerbrachen sich den Kopf darüber, wer da wohl bei so entsetzlichen Wetterverhältnissen am Straßenrand zeltete. Ein Mann stieg aus seinem Wagen und warnte mich, dass es ge-

---

* Im Gegensatz zum frei stehenden Zelt muss das nicht frei stehende mit Heringen o. ä. im Boden verankert werden.

fährlich sei, hier zu campen. Ich kam nicht dahinter, ob er wegen der Straßenräuber, der betrunkenen Fahrer oder der extremen Kälte besorgt war.

Seit meiner Ankunft in Jakutien war ich besorgt gewesen, weil weder Tim noch ich ein *rasporjazhenije* besaßen, die Sondergenehmigung, um durch diesen Staat zu reisen. In meinem Reiseführer stand, dass die Genehmigung bis vor Kurzem notwendig gewesen sei, und obwohl sie offiziell nicht mehr verlangt wurde, wussten viele Beamte nichts von dieser Tatsache und wollten nach wie vor eine derartige Genehmigung sehen. Am meisten Angst hatte ich davor, dass das zu einer kostspieligen bürokratischen Verzögerung führen könnte.

Mehrere Tage nach dem Aufbruch von Jakutsk, ich näherte mich gerade der Stadt Aldan, kam auf der anderen Straßenseite ein Polizeiwagen schlitternd zum Stehen. Drei Polizisten mit Pelzmützen sprangen heraus und schrien mir zu, ich solle anhalten. Ich stieg in die Bremsen und wartete darauf, dass sie näher kamen. Es war meine erste Begegnung mit der russischen Polizei.

»Wohin fahren Sie?«, fragte ein schmallippiger Beamter.

»Ich radle nach Moskau.«

»Woher kommen Sie?«

»Aus Kanada.« Ich rutschte auf meinem Fahrrad hin und her. Als Nächstes würden sie mein *rasporjazhenije* verlangen.

»Haben Sie Hunger?«, fragte ein anderer Polizist.

»Was?«

»Wir haben was zu essen im Auto«, sagte er. »Los, kommen Sie rein.«

Ich wurde in den Wagen eskortiert, und die drei fröhlichen Polizisten holten ein Sortiment saure Gurken, Krakauer, Käse, Brot und Süßigkeiten heraus.

»Wodka?«, erkundigte sich der Fahrer.

Ich lehnte ab, aber das hinderte die anderen nicht daran, eine Einliterflasche Selbstgebrannten wegzuputzen. Schließlich, nachdem ich vollgestopft worden war bis zum Platzen und man mich gebeten hatte, die Decke des Wagens zu signieren, wurde ich von den betrunkenen Polizisten entlassen, die zum Abschied winkten und hupten, als sie die Straße hinunter davonfuhren.

In Jakutsk war ich mehreren Leuten begegnet, die eine schwere Grippe hatten. Sieben Tage nachdem ich die Stadt verlassen hatte, erwischte die Krankheit langsam auch mich. Die feuchte und kalte Umwelt, durch die ich fuhr, tat nichts, um den Ausbruch einer Infektion zu stoppen, die mit einem gurgelnden Geräusch in der Brust verbunden war. Zudem erlitt ich in meinem geschwächten Zustand eine Durchfallattacke, wodurch sich meine Gesundheit weiter verschlechterte. Wankend schob ich mein Fahrrad in die 50 000 Einwohner zählende Bergbaustadt Nerjungri, wo ich im ersten Hotel abstieg, das ich finden konnte. Drei Tage verbrachte ich halb bewusstlos im Bett.

Weil das Mädchen an der Rezeption fürchtete, einen sterbenden Gast im Hotel zu haben, schickte es nach seiner Tante, einer freundlichen älteren Burjatenfrau, die angeblich erfahren in schamanistischer Medizin war. Obwohl mein Gedächtnis wegen des hohen Fiebers durcheinander war und ich delirierte, erinnere ich mich noch genau, dass sie mir drei Gefäße auf den Rücken setzte. Jedes Gefäß enthielt ein Stück brennendes Zeitungspapier, das den Sauerstoff verbrauchte und ein Vakuum erzeugte, welches große Knutschflecken auf meiner Haut zurückließ. Die alte Frau sang und tanzte, und die Gefäße schienen mehrstimmig mitzuklingen. Am nächsten Tag fühlte ich mich merklich besser und machte mich wieder auf den Weg.

Eine Woche lang schien ich mich vorsichtig zwischen leichter Besserung und vollständiger Genesung zu bewegen, während ich mich den Härten Sibiriens aussetzte. Erst einen Monat später verschwand das Gurgeln in meiner Brust endgültig.

Mehrere Tage später passierte ich die Stadt Tynda an der BAM-Bahnlinie. Die BAM (Baikal-Amur-Magistrale) ist eine wichtige Eisenbahnverbindung, die erst kürzlich fertiggestellt wurde und mehr oder weniger parallel zur Transsibirischen Eisenbahn mehrere Hundert Kilometer weiter südlich verläuft. Als ich mich etwa

80 Kilometer hinter Tynda zum Gipfel eines schlammigen Passes hinaufquälte, während um mich herum schwerer, nasser Schnee fiel, rieb ich mir ungläubig die Augen beim Anblick einer Frau, die an der anderen Seite hochmarschierte und einen Wagen hinter sich herzog. Voller Neugier rollte ich den Berg hinunter, während die Gestalt langsam näher kam. Die Frau war Mitte vierzig und trug lange Unterwäsche und hohe Gummistiefel. Sie war wie ein Schlittenhund vor eine grüne Kiste mit zwei BMX-artigen Rädern zu beiden Seiten gespannt.

»Hallo?«, sagte sie zögernd.

Wie sich herausstellte, reiste diese ungewöhnliche Fremde ebenfalls per Muskelkraft, nur in umgekehrter Richtung. Rosie Swale-Pope kam aus England und versuchte, vollkommen ohne fremde Hilfe um den Planeten zu laufen. Rosie zog eine versiegelte Schaumstoffmatte vom Wagen, legte sie in den Matsch, holte eine Thermoskanne mit Tee heraus, und wir setzten uns hin, um zu plaudern. Abgesehen von Tim war sie der erste Mensch aus dem Westen, den ich seit Monaten zu Gesicht bekam. Es war ein gutes Gefühl, sich wieder einmal in fließendem Englisch zu unterhalten.

Rosie hatte ihre Heimat vor fast zwei Jahren verlassen, und seitdem war sie unterwegs. Mit ihrem Wagen im Schlepptau lief sie etwa 20 Kilometer pro Tag. Natürlich sei Sibirien der bislang härteste Teil der Reise, aber sie habe sich von der unmenschlichen Kälte kein langsameres Tempo aufzwingen lassen. Wie ich zeltete auch sie die meisten Nächte. Sie schilderte, wie sie immer zwei mit Feuchtigkeit vollgesogene Schlafsäcke in Cafés trocknete, während sie aß. Rosie wollte von hier nach Jakutsk und dann im Sommer der »Knochenstraße« bis nach Magadan folgen. Sie wusste, dass Abschnitte der Straße im Sommer geschlossen waren, aber Rosie war zuversichtlich, dass sie ihren Karren durch die Sümpfe und über die brückenlosen Flüsse schleppen konnte. In Magadan wollte sie an Bord eines Schiffes nach Alaska gehen und ihren auf sechs Jahre geplanten Dauerlauf in Nordamerika fortsetzen.

Ich bewunderte die Zähigkeit dieser Frau, die den Mut hatte, eine so gewaltige Herausforderung auf sich zu nehmen. Bemerkenswert bescheiden, spielte sie ihre Leistungen herunter. Sie war eine wahre Entdeckungsreisende, darauf aus, die Welt zu erleben, und jeden Augenblick ihrer einmaligen Reise auskostend. Für den Ruhm und die Achtung, den eine solche Unternehmung ihr einbrächten, schien sie keinen Sinn zu haben, und sie konnte sich nicht einmal an die genaue Adresse der Website erinnern, die ihr Sohn eingerichtet hatte, um die Expedition zu verfolgen und dafür zu werben.

Rosie schien gleichfalls begeistert zu sein, in einem so entlegenen Teil der Welt einem anderen Entdeckungsreisenden zu begegnen. Nach einer Stunde Geplauder war ich beinahe traurig, als wir uns verabschiedeten.

Die Landschaft auf meiner 1100 Kilometer langen Reise von Jakutsk nach Süden bot wenig Abwechslung. Wenn ich einigermaßen Glück hatte und das Land von einem erhöhten Standort aus betrachten konnte, erstreckte sich hügelige Taiga mit Kiefern und Birken, so weit das Auge reichte. Ein großer Teil dieses Streckenabschnitts liegt auf dem Aldan-Plateau, wo mehr als 1500 Meter Meereshöhe für einen dicken Schneegürtel sorgen. Stellenweise lag der Schnee mehr als zweieinhalb Meter hoch, und angesichts der zu beiden Seiten der Straße aufragenden Wälle aus geräumtem Schnee kam man sich beinahe vor wie in einem Tunnel.

Ein Lastwagenfahrer informierte mich, dass jenseits der Transsibirischen Eisenbahn nur wenig Schnee liege. Ich konnte es kaum erwarten, das Ende des grässlichsten Winters zu erreichen, den ich je erlebt hatte. Das Dorf Bolschoi Newer, eine Ansammlung verstreuter Holzhütten am Ende der M56, markierte das Ende meiner Reise nach Süden. Von hier aus würde ich mich nach Westen wenden und in gerader Linie weiter nach Moskau radeln.

Von manchen Transsibirien-Highway genannt, führt die Straße, die ich erreicht hatte, die ganze Strecke von Wladiwostok bis nach Moskau. Leider wurde die Fernverbindung niemals fertiggestellt, und 800 Kilometer der Transsibirienstraße befinden sich noch im Bau. Große Abschnitte bestehen lediglich aus einem Straßenbett voller Felsbrocken, gegen das die M56 wie eine Autobahn wirkt. Wie die vor mir liegenden Straßenverhältnisse auch sein mochten, die Schneedecke war merklich zurückgegangen, und ich konnte große Flecken freien Erdreichs sehen. Der Schnee war zuletzt so matschig gewesen, dass er durch den Boden meines Zeltes gesickert war, meinen Schlafsack durchnässt und mir gleichermaßen aufs Gemüt wie auf die Gesundheit geschlagen war. Jetzt gab es vielleicht eine Atempause.

Monate körperlicher Anstrengung hatten ihren Tribut von meinem Körper gefordert. Ich hatte erheblich an Gewicht verloren und war ständig müde. Meine Gelenke und Muskeln bettelten um ein bisschen Ruhe.

Nach einem Tag auf der Transsibirienstraße legte ich neben dem ersten fließenden Bach, den ich seit dem vergangenen Herbst erblickte, einen Ruhetag ein. Die Spätaprilsonne wärmte meinen müden Körper, während ich den Tag damit verbrachte, Fahrrad und Satteltaschen vom Schlamm zu reinigen, meine Unterwäsche zu waschen, Reparaturen durchzuführen und meine gesamte nasse Ausrüstung in den Ästen eines Weidenbaums zu trocknen.

Meine Reiseroute würde sich jetzt nie mehr weit von der berühmten Transsibirischen Eisenbahn entfernen. Nur ein paar Hundert Meter von meinem Zelt entfernt konnte ich das beruhigende Rumpeln eines Zuges hören, der einer der exotischsten Eisenbahnstrecken der Welt folgte. In den kommenden Tagen beruhigte das Geräusch der Züge mich ebenso sehr, wie es mich mit Neid erfüllte. Nachdem ich so lange durch eine gefrorene, leere Landschaft gereist war, erschien mir die Transsib als Verbindung zur Außenwelt, der ich mich so fern fühlte. Zugleich verhöhnte das mühelose Tempo der elektrisch angetriebenen Züge meine eigenen Anstrengungen auf zwei Beinen. Hin und wieder, wenn die Züge nahe vorbeifuhren, konnte ich Reisende erkennen, die aus dem Speisewagen hinausstarrten, während sie über ihre Mahlzeiten herfielen. Sie erinnerten mich an Unterwasserforscher, welche die schrecklichen Tiefen des Ozeans aus der Sicherheit eines Unterseebootes heraus betrachten.

Nach meinem erholsamen Tag neben dem Flüsschen kehrte ich frisch gestärkt auf die Straße zurück. Meine Grippesymptome hatten sich gebessert, und die wiederhergestellte Sauberkeit meiner Ausrüstung hob meine Stimmung. Die Straße war so uneben wie nie, und ich schaffte pro Stunde kaum mehr als zehn Kilometer. Nach 30 mühevollen Kilometern stellte ich bei einer Routineüberprüfung meiner Ladung fest, dass mein Zelt heruntergefallen war. Ich wendete und radelte drei Stunden zurück zu meinem letzten Zeltplatz, wo ich nach meinem tragbaren Zuhause suchte. Nichts.

Offenbar hatte ein Autofahrer das Zelt von der Straße aufgehoben. Ich war verzweifelt. Ich hatte nicht nur sechs Stunden Zeit vergeudet, sondern ich musste auch noch 1000 Kilometer – neun Tage, wenn alles gut ging – auf diesen erbärmlichen Straßen fahren, um die Stadt Tschita zu erreichen, den ersten Ort, wo ich mir ein neues Zelt kaufen könnte. Meine Sonnenscheinperiode endete, und ein kräftiger Südwind jagte Eisregen horizontal über die Fahrbahn. Ich radelte mürrisch weiter und freute mich nicht mehr auf den Abend, wie ich es normalerweise getan hätte. Bislang hatte ich es nach einem strapaziösen Tag im Sattel jedes Mal genossen, mich in mein Zelt zu kuscheln – eine Oase, in der ich essen, schreiben und schlafen konnte.

Wenigstens war es jetzt einfacher, ein Lager aufzuschlagen. An diesem Abend rollte ich meinen feuchten Schlafsack hinter einem Felsen aus und legte mich lustlos hinein, während sich Schnee auf meinem Gesicht sammelte. Am folgenden Tag verschlimmerte sich mein Husten, und ich machte mir Sorgen über meine Aussichten für die nächsten neun Tage.

Am nächsten Abend entdeckte ich eine stillgelegte Fabrik, ein weiterer von Stalins verlustreichen Außenposten. Ich trat durch ein klaffendes Loch in der Ziegelmauer und rollte meinen Schlafsack neben einem Gebilde aus, das wie ein zwölf Meter hoher Stahlkessel aussah. Die ganze Nacht hindurch zog der Geruch nach Scheiße durch die Luft. Am Morgen entdeckte ich, das irgendein anderer Landstreicher eine gesprungene Toilettenschüssel aus Porzellan als stilles Örtchen aufgestellt hatte, um sich zu erleichtern – direkt neben dem Kessel. Ich vermisste mein Zelt.

In regelmäßigen Abständen passierte ich Bautrupps auf der Straße, die mit der schier endlosen Aufgabe beschäftigt waren, den Streifen aus Schotter und Steinen in etwas Verkehrstaugliches zu verwandeln. Obwohl die Straße für Transportlaster zu uneben war, riss der Strom neuer japanischer Automodelle nicht ab, die über die Felsbrocken holpernd und polternd in Richtung Westen fuhren. Unternehmer flogen von Moskau nach Wladiwostok, Nowosibirsk, Krasnojarsk und in andere große russische Zentren, um billige Gebrauchtwagen aus dem benachbarten Japan zu kaufen. Anschließend verpackten sie diese Wagen in Karton und Klebeband, um sie vor den grauenhaften Straßenverhältnissen zu schützen, und fuhren sie nach Hause, um dort einen Höchstpreis zu erzielen. Ein stark gebrauchter japanischer Wagen war weit zuverlässiger als ein neuer russischer Lada oder Wolga. Um so viel Profit wie möglich herauszuschlagen, schleppten manche Fahrer einen zweiten Wagen ab. Andere fuhren japanische Tieflader mit einem Wagen auf der Ladefläche und einem weiteren im Schlepptau. Eine weitere beliebte, aber äußerst instabile Kombination bestand aus einem großen Tieflader, der einen kleineren Tieflader transportierte, der zusammen mit einer Limousine im Schlepptau selbst eine Limousine transportierte. Bei vielen dieser Fahrzeuge waren die Scheiben geborsten oder die Auspuffanlagen abgerissen, weil sie über solche schrecklichen Straßen gezwungen wurden.

Ich freute mich, als ich in einem verlassenen Straßenbaucamp ein großes Stück Polyurethan-Plastik fand. Dieser ausrangierte Fetzen würde mein neues Zuhause werden. Abends nahm ich jetzt immer die Satteltaschen von meinem Fahrrad ab, stellte das Rad auf den Kopf und benutzte es als Gestell, um das Plastik abzustützen. Mit Steinen, um die Ecken niederzuhalten, und geschickt platzierten Stöcken gelang es mir, einen passablen Unterstand zu konstruieren, der mich vor dem noch immer fallenden Schnee schützte.

Dreihundert Kilometer vor Tschita kam ich an eine Straßengabelung. Da ich unsicher war, welche Richtung ich einschlagen sollte, hielt ich einen vorbeikommenden Autofahrer an, der mir sagte, sie führten beide in die gleiche Richtung, aber die linke Route sei besser. Anfangs bot die aus festgefahrener Erde bestehende Straße gute Bedingungen zum Radfahren. Sie führte über Weideland und war nichts weiter als eine Fahrspur, geschaffen von den Reifen jener Fahrzeuge, deren Fahrer sich eine Atempause von der Tortur der im Bau befindlichen Hauptstraße gönnen wollten.

Doch während ich an Kuh- und Schafherden vorbeiradelte, die von Männern zu Pferde gehütet wurden, begann das Wetter umzuschlagen, und binnen Kurzem fegten 60-Stundenkilometer-Winde und horizontaler Eisregen über das Land. Die festgefahrene Erde unter meinen Reifen verwandelte sich in einen ausgesprochen klebrigen Matsch, der an den knubbeligen Reifen haftete und sie größer werden ließ, wie Schneebälle, die einen Hügel hinuntergerollt werden. Irgendwann hörte mein Hinterrad auf, sich zu drehen, da der dicke Matsch am Rahmen rieb. Zehn Minuten Abkratzen verschafften mir einen Aufschub von fünf Metern. Zwecklos.

Ich versuchte das schwer beladene Rad zu schieben, aber die Reibung des blockierten Reifens, der über den Boden schleifte, war zu stark. Bestürzt ließ ich das Rad fallen und zerbrach mir den Kopf darüber, was ich als Nächstes tun sollte. Mein Frust über den Matsch war so groß gewesen, dass ich meine Schmuddelwettersachen nicht übergezogen hatte. Jetzt war ich durchnässt und zitterte. Verspätet zog ich mein Regenzeug an und machte mich ohne Fahrrad auf den Weg über das Grasland, um zu sehen, wie weit es bis zum nahen Straßenbett war. Es stellte sich heraus, dass es zwei Kilometer entfernt war, und niedergeschlagen ging ich zurück zu meinem Fahrrad und bemühte mich nach Kräften, seine ganzen 60 Kilogramm über die Ebene zurück zur Hauptstraße zu tragen.

Zwei Stunden später – erschöpft, klatschnass und frierend – befand ich mich wieder auf der Straße der Felsbrocken. Der Wind kreischte mit solcher Kraft, dass ich mein Fahrrad führen musste, während es abwechselnd regnete und schneite. Ich zitterte stark und wusste, dass der Plastikfetzen in dieser baumlosen Gegend wegwehen würde, wenn ich versuchte, einen Unterstand zu errichten. Mir blieb nichts anderes übrig, als weiter die Straße entlangzulaufen. Es war Stunden her, seit ich das letzte Fahrzeug gesehen hatte.

Als das Abendlicht allmählich schwächer wurde, tauchte in der Leere ein Bauernhaus auf, das einzige Objekt, das auf den zwei Kilometern Sicht, die ich hatte, für eine perspektivische Gliederung sorgte. Ich schob mein Fahrrad den ausgefahrenen Pfad entlang zur Vorderfront des großen hölzernen Gebäudes und wurde von einem jungen Mann begrüßt, der gerade Feuerholz hereinbrachte. Durch Gesten und das eine oder andere Wort Russisch versuchte ich meine Notlage zu erklären und fragte, ob ich über Nacht bleiben könne. Der freundliche, stille Mann schien mein Zittern sehr viel besser zu verstehen und bedeutete mir, ihm ins Haus zu folgen.

Die Behausung bestand aus zwei Wohnungen, mit einem trennenden Raum dazwischen, wo schmutzige Stiefel und Jacken ausgezogen werden konnten. Die Frauen lebten auf der einen und die Männer auf der anderen Seite, zu der ich geführt würde. Augenblicklich empfing mich Wärme von einem Kohle- und Holzfeuer, und ein zweiter Mann winkte mit der Hand zur Begrüßung. Tee blubberte auf dem Ofen. Eine nicht ganz durchgehende Trennwand schied den Wohn- vom Schlafbereich. In Letzterem standen vier Einzelbetten.

Der sitzende Mann strahlte Autorität aus und war seinem Aussehen nach mongolischer Abstammung. Gebetsfahnen und Buddhastatuen schmückten die hölzernen Wände. Der jüngere Mann stellte sich als Tolja vor, und der ältere Bursche war Konstantin. Sie gossen mir einen Becher heißen, milchigen Tee ein, und etwas Rindfleisch wurde in eine Pfanne gelegt. Während der Geruch von brutzelndem Fleisch durch das Haus zog, winkte Konstantin mich nach draußen zur Sauna. Ein dickbäuchiger Holzofen hatte den hölzernen Bau aufgeheizt wie einen Brutofen. Herrlich.

Am anderen Morgen führte Konstantin mich auf dem abgeschiedenen Gehöft herum. Es war eine aus Sowjetzeiten übrig gebliebene Kolchose. Ich konnte nicht herausfinden, ob Konstantin jetzt der Eigentümer des Hofes war, aber bestimmt war er verantwörtlich. Ungefähr acht Menschen lebten nach Art einer Kommune in dem Bauernhaus, einige paarweise, andere allein. Das Rückgrat der Viehfarm waren 800 Schafe, die zurzeit in einer großen Scheune untergebracht waren und in Kürze zum Grasen herausgelassen werden sollten, sobald der Boden wieder grün wurde. Auch Pferde, Kühe und Hühner gehörten zum Hof. Ich half Konstantin beim Melken einer Kuh, und er lachte in sich hinein, während ich mich abmühte, ein Fünftel seiner Melkmenge zu erreichen.

Am frühen Nachmittag brach ich auf, warm, trocken und gut genährt, und radelte in das nach wie vor scheußliche Wetter hinein. Zwei Tage später erreichte ich einen bedeutenden Meilenstein: Tschita. Mit mehr als 300 000 Einwohnern war diese Hauptstadt der Region Transbaikalien groß genug, dass ich mir sicher sein konnte, hier einen Ersatz für mein betrauertes Zelt zu finden. Noch aufregender als die Aussicht auf ein neues Heim war die Erwartung, wieder mit Julie zu kommunizieren. Der Antennenanschluss an dem Satellitentelefon war komplett ausgefallen, sodass ich seit Nerjungri vor zwei Wochen keine Verbindung mehr hatte herstellen können. In Tschita begann auch die asphaltierte Fernstraße. Von hier aus erstreckte sich vor mir ein schmaler Streifen Asphalt den ganzen Weg bis nach Lissabon. Die Unbilden von Dreck und Schlamm waren physisch, psychisch und für mein Rad hart gewesen. Ich war ganz aus dem Häuschen, weil ich wusste, dass sie nun hinter mir lagen.

Belebte Straßen, Busse und Reklametafeln beherrschten das Bild, als ich durch die Vororte von Tschita kam. Weil ich mein Fahrrad und die Satteltaschen, kurz bevor ich die Stadt erreichte, in einem Abflussgraben gereinigt hatte, erlaubte der Mann an der Hotelrezeption mir widerstrebend, das saubere Rad mit nach oben auf mein Zimmer in der vierten Etage zu nehmen. Der Raum verfügte über einen Fernseher und anderen Komfort, dennoch gab es nach wie vor Hinweise auf die Sowjetmentalität, die vorgeherrscht hatte, als das Hotel gebaut wurde. Im Badezimmer neben dem Waschbecken lag ein einziges Stück Seife, das sparsam von einem größeren Block abgeschnitten worden war. Der Fetzen Toilettenpapier, der mir vom Zeigefinger bis zum Ellenbogen ging, war von einer »Mutterrolle« abgerissen, wieder aufgerollt und neben die Toilette gelegt worden. Dies waren meine Badezimmerrationen für zwei Übernachtungen.

Während ich mich an mein neues Zuhause gewöhnte, unterbrach mich ein Klopfen an der Tür. Ein Mann stand auf dem Gang, flankiert von zwei freizügig gekleideten jungen Russinnen.

»Sex?«, erkundigte er sich.

Ich lehnte höflich ab und zog mich bald darauf für die Nacht auf mein hartes, aber bequemes Bett zurück. Der schlimmste Teil der Reise, schätzte ich, war vorüber.

10 Auf normalen Straßen mit dem Rad nach Irkutsk

Am nächsten Morgen fand ich ein Internetcafé. Ich konnte kaum an mich halten angesichts der Aussicht, Julie wieder zu erreichen. Es war schwer gewesen, so ganz allein unterwegs zu sein, ohne die Möglichkeit, meine Erlebnisse jemandem anzuvertrauen, den ich so von ganzem Herzen vermisste. Ich loggte mich in mein E-Mail-Konto ein und überflog eine Flut von Mails sowohl von Julie als auch von Tim und seiner Familie. Mir wurde das Herz schwer, während ich die Informationen zu verarbeiten versuchte. Keine der Mitteilungen enthielt die herzlichen Worte, auf die ich gehofft hatte. Stattdessen schien gerade ein Krieg zu eskalieren, den ich gar nicht wahrgenommen hatte, während ich mich durch Ostsibiriens Schlamm, Eis und Schneematsch geschleppt hatte. Meine Vorfreude darauf, dass ich Julie endlich von meinen Erlebnissen berichten und auch ihre Neuigkeiten erfahren konnte, stürzte ab wie eine brennende Boeing 747. Mir wurde angst und bange, als ich mir den Kopf darüber zermarterte, wie ich mit der jüngsten Entwicklung umgehen sollte.

Tim und Julja war bei ihrer Fahrt entlang der M56 das Geld ausgegangen. Tim hatte angenommen, er würde unterwegs einen Geldautomaten finden. Leider war aber keiner aufgetaucht. Als an seinem Fahrrad die Rahmenverlängerung brach, die durch die unebenen Straßen und die schwere Last verschlissen war, hatte sich das Tempo der beiden noch weiter verlangsamt. In Jakutsk mussten sie einen Zwischenstopp für eine Schweißreparatur einlegen.

Anscheinend hatten die beiden den Gedanken einer Gewichtsreduzierung an ihren Fahrrädern nicht beherzigt, wie ein Zitat aus Tims Artikel vom 7. Mai für die *Vancouver Sun* zeigte: »Es ist schwierig, über Colins Wohlbefinden auf dem Laufenden zu bleiben. Die Nachrichten, die ich sammle, stammen von Autofahrern, die ihn ein paar Hundert Kilometer vor uns auf der Straße entdeckten. Einige berichten, sein Fahrrad stehe zur Wartung auf dem Kopf, während andere ihn in der Morgendämmerung haben fahren sehen. Eine Quelle berichtete, er habe sich in der sonnigen Stadt Jakutsk mit Werkzeugen eingedeckt, aber seine schweren Stiefel weggeworfen, vielleicht um das zusätzliche Gewicht auszugleichen. Julja bestand darauf, dass sie und ich unsere Stiefel weiter mitschleppten, und als wir in den Bergen südlich von Jakutsk im knietiefen Schnee am Straßenrand unser Zelt aufschlugen, war ich insgeheim froh, dass meine Füße warm und trocken waren. Ich machte mir Sorgen um Colin. Dann kam die Nachricht, die meine schlimmsten Ängste bestätigte – er sei mit einem schweren Fall von Bronchitis bettlägerig. Ich fragte mich, ob wir ihn vielleicht schon vor unserem geplanten Treffen am Baikalsee einholen würden.«

Während die beiden ihren Weg über die M56 fortsetzten, ächzten ihre Fahrräder unter den Lasten. Tim klagte, dass mehrere Speichen und eine Achse gebrochen seien und dass Rahmen und Gepäckträger sich rasch in ihre Bestandteile auflösten. Zu ihren technischen Nöten kamen Geldprobleme hinzu. Tim schickte Julie aus Nerjungri, der Stadt, in der ich mich von meiner Grippe erholt hatte, eine E-Mail und fragte, ob sie ihm etwas Geld schicken könne. Doch Julie machte gerade mit ihrer Familie Urlaub in Ontario und war ohne Internet-Zugang.

Als Tim innerhalb von 24 Stunden keine Antwort erhielt, schickte er eine zweite, schroffere Mail. Er beschrieb, wie stark der Geldmangel sich auf seine Gesundheit auswirke. Er habe eine Atemwegsinfektion und Grippe – wahrscheinlich denselben Grippebazillus, den ich mir in Jakutsk geholt hatte. »Der ständige Hunger ist weniger ein Problem als die Kopfschmerzen und die verstopften Atemwege, die es erschweren, sich hinzusetzen und zu tippen«, schrieb er. »Vergiss, dass es mit meiner Gesundheit und meiner Geduld rapide bergab geht, weil wir wie Bauern in einem dunklen Zimmer leben, in dem der Schimmel steht; denk stattdessen an die Ziele dieses Projekts und daran, dass wir, um sie zu realisieren, darauf angewiesen sind, dass du dich langsam mal meldest und dem in der letzten E-Mail genannten Empfänger 10 000 Rubel überweist.«

Außerstande, mit mir zu kommunizieren, hatte Julie weder die Vollmacht noch die Möglichkeit, Geld von meinem Bankkonto abzuheben. Außerdem wusste sie, dass die durch Sponsoring aufgebrachten Expeditionsmittel längst erschöpft waren und das Geld von meinen eigenen Ersparnissen käme. Julie schrieb Tim und teilte ihm mit, dass sie beide warten müssten, bis sie etwas von mir höre, bevor sie ihm Geld von ihrem eigenen Konto leihen könne. Sie bot an, in der Zwischenzeit seine Eltern zu kontaktieren, die, so dachte sie, die Situation schneller bereinigen könnten.

Unterdessen quälte ich mich während dieser ganzen Korrespondenz die Transsibirienstraße entlang, stolz auf den Plastikfetzen, den ich gefunden hatte und der mir als neues Zuhause diente, und ohne den Rest der Welt groß zur Kenntnis zu nehmen.

In einem Artikel für die *Vancouver Sun* schilderte Tim seine prekäre Finanzlage: »Wie Russland nach der Perestroika waren wir abgebrannt, kränkelnd und unserer Verbündeten nicht sicher, bis Colins Verlobte, Julie Wafaei, etwas Sicherheit bot. Das Budget, an dessen Zustandekommen ich mitgewirkt hatte, war versiegt. Ich hoffte, dass es nicht einfach privatisiert worden war.«

Tim sagte Julie, sie brauche sich nicht mit seinen Eltern in Verbindung zu setzen, da er warten würde, bis ich wieder mit im Boot sei. Was er Julie nicht sagte, war, dass er bereits mit seiner Mutter Dorothy Kontakt aufgenommen hatte. Er hatte sich an sie gewandt, als Julie nicht sofort auf seine erste E-Mail geantwortet hatte, und ihr erzählt, dass er Hunger leide und Julie ihn ignoriere. Dorothy rief Julie an und hielt ihr eine Standpauke, weil sie ihrem Sohn kein Geld schicke. Als Julie sie darauf hinwies, dass sie auf meine Erlaubnis warten müsse, da die Sponsorenmittel erschöpft seien, bezichtigte Dorothy sie der Lüge und legte auf.

Dann schickte Dorothy ihrem Ex-Mann Christopher Harvey eine E-Mail, um sich über Julies Verhalten zu beschweren. »Sie scheint Tims Erklärung nicht begreifen zu können, dass er nicht auf sein eigenes Konto zugreifen kann, weil es keine Geldautomaten gibt«, schrieb sie. »Ich glaube, Colin will lieber allein so schnell er kann nach Moskau und sich auf den Ruhm stürzen, jetzt, wo der gefährlichste Teil vorbei ist.«

Diese Kette von E-Mails hatte fast zehn Tage vor meiner Ankunft in Tschita begonnen, und trotzdem hatte niemand Tim auch nur einen Cent geschickt.

Nachdem ich das alles gelesen hatte, schickte ich Julie eine E-Mail und wies sie an, sofort das Geld zu schicken. Bei einem späteren Besuch in dem Café erhielt ich ihre Antwort. Sie schrieb mir, dass Tims Bruder Crane angeboten habe, Tim über die Runden zu helfen. Crane erklärte Julie, dass er für seinen kleinen Bruder sein 750 000-Dollar-Haus gern mit einer Hypothek belasten würde, falls das notwendig sei. In seiner E-Mail mit dem finanziellen Hilfsangebot hatte er aber noch die kleine Drohung untergebracht, er habe Tim geraten, in seine Artikel für die *Vancouver Sun* einfließen zu lassen, was er von Julies Fehlverhalten halte. Die Sache wurde langsam hässlich.

Für mich wurde es Zeit, Tschita zu verlassen und meine Reise nach Irkutsk fortzusetzen, vorbei an den Ufern des Baikalsees. Ich fragte Julie, ob sie mir eine Übersicht über unsere Einnahmen und Ausgaben schicken könne, der Tim und seine Familie entnehmen könnten, wie viel Geld ich privat in die Expedition gesteckt hatte. Gleichzeitig schickte ich Tims Familie eine E-Mail, um zu versuchen, etwas Ruhe in die Geschichte zu bringen.

Der Grund, warum ich diese entlegenen Länder erkundete, war, dass ich exotische Kulturen und schöne Landschaften erleben und mir selbst einiges abverlangen wollte. Doch plötzlich verwandelte sich diese ganze Erfahrung in etwas Umstrittenes und Unbefriedigendes. Am schlimmsten war, dass ich erleben musste, wie Julie in einen Konflikt hineingezogen wurde, mit dem sie nichts zu tun hatte. Sie hatte sich sogar mehr als 30 Stunden wöchentlich freiwillig zur Verfügung gestellt, um Aufgaben im Zusammenhang mit der Expedition zu erledigen, wovon sowohl Tim als auch ich profitierten.

Ich hoffte, die Empörung aufseiten des Harvey-Clans sei einfach ein Fall von mangelhafter Kommunikation. In meinem Brief versuchte ich die ganze Geschichte so präzise wie möglich darzustellen.

Lieber Tim und Familie,
ich bin soeben in der Stadt Tschita angekommen, und mir ist durch Julie zu Ohren gekommen, dass die Hölle los war, während ich über die Straßen Sibiriens radelte. Crane und Dorothy haben gedroht, sich an die Presse zu wenden, und mich als »egoistisch« und als »Arsch« bezeichnet. Meine Verlobte Julie haben sie außerdem als Lügnerin abgestempelt.

Ich finde das alles verletzend und schockierend und bin verwundert darüber, dass ein so harmloses Verhalten von meiner Seite dazu geführt hat, dass Schwerter geschwungen werden und eine Hasskampagne gegen mich beginnt. Bitte erlaubt mir, die Ereignisse aus meinem Blickwinkel zu erklären, und ich hoffe, ihr werdet die Haltung, die ihr eingenommen habt, überdenken.

Hier ist meine Version der Ereignisse:
Auf der Kolyma-Schnellstraße fuhren Tim, Julja und ich nach extrem unterschiedlichen Zeitplänen. Dies führte zu Spannungen auf beiden Seiten. Ich war an diesem Punkt der Ansicht, dass die beste Lösung für das Team sei, wenn wir uns trennten und jeder unabhängig vom anderen sein eigenes Reisetempo bestimmte. Ich würde vorausfahren nach Irkutsk, wo ich an meinem Buch arbeiten könnte, solange ich auf Tim und Julja wartete.

Ich hielt das keinesfalls für eine »egoistische« Entscheidung, sondern glaubte im Gegenteil im Interesse der Teamdynamik, dass es eine positive Veränderung wäre.

Was Tims und Juljas Sicherheit angeht, war ich der Ansicht, dass meine Abwesenheit die Gesundheit der beiden in keiner Weise gefährdete. Wir hatten die schwierigen Regionen hinter uns gelassen und befanden uns inzwischen auf dem normalen Straßennetz Russlands. Dutzende von Autos und Lastwagen kamen jede Stunde vorbei, besiedelte Punkte waren häufig, und die Einheimischen waren großzügig und freuten sich jedes Mal, wenn sie notfalls behilflich sein konnten. Diesen Teil der Route könnte man mit einer Radtour durch das ländliche Kanada vergleichen.

Was die Finanzen angeht, gab ich Tim und Julja zwei Drittel meines restlichen Bargelds für die Strecke bis nach Jakutsk. Das war mehr als fair, da zu zweit zu reisen immer billiger ist, als allein unterwegs zu sein. Zudem würde Juljas Gewandtheit in der russischen Sprache dafür sorgen, dass ihnen die hiesige Gastfreundschaft in weit stärkerem Maße zuteil würde. Tim versicherte mir, dass er und Julja von Jakutsk aus mit seinen Einkünften aus den Artikeln für die *Vancouver Sun* auskämen.

So war ich zuversichtlich, dass Tim und Julja in finanzieller Hinsicht keinerlei Probleme hätten. Außerdem wusste ich, dass er eine liebevolle Familie hat, die ihm behilflich sein konnte, wenn es ganz schlimm käme. Es gibt viele Städte entlang der Strecke, wo man auf Geld zugreifen kann.

Ich verließ Tim und Julja daher in dem Glauben, dass sie sicher waren, über ausreichende finanzielle Mittel verfügten und alles hatten, was für die vor ihnen liegende Reise notwendig war. Ich sagte meinen Mitstreitern Lebewohl und setzte meinen Weg über Sibiriens Straßen fort.

Seit ich Tim und Julja verlassen habe, bin ich praktisch ohne Verbindung zur Außenwelt und richte meine Anstrengungen stattdessen ganz auf meine Reise über die eisigen, matschigen, schlammigen und steinigen Straßen Sibiriens. Nach erfolgreicher Ankunft in Tschita war ich vollkommen schockiert, von der Kette von Ereignissen zu hören, die sich während meiner Abwesenheit abgespielt hatten.

Hätte ich von Tims Misere gewusst, hätte ich ihm das Geld

sofort geschickt. Im Moment ist das Wichtigste, dass das Team so schnell wie möglich vorankommt, um der Hurrikansaison zuvorzukommen. Ich wäre ein Narr, meinen Expeditionsgefährten Geld vorzuenthalten.

Julie hat die an sie gerichteten Beschimpfungen absolut nicht verdient. Als »heimische Koordinatorin« gehören die Aktualisierung der Website, das Hochladen von Fotos und die Kommunikation mit den Medien zu ihren Aufgaben. NICHT dazu gehört, für Tim die Mutter zu spielen. Julie kümmert sich lediglich in verantwortungsvoller Weise um meine Finanzen, was bedeutet, dass der Einsatz meiner privaten Ersparnisse mein Einverständnis braucht. Julie hat Hunderte von Stunden damit verbracht, der Expedition zu helfen, mehr als irgendjemand sonst, und bekommt nichts von dem Ruhm ab, der Tim und mir zuteil wird. Als »Lügnerin« bezeichnet und auf andere widerliche Weise beschimpft zu werden ist nicht der Dank, den ich mir für sie erhofft hätte.

Zweitens scheinen Gerüchte im Umlauf zu sein, dass ich mit Taschen voller Sponsorengeld durchgebrannt sei. Komischerweise besteht der Löwenanteil des Expeditionsbudgets aus meinem eigenen, privaten Geld sowie aus Spenden meiner Familie. Ich war immer absolut fair, habe Tim als gleichberechtigt behandelt und mein Geld ebenso für ihn wie für mich ausgegeben. Ohne diesen finanziellen Beitrag wäre die Expedition schon vor langer Zeit zu Ende gewesen.

Für mich ist es sehr verletzend, »egoistisch« genannt zu werden, nachdem ich so viel von meinen eigenen Geldmitteln für Tim ausgegeben habe. Das ist eine unbegreifliche Respektlosigkeit.

Ich füge ein sehr grobes Budget bei, das Julie zusammengestellt hat. Es enthält nicht die laufenden Expeditionsausgaben, beispielsweise für Nahrungsmittel, Hotels und die unzähligen Kleinigkeiten, die vor der Expedition angeschafft wurden. Das genaue Budget und die Belege werde ich gern zu einem passenderen Zeitpunkt nachreichen. Ich hoffe, dies hilft, den Mythos zu zerstören, dass ich mit Taschen voller Sponsorengeld herumlaufe. Julie hat mich informiert, dass Crane angeboten hat, sich mit Tims momentanem Liquiditätsproblem zu befassen. Danke, Crane. Die Expedition kann ganz bestimmt jede finanzielle Hilfe gebrauchen, die angeboten wird.

Viel Glück euch beiden und bis bald in Irkutsk.

Ich werde in den nächsten zehn Tagen, bis zur Ankunft in Irkutsk, nicht erreichbar sein. Eine neue Antenne für das Telefon ist verschickt worden, sodass ich dann wieder häufiger Verbindung aufnehmen und über alle Schwierigkeiten, die du vielleicht hast, sprechen kann.

Nach zwei Nächten und einem vollen Tag in Tschita hatte ich ein neues Zweimannzelt und diverse andere Dinge aufgetrieben, die ich brauchte. Ich trug mein Fahrrad in die Eingangshalle des Hotels und sah hinaus auf den feuchten, pappigen Schnee. Zwanzig Zentimeter Schneematsch waren in der Nacht gefallen. Die Straßen waren in einem fürchterlichen Zustand. Ich hatte nicht übel Lust, noch eine Nacht in dem Hotel zu bleiben. Aber ich zwang mich hinaus in einen Tag, der einer der deprimierendsten werden sollte, an die ich mich erinnern kann.

Die Lufttemperatur lag bei knapp unter null Grad, sodass das von meinen Reifen hochspritzende schlammige Wasser am Rahmen gefror und eine Eiskugel von der Größe einer Honigmelone bildete. Die Kette verschwand in der Nähe des Tretlagers in einem Loch in der Eiskugel und kam am anderen Ende wieder zum Vorschein. Weil der Matsch auf der Fahrbahn so tief war, konnte ich nicht nahe am Straßenrand fahren. Stattdessen musste ich in den beiden Spuren bleiben, die der starke Verkehr hinterließ. Die Autos schleuderten und schlitterten jedes Mal nur wenige Zentimeter an meinem Fahrrad vorbei.

Ich trat kräftig in die Pedale, um dem gefährlichen Stadtzentrum zu entkommen und die ruhigeren Vororte zu erreichen. Ein plötzliches Zischen machte mich auf einen Hinterreifen aufmerksam, der Luft verlor. Mir fiel ein, dass ich eine der Routinearbeiten auf meiner Liste vergessen hatte: alle löchrigen Schläuche zu reparieren, solange ich noch den Komfort meines Hotels genoss.

Ich schob mein Rad in ein Bushäuschen aus Beton, das an drei Seiten geschlossen war. Ich befand mich in einem wüsten Teil der Stadt, und verschleierte Blicke betrachteten mich abweisend, als ich mein Fahrrad neben einer hölzernen Bank mit einer Durchfallpfütze am einen Ende hinlegte. Ich zündete den Campingkocher an, um den Schlauch zu trocknen und zu erwärmen. Ich brauchte eine halbe Stunde, um das Eis vom Rahmen abzuschlagen, damit ich das Rad ausbauen konnte. Als ich den Schlauch flickte, tauchte ich ihn versehentlich in den nicht ganz gefrorenen Durchfall, der sich anschließend einen Weg auf meinen Handschuh bahnte.

Endlich, zwei Stunden später und nach Scheiße riechend, schob ich mein Fahrrad fort von der mürrischen Gruppe, die auf den Bus wartete, und zurück in den Matsch und den Verkehr. Weil ich Benzin für meinen Kocher brauchte, hielt ich an einer Tankstelle, zahlte im Voraus meine 20 Rubel und steckte den Zapfhahn in die MSR-Flasche für Flüssigbrennstoff. Die Flüssigkeit schoss unter dem extrem hohen Druck sogleich aus der Flasche wieder heraus, und ich erhielt eine ordentliche Benzindusche. Als ich anschließend zu meinem Fahrrad zurückging, stellte ich fest, dass der Tankstellenköter gerade die letzten von den *prjalnekes*-Keksen fraß, die ich zuvor gekauft hatte und die mir als Proviant für den Tag hatten dienen sollen.

Inzwischen nach Scheiße *und* Benzin riechend, war meine Stimmung mehr als düster, als ich die Tankstelle verließ und 30 Kilometer gegen den Wind durch Matsch und Schnee strampelte.

Immerhin hatte ich jetzt ein Zelt. Während der nasse Schlabber den ganzen Abend wie aus Kübeln herunterkam, baute ich mein neues, einfach konstruiertes Kuppelzelt auf und war erleichtert, dass unabhängig davon, was sonst noch an diesem Tag passiert war, zumindest eine Sache geklappt hatte: Das Zelt war wasserdicht.

Einheimische hatten mir erzählt, dass die 1100 Kilometer lange Asphaltstraße, die Tschita mit Irkutsk verbindet, eine ziemliche Buckelpiste sei. Da ich einige der grässlichsten Oberflächen auf dem Planeten bereist hatte, kam mir die mit Schlaglöchern übersäte Fernstraße unter meinen Reifen vor wie das Paradies. Immer wieder fanden sich Cafés entlang der Strecke, sodass ich an meiner Gewohnheit festhalten konnte, zwei bis drei Mahlzeiten pro Tag einzunehmen.

Am westlichen Ende des Tals, drei Tagesreisen von Tschita entfernt, erklomm das Asphaltband einen hohen Pass, wo mir Winde und heftiges Schneetreiben einen stürmischen Empfang bereiteten. Ich wärmte mich in einem gemütlichen Café auf, wie man sie auf allen Gebirgspässen findet, und schlug mir den Bauch voll, bevor ich an der anderen Seite der Passhöhe zu Tal rollte und in das Gebiet der Jenissei-Wasserscheide kam, die von besonderer Bedeutung für mich war.

Ich hörte das erste Plätschern eines Bachs, der parallel zur Straße verlief. Dieses Wasser, wusste ich, würde in den mächtigen Jenissei fließen, den fünftlängsten Fluss der Welt. In der nördlichen Mongolei entspringend, fließt der Jenissei mehr als 5500 Kilometer* quer durch Sibirien, bevor er in die Karasee des Nordpolarmeers mündet. Im Jahr 2001 hatte ich mich einem Team von drei anderen Abenteurern angeschlossen, und wir befuhren als Erste den Jenissei auf seiner ganzen Länge. Während dieser fünfmonatigen Reise erlebte ich zum ersten Mal die unaufdringliche und unterschätzte Schönheit Sibiriens.

Über das ganze Tal verstreut lagen zahlreiche Dörfer und Bauernhäuser, die des besseren Schutzes wegen oft den Fuß der be-

---

* Die Länge des Jenissei hängt von der Art der Messung ab. Ohne den »Kleinen Jenissei« (seinen längsten Quellfluss) ist er 3412 km lang, mit dem »Kleinen Jenissei« sind es 4092 km. 5539 km umfasst das gesamte Jenissei-Flusssystem (Ider, Selenga, Angara, Jenissei-Unterlauf). Diesen Längen kann man jeweils noch die 435 km lange Jenissei-Bucht hinzufügen.

nachbarten Berge bevorzugten. Im Gegensatz zur Bauweise in Nordostsibirien – größtenteils Betongebäude, entworfen von einem zentralen Planer, der einen Kontinent entfernt saß – bestanden die Häuser hier im Süden fast durchweg aus Holz und sahen so aus, als seien sie von den Bewohnern selbst errichtet worden. Angesichts der Abgeschiedenheit des unwirtlichen Landes ringsherum war ich erstaunt, welchen Wert die Leute auf ihr eisiges Zuhause legten. Fast alle Häuser waren mit knallbunt bemalten und oftmals kunstvoll geschnitzten Fensterläden geschmückt. In den Fenstern standen knallrote Geranien oder Tomatenpflanzen.

Zu den Hänsel-und-Gretel-Häusern gehörten ausnahmslos ein oder zwei Kühe, die sich bei den Hühnern herumtrieben. In den Dörfern wurde Wasser mit Schwengel und Eimer aus einem Brunnen geschöpft – genau wie in den Märchen –, und auch ich pflegte hier mein Wasser zu holen, um mein Fünf-Liter-Gefäß zu füllen. Die alten Babuschkas beobachteten mich jedes Mal unruhig, während sie eine Kuh auf die Weide führten oder sich unter dem Gewicht eines Astes auf den Schultern beugten, an dessen Enden jeweils ein Eimer Wasser hing. Ihre hageren, ungepflegten Ehemänner waren meist unter einer Brücke oder neben einem klapprigen Traktor versammelt und tranken Wodka.

Ausgefahrene Feldwege führten zwischen den Häusern hindurch. Diese Pfade rumpelte ich jedes Mal entlang und suchte den Dorfladen. Drinnen drückte sich meist eine weibliche Matrone hinter einem Rechenbrett herum. Alle Lebensmittel lagen hinter der Theke, sodass ich in holprigem Russisch jedes Produkt einzeln verlangen musste. Die Dorfbewohner hinter mir sahen belustigt zu, als erfreuten sie sich gerade der besten Unterhaltung, die sie seit Monaten erlebt hatten. Je nachdem, was die oftmals leeren Regale boten, zog ich anschließend mit meiner Beute von dannen: ein paar verschrumpelten Äpfeln, chinesischen Nudeln und einer ordentlichen Ladung Schokoriegel (oft der gesamte Vorrat des Ladens).

Es war jetzt Ende April. Obwohl das Wetter noch immer scheußlich war und Regen und Schnee sich abwechselten, wirkte das

Land wie ein großes Lebewesen, das im Begriff stand, zu neuem Leben zu erwachen. Felder wurden gepflügt, um die Aussaat vorzubereiten. Die gelegentliche Stechmücke belästigte mich mit leisem Summen – das schon auf den kommenden Albtraum hindeutete.

Sechs Tage hinter Tschita schlug ich mein Zelt am Rand eines Ackers auf, der an ein Kiefernwäldchen grenzte. Nach einer Mahlzeit aus chinesischen Nudeln und einem Kaffee schlief ich zum leisen Gemurmel eines Bewässerungskanals ein.

In der Nacht wachte ich auf und spürte, wie etwas Kleines auf meinem Bein herumkrabbelte. Sofort schaltete ich meine Petzel-Stirnlampe ein und fand meine größte Befürchtung bestätigt: eine Zecke. Obwohl sie noch nicht gebissen hatte, war es ein eindeutiges Zeichen, dass die Zeckensaison begonnen hatte. Südsibirien beherbergt die gefährlichsten Zecken der Welt. Jede Zehnte überträgt einen Typus von Enzephalitis, der für Menschen beinahe immer tödlich ist. Die meisten Russen wagen sich zu dieser Jahreszeit einfach nicht in die Wälder, weil die Gefahr so groß ist. Diese parasitären Geschöpfe ernähren sich, indem sie ihren Körper, der die Form eines Wassermelonenkerns hat, in eine Kerbe schieben, die sie in die Haut gebissen haben. Sie bleiben dann tagelang unter der Haut und saugen Blut, wobei nur die Spitze ihres Hinterleibs hervorsteht.

Nachdem ich die Zecke zerquetscht hatte, verbrachte ich die nächsten zwei Stunden damit, jeden Quadratzentimeter meiner kleinen Behausung abzusuchen. Ich schüttelte meinen Schlafsack und meine Kleidung aus, führte mit der Stirnlampe eine Art Rasterfahndung durch und befühlte gründlich Kopfhaut, Achselhöhlen und Schritt – die Lieblingstreffpunkte von Zecken. Nichts.

Ich lag schlaflos in meinem Schlafsack. Von jetzt an würde ich sorgfältige Zeckenvorkehrungen treffen müssen. Ich müsste mir die Hose in die Strümpfe und das Hemd in die Hose stopfen, mich selbst und meine Ausrüstung mit Insektenspray einsprühen, das Lager so schnell wie möglich aufschlagen und bei ständig geschlossenem Netzgewebe im zeckendichten Zeltinnern bleiben.

Ich nahm eine neuerliche Untersuchung von Leistengegend, Achselhöhlen und Kopf vor. Ein schorfartiger Knubbel im Nacken deutete auf eine weitere Zecke hin. Ich drehte sie heraus, zusammen mit einem Büschel Haare, und wartete auf den Morgen.

Mehrere Stunden nachdem ich mein von Zecken befallenes Lager abgebrochen hatte, radelte ich weiter, während die Straße sich nach einem steilen Anstieg einen Weg abwärts bahnte und sich ein gewaltiger Fluss ins Bild schob: die Selenga. Ich hielt an und bewunderte den unerbittlichen braunen Strom, der sich zwischen niedrigen, baumlosen Bergen hindurchwand.

Ich hatte eine spannende Weggabelung in meinem Leben erreicht. Die Selenga ist der wichtigste Nebenfluss des Jenissei. Vor drei Jahren war ich zusammen mit Ben Kozel und Remy Quinter dem Verlauf dieses Flusses von der Quelle – einem schmelzenden Gletscher im mongolischen Changai-Gebirge – zuerst zu Fuß und dann, sobald er tief genug wurde, mit Kajaks und Wildwasserflößen gefolgt.

Auf unserer Expedition hatten wir von dem träge fließenden Strom zu dem ständig wechselnden Panorama emporgeblickt. Jetzt auf denselben Fluss hinunterzublicken, nachdem ich die halbe Welt ausschließlich mit Muskelkraft durchquert hatte, war berauschend. Ich legte mein Rad am Straßenrand hin und beobachtete wie in Trance den Fluss. Diese Belohnung hatte ich mir verdient, und es war ein gutes Gefühl.

Die Straße führte hinab zu den Ufern der 700 Meter breiten Selenga und dann weiter zur Hauptstadt Burjatiens, Ulan-Ude, einer Stadt, die sich der größten Leninbüste der Welt rühmt. Die Strecke nach Irkutsk umgeht Ulan-Ude, indem sie eine gewaltige Stahlbrücke überquert und dem Ostufer der Selenga folgt. Ich erinnerte mich, dass wir auf unserem gelben Floß unter genau dieser Brücke hergetrieben waren. Heute, fast drei Jahre später, kreuzte ich diesen Weg. Zur Feier des Tages kaufte ich mir eine Ein-Liter-Flasche Bier, das in Ulan-Ude gebraut worden war, zeltete an einer malerischen Stelle in der Nähe der Gleise der Transsibirischen Eisenbahn und nur Meter vom Fluss entfernt und trank auf das Wohl der Jenissei-Expedition. Kaffeefarbenes Wasser wirbelte in mäandernden Strudeln vorbei. Zufrieden schlief ich ein, trotz des Dröhnens der Züge, die alle fünfzehn Minuten vorbeifuhren. Und die Zecken ließen mich in Ruhe.

Zwei Tage später kam ich zwischen Baikalsee und Irkutsk von den Bergen herab. Ich radelte durch Dörfer und Städte, die allmählich zu den Außenbezirken der Großstadt verschmolzen. Der Verkehr wurde stärker, und während ein weiterer Regenguss niederging, quälte ich mich an riesigen Reklametafeln vorbei in Richtung Stadtzentrum.

Irkutsk wurde im Jahr 1652 als Pelzhandelsposten gegründet und erhielt 1686 offiziell die Stadtrechte. Diese geschichtsträchtige Stadt hat mehr als eine halbe Million Einwohner und liegt an den Ufern der Angara, die bei dem Örtchen Baikal aus dem Südwestende des Baikalsees fließt. Die Stadt liegt an der Strecke der Transsibirischen Eisenbahn und ist ein beliebtes Reiseziel für alle, die den nahe gelegenen Baikalsee erkunden wollen.

Hunderte schlichter fünf- bis zehnstöckiger Wohnblocks bilden einen Ring um die Stadt – die typischen tristen Unterkünfte aus der Sowjetzeit. Einen auffälligen Kontrast dazu bildet das Stadtzentrum von Irkutsk mit seiner traditionellen Block- und Holzbauweise neben eleganten, modernen Glas-, Stahl- und Betongebäuden. Die wunderlichen Wohnkomplexe in Blockbauweise, die mächtig aufgeblasenen Bauernkaten ähneln, besitzen keine Wasserleitungen, weshalb die Bewohner sich ihr Wasser in Krügen an öffentlichen Leitungen auf der Straße holen. In den Straßen des Viertels verkehren auf Schmalspurgleisen Straßenbahnen nach dem Vorbild San Franciscos.

Ich freute mich, wieder in Irkutsk zu sein, hatte ich doch schöne Erinnerungen an diese Stadt; sie war ein wichtiger Halt auf unserer Jenissei-Expedition gewesen. Unser Team verbrachte hier drei Wochen damit, einen alten, verrotteten russischen Langkieler in etwas zu verwandeln, das geeignet war, den Rest des Jenissei damit hinunterzufahren.

Genau hier wollte ich auf Tim und Julja warten, während ich ein paar Wochen darauf verwendete, meine schriftlichen Aufzeichnungen auf den neuesten Stand zu bringen und ein bisschen zu filmen. Meine Ankunft in Irkutsk kam mir vor wie der Beginn eines lange erwarteten Urlaubs. Ich freute mich sogar darauf, Tim und Julja wiederzusehen. Nachdem ich so viel Zeit allein verbracht hatte, war ich froh über die Aussicht, wieder jemanden zu haben, mit dem ich Geschichten austauschen konnte.

Da ich nicht gebadet hatte, seit ich mich vor elf Tagen in Exkrementen und Benzin gesuhlt hatte, war ich nicht minder entzückt über die Aussicht auf eine Dusche. Völlig durchnässt und von Kopf bis Fuß mit Schlamm bespritzt, betrat ich die Eingangshalle des Hotels. Die Dame am Empfang gab mir zögernd einen Zimmerschlüssel und bestand darauf, dass mein dreckiges Fahrrad im Keller blieb. Das 20-Dollar-Zimmer war komfortabel und verfügte sogar über einen Farbfernseher, aber es gab kein Badezimmer. Nachdem ich die Räumlichkeiten ausgekundschaftet hatte, fand ich draußen im Freien eine Gemeinschaftstoilette und ein Waschbecken, aber keine Badewanne oder Dusche. Ich ging zurück zu der Empfangsdame, die kein Englisch sprach, um mich nach den Einrichtungen zu erkundigen.

»Gde douche?«, fragte ich. »Wo ist die Dusche?«

»Njeto«, sagte sie.

Ich war verdreckt. Schlamm bildete eine Kruste auf meinem Gesicht, und elf Tage Schmutz hatten sich angesammelt, doch ich konnte mich nirgends richtig säubern. Schließlich bat ich um einen Eimer, füllte ihn an dem Waschbecken und wusch mich mit einem Schwamm auf meinem Zimmer. Alle anderen russischen Hotelgäste sahen makellos rein aus, und dennoch trugen sie nie Eimer mit Wasser auf ihre Zimmer. Es war mir ein Rätsel. Ich schaltete den Fernseher ein und sah mir einen Werbespot für einen »Sauna-Gürtel« an, eine wunderbare Erfindung, die fettleibige Menschen in Sexgöttinnen und Sexgötter verwandelt.

Nachdem ich mich am nächsten Tag zunächst an fettigem Hähnchen und scharfen Krautwickeln gütlich getan hatte, begab ich mich zu einem Internetcafé. Der Eigentümer begrüßte mich herzlich, ohne mich jedoch wiederzuerkennen, und ich spürte, wie die drei Jahre sich verflüchtigten, seit ich seinen Laden zuletzt besucht hatte.

Ich las zuerst Julies E-Mail, der ich das Neueste darüber entnahm, wie die Dinge zu Hause liefen. Julie teilte mir mit, dass Iridium per Kurier eine neue Antenne für das Telefon habe verschicken können, die nun unterwegs zu Juljas Mutter hier in Irkutsk sei. Außerdem hatte Julie Kontakt mit Oberschulrat Denny Kemprud vom Schulbezirk 51 aufgenommen, um ihn wissen zu lassen, dass das Telefon bald wieder funktionieren würde und wir in der Lage seien, sibirische Schüler mit den Kindern in Kanada zu verbinden. Um Julies eigene Träume von einer Abenteuerreise nur per Muskelkraft stand es hingegen nicht gut. Enttäuscht informierte sie mich, dass ihre Ruderpartnerin einen Rückzieher gemacht hatte. Beiden war es bislang nicht gelungen, Geld für ihre beabsichtigte Expedition aufzutreiben, und Cathy fand es zu riskant, sich für ein derart gefährliches Unternehmen Zehntausende von Dollar zu leihen.

Dann klickte ich eine E-Mail von Tim an. Ich las seine Worte mit wachsender Bestürzung. Er war immer noch in Nerjungri und total pleite. Sein Bruder hatte kein Geld geschickt. Tim erläuterte nicht näher, warum, außer dass er erklärte: »Ich dachte, es wäre dir lieber, wenn ich zuerst dich fragte. Außerdem gäbe es eine bessere Story, wenn das Geld aus dem Team käme.« Dann behauptete er, dass die Übersicht über Einnahmen und Ausgaben, die ich geschickt hatte, fehlerhaft sei, weil sie eine große Spende von seiner Familie nicht enthalte. »Du hast verschiedene Angaben gemacht (eine finanzielle, die, weil sie einen finanziellen Beitrag meiner Familie von mehr als 17 000 Dollar nicht berücksichtigt, allerdings ähnlich viel Sinn macht, als würde man behaupten, einem Gedächtnis könne man wie auch einem Schiff nur trauen, wenn es leckt).«

Ich las seine Worte langsam, dachte dann ein paar Minuten darüber nach und traf eine Entscheidung. Die 17 000 Dollar, von denen er behauptete, seine Familie habe sie gespendet, waren so fiktiv wie Monopoly-Geld. Es war an der Zeit, die Bande zu jemandem zu lösen, der mir das Leben mit seinen Lügen vergällte. Wir brauchten immer noch Tausende von Dollar, um zurück ins heimatliche Vancouver zu kommen. Für die demnächst folgende Etappe hatten wir noch kein Geld aufgetrieben. Aller Wahrscheinlichkeit nach müsste ich mir über meinen Dispokredit, über Kreditkarten und wer weiß woher noch 50 000 Dollar oder mehr leihen. Ich konnte den Gedanken nicht ertragen, weiter für Tims Reise zu bezahlen, während ich mir gleichzeitig Beschimpfungen von ihm und seiner Familie anhören musste. Die Lösung war einfach. Es wurde Zeit, den großen Schritt zu tun. Ich fing an, eine Antwort zu tippen.

Lieber Tim,
ich habe deine letzte E-Mail gelesen und finde sie erschreckend – mir fragwürdige Buchführung und ein selektives Gedächtnis vorzuwerfen. Und dann fügst du hinzu, dass deine Familie 17 000 Dollar zu dieser Expedition beigesteuert habe. So leid es mir tut, aber das ist zu viel.

Soweit ich informiert bin, sind die folgenden finanziellen Transaktionen (ungefähr) die einzigen zwischen dir und deiner Familie, die man dahingehend deuten könnte, dass sie etwas mit der Expedition zu tun haben:
  – ein Taschencomputer als Geschenk für DICH von Crane
  – eine Digitalkamera als Geschenk von deinem Vater
  – 1500 Dollar von deiner Mutter, von denen du dir eine Kameraausrüstung kaufen solltest
  – 1500 Dollar Weihnachtsgeld von deinem Vater
  – dein Vater hat deine Darlehen konsolidiert – eine Ansammlung von Schulden, darunter geliehenes Geld, das du deiner Mutter schuldest, zur Deckung deiner Lebenshaltungskosten in Mittelamerika, überzogener Kreditkarten und deines Lebensunterhalts in Vancouver. Für diese Schulden musst du nach wie vor aufkommen.

Wie jemand aus alledem eine 17 000-Dollar-Spende machen und mir anschließend fragwürdige Buchführung vorwerfen kann, ist mir zu hoch. Die Abrechnung, die ich per E-Mail geschickt habe, beinhaltet das tatsächliche Bargeld, das der Exedition gespendet wurde, damit sie weitergehen konnte oder um unentbehrliche Expeditionsausrüstung anzuschaffen, die uns BEIDEN ein Vorwärtskommen ermöglichen würde. Sie ist nicht genau, weil ich die Quittungen nicht vorliegen habe, und sie enthält auch nicht alle Auslagen, sondern nur die großen, die ich mir gemerkt habe. Der tatsächlich ausgegebene Geldbetrag liegt im Sechzigtausender-Bereich (wobei Kosten für den Lebensunterhalt oder »Büro«-Kosten der Expedition hier nirgends berücksichtigt sind).

Nachfolgend liste ich die Fakten auf:

1. Fast die Hälfte des Geldes, das erforderlich ist, um diese Expedition voranzubringen, wurde von mir und meiner Familie beigesteuert. Du kannst das alles abstreiten, wenn du willst, aber es ist eine Tatsache. Ich habe Quittungen über jeden gekauften Artikel und für jede in Anspruch genommene Dienstleistung, bevor wir Kanada verließen, sowie Bankbelege über alle Abhebungen entlang der Expeditionsroute.

2. Trotz der Tatsache, dass ich die Hälfte dieser Reise bezahle, bekomme ich von deinem Bruder und deiner Mutter nichts als Zunder. Die folgende Bemerkung von Crane fasst zusammen, wie weit zu sinken er bereit ist: »Ich habe Tim gesagt, dass die Reality-TV-Show ›Survivor‹ bestimmt nicht wegen der Handlung so beliebt ist, sondern wegen der Dramen, die sich zwischen den Leuten abspielen. Es wirft ein trauriges Licht auf die Gesellschaft, dass Menschen davon gefesselt sind, aber so ist die Realität nun einmal, und sie hat Mark Burnett (den Gründer der Show) beinahe zu einem Begriff gemacht. Tim hat eine riesige Anhängerschaft unter den Lesern der *Vancouver Sun*, und ich habe ihm gesagt, dass sie sehr gern etwas darüber lesen würden, dass er seine

Thermoskanne zu Bargeld machen musste, als er hohes Fieber hatte, und dass eine E-Mail an den Organisator der Expedition fünf Tage lang unbeantwortet blieb, während er spürte, wie sein nach Nahrung hungernder Körper allmählich schlapp machte.«

Wir alle können Dinge so interpretieren, wie wir wollen. Deine E-Mail blieb ZWEI Tage lang unbeantwortet (erstaunlich, wie die Wahrheit bei euch allen verdreht wird), weil Julie in Ontario im Urlaub war und ich mich durch dichtes Schneegestöber schleppte, Wochen davon entfernt, an einem Computer zu sitzen.

3. Tim, was du mit deiner Behauptung, deine Familie habe 17 000 Dollar zu der Expedition beigesteuert, vorbringst, ist reine Erfindung. Hättest du behauptet, der Wert deiner Geschenke betrage ungefähr 4000 Dollar, schön, das ist eine Sache. Aber mit 17 000 Dollar anzukommen ist lächerlich. Was ist mit den restlichen geheimnisvollen 13 000 Dollar passiert? Es überrascht mich, dass du die nicht angegriffen hast, um deiner augenblicklichen Ebbe in der Kasse abzuhelfen.

4. Bislang haben wir absolut keine Geldmittel für die zweite Expedition von Moskau nach Vancouver aufgetrieben. Nicht einen Penny. Ich veranschlage die Kosten für diese Etappe grob gerechnet auf 50 000 Dollar. Schon um das Boot zu verfrachten, um erste Ausrüstungsgegenstände zu kaufen etc., ist Geld erforderlich, und ich werde dafür ein Darlehen aufnehmen müssen. Je nachdem, wie viel Geld eventuell durch Sponsoren aufgetrieben wird, muss ich mir vielleicht bis zu 50 000 Dollar leihen.

So leid es mir tut, aber das Maß ist voll. Ich ertrage diesen Mist nicht länger. Du, deine Mutter und dein Bruder, ihr könnt weiter in euren Wahnvorstellungen leben, aber ich will nichts mehr damit zu tun haben. Ich werde mir nicht riesige Summen leihen, die für DICH ausgegeben werden sollen, und mich als Arsch und egoistisch bezeichnen und mich mit märchenhaften Spenden überhäufen lassen. Das ist Schwachsinn.

Tim, ich möchte deine Beiträge zu dieser Expedition nicht schmälern. Du bist stark und talentiert, und zusammen haben wir einander geholfen auf unserem Weg nach Moskau. Ich habe nicht die Absicht, vorwärtszustürmen und den Ruhm zu stehlen. Aber von Moskau aus werde ich allein weiterreisen. Bislang waren unsere Anstrengungen fast ausschließlich auf Vancouver – Moskau gerichtet, und für die Etappe von Moskau nach Vancouver wurde weder viel getan noch wurden Geldmittel dafür aufgetrieben. Selbst der Vertrag für das Satellitentelefon läuft in Kürze aus.

Wir haben beide die gleichen Ausgangsvoraussetzungen, um es von Moskau zurück nach Vancouver zu schaffen. Nichts hält dich davon ab, allein weiterzureisen, und ich werde vor Vancouver auf dich warten, falls du es über den Atlantik schaffst, bevor die diesjährige Hurrikansaison beginnt und bevor Jason Lewis seine Umrundung beendet. Ich möchte dich bitten, das Gleiche zu tun, solltest du vorn liegen.

Um der Hurrikansaison zuvorzukommen, ist Geschwindigkeit entscheidend, deshalb werde ich mich in ein paar Tagen von Irkutsk aus wieder auf den Weg machen. Ich werde Moskau umgehen und weiter in Richtung Portugal fahren. Bitte, halte mich über dein Vorwärtskommen auf dem Laufenden; ich werde dann mit öffentlichen Verkehrsmitteln zurückkommen, damit wir unsere Reise mit einer Fahrt auf den Roten Platz gemeinsam zu Ende bringen können.

Ich werde Julie bitten, Juljas Gehalt für die letzten zwei Monate anzuweisen. Wenn du ihre Dienste noch länger benötigst, wirst du die Rechnung selbst bezahlen müssen. Dieses Geld müsste dir bis Tschita reichen, wo du Zugang zu einem Geldautomaten haben wirst.

Es tut mir leid, dass es so weit gekommen ist. Es wäre so viel leichter gewesen, diese zweite Etappe zusammen zu bewältigen, statt unsere Anstrengungen zu teilen. Deine

Stärken und Talente waren ein gewaltiger Aktivposten auf der Expedition von Moskau nach Vancouver. Aber meine Bereitschaft, Mist zu ertragen, hat eine Grenze.

Wenn Rabauken die Fäuste heben, ziehe ich es vor, das Feld zu räumen.

Schaschliwa,

Colin

Ich drückte auf »Senden« und lehnte mich auf meinem Stuhl zurück. Das war's. Wie ein Ehegatte, der sich von einer zerrütteten Beziehung losreißt, freute ich mich plötzlich darauf, Pläne für eine neue Realität zu schmieden. Ich würde solo nach Moskau weiterfahren. Dort hoffte ich einen neuen Reisepartner finden zu können. Ich vermutete, dass Julie möglicherweise interessiert war, nachdem sie gerade ihre eigene Expeditionspartnerin verloren hatte.

Am nächsten Tag hatte man endgültig das Gefühl, dass der Frühling da war. Die Temperaturen lagen zwischen 17 und 19 Grad Celsius, und die Russen legten ihre Pelzmützen und die dicke Kleidung ab. Ich fuhr mit dem Fahrrad zwölf Kilometer zum Haus von Juljas Mutter. Es dauerte fast vier Stunden, um den Wohnblock in einem fernen Vorort zu finden. Ich stieg die Betontreppe zur vierten Etage hoch und suchte nach Wohnung 141. Neben einer großen braunen Tür in der Nähe des Treppenhausschachtes standen die Nummern 141 und 142; die 142 war fein säuberlich mit Filzstift geschrieben, während die Zahl 141 mit einem stumpfen Gegenstand in die Mauer gekratzt worden war. Ich fragte mich, ob Julja diese Nummern dorthin geschrieben hatte. Beide Wohnungen hatten denselben Eingangskorridor, dessen Tür verschlossen war. An der Türklingel von Juljas Mutter hingen Drähte heraus, deshalb schellte ich bei 142, der Nachbarwohnung.

Eine blonde Frau Anfang vierzig mit Lockenwicklern kam an die Tür. In meinem gebrochenen Russisch und auf die kaputte Türklingel weisend, fragte ich, ob sie Natalia Fedschenko holen könne. Die Frau informierte mich, dass Natalia auf der Arbeit sei. Wenn ich am folgenden Abend wiederkäme, sei sie sicher zu Hause.

Enttäuscht über meine erfolglose Mission radelte ich zu meinem Hotel zurück. Ausrüstung im Wert von fast 9000 Dollar lagerte bei Juljas Mutter, darunter meine Sommersachen, Kamerafilm, ein iPod, der Fahrradanhänger, um meine Sachen durch den Rest Eurasiens zu schleppen, Fahrradwerkzeug und Schläuche sowie die PD170-Videokamera. Ebenso wichtig waren zwei Pakete, die Julie mir geschickt hatte. Ich sehnte mich danach, die Briefe zu lesen, die sie sicher dazugelegt hatte.

Am nächsten Tag suchte ich Trial Sports auf, ein Spezialgeschäft für Fahrräder. Meines hatte eine neue Antriebskette und ein paar kleinere Reparaturen nötig. Der Mechaniker erledigte die Arbeit in anderthalb Stunden, und ich konnte ein paar andere Dinge auftreiben, die ich benötigte: eine Fahrradpumpe, einen Sommerschlafsack, neue Pedale und eine Wasserflasche. Als ich die Rechnung bezahlen wollte, schüttelte der Geschäftsführer den Kopf.

»Wir sind stolz auf das, was Sie machen«, sagte er. »Es kostet Sie nichts.«

Mit einem nahezu neuen Fahrrad fuhr ich zurück zum Internetcafé. Eine Stimme unterbrach meine Gedanken.

»Ist das Ihr Fahrrad?«, fragte ein Mann Ende zwanzig mit amerikanischem Akzent.

»Ja«, sagte ich.

»Ich habe gerade Ihre Axiom-Gepäckträger aus rostfreiem Stahl bewundert«, sagte er. »Ich will hier in der Gegend ein paar Radtouren unternehmen, aber man kriegt nirgends in der Stadt Gepäckträger.«

Dave Chebalin aus Neuengland lebte in Irkutsk, wo er an der Universität Russisch studierte. Es sei eine großartige Möglichkeit, eine Fremdsprache zu lernen, erklärte er, bei geringen Kosten. Studiengebühren und Unterbringung für das Jahr beliefen sich auf knapp über 1000 Dollar.

Dave, ein Freiluftfanatiker, hatte seine wahre Freude an den Na-

turschönheiten rings um Irkutsk. Im Winter fuhr er auf Langlauf-
skiern quer über das Eis des Baikalsees; im Sommer kurvte er mit
seinem Mountainbike durch die Berge. Weil Dave daran interessiert war, mehr über meine Langstreckentouren mit dem Rad zu
erfahren, verabredeten wir uns für den folgenden Tag auf einen
Kaffee.

An diesem Abend unternahm ich nochmals die lange Fahrt zur
Wohnung von Juljas Mutter. Wieder klingelte ich bei der Nachbarin. Ihre freundliche Art war diesmal verschwunden, und ihr Blick
wich meinem aus.

»Natalia ist nicht da heute Abend.«

»Wann, glauben Sie, wird sie zurückkommen?«, fragte ich. »Ich
kann warten.«

»Sie arbeitet sehr, sehr lange.«

Zwei andere Türen öffneten sich. Frauen starrten aus abgedun-
kelten Wohnungen.

»Weiß irgendjemand, wann Natalia da sein wird?«, fragte ich.

Blicke schossen hin und her. Achseln zuckten. Ich wusste nicht
mehr weiter. Natalia hatte kein Telefon, und ich brauchte unbedingt die Ausrüstung, um meine Reise fortsetzen zu können. Die
Frau wollte gerade die Tür schließen, als ein Mann mit einem Fed-
Ex-Paket in Händen die Treppe hochkam.

»Ist Natalia Fedschenko da?«, erkundigte er sich.

Ich starrte auf das Paket und sah, dass es von Iridium war. Ich
wusste, dass es die Antenne für das Satellitentelefon und Batterien
enthielt. Julie hatte mir in einer E-Mail mitgeteilt, dass sie Stunden
am Telefon verbracht und sich mit FedEx und dem russischen Zoll
wegen der Freigabe der Antenne herumgeschlagen habe. Außerdem hatte sie mit ihrer Kreditkarte einen unverschämten Zoll bezahlen müssen.

Ich zeigte auf das Paket und wünschte mir mehr denn je, ich
könnte besser Russisch sprechen: »Meins. Meins.«

Der Mann schüttelte verständnisvoll den Kopf. Natalia müsse es
in Empfang nehmen. Laut Auskunft ihrer Nachbarin war sie nicht
zu Hause.

Das Satellitentelefon und die Antenne waren wichtiger als alles andere zusammen. Ich hätte die Möglichkeit, unterwegs wieder Julias Stimme zu hören, und wir könnten unsere Kommunikation mit dem Schulbezirk 51 fortsetzen. Ich überlegte, ob ich mir das Paket schnappen und rennen sollte, so schnell ich konnte. Doch ich hatte keine Lust, in einem sibirischen Gefängnis zu schmoren.

Ich fuhr im Dunkeln nach Hause und entwickelte einen neuen Plan. Möglich, dass ich es mir nur einbildete, aber Juljas Mutter schien mir aus dem Weg zu gehen. Hatte jemand sie angewiesen, meine Ausrüstung nicht herauszugeben? Da sie kein Telefon hatte, blieb mir nichts anderes übrig, als immer wieder zu ihrer Wohnung zurückzukehren, eine Zweistundenfahrt mit dem Fahrrad. Vielleicht konnte ich bei seinen Russischkenntnissen meinen neuen Freund Dave dazu überreden, für mich zu übersetzen.

Julie und ich hatten wegen der Schwierigkeit und der Kosten von Ferngesprächen bislang fast ausschließlich per E-Mail miteinander kommuniziert. Ich ließ ein paar Zeilen los, um sie zu bitten, das Iridium-Paket möglichst noch zu meinem Hotel umzuleiten, bevor es im schwarzen Loch von Natalias Wohnung verschwand. Wenn ich bloß diese Antenne bekäme, wäre ich schon zufrieden.

Am nächsten Morgen erhielt ich eine gute Nachricht von Julie. Sie hatte sich mit FedEx in Verbindung gesetzt, und das Paket müsste nun zu meinem Hotel geliefert werden. Erleichtert atmete ich auf.

Dann traf, während ich noch am Computer saß, eine Nachricht von Tim in meinem Posteingang ein. Es war eine dreiseitige Antwort auf meinen Entschluss, unsere Partnerschaft zu beenden. Tim schrieb, er sei der Ansicht, dass ich einen großen Fehler mache, der auf Missverständnissen beruhe. Den rätselhaften 17 000-Dollar-Beitrag rechtfertigte er mit der folgenden Erklärung: »Es ist lächerlich, über Buchführung zu streiten; vielleicht wirst du sagen, dass die edle 15 000-Dollar-Tat meiner Mutter kein gültiger Beitrag sei, weil ich der Bank das Geld eines Tages zurückzahle. Aber es ist meine Sache, ob und wann ich es der Bank zurückzahle, und Tatsache ist, dass das Bargeld zu mir gelangte – und folglich zu uns, da wir uns zusammentaten und unsere Expeditionsvorbereitungen starten mussten –, sodass ich plötzlich über mehrere Monate auf 15 000 Dollar zugreifen konnte und das auch tat – auf jeden Cent – und so alles ermöglicht habe.«

Das war es also. Mami lieh ihm Geld für seinen extravaganten Lebensstil in Vancouver, damit Tim darum herumkam, abends zu kellnern. Dieses Darlehen hatte sich in seinem Kopf in eine Spende verwandelt, die in das Budget für die Durchführung der Expedition hätte aufgenommen werden müssen. Seine Argumente trugen ganz sicher nicht dazu bei, mich zu veranlassen, meine Haltung zu ändern.

Dave kam in das Internetcafé, und wir fuhren zu meinem Hotel zurück, um etwas zu essen und einen Kaffee zu trinken. Das FedEx-Paket war noch nicht eingetroffen, und der Arbeitstag war fast vorüber. Ich war beunruhigt. Dave willigte ein, sich mir bei einem weiteren Versuch, Juljas Mutter aufzuspüren, anzuschließen. Die Hausverwalterin hielt uns an der Eingangstür des Gebäudes an.

»Wir suchen Natalia Fedschenko«, sagte Dave in fließendem Russisch.

Die dicke Frau schüttelte den Kopf. »Natalia ist für mehrere Wochen weg. Sie ist auf einem Arbeitsurlaub in Krasnojarsk.«

Dave redete auf sie ein und versuchte herauszufinden, ob sie die Wahrheit sagte, während ich die Treppe hochtrabte. Die Frau schrie mir nach, ich solle stehen bleiben, und trottete mir dann schwerfällig hinterher. Ich schellte diesmal gar nicht erst bei der Nachbarin und hämmerte stattdessen gegen die schwere Holztür, die in den Korridor führte, der die Wohnungen trennte.

Eine dünne, heisere Stimme schrie: »Wer ist da?«

»Colin.«

Schweigen.

Schließlich kam die Hausverwalterin an und scheuchte mich die Treppe hinunter.

»Sie sagt, niemand ist zu Hause«, übersetzte Dave.

Mir war schlecht. Ich würde meine Ausrüstung nie zurückbekommen. Gott sei Dank war die Telefonantenne umgeleitet worden. Ich überlegte, zur Polizei zu gehen, aber ich wusste, das würde nicht viel bringen. Ich war in einem fremden Land und sprach die Sprache nicht. Jedenfalls musste ich los. Dave gab der Verwalterin des Wohnblocks seine Handynummer und fragte, ob Natalia ihn anrufen könne, wenn sie nach Hause komme.

Ich hatte gehofft, am nächsten Tag aufbrechen zu können, aber die Möglichkeit war nun verbaut. Ich wartete immer noch auf die Telefonantenne, und ich musste jetzt ein paar elementare Ausrüstungsgegenstände kaufen, um zu ersetzen, was sich in der Wohnung von Juljas Mutter befand.

Wegen der Telefonantenne beschloss ich, den rätselhaften FedEx-Vertreter für Irkutsk aufzuspüren, einen Mann, über den die Muttergesellschaft keinerlei Informationen besaß. Ich verbrachte vier Stunden damit, durch die Stadt zu marschieren, um das UPS-Büro ausfindig zu machen, da ich hoffte, dass man mir dort helfen könnte, das Konkurrenzunternehmen zu finden. Ein junger Mann, der Englisch sprach, holte einige Erkundigungen für mich ein.

»Das Paket wurde zugestellt«, sagte er schließlich, den Telefonhörer ans Ohr gepresst.

»Wohin?«, fragte ich.

»Natalia Fedschenko hat gestern Abend um 19 Uhr 30 dafür unterschrieben.«

Ich war verzweifelt. Das Paket war zehn Minuten, nachdem Dave und ich das Gebäude verlassen hatten, angekommen. Jetzt war es weg, und ich konnte nichts machen.

Dave bot an, weiter zu versuchen, die Ausrüstung zurückzuholen. Er versprach, sie im Erfolgsfall nach Moskau zu senden. Er bot auch eine Lösung dafür an, wie die Videokassetten und der Kamerafilm, die ich in meinen Satteltaschen durch das halbe Land geschleppt hatte, nach Hause geschickt werden könnten. Ich hatte mehrmals versucht, sie per Post oder Kurier nach Kanada zu schicken, war aber jedes Mal darauf hingewiesen worden, dass solches Material das Land nicht verlassen dürfe. Ich war ständig in Sorge, weil ich so wertvolles Filmmaterial durch ein Land transportierte, das berühmt war für seine Kriminalität. Wenn das Filmmaterial zerstört würde oder verloren ginge, wäre unsere gesamte Dokumentation zunichtegemacht.

Dave hatte einen deutschen Freund an der Universität, dessen Eltern zu Besuch kamen. Es waren zuverlässige Leute, von denen er sicher war, dass sie die Kassetten in ihren Koffern zurück nach Deutschland schmuggeln und anschließend per Kurier nach Kanada schicken könnten. Es klang riskant. Doch die Alternative – weiter damit durchs Land zu radeln – war noch gefährlicher. Ich hatte eine Geschichte über einen Radfahrer gehört, dem außerhalb Moskaus alles gestohlen worden war.

Ich übergab Dave die Kassetten.

Am nächsten Vormittag, dem 21. Mai, verließ ich in niedergedrückter Stimmung Irkutsk. Tim hatte jetzt meine beiden Videokameras, sodass ich keine Möglichkeit hatte, die kommenden Stationen meiner Reise zu filmen. In Ermangelung neuer Sachen trug ich meine verschmutzte und zerrissene Winterkleidung. Mein gebrochener, mit Bindedraht und Klebeband zusammengehaltener Satteltaschenträger würde seine Last weiter tragen müssen. In einer der Satteltaschen schleppte ich weiter das Satellitentelefon mit, obwohl es jetzt nur totes Gewicht war.

Ich hielt ein letztes Mal an der Wohnung von Juljas Mutter. Die Hausverwalterin fing mich an der Eingangstür ab und behauptete wieder steif und fest, Natalia sei noch im Urlaub.

Ich starrte ihr in die Augen. »Ich glaube Ihnen nicht«, sagte ich.

Mein Russisch war katastrophal, deshalb zeigte ich hinter sie auf die Wohnung. »Natalia«, wiederholte ich.

Die dicke Frau zuckte die Achseln und ging in das Gebäude zurück. Es war an der Zeit, Irkutsk zu verlassen und mich nach meinen hiesigen Rückschlägen wieder auf den Weg zu machen.

Wochen später würde Dave schreiben, um zu erklären, dass seine Bemühungen, meine Ausrüstung herauszubekommen, vergeblich gewesen seien. Natalia hatte ihn endlich angerufen, sich für ihr Verhalten entschuldigt und gesagt, ihr sei von Tim und Julja befohlen worden, nichts von meiner Ausrüstung herauszugeben.

Ich hatte befürchtet, dass Tim rachsüchtige Schritte unternehmen würde. Eine Woche später fand ich heraus, dass ich recht hatte. In seinem nächsten Artikel in der *Vancouver Sun* schien er auf den Rat seines Bruders gehört und unsere Expedition in eine Folge der *Jerry Springer Show* verwandelt zu haben. »Auf einer Expedition ist das Wohlergehen des Partners genauso wichtig wie das eigene … eine Partnerschaft geht über reine Zweckmäßigkeit hinaus, für sie gilt ein unumstößlicher Kodex«, schrieb er. »Hatte Colin Angus gegen den Kodex verstoßen?«

Sogar meine eigenen Worte verdrehte er, bis ich sie nicht mehr wiedererkannte: »Aber was das Geld betrifft, so schrieb er [Colin], es sei besser, wenn ich meine Familie fragte – schließlich müsse sie noch etwas beisteuern.« Ich wusste, das war nicht das, was ich geäußert hatte – weil ich unsere gesamte E-Mail-Korrespondenz aufbewahrt hatte.

Ich hatte mich von Tim verabschiedet. Ich hatte gehofft, ihn aus meinem Leben und meinen Gedanken zu verbannen. Während der folgenden Monate sollte ich feststellen, dass das Zurückhalten meiner Ausrüstung und die persönliche Diffamierung nur der Anfang von Tims Rachefeldzug gewesen waren. Er war der Meinung, dass ihm durch mich Unrecht geschehen sei.

11 Sibirisches Selbstgespräch

Eine strahlende Sonne wärmte mich, während ich Irkutsk hinter mir ließ. Ich fuhr über eine vierspurige, geteilte Schnellstraße, der ersten seit dem Coquihalla Highway drüben in Kanada vor fast einem Jahr. Ich wusste, dass der Zustand der hiesigen Straßen sich bald verschlechtern würde. Doch im Moment hatte ich das Gefühl, als hätte ich die Härten Sibiriens hinter mich gebracht. Es sah so aus, als läge Europa möglicherweise gleich hinter der nächsten Kurve.

Dabei war Moskau noch immer sage und schreibe 5400 Kilometer entfernt, aber die Aussicht, in Russlands Hauptstadt wieder mit Julie vereint zu sein, beflügelte meine Stimmung und meine Beine. Ich hatte ihr eine E-Mail geschickt und sie gefragt, ob sie Lust habe, sich der Expedition von Moskau zurück nach Kanada anzuschließen. Es erschien beinahe wie eine glückliche Fügung, dass unsere beiden Expeditionen gleichzeitig scheiterten, und uns zusammenzutun schien eine nahe liegende Lösung zu sein. Julie schrieb sofort zurück und war bereit. Es war ein gewaltiges Unternehmen – eine Radtour durch zwei Kontinente und 10 000 Kilometer im Ruderboot quer über den Atlantischen Ozean. Nur wenige Menschen wären in der Lage, die mentalen und körperlichen Anforderungen einer solchen Reise zu bewältigen. Aber ich war davon überzeugt, wenn es überhaupt irgendjemand schaffte, dann meine zukünftige Ehefrau.

Während ich über den glatten Asphalt radelte, dachte ich über die letzten paar Wochen nach. Ich war zuversichtlich, mit der Auswechslung der Expeditionspartner die richtige Entscheidung getroffen zu haben. Die Eigenschaften, die ich an Julie liebte, waren ihre Entschlossenheit, ihre Robustheit und die Fähigkeit, Probleme auf vernünftige und intelligente Art zu lösen. Diese Stärken würden uns helfen, um den halben Planeten zu reisen. Außerdem haben wir eine Beziehung frei von Eifersucht und Konkurrenzdenken; jeder von uns möchte, dass der andere in allen Situationen erfolgreich ist. Für den Fortbestand jedes Teams, ganz zu schweigen von seinem Erfolg, sind diese beiden Charakterzüge unabdingbar.

Die Außenbezirke von Irkutsk verschwanden, und kurz darauf säumte borealer Nadelwald, unterbrochen von kleinen Industriestädten und Dörfern, die Straße, die dem breiten Angara-Tal folgte. Die Berge im Süden lagen außer Sichtweite hinter dem Horizont.

An einem *kwas*-Kiosk löschte ich meinen Durst. Diese Getränkestände findet man normalerweise in oder in der Nähe von städtischen Zentren. Auf einem Anhänger thront eine gelbe Metalltonne wie ein Benzinfass oder ein Behälter für gefährliche Chemikalien. Doch in Wirklichkeit enthält die Tonne *kwas*, ein herrlich erfrischendes Getränk, das auf der Reise schnell mein Lieblingsgetränk geworden war. Hergestellt aus vergorenem Roggen sowie Malz und Wasser, schmeckt *kwas* etwa so wie ein süßes, alkoholfreies Bier. Die Russen behaupten, er sei gut für die Gesundheit und fördere die Verdauung.

Für zehn Rubel reichte die Babuschka mir einen Halbliterbecher von dem nahrhaften Stoff. Bei meinem letzten Russland-Aufenthalt hatten alle *kwas*-Verkäufer das Getränk in wiederverwendbaren Glasbechern ausgeschenkt. Doch seitdem das Konsumdenken im ganzen Land Einzug gehalten hatte, wurde *kwas* in Einwegbehältern aus Plastik verkauft, die nun überall auf den Seitenstreifen der Straße herumliegen.

Wieder unterwegs, kehrten meine Gedanken zu den nächsten Schritten zurück, die notwendig waren, um zurück nach Vancouver zu kommen. Julie und ich müssten weitere Geldmittel auftreiben, ein Ozeanruderboot kaufen und es seetüchtig machen sowie die logistischen Probleme der restlichen 20 000 Fahrradkilometer über Land lösen. Es war, gelinde gesagt, entmutigend. Wie konnte ich all diese organisatorischen Dinge von unterwegs bewältigen, wenn ich erschöpft war und mir nur begrenzte Kommunikationsmöglichkeiten mit der Welt jenseits meines Fahrrads zur Verfügung standen? Unterwegs an den Überlandstraßen Internet-Verbindungen zu finden war praktisch unmöglich. Die Benutzung öffentlicher Fernsprecher war eine extrem komplizierte, kostspielige und oftmals frustrierende Angelegenheit. Ich vertraute darauf, dass Julie sich um die meisten Angelegenheiten kümmern konnte, während ich mich darauf konzentrierte, die Strecke nach Moskau zu bewältigen; andernfalls wäre unsere Atlantiküberquerung gefährdet. Wenn wir nicht innerhalb der nächsten vier Monate mit unserem Ruderboot von Portugal aus in See stachen, liefen wir Gefahr, in die stürmische Jahreszeit vor der europäischen Küste zu geraten. In der Zwischenzeit lagen noch 11 000 Kilometer Straße zwischen mir und der Hafenstadt Lissabon.

Die Sonne brannte mir im Nacken, und ich flitzte mit gleichbleibenden 18 Kilometern in der Stunde über den Asphalt. Gelegentlich wurden meine Sorgen wegen der Expedition von Russen unterbrochen, die mit ihren Autos anhielten, um mir Geschenke in Form von Schokoriegeln oder Obst zuzustecken und mich um ein schnelles Foto zu bitten. Sie gaben mir jedes Mal ihre Adresse und behaupteten fest, dass mich ein Heim erwarte, sollte ich jemals durch ihre Stadt kommen. Die Großzügigkeit, der ich in diesem dünn besiedelten Land begegnete, wirkte Wunder bei der Heilung meiner angespannten Nerven. In den Straßenrestaurants versammelten sich Stammgäste und Besitzer, um meine Geschichten vom Radfahren in ihrem Land zu hören. Oft schlang ich Mahlzeiten aus Grillhähnchen, Buchweizen, Salat und Tee hinunter, um anschließend zu erfahren, dass alles aufs Haus gehe.

Die Landschaft wurde flacher, und die Tage rauschten mit verschwommenen Bildern der Taiga und vereinzelter Siedlungen vorbei. Zweihundert Kilometer noch im Bau befindlicher Straße erwiesen sich als Quälerei, aber der Rest war ordentlich asphaltiert. Ich hatte nie Gelegenheit gehabt, mir die meteorologischen Aufzeichnungen für diesen Teil Sibiriens genauer anzusehen. Wegen der Flachheit des Geländes und der Entfernung zu irgendwelchen

Meeren oder größeren Gewässern hatte ich mir eingebildet, dass das Klima trocken sei. Ich hatte mich geirrt. Zwei Tage nach der Abfahrt aus Irkutsk regnete es in Strömen. Das Wasser sickerte durch mein Regenzeug und überflutete das Land um mich herum. Begleitet wurden diese Sturzbäche stets von starken Westwinden, die streckenweise Geschwindigkeiten von 60 Stundenkilometern erreichten. Dreimal blies der Wind so stark, dass ich absteigen und mein Fahrrad schieben musste. In den Straßenrestaurants machte ich lange Pausen von dem Wetter und versuchte die schauderhaften Bedingungen draußen zu vergessen.

Krasnojarsk, eine triste Industriestadt, 800 Kilometer von Irkutsk entfernt, liegt am Kleinen Jenissei, einem der beiden Quellflüsse des eigentlichen Jenissei. Mit knapp einer Million Einwohnern ist Krasnojarsk die drittgrößte Stadt Sibiriens. Zu Sowjetzeiten war es eine geschlossene Stadt, denn in der Nähe liegen mehrere unterirdische Uranverarbeitungsanlagen. Heute gehören Aluminiumherstellung und Forstwirtschaft zu den Pfeilern ihrer pulsierenden Wirtschaft. Die Lage der Stadt an der Kreuzung des schiffbaren Jenissei mit der Transsibirischen Eisenbahn ermöglicht den kostengünstigen Transport der gewonnenen Bodenschätze.

Ursprünglich hatte ich vorgehabt, einen Ruhetag in Krasnojarsk einzulegen. Doch als ich mich jetzt der grauen Skyline der Stadt näherte, deren Bauten sich vor dem Horizont gruppierten wie eine bedrohliche Reihe ausgeschlagener Zähne, veranlassten Erinnerungen an einen früheren Besuch in der Stadt mich, mir selbst einen so kurzen Aufenthalt noch einmal zu überlegen.

Im September 2001 hatte ich die erste Fahrt den Jenissei flussabwärts beendet und mich nahe der Flussmündung, in Dudinka, von meinen Expeditionsgefährten verabschiedet. Von Dudinka flog ich mit Air Krasnojarsk in die Mutterstadt der Fluglinie. In Krasnojarsk wollte ich auf den Zug nach Beijing warten und von dort aus endlich zurück nach Kanada fliegen. Der Zug fuhr erst am nächsten Vormittag, sodass ich, um Geld zu sparen, beschloss, die Nacht lieber im Bahnhof zu verbringen, als mir ein Hotelzimmer zu nehmen, das ich doch nicht für lange bräuchte. Wie überall in Russland war auch der Bahnhof von Krasnojarsk ein großartiges Stück Architektur.

Außerdem war er ein Ort, wo obdachlose Menschen, angelockt von seinem komfortablen Prunk, einen Stuhl oder eine Bank aus Stahl in ein Bett für die Nacht umfunktionieren konnten. In Russland fallen die Obdachlosen weniger auf als in den Straßen Nordamerikas oder Westeuropas. Doch die, die es tatsächlich gibt, sind wahrhaft verzweifelt, da es in dem postkommunistischen Staat nur wenige Suppenküchen und fast gar keine Sozialhilfe gibt.

Ein dünner Mann Mitte vierzig setzte sich neben mich und stellte einen Seesack zwischen den Füßen ab. Zuerst dachte ich, er warte auf einen Zug, da er mit Wollpullover und Tweedhose gut gekleidet war. Doch sein etwas ungepflegtes Äußeres – ein Dreitagebart und zerzauste, fettige Haare – ließ darauf schließen, dass er möglicherweise schon länger von zu Hause fort war als bloß ein paar Tage mit dem Zug.

»Sind Sie aus Amerika?«, fragte er in gutem Englisch.

»Nordamerika. Ich bin Kanadier«, erwiderte ich.

»Ich heiße Anatoli«, sagte er und streckte eine Hand aus. »Ich bin aus Krasnojarsk, und weiter als bis hierher bin ich noch nie verreist.«

Anatoli tippte sich an den Kopf und erklärte, dass er davon geträumt habe, Afrika und die Vereinigten Staaten zu erkunden. Aber zu Sowjetzeiten sei es aus politischen Gründen unmöglich gewesen, ins Ausland zu reisen. Und heute sei es die Armut, die ihn am Reisen hindere.

Er erzählte mir, dass er wegen einer Auseinandersetzung mit seinen Vorgesetzten seine Stelle als Lehrer an einer Oberschule verloren habe. Dann habe seine Frau ihn rausgeworfen, und seine Familie, mit der er in eine lange schwelende Fehde verwickelt gewesen sei, weigere sich, ihn wieder aufzunehmen. Weil er keine andere Arbeit finden könne, lebe er jetzt auf dem Bahnhof, und er mache alles, was er könne, um zu überleben.

»Das Leben ist nicht mehr so leicht«, sinnierte Anatoli bedrückt. »Früher drehten sich meine Träume um Entdeckungsreisen. Heute sehne ich mich bloß nach den elementaren Bequemlichkeiten meines eigenen Zuhauses und nach genug zu essen.«

Er erklärte unverblümt, dass seine Haupteinnahmequelle die Ermordung von Leuten im Auftrag der russischen Mafia sei. Man nannte ihm jedes Mal einen Namen und eine Adresse, gab ihm ein Foto und 100 Dollar. Dann erlosch binnen weniger Tage ein Menschenleben. Mein Bahnhofsgenosse zeigte keine Reue. Er musste tun, was zum Überleben notwendig war.

Vielleicht log er auch, um mich zu beeindrucken oder mir Angst zu machen. Trotzdem, der Typ kaltblütiger Mörder, den er beschrieb, ist ein echter Bestandteil des neuen Russland. Der schnelle Mord ist immer vorgekommen in der bewegten Geschichte der Nation; die sibirischen Lager des Gulag und ihre skrupellosen Herrscher sind ersetzt worden durch angeheuerte Killer, welche die Tat am helllichten Tage aus nächster Nähe begehen. In den russischen Tageszeitungen ist kaum genug Platz, um die zahlreichen Auftragsmorde an einflussreichen oder wohlhabenden Leuten aufzuführen, ganz zu schweigen von den namenlosen Handlangern, die von rivalisierenden Bossen des organisierten Verbrechens bei Schachzügen frei nach dem Prinzip »Auge um Auge, Zahn um Zahn« niedergeschossen werden.

Das Problem existiert landesweit, aber Krasnojarsk ist besonders bekannt für sein von der Mafia kontrolliertes Geschäftsleben. Meine Unterhaltung mit dem Mann auf dem Bahnhof ließ diese kriminelle Unterwelt nur umso realer erscheinen.

Während ich mich der riesigen Stadt mit ihren rauchenden Schloten, Verladekais, Güterzug-Terminals und Ansammlungen von Wohnblocks näherte, beschloss ich, mir diesen Abstecher zu schenken. Stattdessen radelte ich durch das Straßenlabyrinth auf die Außenbezirke der Stadt zu.

Wegen der Mafia machte ich mir keine Sorgen. Sie hätte wenig Interesse daran, die verschmutzte Ausrüstung eines Langstreckenradfahrers zu stehlen. Aber ich hatte durchaus Angst, in einer Stadt nicht auf der Hut zu sein, in der ein Menschenleben mit 100 Dollar veranschlagt wird. So viel Geld hatte ich allein in meinem Geldbeutel. Die kalten Blicke, die mich aus dunklen Gassen beobachteten, als ich vorbeifuhr, wussten das wahrscheinlich auch.

Die Stadt erstreckte sich kilometerweit. Als die Dunkelheit sich herabsenkte, befand ich mich immer noch innerhalb der schäbigen Grenzen von Krasnojarsk. Die Architektur bestand jetzt ausschließlich aus den achtstöckigen Betonwohnblocks, die an ein Versorgungssystem aus gewaltigen, überirdisch verlaufenden Rohrleitungen angeschlossen waren. Ich bog auf ein großes Freigelände mit hohem Gras, mäandernden Röhren und Abfällen ein. Ich war erschöpft und musste irgendwo mein Lager aufschlagen, egal wo. Aber dann bemerkte ich eine Gruppe von Leuten, die nicht allzu weit weg um ein Feuer kauerten, und deshalb beschloss ich weiterzufahren. Ein paar Kilometer weiter fand ich ein Stück Land, auf dem Bewohner nahe gelegener Blocks Gemüse anbauten. Hier errichtete ich mein Zelt hinter einer vier Meter hohen Stahlröhre, die das Heizungswasser der Stadt beförderte, unschwer zu erkennen an der mehrschichtigen isolierenden Hülle. Relativ gut versteckt machte ich mir schnell etwas zu essen und schlief ein.

Als die ersten Sonnenstrahlen schräg durch die Lücken zwischen den nahe gelegenen Wohnblocks einfielen, brach ich mein Lager ab. Ebenso wie in Irkutsk war die Straße auch unmittelbar außerhalb von Krasnojarsk in ausgezeichnetem Zustand, und ich kam auf einer vierspurigen Schnellstraße zügig voran. Als ich eine Unterführung passierte, hörte ich von oben wilden Radau. Da ich immer auf der Hut bin vor Rowdys, die Felsbrocken oder Schlackensteine auf den fließenden Verkehr werfen, blickte ich kurz nach oben, als ich aus der Deckung der Unterführung auftauchte, darauf gefasst, etwaigen schnell fallenden Geschossen auszuweichen. Aber mit dem, was ich tatsächlich sah, hatte ich nicht gerechnet.

Zwei schlanke Männer in Anzügen, von denen jeder ein Handgelenk festhielt, ließen einen dritten Mann – mit schütterem Haar, füllig, nicht annähernd so gut gekleidet – über die Brüstung der 15 Meter hohen Unterführung baumeln. Das Opfer gab die grauenhaftesten schluchzenden, kreischenden Geräusche von sich – wie ein in einer Falle gefangenes Tier –, während es sich vergeblich wand. Uns beiden schien klar zu sein, welches Schicksal seine beiden Widersacher ihm zugedacht hatten. Ich fuhr langsam, unsicher, was zu tun sei, unsicher, was *ich* tun konnte. Mir war schlecht. Ich konnte nicht glauben, dass ich gerade Zeuge der letzten verzweifelten Momente dieses Mannes wurde, bevor er mit einem Klatschen vor einem entgegenkommenden Auto landete.

Schließlich zogen die beiden Männer ihr verängstigtes Opfer von dem Abgrund zurück und warfen es unsanft auf den Rücksitz eines glänzenden Wagens. Dann fuhren sie schnell davon. Ich überlegte, zur Polizei zu gehen, aber ich wusste, es wäre vergebene Liebesmüh. Ich konnte keinen der beiden oder auch nur das Auto genau beschreiben. Und wahrscheinlich würde niemand ein Wort Englisch sprechen. Ich konnte nur hoffen, dass die Strolche ihre Einschüchterungstaktik aufgegeben hatten, statt sich an einen unauffälligeren Ort zu begeben, um die Sache zu Ende zu bringen.

Krasnojarsk verschwand bald hinter mir, obwohl die Erinnerungen an die trostlose Stadt noch eine Weile brauchten, um zu verblassen. Allerdings dauerte es nicht lange, bis plötzlich ein weiterer erschreckender Anblick auftauchte. Ein Transportlaster hatte zwei Kühe gerammt. Jetzt lagen die blutigen Tiere auf der Straße, die weit aufgerissenen Augen in panischer Angst erstarrt. Der Schaden an Fleisch und Knochen der Tiere war enorm. Der Laster parkte mit verbeultem Kotflügel und einem kaputten Scheinwerfer am Straßenrand, wo der Fahrer mit dem Bauern um den Schadenersatz feilschte.

Hunderte solcher Laster rauschten jeden Tag an mir vorbei. Sie waren meine größte Angst auf den schmalen Straßen. Meiner Phantasie fiel es nur allzu leicht, diese zerquetschten und blutenden Rinder in menschliche Körper zu verwandeln – meinen eigenen. Nur zwei Tage später bewahrheitete sich meine Vorahnung um ein Haar.

Die Straße von Krasnojarsk nach Nowosibirsk ist ziemlich eben. Sie verläuft über eine niedrige Hochebene, bevor sie allmählich in das Flachland hinunterführt, in dem die Hauptstadt Sibiriens liegt.

Die unschöne Landschaft wechselt zwischen weiten Getreidefeldern und großen Abschnitten Taiga. Riesenstädte mit Namen wie Atschinsk und Kemerowo tauchen auf, wo man beim Betrachten der Punkte auf der Karte gedacht hätte, es seien kleine Dörfer.

Am 30. Mai, noch immer 500 Kilometer von Nowosibirsk entfernt, fuhr ich weiter durch den unaufhörlichen Regen, der mich fast jeden Tag nach Westen gescheucht hatte. Ein Rasseln von der anderen Straßenseite lenkte meine Aufmerksamkeit auf einen weiteren vorbeifahrenden großen Sattelschlepper. Plötzlich schwang mein Fahrrad, ohne dass ich es halten konnte, quer zur Fahrtrichtung um 90 Grad herum. Und ich selbst saß nicht mehr im Sattel, sondern segelte durch die Luft, bevor ich, quer über den Asphalt schlitternd, liegen blieb.

Ich tastete mich ab, schien aber, abgesehen von meinen blutenden, abgeschürften Händen, nicht weiter angeknackst zu sein. Was war passiert? Ich sah mich um und stellte fest, dass ein Zehn-Kilo-Klotz von einer Blattfeder, die zum Federungssystem eines Lasters gehörte, meine vordere Satteltasche getroffen hatte. Der stählerne Brocken Straßenmüll musste wie ein Stück Seife unter den Reifen des Lasters hervorgesprungen und in meine Richtung geschnellt sein. Im Innern der Satteltasche war meine Spiegelreflexkamera zertrümmert worden, die Batterie aus dem Iridium-Telefon gerissen und sogar das Ladekabel für das Telefon durchtrennt worden. Dennoch schätzte ich mich glücklich. Wenn dieses verirrte Geschoss mich am Bein oder am Kopf erwischt hätte, wären Hautabschürfungen vom Asphalt meine geringste Sorge gewesen.

Die Regenfälle gingen die nächsten vier Tage weiter und ließen erst nach, als ich mich Nowosibirsk näherte. Wieder hatte ich vorgehabt, auch in dieser 1,5-Millionen-Stadt eine eintägige Pause einzulegen. Doch das Wetter änderte sich endlich zum Besseren, und ich konnte der Aussicht nicht widerstehen, zur Abwechslung unter einem freundlicheren Himmel unterwegs zu sein. Also beschloss ich weiterzufahren. Mein Kilometerzähler verzeichnete seit Irkutsk 1800 Kilometer. Allmählich kam mir Moskau, das nur noch 3600 Kilometer hinter dem Horizont lag, realer vor.

Ich brachte die Stadt schnell hinter mich. Von den großen Schnellstraßen aus, wo ich einen guten Überblick hatte, sah ich kaum mehr als Beton und Autos – ein ödes urbanes Irgendwo. Fünf Stunden nach der Durchquerung der größten Stadt, auf die ich bislang gestoßen war, hielt ich an einem Restaurant direkt am Waldrand, um diese Tatsache zu feiern.

Ein hochgewachsener Mann betrat das Lokal und lächelte. Sein Blick überflog die Stammgäste, bevor er an mir hängen blieb.

»Wohin fahren Sie mit dem Rad?«, fragte er in fließendem Englisch.

»Nach Moskau«, erwiderte ich. Der Mann zog sich einen Stuhl heran, und ich schilderte ihm in groben Zügen meine Reise.

»Und Sie fahren diese Straße entlang?«, fragte er.

Ich nickte. Er erklärte, dass ich in der Stadt falsch abgebogen sein musste – vor vier Stunden. »Diese Straße führt direkt hinunter nach Kasachstan«, sagte er.

Ich war verunsichert. Es war jetzt später Abend, und ich müsste mich noch einmal durch Nowosibirsk wagen, um zurück auf die Hauptstraße zu kommen. Vor morgen früh würde ich kaum einen geeigneten Platz zum Zelten finden.

Der Mann stellte sich als Alexei vor und lachte herzlich. »Kommen Sie und übernachten Sie heute bei mir zu Hause«, drängte er. »Ich wohne direkt an der Strecke, die Sie fahren werden. Sie können ein schönes heißes Bad nehmen, und wir haben eine Waschmaschine, um ihre ganzen dreckigen Sachen zu waschen.«

Ich freute mich auf solchen Komfort und nahm dankbar an. Es war mehr als einen Monat her, seit ich in Tschita zum letzten Mal geduscht hatte. Die anschließende Eimer-Katzenwäsche in Irkutsk hatte kaum an der Oberfläche der Schmutzschicht gekratzt, die meinen Körper überzog.

Ein Freund war unterwegs, um Alexei abzuholen, und er schlug vor, wir sollten zusammen fahren. Ich lehnte ab und erklärte, dass meine Reise ausschließlich mit Muskelkraft durchgeführt werden müsse. Allerdings nahm ich sein Angebot an, meine schweren Satteltaschen zu befördern. Während unserer kurzen Unterhaltung hatte ich den Eindruck gewonnen, dass Alexei jemand war, dem man vertrauen konnte. Kurz danach traf sein Bekannter ein, und wir luden meine Taschen in den Kofferraum seines Toyota Corolla. Dann fuhren die beiden langsam zurück in die Stadt, während ich auf meinem stark erleichterten Rad hinterherfuhr.

Eine Stunde später war ich eingemummt in der Zweischlafzimmerwohnung von Alexei und seiner Frau Lena. Typisch für russische Wohnungen, beherbergte das Innere einen Dschungel aus Topfpflanzen und war gemütlich eingerichtet. Lena begrüßte mich herzlich in ebenso fließendem Englisch wie ihr Mann. Sie machte sich an die Zubereitung einer warmen Mahlzeit, während Alexei das Bad einließ.

»Bitte nehmen Sie so viel Wasser, wie Sie wollen«, sagte er zu mir. »Ich weiß nicht, wie es in Kanada ist, aber ich erinnere mich, dass in Europa alle immer nur ganz kurz duschten. Aber wahrscheinlich haben Sie auf Ihrer Radtour bemerkt, dass wir hier in Sibirien jede Menge Wasser haben. Zu viel Wasser! Und es ist kostenlos für uns, einschließlich des Warmwassers.«

Nachdem ich eine Stunde in der Wanne gelegen hatte, ließ ich die braune Brühe ablaufen, duschte zum Abschluss und kam sauberer heraus als eine persische Prinzessin. Alexei gab mir eine steife Garnitur Kleidung, die ich tragen sollte, solange meine eigenen verdreckten Fetzen in der Waschmaschine durchgewalkt wurden.

Alexei war ein herzlicher Mensch, dessen ständiges Lachen und ewiges Lächeln Ausdruck seiner lockeren Lebenseinstellung waren. Seine Augen funkelten, als er seine eigenen Reisen schilderte. Alexei war mehrere Jahre durch Europa getrampt. Während dieser Zeit hatte er in England sein Kapitänspatent erhalten und war als Vorschotmann auf einem russischen Boot gefahren, das durchs Mittelmeer kreuzte. Seit er wieder in Nowosibirsk vor Anker lag, frönte er seiner Segelleidenschaft, indem er auf hiesigen Rennjachten, die während der zwei eisfreien Monate des Jahres den Wasserkraftstausee von Nowosibirsk befuhren, den Vorschotmann machte.

Alexei und Lena, beide Mitte dreißig, waren bei ausgezeichneter

Gesundheit und mieden die allzu weit verbreitete russische Vorliebe für starkes Rauchen und Trinken. Sie ernährten sich lieber von Obst und Gemüse in Bio-Qualität und hielten sich mit Wanderungen im nahe gelegenen Altai-Gebirge fit. Sie waren beide Akademiker, hatten aber Schwierigkeiten, eine gute Arbeit zu finden. Alexei arbeitete als Farbenvertreter. Lena hatte kürzlich einen Laden für Heimtierpflege eröffnet.

Ich machte es mir zum Essen bequem. Es gab hausgemachten Borschtsch, frischen Salat von der Familiendatscha und einen Himbeer-Milchshake. Ich fragte meine liebenswürdigen Gastgeber, ob das Leben seit dem Untergang des Kommunismus besser geworden sei.

»Überhaupt nicht«, räumte Alexei ein. »Die Reichen werden reicher, und die Armen, die 95 Prozent der Bevölkerung ausmachen, bleiben arm. Es gibt viel zu viel Korruption, als dass irgendetwas von dem neuen Reichtum die fleißigen Leute erreichen würde. Der Kommunismus hat sich zumindest um jeden gekümmert. Obwohl es ein mangelhaftes System ist und ich mit seinen Prinzipien nicht übereinstimme – Tatsache ist, dass die Menschen besser dran waren.«

Alexei konnte nicht umhin zu bemerken, dass ich mich in der gemütlichen, aber einfachen Wohnung der beiden umsah.

»Ja, die Leute kommen zurecht«, erwiderte er, bevor ich noch meine nächste Frage stellen konnte. »Aber dabei zehren sie noch immer vom Kommunismus. Diese Wohnungen haben wir umsonst bekommen, als das Imperium zusammenbrach. Die gegenwärtige Infrastruktur, die unser Warmwasser und unseren Strom liefert, wurde von den Sowjets gebaut. Selbst ein Großteil unserer Nahrungsmittel stammt von unseren Datscha-Parzellen, die von der alten Regierung verteilt wurden. Die meisten Familien müssen mit 100 bis 400 Dollar im Monat auskommen.«

»Aber«, fuhr Alexei sehr besorgt fort, »das kann natürlich nicht so weitergehen. Die Kinder werden erwachsen und werden sich nie eine neue Wohnung leisten können. Schon jetzt beherbergen viele Zweischlafzimmerwohnungen zwei oder drei Familien.«

Alexeis und Lenas Großzügigkeit war typisch für die Russen. Ich fühlte mich schuldig, weil sie wahrscheinlich halbe Monatslöhne ausgaben, um den Besuch eines Wildfremden zu etwas Besonderem zu machen. Lena verschwand in Richtung Markt und kehrte mit Ladungen schmackhafter Lebensmittel zurück. Sie kauften auch eine Steckkarte für den Computer, damit ich ins Internet gehen konnte. Und sie weigerten sich, mich auch nur einen einzigen Penny beisteuern zu lassen.

Am nächsten Vormittag nahmen Alexei und Lena mich mit einigen ihrer Freunde mit auf eine Tour durch die Stadt. Sie zeigten mir ein Monument, das die geografische Mitte der Sowjetunion markierte, und die größte technische Bibliothek der Welt. Danach besuchten wir den Zoo, Heimat des weltweit einzigen »Liger«-Babys – einer Kreuzung aus einem männlichen Löwen und einem Tigerweibchen. Auf unserer Rundfahrt hielt Alexei an einem Kartenspezialgeschäft und kaufte ein Geschenk für mich, von dem ich bald feststellen sollte, dass es sein Gewicht in Gold wert war: zwei Straßenatlanten, die mich durch das vor mir liegende Asphaltlabyrinth leiten sollten.

Später versuchte Alexei mein Problem mit dem Satellitentelefon zu lösen, indem er sich bemühte, eine Ersatzantenne aufzutreiben. Leider fand sich in dieser 1,5-Millionen-Stadt nicht eine einzige Antenne für ein Satellitentelefon. Trotzdem sprach Alexei mit einem Techniker, der überzeugt war, das Problem beheben zu können. Wir lieferten das Telefon ab, und ich betete, dass er Erfolg haben möge.

Am Abend rief ich meine E-Mails ab und erfuhr, dass Tim in Irkutsk war. Er war auf Umwegen aus dem Gebiet der Baikal-Amur-Magistrale mit dem Zug dorthin gefahren. Sein Xtracycle-Gepäcksystem war auseinandergefallen, und die 4000-Kilometer-Rundreise hatte er unternommen, um meinen BOB-Anhänger von Juljas Mutter abzuholen. Die Firma BOB hatte uns drei Fahrradanhänger für den Einsatz in Russland gespendet. Tim hatte sich jedoch entschieden, sich seinen BOB-Anhänger nicht herschicken zu lassen, weil er glaubte, der Xtracycle-Lastenschlepper sei den Anforderungen gewachsen. Während ich mit gebrochenen Fahrrad-trägern weiter durch Russland fuhr und mir wünschte, ich hätte meinen Anhänger, brauchte Tim meinen Lastenschlepper bloß aus Natalias Wohnung in Irkutsk zu holen. Diese Neuigkeit las ich in einer E-Mail von Dave, dem Freund, den ich in Irkutsk gefunden hatte und der mit Natalia in Verbindung gewesen war.

Die nächste schlechte Nachricht kam kurz darauf von dem Techniker, den Alexei mit der Reparatur des Telefons beauftragt hatte: Er könne es nicht reparieren. Bei seinem vergeblichen Versuch hatte er sogar die Antennenbuchse beschädigt und das Telefon unbrauchbar gemacht, selbst wenn ich tatsächlich noch eine Ersatzantenne auftreiben sollte.

Julie stellte einen aktuellen Bericht über mein Vorwärtskommen auf die Website. Dort stand, ich würde Nowosibirsk am folgenden Tag verlassen. Ich hatte Angst davor, meinen genauen Standort zu verraten, falls Kriminelle sich durch die Bekanntmachung bemü-ßigt fühlten sollten, mich aufzuspüren. Mir wurde schnell bewusst, dass ich langsam unter Verfolgungswahn litt. Also wirklich, wie standen die Chancen, dass sibirische Ganoven auf der Suche nach dem schnellen Geld eine von Kanada aus betriebene Expeditions-Website lasen?

Nach zwei angenehmen Nächten und einem Tag in Nowosibirsk verabschiedete ich mich von meinen neuen Freunden. Mein Fahrrad war überladen mit frischen Produkten, Trockenobst und anderen Genüssen, die sie mir für die kommenden Tage meiner Reise mitgegeben hatten. Kurz vor meiner Abfahrt legte Alexei mir eine gelbe Schnur um den Hals.

»Sie ist von einem Lama gesegnet worden und wird dich auf deiner weiteren Reise beschützen«, sagte er.

Dann winkte ich noch einmal zum Abschied, schaukelte quer über den Parkplatz und war verschwunden. Auf den nächsten 2000 Kilometern, der ganzen Strecke bis zum Ural, gäbe es keine nennenswerten Steigungen. Ich würde meine bislang schnellsten Geschwindigkeiten fahren können. Ein seltener Rückenwind steigerte mein Tempo, während ich durch eine eintönige Landschaft aus Taiga, Getreidefeldern und gelegentlichen Sümpfen flitzte. An meinem zweiten Tag zeltete ich, nachdem ich respektable 172 Kilometer zurückgelegt hatte, auf dem Feld eines Bauern im Schatten einiger Birken, knapp in Sichtweite der Straße. Das Grün des Zeltes verschmolz mit dem Land.

Die Temperatur betrug etwa 28 Grad Celsius, und ich hielt das Moskitonetz geschlossen. Schwärme von Stechmücken, Blattläusen und Pferdebremsen summten hungrig draußen herum. Nackt hockte ich sicher im Innern des Zeltes, schwitzte heftig und schrieb in meinem Tagebuch.

Ein plötzliches Klopfen gegen die Außenhaut des Zeltes riss mich aus meinen Gedanken.

Es kam hin und wieder vor, dass neugierige Einheimische an den Zeltleinen zogen oder auf das Zelt tippten, um mich auf sich aufmerksam zu machen. Doch an der Art dieses Schlages war etwas, das nachdrücklicher klang. Ich warf einen kurzen Blick auf die Tasche in der Zeltwand, um mich zu vergewissern, dass ich mein Messer bequem in Reichweite hatte. Bislang waren meine Erfahrungen mit Russen positiv gewesen. Aber ich hatte die Gerüchte gehört, kannte die Statistiken und erinnerte mich an den armen Kerl, den man von der Überführung hatte herunterbaumeln lassen.

Dann ertönte laut eine Stimme in akzentfreiem Englisch: »Colin, mach, dass du da rauskommst!«

Ich zog meine Unterwäsche an und kletterte aus dem Zelt. Draußen stand Tim mit Julja an seiner Seite. Etwa 30 Meter weiter weg beobachteten mich schweigend zwei stämmige Männer mit Sonnenbrillen.

»Ist dir nicht sehr gut gelungen, einen Zeltplatz zu finden, der von der Straße aus nicht zu sehen ist, oder?«, sagte Tim.

»Ich dachte nicht, dass ich mir um irgendwas Sorgen machen müsste«, antwortete ich. »Ich habe mich wohl geirrt.«

Ich versuchte, ruhig zu bleiben. Ich konnte sehen, dass ein Auto am Straßenrand parkte, also waren Tim und sein Aufgebot 2100 Kilometer von Irkutsk hierher gefahren, um mich auf diesem abgelegenen Zeltplatz neben einer Straße in Zentralsibirien aufzuspüren. Was also hatte er vor?

»Ich möchte ein paar Sachen mit dir besprechen, in erster Linie hinsichtlich der Videokassetten«, sagte Tim. »Du hast früher mal erwähnt, dass die Videokamera dir gehören würde.«

Ich nickte. »Das stimmt«, sagte ich zu ihm. »Ich habe beide Kameras mit meiner Kreditkarte gekauft, und das Geld dafür stammte aus meinen eigenen Mitteln, die teilweise ein Geschenk meines Bruders waren.«

»Genau«, sagte Tim, »und in das Budget, das du neulich vorgelegt hast, hattest du dieses Geld als Spende für die Expedition – zu der du und ich gehören – aufgenommen.«

Ich wusste, wohin dieser Gedankengang führte. Tims Vater war Rechtsanwalt, und Tim kannte sich gut aus in den gesetzlichen Bestimmungen zum Eigentumsrecht an dem Filmmaterial aus der Kamera. In Situationen, wo das Eigentumsrecht umstritten ist, gilt das Filmmaterial im Allgemeinen als Eigentum des Produzenten oder der Person, der die Filmausrüstung gehört. Tim wollte sicherstellen, dass er einen Anteil an dem Material hatte, das wir bislang gedreht hatten.

In Wirklichkeit deckte das Geld, das mein Bruder gespendet hatte, nur einen kleinen Teil der Kosten für die Aufnahmeausrüstung ab. Tim war ohne Erfahrung in der Filmproduktion und ohne Geld, das er in die Aufnahmeausrüstung hätte investieren können, zu der Expedition gestoßen. Doch jetzt stand er hier in Mittelsibirien und dehnte gesetzliche Schlupflöcher, um gleichberechtigter Anteilseigner an dem Film zu werden.

»Also ist die Spende meines Bruders in deinen Augen die Rechtfertigung dafür, mir beide Videokameras vorzuentzuhalten?«, sagte ich wütend. »Und welche Rolle spielt meine übrige Ausrüstung – mein BOB-Anhänger, meine Kleidung, meine Pakete von Julie, mein iPod und alles andere?«

»Beruhige dich«, sagte Tim. »Julja und ich waren beide äußerst beunruhigt über die Tatsache, dass du deine Sachen nicht abholen konntest. Weißt du, Julja hatte einfach Angst, dass du vielleicht etwas von ihrem Zeug stehlen könntest, wenn man dich deine eigenen Sachen holen ließe. Der eigentliche Grund, warum wir den ganzen Weg hierher gefahren sind, ist, dir dein Eigentum zu bringen.«

Tim nickte in Richtung eines prall gefüllten Nylonrucksacks, den Julja vor sich auf den Boden gestellt hatte. Ich machte einen Schritt auf den Sack zu, aber Tim hob die Hand.

»Eine Kleinigkeit müssen wir noch regeln, bevor du dein Zeug zurückkriegst. Ich habe einen Vertrag aufgesetzt, von dem ich möchte, dass du ihn unterschreibst. Ich bin mir sicher, dass du ihn akzeptabel finden wirst. Es ist bloß ein Versuch, etwaige künftige Missverständnisse zwischen uns zu vermeiden.«

Tim reichte mir zwei steife Blätter. Der Vertrag stellte fest, dass die PD170-Videokamera und das mit ihr aufgenommene Filmmaterial das gemeinsame Eigentum von Tim und mir waren. Tim würde die Kamera weiter bis Moskau benutzen, wo er dann die Rechte an der Ausrüstung verwirken und sie mir zurückgeben würde. Nach Übergabe der Kamera dürfte er Kopien von den Kassetten machen.

Ich seufzte. Ich war in Russland, und es gab keine anderen Möglichkeiten. Meine Probleme auf dem Rechtsweg zu lösen wäre unmöglich, solange ich unterwegs war. Ich hatte die Wahl, entweder das Dokument zu unterzeichnen und meine Ausrüstung zurückzubekommen oder sie niemals wiederzusehen. Eine neue PD170 zu kaufen war nicht möglich, nicht jetzt. Im Moment hatte ich nicht einmal genug Geld, um es zurück nach Kanada zu schaffen, ganz zu schweigen davon, teure Aufnahmeausrüstung zu kaufen. Wenn ich den Vertrag nicht unterschrieb, hätte ich keine Möglichkeit, die zweite Hälfte der Expedition zu dokumentieren. Mir war schlecht.

Ich las das Schriftstück sorgfältig durch und unterschrieb schließlich mit einem Kugelschreiber, den Tim mir hinhielt. Er machte einen zufriedenen Eindruck, als er seine Kopie in eine Klarsichthülle schob.

»Um eine letzte Angelegenheit würde ich mich jetzt gern noch kümmern«, sagte Tim. »Da das Filmmaterial uns beiden gehört, spielt es wirklich keine Rolle, wer auf die Kassetten aufpasst. Mir wäre sehr viel wohler, wenn sie in der Wohnung von Juljas Mutter deponiert würden.«

»Ich hab dir schon per E-Mail mitgeteilt, dass sie von einem deutschen Ehepaar zurück nach Kanada befördert wurden«, sagte ich.

Tim blickte auf mein Fahrrad, das ohne die vordere linke Satteltasche am Zelt festgemacht war. Diese Satteltasche, die all meine Wertsachen enthielt, bewahrte ich immer im Zelt auf.

»Ich glaube dir nicht«, sagte Tim.

»Glaub, was du willst. Du kannst Kopien machen lassen, wenn ich meine Videokamera zurückkriege.«

»Ich hätte nichts dagegen, einen Blick in deine vordere linke Satteltasche zu werfen«, sagte Tim.

»Bedaure, nein. Das ist Privateigentum, und ohne Durchsuchungsbefehl werde ich dich nicht hergehen und meine Sachen durchschnüffeln lassen.«

Tim kicherte. »Einen Durchsuchungsbefehl habe ich hier draußen nicht, aber zwei große Kerle, die hab ich bei mir.«

Die beiden Russen kamen herangeschlendert.

Ich trat einen Schritt zurück und erlaubte Tim, mein Zelt zu betreten. Nach mehreren Minuten Rascheln kam er mit leeren Händen heraus.

»Tim, du arbeiten so schwer für Film. Du musst Kassetten kriegen«, sagte Julja. »Vielleicht sie in anderen Taschen.«

Tim durchsuchte jede Satteltasche, leerte Säcke aus, öffnete Töpfe und spähte sogar unter das Zelt. Julja machte einen niedergeschlagenen Eindruck. Die stämmigen Männer standen mit unbeweglichen Mienen da.

»Na schön, sieht wohl so aus, als hättest du sie doch tatsächlich verschickt«, sagte Tim. »Dein Glück.«

Ich dankte dem Himmel, dass ich die Kassetten zwei Wildfremden anvertraut hatte. Mir fiel einer von Tims Lieblingsausdrücken ein: »90 Prozent des Rechts sind eine Frage des Besitzes.« Ich lernte schnell, wie wahr das war. Wenn ich versucht hätte, mein Eigentum von Juljas Mutter abzuholen, wäre ich im Gefängnis gelandet. Wenn es Tim gelungen wäre, sich in den Besitz der Kassetten zu bringen, hätte es Jahre dauern können, bis ich sie auf dem Rechtsweg zurückbekommen hätte – wenn überhaupt. Oft läuft es in solchen Fällen darauf hinaus, wer den besseren Anwalt hat.

Ich sah den Nylonrucksack durch, den Tim mir zurückgegeben hatte. Er enthielt nur einiges von meinem Zeug – gebrauchte Sachen vom letzten Sommer, aber nichts von der neuen Kleidung.

»Wo sind mein BOB-Anhänger, die neue Kleidung und die Werkzeuge?«, fragte ich. »Und was ist mit der kleinen Videokamera, da du die große ja entführst?«

Tim zuckte die Achseln. »Ich kann es nicht glauben, dass du jammerst. Wir sind über 2000 Kilometer gefahren, um dir aus der Klemme zu helfen, in die du dich selbst gebracht hast, und ich kriege nichts als Ärger. Wenn das keine Dankbarkeit ist. Wir müssen uns jetzt jedenfalls auf den Weg machen. Diese Burschen müssen früh nach Hause.«

Das Quartett stieg in den glänzenden Wagen und fuhr weg. Abgesehen vom Blätterrascheln über mir erfüllte Stille die Luft. Die Sonne versank hinter dem Horizont, und ich ging zu meinem Zelt zurück, um zu Abend zu essen.

Ich konnte nicht glauben, was soeben passiert war. Hatte ich mit der Unterschrift unter den Vertrag die richtige Entscheidung getroffen? Alles, was ich dafür bekommen hatte, waren ein Haufen dreckiger Sachen, der iPod, etwas Film, die Antenne für das Satellitentelefon und das Versprechen, dass ich die große Videokamera in Moskau zurückbekäme. Eigentlich hatte sich nichts geändert. Tim hatte noch immer meine beiden Videokameras. Ich konnte den weiteren Verlauf meiner Reise noch immer nicht dokumentieren. Das heißt, nichts hatte sich zum Besseren verändert. Laut dem Vertrag, den ich gerade unterschrieben hatte, war Tim jetzt Miteigentümer des gesamten Filmmaterials. Ich hätte heulen können.

Ich stöpselte die Antenne in das Iridium-Telefon, und mein Verdacht bestätigte sich. Der erst vor drei Tagen in Nowosibirsk unternommene Reparaturversuch hatte die Antennenfassung zerstört. Selbst nach allem, was ich durchgemacht hatte, um die neue Antenne zu bekommen, war das Telefon jetzt unbrauchbar.

Dass seine Befürchtungen und seine Feindseligkeit Tim mitten auf unserer emissionsneutralen Expedition zu einer 4400 Kilometer langen motorisierten Hin- und Rückreise getrieben hatten, war eine bittere Ironie. Eines der Hauptziele dieses Projekts war es, positive Beispiele dafür zu liefern, wie die Treibhausgas-Emissionen reduziert werden könnten. Tims jüngste Aktionen hielten sich ganz sicher nicht an dieses Konzept. In den aktuellen Berichten auf seiner Website sollte er diesen Abstecher nie erwähnen, aber später würde er betonen, wie viel Treibstoff bei meinem lebensrettenden Trip von Anadyr zurück nach Kanada verbraucht worden sei (ohne den Zweck der Reise zu nennen). Auf seiner Website erklärte er: »Ein motorisierter Abstecher verstößt nicht gegen die Gepflogenheiten einer modernen Expedition, aber er verstieß gegen den Geist meiner … Der kanadische Abenteurer Colin Angus flog während seiner jüngsten 40 000-Kilometer-Expedition ungefähr 50 000 Kilometer mit dem Düsenflugzeug (einem Flugzeug, das etwa vier Liter Kerosin pro Sekunde verbraucht).«

Am nächsten Morgen verstaute ich mein zusätzliches Zeug in den Satteltaschen. Die klapprigen Gepäckträger wackelten gefährlich, als ich meine Reise über die ebenen Straßen fortsetzte. Die Hitze des Spätfrühlings lockte die Insekten hervor, und riesige Pferdebremsen hielten mühelos Schritt mit mir. Die Zahl dieser lästigen Geschöpfe von der Größe großer Wespen ging in die Hunderte, und ihr Summen klang wie ein aufgescheuchter Bienenstock.

Von jetzt an würde ich dafür sorgen, dass alle meine Zeltplätze von der Straße aus nicht zu sehen wären. Ich hatte in meiner Wachsamkeit nachgelassen. Tims Besuch war eine Erinnerung daran, dass der Erfolg der Expedition von mehr abhing als bloß davon, unterwegs Kilometer zu machen.

Vier Tage nachdem ich Nowosibirsk verlassen hatte, umfuhr ich auf einer südlichen Umgehungsstraße die riesige Industriemetropole Omsk. Hinter Omsk mündet die Straße in das südliche Ende des größten Feuchtgebietes der Erde. Das Westsibirische Tiefland – zwischen Jenissei und Ural, im Norden begrenzt durch das Nordpolarmeer und im Süden bis hinunter nach Kasachstan reichend – umfasst ein Gesamtgebiet von fast zwei Millionen Quadratkilometern und ist damit größer als Frankreich, Spanien und Deutschland zusammen. Während es für Vogelbeobachter ein Paradies sein dürfte, ist es für Insektenhasser ein Albtraum. Meine im Amazonasbecken, in Nordkanada und in Alaska verbrachte Zeit hatte mich in keiner Weise auf die Insekten im größten Sumpf der Welt vorbereitet.

Der Bau des 700 Kilometer langen Straßenabschnitts innerhalb des Sumpflandes war eine Katastrophe. Die Füllung für das Straßenbett musste oft per Lastwagen über Hunderte von Kilometern herantransportiert werden. Für große Teilstücke wurde eine Art roter Lehm, keine ideale Substanz, als Untergrund verwendet. Ein derart instabiles Fundament führt zu manchmal 30 Zentimeter tiefen Furchen im Asphalt, weil es unter dem Gewicht unzähliger Transportlaster nachgibt.

Die positive Seite einer solchen Landschaft für einen Radfahrer ist eine eine so vollkommene Flachheit, dass man beinahe das Gefühl hat, man fahre ein leichtes, aber immerwährendes Gefälle hinunter.

Bei ihren Versuchen, Sibirien zu kolonisieren, hielten die Sowjets selbst diesen endlosen Sumpf für bewohnbar. Ich kam an kleinen Siedlungen vorbei, die im Schlamm zu versinken schienen. Die Kurzaufenthalte in diesen »Schlammdörfern« waren Besuche in den deprimierendsten Gemeinden der Welt. Der Dreck war allgegenwärtig. Babuschkas führten einen unaufhörlichen Kampf, um schlammige Fußabdrücke von den Fußböden zu wischen und den Morast fernzuhalten. Selbst die Straßen und Gehwege, eine relative Zuflucht vor dem Schlamm, über den sie führten, waren mit einer dicken braunen Schmutzschicht überzogen.

Ein weiteres Element, das sich im Kriegszustand mit den Menschen befand, waren die Insekten. Überall gab es Fliegengitter, Fliegenpapier, Insektensprays, Moskitospiralen und Fliegenklatschen. Trotzdem blieben die Tiere und schwirrten weiter, ohne sich von den Leichen ihrer gefallenen Kameraden aus der Ruhe bringen zu lassen.

Ein Mann, der auf den schlammigen Stufen eines Ladens eine Zigarette rauchte, erklärte, er könne den Winter nicht erwarten. Während dieser Jahreszeit verschwinden die Insekten, und eine saubere Schicht Schnee bedeckt den Schmutz des Landes. Ich lachte leise in mich hinein. Das hier war wahrhaftig eine Hölle auf Erden. Wo sonst auf der Welt gelten Temperaturen von minus 40 Grad und kurze Tage als Zeit der Wonne?

Ich zeltete in den verstreuten Wäldern, wo der Boden besser entwässert wurde, ein Gefangener in meinem Zelt, weil draußen die Insekten warteten. Die Wörter *Summen* und *Brummen* beschreiben ihr kollektives Geschwirr nicht angemessen. Es ist ein weiches Geräusch, das dem Brausen ähnelt, das aus einem vollbesetzten Eishockeystadion ertönt, wenn Wayne Gretzky* gerade das Siegtor erzielt hat.

An den kühlen Vormittagen fehlte den Pferdebremsen die Energie, und man konnte sie zerquetschen, wenn sie auf dem Zelt darauf warteten, dass die Sonne ihre Körper neu belebte. Sobald die Luft sich auf etwa 20 Grad erwärmt hatte, waren sie wieder in Aktion und verfolgten mich Stunde um Stunde die Straße entlang. Ich bin mir sicher, dass es Zeiten gab, wo Autofahrer mich wegen der Wolke von Insekten, die mich einhüllte, kaum sehen konnten – eine summende Wolke auf zwei Rädern, die den Hintern herausschob.

Gelegentlich ließ sich meine Insektenwolke zu praktischen Zwecken einsetzen. Ein Lada überholte mich, und der hemdlose Fahrer drückte auf die Hupe und grüßte mich mit dem Mittelfinger. Als ich kurz darauf denselben Mann an einer Tankstelle volltanken sah, hielt ich neben ihm an und fragte, ob die Straße weiter bis nach Tscheljabinsk führe. Er machte ein finsteres Gesicht und zuckte die Achseln, also fuhr ich weg – und ließ ihn mit meiner Tagesausbeute an Pferdebremsen zurück. Ich blickte mich kurz um und sah, wie er hastig zu seinem Auto stürzte.

Bei all dem Schlamm, den Insekten, den depressiven Alkoholi-

---

* Ehemaliger kanadischer Eishockeystar, der von vielen Experten als der beste Eishockeyspieler aller Zeiten angesehen wird.

kern und den schnellsten Geschwindigkeiten, die ich bis dato gefahren hatte, rauschten die Sümpfe einfach an mir vorbei. Der Sonnenschein und die Rückenwinde ermöglichten mir, meinem überladenen Mountainbike an einem Tag 205 Kilometer abzutrotzen. Im Schnitt schaffte ich etwa 170 Kilometer.

Das schöne Wetter endete etwa um dieselbe Zeit, als ich aus dem Feuchtgebiet herauskam. Wieder war ich heftigem Regen und Gegenwinden ausgesetzt. Bei dieser trüben Wetterlage passierte ich eine große Stadt nach der anderen, zuerst Kurgan und dann Tscheljabinsk, Betontupfer in einem Land von überwältigender Monotonie.

Nachdem ich fast 4000 Kilometer mehr oder weniger Flachland durchquert hatte, bescherte mir das Ural-Gebirge eine Unterbrechung. Diese sanft konturierten, teils mit Kiefern bewachsenen, teils felsigen Höhenzüge und Bergkämme boten eine erfrischende landschaftliche Abwechslung. Noch reizvoller war das plötzliche Verschwinden meines Gefolges geflügelter Blutsauger.

Der Rücken des Ural-Gebirges, der vom Nordpolarmeer entlang der Nordgrenze Kasachstans nach Süden bis in die kasachischen Steppen verläuft, markiert sowohl eine politische Grenze als auch einen bedeutenden Meilenstein, auf den ich mich gefreut hatte. Diese Linie trennt Asien und Europa und verkündet das Ende Sibiriens.

Dieser Teil des Urals wirkt eher hügelig als gebirgig. Trotzdem ähnelten die Höhenverluste und -gewinne auf der Straße für mein Gefühl eher dem Himalaja. Ich erklomm drei Bergkämme, bevor ich schließlich eine Passhöhe erreichte, deren Wahrzeichen ein riesiger Obelisk war. Ich stoppte an dem himmelhohen Monument und entzifferte die kyrillischen Buchstaben an seinem Sockel. Auf einer Seite stand »Europa«, auf der anderen »Asien«. Ich war begeistert. Ein Jahr und 17 Tage nach dem Start in Vancouver rollte ich auf meinen dritten Kontinent. Sibirien hatte manchmal so riesig, so undurchdringlich und so unwirtlich gewirkt, dass es unmöglich gewesen war, daran zu glauben, ich würde jemals die andere Seite erreichen. Das ganze Augenmerk der Expedition hatte sich irgendwann nur noch darauf gerichtet, dieses riesige Eis- und Insektengebiet zu durchqueren. Jetzt lag es hinter mir.

Ich fuhr im Freilauf einen Berg hinunter, der kein Ende zu nehmen schien. Hinunter nach Europa! Die Luft wehte durch meine zotteligen Haare, und die Sonne tüpfelte durch die Kiefern hindurch die Straße. In zwei Wochen würde ich in Moskau sein und Julie wiedersehen.

Verstreut in der Wildnis lagen vereinzelte Seen und kleine Dörfer. Überall am Straßenrand verkauften Dorfbewohner Waren – Schlauchboote, Luftmatratzen, Angelruten und in den nahen Wäldern gepflückte Beeren – an Touristen aus den größeren Zentren Westrusslands. Ich erstand einen Beutel Walderdbeeren von einer jungen Frau. Sie trug eine Einheitstrainingshose, wie sie von Universitäten ausgegeben wird. Quer über dem Gesäß prangte, statt dass dort der Name ihrer Uni verkündet worden wäre, in großen Buchstaben COCK, »Schwanz«. Die junge Frau sprach kein Wort Englisch und war sich höchstwahrscheinlich der obszönen Werbung auf ihrem Hinterteil gar nicht bewusst.

Am Fuß der Berge traf ich einen Ukrainer in den Sechzigern, der mit dem Fahrrad zu der sibirischen Stadt Jekaterinburg unterwegs war. Er war den ganzen Weg von der Ukraine auf seinem klapprigen Zehngang-Rad hergekommen und benutzte Jutesäcke als Satteltaschen. Seine Kleidung passte zu seiner Ausrüstung: Er trug eine abgeschnittene Trainingshose, die mit einem Strick um die Taille befestigt war, und ein zerrissenes Hemd. Der Mann sprach etwas Englisch und erklärte, dass er einfach sein Fernweh befriedige, während seine Frau drüben in der Ukraine auf ihn warte.

»Nur weil wir kein Geld haben, heißt das nicht, dass wir keine Abenteuer erleben können«, sagte er augenzwinkernd.

Bevor er weiterfuhr, gab er mir seine Heimatadresse und sagte, seine Frau würde uns herzlich aufnehmen, wenn Julie und ich vorbeikämen.

Fast 1800 Kilometer blieben noch bis zu Russlands Hauptstadt, und ich musste meine ganze innere Kraft aufbieten, um die unun-

Unterwegs auf meinem schwer beladenen Rad auf dem Cassiar
Highway im Norden von British Columbia.

Julie in meinem Rückspiegel, während unserer Fahrt durch
British Columbia nach Norden.

Mit Tim Harvey vor einem See im Norden British Columbias.

Tim Harvey in unserem Kanu auf dem oberen Yukon im Yukon Territory, Kanada. Das Kanu ist voll beladen mit Fahrrädern und Ausrüstung.

Tim rudert die *Bering Challenger* – das Segelboot, das wir zum Ruderboot umbauten – den Yukon flussabwärts zum Beringmeer.

Wir feiern unsere Ankunft in Providenija, Sibirien, nachdem wir vom Yukon aus über das Beringmeer gerudert sind.

Tim in der sibirischen Tundra.

Hier watet Tim durch einen eiskalten Fluss in Tschukotka, Sibirien.

Ich in der sibirischen Tundra. Irgendwann wurde es dann zu kalt, um einen Bart zu tragen.

Ich, Julja und Tim in Anadyr, bevor es durch Sibiriens Eis und Schnee weiterging.

Julja bei der Fahrt über die zugefrorene Kolyma in Tschukotka.

So zelteten wir in Sibirien – bei Windgeschwindigkeiten von
60 Stundenkilometern und 45 Grad minus.

Tim auf seinem voll bepackten Rad bei der Abfahrt von Anadyr,
Tschukotka.

In Jakutien, Sibirien, müssen Tim und Julja ihre Räder durch
den Schnee schieben.

Die drei sibirischen Polizisten, die mich zu Borschtsch, Pelmeni
und natürlich Wodka in ihr Auto einluden.

Kindergartenkinder in Sibirien.

Glückliche Ankunft in Moskau.

Die Segeljacht *Ripple*. Wir begegneten ihr mitten auf dem Atlantik und wurden mit Schokolade, Bier und Büchern beschenkt.

Julie mit dem ersten Fisch, den wir fingen.

Weitere willkommene Ergänzung unseres Speiseplans: eine Dorade.

Julie in der Nähe der karibischen Inseln in unserem nach
eigenen Wünschen umgerüsteten Offshore-Ruderboot.

Nach vier Monaten auf See feiern Julie und ich unsere Ankunft
auf der Karibikinsel St. Lucia.

Julie und ich radeln, auf dem Heimweg nach Kanada, durch Nicaragua.

Julie neben dem Schild, das uns in Guatemala, Zentralamerika, willkommen heißt.

Einer der für Costa Rica typischen üppigen Obststände.

Um die Grenzkontrollen zu umgehen, lassen die Leute in
den zentralamerikanischen Ländern sich einiges einfallen.

Beim Radeln durch die trockenen und heißen Landschaften von Texas, USA.

Soeben haben Julie und ich das Pazifische Küstengebirge überquert und erreichen in der Nähe von Seattle den pazifischen Nordwesten. Fast zu Hause!

Julie und ich gehen durchs Ziel.

Vorher/Nachher: Das linke Foto wurde vor der Expedition
gemacht, das rechts schoss jemand kurz nachdem ich in Costa
Rica an Land gegangen war.

terbrochene Anstrengung seit Nowosibirsk fortzusetzen. Abgesehen davon, dass hier mehr Menschen lebten, wirkte das europäische Russland nicht viel anders als Sibirien: sanft wogende Hügel und eine schachbrettartige Mischung aus landwirtschaftlicher Nutzfläche und Wäldern. Hinter dem Ural wurde das Wetter schlechter. Wieder einmal musste ich sintflutartigen Regenfällen trotzen, die den ganzen Weg bis Moskau anhalten sollten. Die Straßen wechselten zwischen schönen, vierspurigen Schnellstraßen mit breiten Seitenstreifen in der Nähe großer Städte und schmalen, ausgefahrenen Sträßchen auf dem Lande.

Auf manchen Abschnitten waren sie so schmal, dass nur 30 Zentimeter Platz blieben, wenn der Reifen eines Sattelschleppers die Mittellinie streifte. Wenn zwei Trucks sich begegneten, blieb einfach nicht mehr genug Platz für einen Radfahrer. In solchen Situationen bremste der Truck auf meiner Spur entweder bis auf mein Tempo ab und wartete, bis die Nachbarspur frei war, oder er ließ die Hupe ertönen – das war mein Signal, mich zu beeilen und in den Graben auszuscheren oder aber den Konsequenzen ins Auge zu sehen.

Am Ende eines jeden Tages schien es ein Wunder, dass ich noch lebte. Russen sind aggressive Fahrer, und ich kam an den Schauplätzen zahlreicher tödlicher Zusammenstöße vorbei, wo die Leichen noch in Säcken darauf warteten, abtransportiert zu werden. Nach diesen Anblicken fühlte ich mich jedes Mal verletzlicher denn je. Zu sehen, welche Wodkamengen in den Fernfahrer-Raststätten gekippt wurden, trug ganz und gar nicht dazu bei, meine Nerven zu beruhigen.

Ich brütete Stunden in meinem Zelt über dem Straßenatlas und versuchte die direkteste Route nach Moskau zu ermitteln. Ein Gewirr von Schnellstraßen führte in Russlands Hauptstadt, alle durch ein Spinnennetz von Umgehungsstraßen miteinander verbunden. Ich entschied mich, von der M5 zur M7 eine Abkürzung über eine Landstraße, die P239, zu nehmen, die auf der Karte relativ gerade aussah. In Wirklichkeit führte diese Abkürzung mich durch das hügeligste Gelände, an das ich mich erinnern kann. Obwohl das Land flach wirkte, verlief die Straße irgendwie achterbahnmäßig über unzählige winzige, aber steile Hügel.

Auf einem besonders steilen Hügel hielt ich für eine Verschnaufpause an. Ein paar Bauern mähten ihr Heu und luden es auf einen Pferdewagen – ein alltäglicher Anblick zu dieser Jahreszeit. Zwei der Männer kamen auf mich zu, lächelten und fragten, wohin ich führe. Wir plauderten, und ich erkundigte mich nach der Sense, die einer der Männer trug.

»Sie ist seit 200 Jahren in meiner Familie«, sagte der stämmige Mann stolz, während er mir die Sense zur Prüfung hinhielt.

Ich deutete auf das Blatt, das von unzähligen Schärfungen beinahe zu einem Nichts geschrumpft war.

Er nickte. »Wir müssen das Blatt alle zwanzig Jahre ersetzen, und der Stiel wird alle fünf Jahre ausgetauscht.«

Die Sense bestand aber doch nur aus Stiel und Blatt, sodass es die alte Sense doch gar nicht mehr gab, wenn die mal ausgetauscht waren. So war das mit Russland; die Geschichte seiner Bewohner lebt nicht nur in ihren Büchern und Museen, sondern wird auch eingeflochten in die Welt um sie herum. Geschichten über ihre Ahnen werden mit greifbaren Dingen in Verbindung gesetzt, beispielsweise ihren Werkzeugen und ihrem Grund und Boden. Wenn das Haus abbrennt und wieder aufgebaut wird, ist es für die Familie dasselbe Zuhause, das es immer war, und das Feuer bloß eine weitere Erzählung über Ausdauer und Beharrungsvermögen, die der Familiengeschichte hinzugefügt wird.

Moskau kündigte sich nicht mit dem Paukenschlag an, den ich erwartet hatte. Stattdessen schien seine Peripherie sich unbemerkt einzustellen, einfach als Ansammlung von Dörfern, die sich zu Vororten ausgedehnt hatten. Selbst das Schild, das, 20 Kilometer vom Roten Platz entfernt, die offizielle Stadtgrenze bezeichnete, war klein und stand etwas abseits.

Genau hier, neben diesem Ortsschild, im strömenden Regen, stieg ich vom Rad und empfand, was der US-Astronaut Neil Armstrong empfunden haben dürfte, als er als erster Mensch auf die

Oberfläche des Mondes hüpfte. Pure Hochstimmung. Dreizehn Monate nach dem Aufbruch von Vancouver hatte ich nach einer Reise um den halben Planeten und unter ausschließlichem Einsatz meiner Arme und Beine endlich Moskau erreicht. Doch in meine Hochstimmung mischte sich eine Spur Sorge. Diese Stadt war der weiteste Punkt von daheim, den ich auf dieser Expedition erreichen konnte, und eine lange, möglicherweise gefährliche Rückreise erwartete mich noch.

Ich machte ein paar Fotos vor einem Schild, auf dem in kyrillischen Buchstaben »Moskwa« stand, doch wagte ich mich nicht daran vorbei. Zwar hatte sich an meinen negativen Gefühlen gegenüber Tim nichts geändert, aber ich hatte versprochen, mit dem Abschluss der Vancouver-Moskau-Etappe der Expedition bis zu seinem Eintreffen zu warten. Stattdessen machte ich kehrt und fuhr auf der Umgehungsstraße um Moskau zurück, bis ich die M2 erreichte, die Schnellstraße, die zur Ukraine führt. Wenn Julie und ich aus Moskau abfuhren, könnten wir meinen Ankunftsweg schneiden. Anschließend hielt ich ein Kleinbustaxi an und unterbrach meine Reise per Muskelkraft, indem ich mit Motorkraft ein paar Hundert Meter über die Stadtgrenze fuhr. Nachdem ich mein Fahrrad hinten aus dem Kleinbus ausgeladen hatte, setzte ich meine Fahrt ins Stadtzentrum fort.

Moskau ist die sechstgrößte Stadt der Welt, und es kam mir vor, als würde ich ein vollkommen neues Land betreten. Überdachte Einkaufszentren, Megastores und die Filialen amerikanischer Fastfood-Ketten verschandeln die Vororte. Doch je näher ich dem Zentrum kam, desto mehr beherrschte die herkömmlichere Architektur das Stadtbild. Zahlreich und schön waren die russisch-orthodoxen Kirchen mit ihren traditionellen, von zwiebelförmigen Kuppeln gekrönten Türmen.

Ich hatte keine Ahnung, wo ich übernachten sollte, obwohl ich inständig hoffte, auf ein Angebot zurückkommen zu können, das ich kürzlich erhalten hatte. Carole Paquette, eine kanadische Lehrerin an einer ausländischen Schule in Moskau, hatte in den Medien von meinen Abenteuern gelesen. Sie schickte unserem Team netterweise eine E-Mail und bot uns Unterkunft in der Landeshauptstadt an.

Als ich Carole schließlich bei strömendem Regen von einem Münzfernsprecher aus erreichte, entpuppte sie sich als die liebenswürdigste Gastgeberin, die jemand sich nach einer 22 000 Kilometer langen Reise erhoffen konnte.

»Ich gehe aus, um mir ein Stück im Bolschoi-Theater anzusehen«, sagte Carole. »Es liegt in einer Straße direkt gegenüber vom Roten Platz, sodass ich Sie dort in einer halben Stunde treffen und Ihnen meine Wohnungsschlüssel und eine Wegbeschreibung geben kann. In einer Stunde werden Sie in der Wanne liegen.«

Gott segne sie. Ohne Carole hätte ich ganz bestimmt eine elende Nacht in einem Park verbracht. Man könnte mir vorwerfen, schlecht vorbereitet in Moskau eingetroffen zu sein, ohne Zimmerreservierung, Ortskenntnis oder auch nur einen Reiseführer. Es geschah jedoch nicht aus Faulheit oder weil ich chaotisch gewesen wäre. Mit Muskelkraft um die Welt zu reisen ist ein so gewaltiges Unterfangen, dass einzelne Aufgaben nach Wichtigkeit geordnet werden müssen. Die Organisation meiner Ankunft in Moskau hatte ganz unten auf der Liste gestanden.

Carole Paquette war die Rettung. Die etwa dreißigjährige Frau aus Vancouver, der man ansah, dass sie die freie Natur liebte, traf sich mit mir am Brunnen vor dem Bolschoi, dem »Großen« Theater – der einzige Mensch weit und breit, der Regenzeug statt eines Schirms trug.

Eine halbe Stunde später planschte ich munter in der Badewanne einer geräumigen Zweischlafzimmerwohnung. Endlich hatte ich das Gefühl, dass die erste Hälfte meiner Reise wirklich vorüber war.

12 Mit doppelter Kraft

Ich wollte mich in Moskau ausruhen, aber dazu war keine Zeit. In zwei Tagen würde Julie ankommen, und wir hätten dann zwei Wochen, um 50 000 Dollar aufzutreiben und die Logistik der Heimreise zu organisieren: auf Fahrrädern zwei Kontinente durchqueren und dazwischen 10 000 Kilometer über den Atlantischen Ozean rudern.

Die körperlichen Anstrengungen, die erforderlich waren, um die vor uns liegende Reise zu Ende zu bringen, wären unglaublich, aber noch überwältigender wären die logistischen Komponenten. Ich versuchte mich nicht allzu lange mit der scheinbaren Unmöglichkeit dessen, was wir vorhatten, aufzuhalten und konzentrierte mich stattdessen auf die kleinen Aufgaben auf einer endlosen Liste zu erledigender Dinge. Julie hatte in den letzten paar Monaten hart an der Logistik gearbeitet, aber es war ihr nicht gelungen, irgendwelche finanzielle Unterstützung zu besorgen. Zu den Arbeiten, die noch erledigt werden mussten, gehörten der Kauf eines meerestauglichen Ruderbootes, die Organisation des Bootstransfers nach Lissabon, wo wir unsere Ruderfahrt beginnen würden, der Kauf und die Versendung all der verschiedenen Artikel, die wir für die Ruderetappe bräuchten, darunter ein Rettungsfloß, eine Notfunkbake und Elektronik, Erkundigungen über die Meeresströmungen und -winde, um die günstigste Route festzulegen, die Organisation des Transports neuer Fahrräder zu unserem Zielort in Nordamerika und die Gestaltung einer neuen Website.

Julie war so gut wie fertig mit einer flotten Website und stand mit ein paar Briten in Verhandlungen, die ein Ruderboot für 35 000 Dollar verkaufen wollten. Die Männer hatten vorgehabt, selbst über den Atlantik zu rudern, jedoch von ihrem Plan abgelassen, als sie merkten, wie schwierig die Sache unweigerlich werden würde. Julie wollte auf ihrem Weg nach Moskau einen Zwischenstopp in Schottland einlegen, um das Boot in Augenschein zu nehmen. Wenn es geeignet war, würden wir ein Angebot machen, eine Anzahlung leisten und anschließend unsere Geldsuche fortsetzen und hoffen, dass wir den Rest bezahlen konnten.

Wir rechneten damit, dass die transatlantische Ruderfahrt von Lissabon nach Miami ohne Unterstützung vier bis fünf Monate dauern würde, und wussten, dass wir die Vorbereitungen nicht auf die leichte Schulter nehmen durften. Sobald wir das Geldproblem geklärt hätten, würden wir das Boot nach Lissabon transportieren lassen, wo es dann hoffentlich am Ende unserer Fahrradetappe auf uns wartete. Wenn wir mit den Rädern extrem schnell durch Europa kämen, hätten wir vielleicht zwei Wochen, um unser Boot für die Atlantiküberquerung auszurüsten – es mit Proviant zu versorgen und zu streichen sowie zahlreiche Reparaturen durchzuführen. Wenn wir uns nicht an diesen Zeitplan hielten, kämen wir vor Beginn der stürmischen Jahreszeit Anfang Oktober nicht weg und müssten noch ein Jahr warten.

Es zeigte sich, dass mein Urlaub in Moskau sich auf das einstündige Bad in Caroles Wanne beschränkte. Nachdem ich mich abgetrocknet hatte, wurde es Zeit, mich vor dem Computer wieder an die Arbeit zu machen.

Unsere eigene Expedition hatte uns bislang so viel Anstrengungen gekostet, dass Tim und mir kaum Zeit geblieben war, die Fortschritte unserer Konkurrenz bei diesem Rennen um die Welt im Auge zu behalten. Mithilfe von Caroles Highspeed-Internet-Zugang surfte ich auf den Websites von Jason Lewis und Erden Eruç. Jason kam gut voran und war mit seinem Boot *Moksha* erfolgreich von Australien nach Indonesien gepaddelt; begleitet hatte ihn auf dieser Etappe der Erbauer des Bootes, Chris Tipper. Zurzeit durchquerte er zusammen mit zwei anderen Freunden per Kajak und Fahrrad den Inselarchipel Indonesien. Er hatte jetzt drei Viertel seiner Erdumrundung hinter sich und brauchte nur noch Eurasien zu durchqueren, um wieder seinen Ausgangspunkt zu erreichen.

Erden Eruç hatte sich nicht gerührt, seit wir uns vor fast sieben Monaten zum letzten Mal über sein Vorwärtskommen informiert hatten. Er hatte im Januar seine Fahrradetappe von Seattle nach Miami abgeschlossen und war nach Seattle heimgekehrt. Er hatte vorgehabt, in Miami sein Ruderboot zu besteigen und nach Panama in Zentralamerika zu rudern. Auf seiner Website schrieb er jedoch, dass die Hurrikansaison zu nahe bevorstehe und er noch ein Jahr warten wolle, bevor er seine Reise fortsetzte.

Allerdings war die Hurrikansaison momentan noch mehr als vier Monate entfernt. Ich vermutete, er hatte in Wahrheit erfahren, dass die widrigen Strömungen und Winde, denen er bei einer solchen Ruderfahrt ausgesetzt wäre, seine Route nahezu unmöglich machten. Der Golfstrom verläuft an Miami vorbei und fließt mit fast zwei Knoten direkt nach Norden. Außerdem würden die aus Nordosten wehenden Passatwinde sein Boot auf die von Riffen übersäten Küsten zutreiben, wenn er versuchte, längs der Küste nach Süden zu rudern. Möglicherweise ließ sich eine solche Reise in einem leichten Paddelboot mit wenig Luftwiderstand unternehmen, beispielsweise einem Kanu oder Kajak, aber nicht in einem sperrigen 800-Kilo-Ruderboot. Höchstwahrscheinlich müsste er seine Fortbewegungsart von Miami aus noch einmal überdenken und vielleicht vom Boot aufs Fahrrad umsteigen.

Nach Umrundung der halben Welt hatte ich mich auf den zweiten Platz vorgeschoben. Erden Eruç, der Cappuccino schlürfend in Seattle saß, während er neue Pläne schmiedete, stellte keine Gefahr mehr dar. Doch Jason Lewis hatte noch immer einen großen Vorsprung. Und er würde bald von meinen eigenen wahren Plänen erfahren, bei der Umrundung der Welt allein mit menschlicher Muskelkraft der Erste zu sein. Diese Nachricht würde ihn wahrscheinlich motivieren, sich zu beeilen.

Es wäre am besten gewesen, die Expedition ohne Publicity fortzusetzen. Um jedoch Unterstützung und finanzielle Mittel für die zweite Hälfte zu bekommen, mussten Julie und ich in den Nachrichtenmedien für unseren Umrundungsversuch werben. Wir wollten in ein paar Tagen eine Pressemitteilung herausgeben, die verriet, dass wir von Moskau aus weitermachen würden und dass ich versuchen wollte, die erste Umrundung der Erde nur mit Muskelkraft zum Abschluss zu bringen.

Zudem machte ein vierter Wettbewerber unser Rennen um die Welt möglicherweise noch komplizierter: Tim. Obwohl ich jetzt fast 5000 Kilometer Vorsprung vor ihm hatte, blieben noch 20 000 Kilometer bis Vancouver. Bei einer leichten Verletzung, finanziellen Schwierigkeiten oder Problemen auf See im Ruderboot konnte meine Führung sich schnell in Luft auflösen.

Ich hatte Tim vor Monaten versprochen, auf ihn zu warten, sollte ich zuerst in Vancouver ankommen: »Ich werde vor Vancouver auf dich warten, falls du es über den Atlantik schaffst, bevor die diesjährige Hurrikansaison beginnt und bevor Jason Lewis seine Umrundung beendet. Ich möchte dich bitten, das Gleiche zu tun, solltest du vorn liegen.« Obwohl wir unsere Meinungsverschiedenheiten hatten, wäre es der fairste Abschluss der Expedition. Wir hatten das Unternehmen beide gemeinsam begonnen, und ich sah keinen Grund, warum wir das Ziel nicht gemeinsam erreichen konnten, auch wenn wir nicht mehr als Team reisten. Damals hatte Tim per E-Mail zugestimmt: »Ich verspreche, dasselbe zu tun, sollte ich vorn liegen (was hoffentlich der Fall sein wird).«

In Anbetracht von Tims Verhalten während der gesamten Expedition schien es mir am besten, einen Vertrag aufzusetzen, um zu gewährleisten, dass jeder sein Wort hielt. Die Vereinbarung würde festlegen, dass jeder von uns vor der Ankunft in Vancouver auf den anderen wartete, und diese Klausel hinge davon ab, dass die langsamere Partei es vor der kommenden Hurrikansaison über den Atlantik schaffte – dadurch würden unsere Chancen steigen, das Ziel zu erreichen, bevor Jason Lewis seine Reise beendete. Wenn einer von uns sich nicht daran hielte, müsste der Vertragsbrüchige für eine große Geldsumme aufkommen.

Ich schätzte, dass Tim nicht die Absicht hatte, hinter Moskau weiterzumachen. Er steckte bis zum Hals in Schulden, seine Kreditwürdigkeit hatte arg gelitten, und es schien unwahrscheinlich, dass seine Familie ihm noch weiter Geld leihen würde. Vielleicht gelang ihm eine neue Finanzierung. Aber willige Sponsoren aufzutreiben ist schon zu den besten Zeiten schwierig und umso mehr, wenn man unterwegs ist. In seinen häufigen E-Mails behauptete Tim weiter steif und fest, dass er tatsächlich vorhabe weiterzumachen – in einer E-Mail an Julie vom 3. Juli schrieb er: »Jetzt, wo meine Agenten zu Hause einen Verlag für mein Buch gefunden haben und ich die Möglichkeit habe, nach der weltweit ersten Weltumrundung, noch dazu der ersten ununterbrochenen, zu greifen, bin ich erstaunt, dass Colin denkt, ich fahre nach Hause!!!« Aber das machte mich nur umso skeptischer. Er schien mich zu sehr davon überzeugen zu wollen, dass er noch im Rennen sei, so als fände er Vergnügen daran, mich in dem Glauben zu lassen, er sei mir dicht auf den Fersen. Für alle Fälle hielt ich dennoch jetzt den Zeitpunkt für gekommen, die Einzelheiten unserer früheren Vereinbarung schriftlich niederzulegen.

Am 8. Juli schickte ich Tim eine E-Mail und schlug ihm vor, einen Vertrag zur Bekräftigung dessen auszuarbeiten, was ich zu einem früheren Zeitpunkt ins Spiel gebracht hatte. »Wir müssen einen Vertrag aufsetzen lassen (ich würde ihn lieber von einem Anwalt aufsetzen lassen, um sicherzustellen, dass er wasserdicht ist), aus dem hervorgeht, dass jeder auf den anderen warten oder andernfalls für eine beträchtliche Summe aufkommen muss. Dieses Schriftstück muss schnell unterschrieben werden. Wenn ich keine juristische Bestätigung dieser Abmachung habe, wird mir nichts anderes übrig bleiben, als so schnell wie möglich weiterzureisen … Ich möchte diesen Weg NICHT gehen. Ich möchte Zeit mit Filmen, Medienarbeit, Schreiben etc. verbringen.«

Carole organisierte einen Kleinbus von ihrer Schule, um mich zu fahren, damit ich Julie frühmorgens vom Flughafen abholen konnte. Glatt rasiert und geschmückt mit einem Blumenstrauß konnte ich es nicht erwarten, meine zukünftige Ehefrau zu begrüßen. Es war fast sechs Monate her, seit ich Julie zum letzten Mal gesehen hatte. Ich kam mir vor wie in einem Traum, als ich ihre große, schlanke Gestalt auf mich zukommen sah. So lange Zeit hatte ich mich durch eine Welt der Einsamkeit gequält. Nun war ich erneut Teil eines Teams – eines Teams, von dem ich im Innersten überzeugt war, dass es die vor ihm liegenden Strapazen überstehen würde.

Wir umarmten uns.

»Liebling, ich kann es nicht glauben. Keine langen Tage des Wartens mehr darauf, dass Colin zurückkommt«, sagte Julie, während sie meinen Kopf streichelte.

Es war unwirklich, eine Gestalt, die so viele Monate nur in meiner Phantasie existiert hatte, nun wieder leibhaftig vor mir stehen zu haben. Obwohl sie viele Stunden im Flugzeug verbracht hatte, sah Julie aus, als käme sie gerade aus einem Schönheitssalon. Ich atmete ihren wunderbaren Duft ein und betete, dass ich nicht plötzlich allein in einem Zelt aufwachte. Ich fuhr mit den Fingern durch ihre Korkenzieherlocken. Hand in Hand, wie ein verknalltes Pärchen, gingen wir auf den Ausgang zu. Ich freute mich darauf, dass wir diese Metropole in Kürze als neues Team verlassen würden.

Julie hatte in Vancouver im Eiltempo gearbeitet, um alle Vorbereitungen für die bevorstehende Herausforderung zu treffen. Sie hatte ihren Vollzeitjob aufgegeben, um sich ganz darauf zu konzentrieren, die Website der Expedition zu gestalten, sich systematisch mit der Logistik der Ozean-Ruderfahrt zu befassen, ein Boot zu finden und Sponsoren aufzutreiben, die diese Etappe unterstützten.

Die letzte Aufgabe war zu Julies Überraschung die schwierigste gewesen. Für die Etappe von Vancouver nach Moskau hatten wir relativ gute Unterstützung erhalten und waren davon ausgegangen, dass wir für die noch dramatischere zweite Hälfte der Reise auf das Gleiche zählen könnten. Unsere Expedition verhieß jeder Organisation die Chance, mit vielen aufregenden »ersten Malen« in Verbindung gebracht zu werden: zum ersten Mal rudert eine Frau von Kontinent zu Kontinent über den Atlantik; zum ersten Mal rudert ein Mann oder eine Frau von Kontinentaleuropa zum nordamerikanischen Festland; und – natürlich – zum ersten Mal wird der Planet mit Muskelkraft umrundet.

Das Hauptziel unserer Reise war, das Abenteuer zu nutzen, um für den Eigenantrieb als ebenso vergnügliche wie gesunde Alternative zum Verbrennungsmotor zu werben und das allgemeine Augenmerk auf Probleme im Zusammenhang mit der globalen Erwärmung zu richten. Wir waren überzeugt davon, dass eine fortschrittliche, im Ruf sozialer Verantwortung stehende Firma sich gern hinter unsere Unternehmung stellen würde. Einer Organisation, die positive Publicity suchte, konnten wir eine kontinuierliche Berichterstattung durch Kanadas größte überregionale Tageszeitung, durch CBC Radio, internationale Zeitschriften und zahllose andere Absatzkanäle, darunter ein künftiger Film und ein Buch, versprechen.

Leider erwies sich unsere Suche nach neuen Sponsoren als vergeblich. Nach Tims Schimpfkanonade in der *Vancouver Sun* hing eine unfreundliche Wolke über unserer Expedition und meinem Ruf. Mehrere Reporter, die darauf aus waren, die Geschichte reißerisch auszuschlachten, konzentrierten sich auf unseren Bruch und stellten die Tatsachen oft verzerrt dar.

Kurz nach Julies Ankunft erhielten wir eine Mitteilung von *The Globe and Mail*, dass man daran interessiert sei, unseren Umrundungsversuch bekannt zu geben. Der Moskau-Korrespondent der Zeitung, Graeme Smith, besuchte uns in Caroles Wohnung, um uns zu interviewen. Bis jetzt hatten wir unser Bestreben streng geheim gehalten, sodass wir erfreut waren, dass Kanadas überregionale Tageszeitung als Erste unsere historischen Pläne verkünden würde.

Graeme war von der Hongkong-Grippe heimgesucht worden. Er sah blass und erschöpft aus, als er sich auf der Couch rekelte und Notizen machte. Seine Fragen drehten sich fast ausschließlich um den Bruch zwischen Tim und mir, und er erkundigte sich fast gar nicht nach der Reise selbst. Später an diesem Abend statteten wir alle dem kanadischen Konsulat einen Besuch ab, wo der Botschafter Christopher Westdall einen Empfang zur Feier unserer vergangenen und künftigen Bemühungen gab. Kanadas Botschafter für den Klimawandel, Jacques Bilodeau, war ebenfalls zugegen.

Graeme ließ sich in einen Sessel fallen und stellte noch ein paar Fragen. Er fühle sich beschissen, klagte er, und habe nur noch zwei Stunden bis Redaktionsschluss.

Am nächsten Morgen erreichte die Wochenendausgabe der Zeitung Briefschlitze und Straßen-Verkaufskästen mit einem Artikel auf der Titelseite, dessen provozierende Schlagzeile lautete: »Expedition zerbricht aus schierer Empörung.« Der Artikel konzentrierte sich auf die Auflösung des Teams und verriet wenig über die Expedition und ihre Ziele. Am schlimmsten war, dass er sachliche Fehler enthielt, die durch Tim hineingekommen waren. Diese Textstellen waren nicht als Zitate gekennzeichnet, vielmehr wurde der Inhalt als Tatsache hingestellt.

Einer dieser Fehler war die Behauptung, dass Tim von meiner Absicht, unabhängig von ihm zu reisen, erst aus der Presse erfahren habe.

»Damals fing Mr Angus an, den Nachrichtenmedien Interviews zu geben, in denen er sagte, er würde die zweite Hälfte der Reise ohne Mr Harvey zu Ende bringen. Sein Teamgefährte hörte zum ersten Mal von dieser Änderung der Pläne, als seine Dolmetscherin in einer Lokalzeitung einen Artikel bemerkte.«

Dass ich ohne ihn reisen wollte, hatte Tim in Wirklichkeit aus einer E-Mail erfahren, die ich ihm geschickt und auf die er zwei Tage später geantwortet hatte – lange bevor ich den Vorfall gegenüber irgendwelchen Medien erwähnte.

In seinem Artikel behauptete Graeme Smith außerdem, dass Tim Juljas Mutter angewiesen habe, meine Ausrüstung einzubehalten, nachdem Julie »abgelehnt« habe, ihm Geld zu schicken. »Kurz danach rief Mr Harvey im Voraus in einer Stadt an, wo Mr Angus einige Ausrüstungsgegenstände abholen sollte, und wies die Person, welche die Sachen hatte, an, eine Übergabe zu umgehen.«

In Wirklichkeit waren Juljas Mutter diese Anweisungen kurz nach dem Zeitpunkt erteilt worden, als wir anfingen, getrennt zu reisen, also fast einen Monat früher, als Smith andeutete. Untermauert wurde dies durch eine E-Mail, die Tim mir am 1. Juni geschickt hatte: »Falls Juljas Mutter nach solchen Anweisungen handelte, wurden ihr diese gegeben, unmittelbar nachdem Colin damals in Kerbume auf der Knochenstraße losgeprescht war wie ein Rennpferd.« Offensichtlich hatte Tim dem Reporter etwas anderes erzählt, weil er glaubte, »kein Geld zu bekommen« würde als glaubwürdigere Rechtfertigung seines Verhaltens verstanden.

Der Artikel lieferte eine verzerrte Version dessen, was tatsächlich passiert war, und stellte mich in schlechtem Licht dar.

Als ich Graeme eine E-Mail schickte, um zu fragen, wie angesichts unleugbarer Beweise eine derartige Entstellung der Wahrheit zustande komme, lautete seine Antwort: »Huch, tut mir leid. Das ist das, was Tim mir erzählt hat. Muss zugeben, als ich mich durch meine Notizen wühlte, war es manchmal schwer, aus dem ›er sagte, sie sagte‹ schlau zu werden.«

Ich kapierte es nicht. Was war so faszinierend an dem Bruch in unserem Team? Warum schoss ein Reporter der angesehensten Tageszeitung in Kanada sich auf den persönlichen Streit ein wie eine Boulevardzeitung, die einem prominenten Paar auf der Spur ist, das sich in den Haaren liegt? Tim und ich passten als Teamgefährten nicht zusammen und konnten nicht zusammen weiterreisen – das war's auch schon. Dasselbe Szenario kommt tagtäglich am Arbeitsplatz, in unverträglichen Ehen, in Sportmannschaften und sogar bei alten Männern, die Schach spielen, vor. Warum ritt die Presse so beharrlich auf einem Aspekt unserer Expedition herum, der ebenso weit verbreitet wie unmöglich korrekt darstellbar war? Waren zwei Männer, die den Planeten umrundeten, indem sie über Ozeane ruderten und durch gefrorene Einöden zogen, nicht genug für eine Story?

Bei ungefähr drei Viertel aller langen Expeditionen kommt es zu größeren Rissen innerhalb des Teams oder zu dessen völliger Auflösung. Wenn man die räumliche Nähe, die Entscheidungen auf Leben und Tod sowie das aufreibende Umfeld bedenkt, ist diese Tatsache nicht verwunderlich. Ich hatte bisher Glück gehabt, weil das Kräftespiel zwischen den Teilnehmern auf allen meinen früheren Expeditionen relativ harmonisch gewesen war. Am Beginn dieser Reise hatte ich geglaubt, dass Tim und ich bis zum Schluss zusammenarbeiten könnten. Ich hatte mich geirrt. Und wegen dieses Irrtums würden Reporter, die nach pikantem Klatsch suchten, den Rest unserer Expedition unwiderruflich verändern.

Der *Globe and Mail*-Artikel war eine Bodenschwelle, die unserer Expedition beinahe das Fahrwerk herausriss. Wir standen im Begriff, eine Vereinbarung mit einem Unternehmen zu treffen, das Hauptsponsor werden wollte. Doch nachdem man dort den Text von Graeme Smith gelesen hatte, überlegten die Firmenvertreter es sich anders. Sie meinten, auf die Art von bescheidener Publicity, wie sie sie in dem *Globe*-Porträt erlebt hätten, seien sie nicht sonderlich erpicht. Sogar einige unserer bereits existierenden Ausrüstungssponsoren schienen sich durch den Bericht beeinflussen zu lassen, und unsere Beziehungen zu ihnen wurden immer angespannter.

Zudem traf eine Flut hasserfüllter Briefe ein von Kanadiern, die den Artikel gelesen hatten. Sie meinten, wir würden Kanada blamieren, oder lieferten ihre eigene Analyse unserer Unzulänglichkeiten, begleitet von verletzenden Kommentaren wie: »Unreife Repräsentanten Kanadas. Skandalös. Presse und Medien haben exakt dargestellt, wie diese Situation zu bewerten ist – diese Reise ist nicht nur schlecht geleitet, sondern auch ein Witz für unsere nationale Glaubwürdigkeit, weil Idioten wie ihr unter meiner Flagge unterwegs seid. Bei der Art, wie ihr dieses Land repräsentiert habt, wird mir schlecht.«

Es sah so aus, als würden die Nachwirkungen meiner Trennung von Tim mich weiter verfolgen. Julie und ich konnten nichts anderes tun, als uns auf unsere eigene kommende Herausforderung zu konzentrieren. Wie auch immer die Welt uns wahrnahm, wir würden in Kürze durch Ost- und Westeuropa mit seinen berühmten Bauwerken, Wäldern, Weinanbaugebieten und Bergen reisen. Und darauf würden wir eine schwierige und abenteuerliche Überquerung des Atlantischen Ozeans folgen lassen.

Das größte Hindernis war jetzt Bargeld. Julie hatte 5000 Dollar für das Ruderboot angezahlt, und die restlichen 25 000 Dollar müssten wir bis August beschaffen. Wir kamen nicht weiter bei der Suche nach finanzieller Unterstützung, und wir brauchten sehr bald das große Geld. Es sah so aus, als müssten wir Schulden machen – wir hatten jeder über Dispokredite und Kreditkarten Zugriff auf ungefähr 15 000 Dollar. Trotzdem fehlten noch immer 20 000 Dollar von den 50 000, die wir unserer Schätzung nach brauchten, um nach Hause zu kommen. Ich bezweifelte, dass die Banken bereit wären, uns mehr Geld zu leihen. Höchstwahrscheinlich fallen Ozean-Ruderfahrten unter die Rubrik »hochriskante« Investitionen.

Es wurde Zeit, meinen Bruder George um ein Darlehen zu bitten. Ich hatte mir noch nie Geld von meiner Familie geliehen, aber ich blickte auf einen zerbrechenden Traum, dessen Verwirklichung ich so viele Jahre herbeigesehnt hatte. Die ganze Reise war wegen fehlender finanzieller Mittel gefährdet. Mein Bruder war unsere letzte Hoffnung. Wenn er Nein sagte, bliebe uns nichts anderes übrig, als schnell unsere Taschen zu packen und nach Hause zurückzukehren.

George, der als erfolgreicher Anleihenmakler in London arbeitete, antwortete sofort auf meine Bitte. »Natürlich kann ich dir Geld leihen«, stand in seiner E-Mail. »Und mach dir keine Sorgen wegen der Zinsen.«

Und damit hatte sich's. Julie und ich würden uns massiv verschulden, und die Expedition würde weitergehen. Es war eine beängstigende Aussicht, so viel geliehenes Geld in ein derart riskantes Unternehmen zu stecken. Bei so vielen Fallstricken konnte es leicht passieren, dass wir heimkehren mussten, ohne die Expedition erfolgreich zu beenden, und dann tief in den roten Zahlen stecken würden.

Ich erhielt eine E-Mail von Erden Eruç, der uns zur erfolgreichen Ankunft in Moskau gratulierte und uns Glück wünschte auf unserer Weiterreise zurück nach Vancouver. Und er bat um Tims E-Mail-Adresse, damit er sich direkt mit ihm in Verbindung setzen könne. Ich dankte Erden für seinen Zuspruch und gab ihm Tims Adresse.

Ein paar Tage später bekam ich eine E-Mail von Tim mit seiner Antwort auf meinen Vorschlag, am Stadtrand von Vancouver aufeinander zu warten. Überraschenderweise hatte er sich plötzlich eines anderen besonnen und behauptete nun, dass er mit seiner Expedition nicht weitermachen würde. Doch wieder hatte ich den Eindruck, als versuchte er zu angestrengt, mich von dieser Änderung seiner Pläne zu überzeugen. Er schloss die lange E-Mail mit folgender Erklärung: »Aber angenommen, du fühltest dich genötigt, energisch und schnell loszustürmen, wenn ich das Schriftstück nicht unterschreibe, würde ich es todsicher trotzdem nicht unterschreiben. Etwas an der Erkenntnis, dass du ein bequemes Tempo aufgeben würdest für eine Gemütsverfassung aus Angst und Verfolgungswahn, sagt mir, ich sollte besser nicht unterschreiben. Damit wird hoffentlich mein Standpunkt klarer, dass man weniger erreicht, wenn man durchs Leben hetzt, als sei der Leibhaftige hinter einem her, während meine Art zu reisen den Verlauf der Expedition viel unterhaltsamer macht.«

Während ich Tims E-Mail durchlas, beschleunigte sich mein Puls. Machte Tim in Wirklichkeit weiter? Wenn dies der Fall war und er den Vertrag nicht unterzeichnete, dann schien naheliegend zu sein, dass er die Absicht hatte, mich zu schlagen. Tim schickte noch vier weitere E-Mails. In jeder wiederholte er, dass er nicht weitermache und von Moskau aus nach Hause fliegen würde. Ich war nervös. Sollte Tim tatsächlich ein zusätzlicher Konkurrent in unserem Rennen um die Welt werden, welche Taktik würde er benutzen, um die Führung zu erringen?

13 Vom Roten Platz an die Donau

Am 19. Juli standen Julie und ich neben unseren Fahrrädern auf dem Roten Platz vor der Basilius-Kathedrale. Der Sprühregen hatte vorübergehend aufgehört, und die farbenprächtige Architektur trotzte dem grauen Himmel darüber. Die gestreiften Zwiebelkuppeln wirkten wie ein Bild aus einem Märchen – sie waren meinem Gehirn von Kindesbeinen an eingeprägt worden, schienen aber eher in den Ablagen der Fiktion als der Realität gespeichert zu sein. Nachdem Iwan der Schreckliche diese schöne Kathedrale in Auftrag gegeben hatte, ließ er den Baumeister blenden, damit dieser für niemanden sonst jemals ein solches Meisterwerk schaffen könne.

Dieser wohl schönste städtische Platz der Welt schien der passende Ort zu sein, von dem aus Julie und ich unsere 22 000 Kilometer lange Heimreise antreten konnten. Unser Verabschiedungskomitee war klein: ein Reporter und ein Kameramann vom »Ersten Kanal«, einem russischen Fernsehsender. Hinter den beiden schoben sich Hunderte von Touristen über das Kopfsteinpflaster von Russlands berühmtestem Wahrzeichen.

Da die Zeit bis zu unserem Aufbruch von der portugiesischen Küste knapp war, konnten wir unmöglich in Moskau bleiben und Tims Ankunft abwarten, damit er und ich die Etappe von Vancouver nach Moskau offiziell gemeinsam beenden konnten. Stattdessen hatte ich ihn gebeten, mich über sein Vorwärtskommen auf dem Laufenden zu halten, und ihm versprochen, mit öffentlichen Verkehrsmitteln zurückzukehren, sodass wir zusammen in die Stadt radeln und die Expedition für abgeschlossen erklären konnten. Da zwischen Kiew in der Ukraine und Moskau eine Bahnverbindung parallel zu unserer Route verläuft, schien ein zweiter Besuch recht unkompliziert zu sein.

Julies Fahrrad war ein neues Norco-Tourenrad, viel leichter als mein eigenes. Wir gingen davon aus, dass die Straßen von Moskau nach Portugal gut asphaltiert waren, sodass sie eigentlich kein so robustes Fahrrad wie meines bräuchte. Mein eigenes Fahrrad war erneut von den freundlichen Leuten bei Trial Sports überholt worden; der Fahrradspezialist hatte auch in Moskau eine Filiale, und ich war zuversichtlich, dass mein Rad die restlichen 5500 Kilometer bis zum Atlantik schon aushalten würde.

Wir winkten der Fernseh-Crew zum Abschied zu, bevor wir durch die verkehrsreichen Straßen in Richtung M2 fuhren, der Fernstraße, die bis hinunter in die Ukraine führen würde. Für mich war es bloß ein weiterer Tag im Sattel; für Julie war es der Beginn eines langen, aufregenden Abenteuers. Wie die ängstliche Besorgnis, die eine neue Liebesaffäre einleitet, symbolisierte unsere Abreise aus Moskau für Julie den Eintritt in eine aufregende und lebhafte neue Welt, die weit entfernt war von ihrem Bürojob in Vancouver. Julie nahm ihre neue Umgebung mit großen Augen in sich auf: stark besuchte Märkte, ungewöhnliche russische Fahrzeuge, hupende und gestikulierende Autofahrer und merkwürdige Verkehrsschilder mit kyrillischen Buchstaben. Selbst die waghalsige Art, wie die russischen Fußgänger zwischen dem Autoverkehr hindurchflitzten, um die Straße zu überqueren, stand in starkem Kontrast zu dem vorsichtigeren Verhalten daheim. Alte Babuschkas gingen über die vierspurige Schnellstraße, indem sie einfach immer nur eine Spur überquerten, auf den Trennungslinien stehen blieben und, während die Autos vorbeisausten, warteten, bis die nächste Spur frei wurde.

Julie kam gut mit. Als wir die Außenbezirke Moskaus erreichten, hielten wir an einem Café, um unseren Hunger zu stillen. Ich fiel über das Essen her, das mir im Vergleich zu der Hausmannskost, die ich in den Straßenrestaurants der abgelegeneren Gegenden probiert hatte, mittelmäßig vorkam.

»Wow!«, rief Julie aus, als sie die ersten Bissen eines Salats aus Tomaten, Gurken, Dill und Zwiebeln kostete. »Das ist absolute Feinschmeckerkost. Als du mir erzähltest, du würdest in Cafés essen, stellte ich mir Imbissbuden vor, die abgepackte Sandwiches verkaufen. Dieses Essen ist köstlich.«

Die Kellnerin hatte Mühe, Platz auf unserem Tisch zu finden, als sie Schüsseln mit dampfendem Borschtsch, Brot, gegrillte Hähnchenspieße, gekochten Buchweizen und Gemüse ablud, gefolgt von Tee und Crêpes mit Sauerrahm.

»Es wird nur besser«, versprach ich, »und bei vier Dollar pro Mahlzeit entspricht es auf jeden Fall dem Budget.«

Ich war froh, dass Julie nur allzu gern die Tradition fortführte, zweimal am Tag in Restaurants zu essen. Für mich waren diese kulinarischen Pausen zu Höhepunkten meiner Tage auf dem Rad geworden. Zwischen den Esslokalen hielten wir unsere Körper mit einem regelmäßigen Nachschub an Obst, Schokolade, Chips und exotischeren Schnellgerichten, die wir unterwegs in kleinen Läden kauften, bei Kräften.

Nachdem wir in dem Café gegessen hatten, gingen wir in das Geschäft nebenan, um uns ein paar Snacks für unterwegs zu holen. Julie war fasziniert von der Aufteilung des Ladens, die sich so sehr von dem unterschied, was sie gewohnt war. Eine rundliche Dame im Kittel und mit rot gefärbten Haaren stand hinter einem überdimensionalen Rechenbrett. Alle Artikel lagen hinter der Ladentheke, und ich musste jede Sache, die ich haben wollte, einzeln verlangen. Die Verkäuferin legte die Produkte auf die Theke und rechnete sie mit energischen Klicks auf dem Abakus zusammen.

Das System kam mir schwerfällig und umständlich vor. Trotzdem ist es dem alten dreiteiligen sowjetischen System um Lichtjahre voraus. Damals musste man sich zuerst anstellen, um der Verkäuferin die Artikel zu nennen, die man kaufen wollte. Sie schrieb alles auf eine Liste, zusammen mit dem Preis jedes Artikels. Dann ging man weiter zu einer Kassiererin, um die Waren im Voraus zu bezahlen. Von dieser Kassiererin erhielt man eine Marke, sodass man zu der ersten Verkäuferin zurückkehren und endlich mit den gewünschten Waren nach Hause gehen konnte.

Wir passierten die Stelle, wo ich die Moskauer Stadtgrenze überschritten hatte, und fuhren nun über die ausgezeichnete Schnellstraße weiter nach Südwesten. Die Straße verfügte über eine breite Standspur, die Radfahrern jede Menge Platz bot. Während unsere Räder den glatten, schnellen Asphalt verschlangen, huschten am Straßenrand in gleichmäßigen Abständen Kilometersteine vorbei.

Wir legten die 550 Kilometer zur ukrainischen Grenze in fünf Tagen zurück. Unsere langen Tagesetappen wurden oft von Russen aufgelockert, die mit ihren Autos anhielten, um uns mit aufmunternden Worten Mut zu machen, worauf fast immer Geschenke folgten: Schokoriegel, Kuchen, frische Äpfel, Quellwasser oder Kekse. Ein Mann in einem rostenden Wolga erzählte uns aufgeregt, er habe uns im Fernsehen gesehen. Er machte zwei Fotos von uns, spähte dann in seinen Wagen und runzelte die Stirn: Er hatte uns wenig zu bieten. Schließlich reichte er alles herüber, was er finden konnte – ein halb leeres, aber noch immer kaltes Sportlergetränk –, und sagte uns auf Wiedersehen.

Nachdem ich mich fast ein Jahr lang durch Russland gequält hatte, war ich einerseits begeistert, andererseits traurig, die gegenüberliegende Grenze des Landes zu erreichen. Ein winziges Dorf lag dort, noch auf der russischen Seite, sein Name ist vergessen und in meinen Notizen verloren. Diese Gemeinde wurde in meinem Kopf zum abschließenden Symbol der riesigen, stolzen und mitfühlenden Nation, die zu verlassen wir im Begriff standen. Julie und ich hatten vor, uns schnell an dem unmittelbar neben der Hauptstraße liegenden Weiler vorbeizuschmuggeln und gleich weiter zum Grenzübergang zu fahren. Doch ein Kleinbus voller altersschwacher Männer, der in Schlangenlinien die Straße hinunterfuhr, fing uns ab. Der Anführer der Rentner, Konstantin, ein glatzköpfiger Mann Mitte siebzig, lud uns ein, mit seinen Kumpels an einem Festessen im Dorf teilzunehmen. Er sprach Deutsch, sodass Julie, da sie diese Sprache fließend beherrschte, sich mühelos mit dem alten Mann unterhalten konnte.

Wir folgten dem klapprigen Bus in ein Dorf, das aus zwei Betonwohnblocks zusammen mit ein paar hölzernen Gebäuden bestand.

Das Fahrzeug scherte aus, um Vieh auszuweichen, das auf der Straße herumspazierte. Wir wurden zu einem Café mit mehreren Tischen und Stühlen draußen hinter dem Haus geführt. Die Tische waren beladen mit frischen Speisen, die von den Ehefrauen der alten Männer zubereitet worden waren.

Konstantin erzählte uns, dass alle Nahrungsmittel hausgemacht und aus eigenem Anbau seien (wie es häufig der Fall ist, wenn man von 50 Dollar im Monat leben muss). Sie stammten aus den Gärten und von den Hühnern und Kühen am Ort. Fettiges, cremiges Rührei, verschiedene Sorten Käse, frische Salate, Pfannkuchen, Würste, Kuchen, Tomaten und Obstkompott waren überall auf dem Tisch verteilt. Dazwischen standen große Plastikflaschen mit Selbstgebranntem.

»Setzten Sie sich«, forderten unsere Gastgeber uns auf.

Julie und ich schlemmten. Ein paar Gläschen von dem Schwarzgebrannten dämpften unsere nagenden Sorgen darüber, dass diese Region genau in der Schneise der radioaktiven Strahlung nach der Reaktorkatastrophe von Tschernobyl lag. Die Russen ließen sich von dieser Tatsache nicht aus der Ruhe bringen, und ich fand meine Sorgen belanglos, da wir hier schließlich nur ein einziges Mal aßen. Eine riesige, fetthaltige Mahlzeit in den »goldenen Bögen«* würde unserer Gesundheit zweifellos mehr schaden.

Konstantin erklärte, dass alle Männer am Tisch Veteranen des Zweiten Weltkriegs seien. Sie träfen sich jede Woche, um zu essen, zu trinken und einfach so daherzureden. Das älteste Mitglied des Clubs war Dimitri, ein verschmitzt aussehender Mann von 96 Jahren.

»Dimitri wird vielleicht langsam alt«, sagte Konstantin augenzwinkernd, »aber er ist immer noch der beste Tänzer der Stadt.«

Dimitri bestätigte Konstantins Behauptung, indem er aufstand und die Arme kreisen ließ, um sein Können zu demonstrieren. Die übrigen Männer klatschten und johlten, und dann setzte er sich, über das ganze Gesicht strahlend, wieder hin.

---

* Auch »goldenes M«, Anspielung auf das Symbol von McDonald's.

»Wir sind alle heimliche Kommunisten«, sagte Dimitri. »Die neuen Russen reden alle über die Wunder des Kapitalismus. Aber für alte Opas wie uns tut er nichts. Russland hat uns vergessen, und das Einzige, was wir tun können, ist existieren, bis wir sterben. Aber wenigstens haben wir was zu trinken.«

Er hob sein mit dem Schwarzgebrannten frisch gefülltes Glas hoch in die Luft, und der Rest der Gruppe tat es ihm gleich.

»Auf Frieden und Glück überall auf der Welt. Wir haben zwei Ausländer an unserem Tisch, und wir heißen sie in unserem Kreis willkommen und wünschen ihnen Glück auf ihrer weiteren Reise.«

Julie und ich verließen das Dorf satt – und betrunken. Vier junge Burschen hielten mit ihrem verrosteten Lada uns gegenüber an. Der Fahrer lehnte sich aus dem Fenster. Er lächelte schelmisch und erklärte in gebrochenem Englisch. »Nehmt euch in Acht vor russischer Mafia. Wir Gangster – peng, peng!«

Sein Publikum auf der Rückbank brach in schallendes Gelächter aus, und der Wagen knatterte die Straße entlang auf das Dorf zu.

Es fällt schwer, mit der Gewohnheit zu brechen, »die Ukraine« zu sagen. Den Bürgern der Ukraine ist es lieber, wenn von ihrer Nation ohne den bestimmten Artikel gesprochen wird. Meinen Landsleuten ginge es ohne Zweifel nicht anders, sollten die Leute plötzlich anfangen, ihr Land als »das Kanada« zu bezeichnen.

Nachdem wir die Grenze ohne Komplikationen überschritten hatten, kamen wir in das zweitgrößte Land Europas. Von hier aus wandten Julie und ich uns mit unseren Fahrrädern Kiew zu, der 200 Kilometer entfernten Hauptstadt des Landes.

Ukraine wirkt wie ein aufsässiges Kind, das versucht, sich von seinen Eltern loszureißen. Das Land war einst Teil der Sowjetunion, und die Atmosphäre ist nach wie vor russisch. Die wichtigste gesprochene Sprache ist noch immer Russisch, russische Autos sind allgegenwärtig, das Essen ist ungefähr gleich, und selbst die Landschaft sieht fast genauso aus. Trotz seiner sowjetischen

Verbindungen, oder höchstwahrscheinlich gerade deswegen, versucht Ukraine sich von den Trümmern des Kommunismus loszureißen und seine Beziehungen zu Westeuropa auszubauen.

Warum das Land so sehnsüchtig nach Westen blickt, ist unschwer zu erkennen. Die Armut ist allgegenwärtig. Nachdem Ukraine jahrzehntelang dazu benutzt wurde, Russland den Hintern abzuwischen, ist dem Land wenig geblieben. Der Großteil der ländlichen Bevölkerung lebt am Existenzminimum, was die meisten Nordamerikaner wohl höchstens von ein paar Kolonien von Duchoborzen (»Geisteskämpfer«), Angehörigen einer von der russisch-orthodoxen Kirche abweichenden christlichen Glaubensgemeinschaft, annehmen würden.

Während wir die ausgefahrene Fernstraße aus Beton hinunterfuhren, vorbei an Getreide- und Sonnenblumenfeldern, registrierte ich mit Erstaunen, wie wenig Traktoren und Autos von den Einheimischen benutzt wurden. Stattdessen zogen Pferde hoch mit Heu beladene Wagen oder brachen eiserne Pflüge die schwarze Erde auf. Das Heu wurde mit langen Sensen gemäht, während die Familien im Gleichklang arbeiteten, um das Futter für ihr Vieh zu schneiden.

Trotz des ländlichen Charakters ihrer Arbeit trugen viele junge Frauen Miniröcke oder enge Blusen und Hosen, die besser zu einem nächtlichen Stadtbummel gepasst hätten und sich an Körper schmiegten, die durch die körperliche Arbeit gut in Form waren. Die jungen Männer waren einfacher angezogen.

Wir hielten an, um eine Mutter, einen Vater und die Tochter zu fotografieren, die Heu auf den Pferdewagen warfen. In ihrer weiten Kleidung aus Wolle und Baumwolle hätten die Eltern aus dem 18. Jahrhundert hierher teleportiert sein können. Im Gegensatz dazu trug das knapp unter zwanzigjährige Mädchen einen Minirock und eine enge, geblümte Spitzenbluse.

Die beiden Frauen kamen lächelnd zu uns herüber, während der Mann weiter das Heu aufhäufte. Sie hatten einen Krug mit Quellwasser bei sich, aus dem wir tranken, bevor wir unsere eigenen Flaschen füllten.

»Wir haben unseren Wintervorrat an Heu für unsere Kühe fast zusammen«, sagte die Mutter. »Es war eine gute Jahreszeit mit viel Regen.«

Die reichlichen Erträge, welche die Landbevölkerung heute hat, stehen in krassem Gegensatz zu den Verhältnissen zur Sowjetzeit. Die sowjetische Regierung betrachtete die fruchtbaren Felder der Ukraine mit gierigen Blicken und erlegte den landwirtschaftlichen Produktionsgenossenschaften enorme, unmöglich zu erfüllende Quoten auf. Fast alle Erzeugnisse und der größte Teil des Getreides wurden nach Osten abtransportiert, während die Ukrainer in ihren eigenen üppigen Gärten hungerten. Zwischen 1932 und 1933 starben Millionen den Hungertod, mehr als die Gesamtzahl der in den Kämpfen des Zweiten Weltkriegs gefallenen Ukrainer. Die große ukrainische Hungersnot, die »Holodomor«, ist mittlerweile von mehreren Regierungen weltweit als eine Form des Genozids anerkannt worden, weil sie erkannt haben, dass die Hungersnot von den Sowjets künstlich herbeigeführt worden war, um das Land und seine Bevölkerung zu schwächen.

Die schwache Wirtschaft der Ukraine bedeutet, dass alle im Lande produzierten Waren und Dienstleistungen billig sind. Julie und ich konnten in Restaurants am Straßenrand kräftige Mahlzeiten für fast nichts essen, und wir gönnten uns sogar zwei Nächte in einem Hotel. Das komfortable, saubere Zimmer in einem schlossartigen Gebäude kostete zehn Dollar die Nacht. Eine andere Spezialität, der wir verfielen, war ukrainische Eiskrem. Sie ist noch leckerer als die russische Variante, und im Vergleich zu Häagen-Dazs schmecken die sahnigen ukrainischen Köstlichkeiten besser, bei etwa einem Zehntel des Preises. Unsere Lieblingsgeschmacksrichtungen waren Vanille mit einem Häufchen echter Himbeeren, überzogen mit weißer Schokolade, und Vanille mit Karamell unter einer Glasur aus Schokolade und Nüssen.

Drei Tage auf dem Rad brachten uns nach Kiew. Allerdings zeigte sich, dass es nicht ganz einfach war, die Schönheiten der malerischen, uralten Stadt zu bewundern. Der Verkehr auf den schmalen Straßen erforderte unsere ungeteilte Aufmerksamkeit.

Wenn wir uns vom Radfahren ablenken ließen, konnten unsere empfindlichen Körper zwischen großen, sich schnell bewegenden Objekten zerquetscht werden. Unser Aufenthalt hier sollte nur kurz sein, gerade lange genug, um ein Internetcafé zu finden und uns um geschäftliche Dinge zu kümmern. Wir mussten Geld überweisen, um das Boot zu kaufen, und dafür sorgen, dass es von Großbritannien nach Portugal befördert wurde.

Die Organisation der Ruderfahrt über den Atlantik war uns in letzter Zeit ein wenig über den Kopf gewachsen, da wir zur gleichen Zeit quer durch Europa radelten. Ein guter Freund, Dean Fenwick, bot sich deshalb an, für uns den Logistikmanager mit Sitz in Vancouver zu machen – Arbeit, die auf einen zweiten, und leider unbezahlten, Vollzeitjob hinauslief. Während der nächsten vier Monate half Dean, das komplizierte Verladeverfahren zu überwachen, überwies Gelder, aktualisierte unsere Website und bestellte Dutzende unentbehrlicher Dinge für die Expedition, wie Karten, Lotsenbücher, Elektronik und Unterwasserkameragehäuse. Mein Bruder George unterstützte uns mit ständigen Recherchen und dem Sammeln von Informationen für die Ozeanetappe.

Ich hatte immer gehofft, dass der Erfolg meiner früheren Expeditionen mir irgendwann erlauben würde, meine Anstrengungen zu hundert Prozent auf die körperliche Herausforderung der vor mir liegenden Aufgabe zu konzentrieren, während ein Team sich um alle anderen Aspekte kümmerte: ein Kameramann um den Film, eine Crew daheim um die Logistik und vielleicht ein Hilfstrupp um unser Boot, damit es ozeantauglich wäre, sodass Julie und ich bloß noch vom Rad steigen und losrudern müssten.

Aber mein Traum vom »Team Angus« sollte nicht in Erfüllung gehen. Meine Erfahrung als Filmproduzent folgte demselben Strickmuster. Meine vorherigen zwei Dokumentarfilme, jeder mit einem Budget von weniger als 5000 Dollar produziert, haben acht Preise auf internationalen Filmfestivals gewonnen und wurden weltweit auf National Geographic Television ausgestrahlt. Doch diese Publicity reichte nicht, um auch nur einen Cent Unterstützung für unser bislang aufregendstes Projekt einzusammeln, und unser gegenwärtiger Film wurde finanziert durch den Bodensatz, den wir von unseren Dispokrediten kratzten. Ein durchschnittlicher Dokumentarfilm ist das Ergebnis mehrmonatiger Arbeit von vier oder fünf Profis mit einem Budget von mehreren Hunderttausend Dollar. Für Julie und mich war die Arbeit an unserem Film nur ein weiterer Vollzeitjob, den wir in unseren bereits ausgefüllten Arbeitstag quetschen mussten. Wir waren die Produzenten, Regisseure, Ton-Crew, Kameramänner, Stunt-Doubles und der Stoff des Films. Was uns an Mitteln fehlte, machten wir durch Entschlossenheit wett. Wir wollten, dass dieser Film der allerbeste wurde.

Von Tim waren ein paar Zeilen per E-Mail eingetroffen. Es klang, als hätte er Mühe, Moskau zu erreichen, bevor sein (und mein) Visum am 19. August ablief. Er tat jedoch sein Bestes, mir zu versichern, dass er es rechtzeitig schaffen würde: »Vielleicht erwartest du, dass ich erst nach dem 15. August ankomme, dem geschätzten Termin, den ich dir früher genannt habe, aber natürlich wissen wir beide, dass ich viel schneller bin als du«, schrieb er. »Wenn du von Nowosibirsk 24 Tage gebraucht hast, dann müsste ich es von Omsk eigentlich in knapp zwei Wochen schaffen. Sogar Julja ist schneller als du.« In einer anderen E-Mail fragte er: »Waren 170 Kilometer am 8. Juni (zu diesem Zeitpunkt dein längster Tag) dein längster bislang gemessener Tag? Ich frage nicht einfach, um deine hohe Marke möglicherweise zu einer Distanz zu machen, die es zu schlagen gilt, ich wollte dich nur wissen lassen, dass Julja neulich 180 Kilometer zustande gebracht und dich damit voll auf den dritten Platz verwiesen hat, wenn ich mich nicht irre.«

Tim schrieb, er werde die Videokamera nicht übergeben, wenn ich nicht persönlich nach Moskau käme. Offensichtlich wusste er, dass ich Bedenken wegen unserer ablaufenden Visa hatte. Die Frage war, wieso kümmerte es ihn? Bestimmt nicht, weil er freundschaftliche Gefühle für mich hegte und wollte, dass wir uns den Ruhm teilten. Wenn ich nicht nach Moskau zurückkehrte, wäre es einzig und allein zu meinem Schaden, und ich könnte niemals behaupten, ich hätte die Expedition von Vancouver nach Moskau offiziell zum Abschluss gebracht, da ich mit meinem Fahrrad nicht über die Stadtgrenze gefahren war.

Ich erwog meine Möglichkeiten. Wenn Tim es schaffte, 17 Tage hintereinander 170 Kilometer pro Tag zu fahren, würde er am letzten Tag unserer Visa in Moskau eintreffen. Obwohl es möglich war, dass er dieses Tempo beibehielt, konnte jede Verletzung oder jedes technische Problem – oder unzählige andere unvorhersehbare Verzögerungen – seinen engen Zeitplan zunichtemachen. Als ich vorgehabt hatte kehrtzumachen, um die Fahrradetappe bis nach Moskau hinein zu Ende zu bringen, hatte ich stets angenommen, Tim würde lange vor Ablauf unserer Visa eintreffen. Russische Beamte würden einen Touristen, der sein Visum überschritten hatte, nicht freundlich ansehen, und es war eine Klemme, in die ich mich nicht bringen wollte. Wenn ich zurückkehren wollte, müsste ich in einer russischen Botschaft irgendwo außerhalb Russlands ein neues Visum beantragen (ein bestehendes Visum kann innerhalb Russlands nicht verlängert werden). Dieses Verfahren konnte bis zu zwei Wochen dauern. Insgesamt würde es mich mindestens drei Wochen wertvoller Zeit kosten.

Könnten diese zu erwartenden Verzögerungen genau der Grund sein, warum Tim so sehr wollte, dass ich nach Moskau zurückkehrte? Ich las seine E-Mails noch einmal genau: »Andernfalls hast du vielleicht immer noch die Wahnvorstellung, dass ich dich erwische und versuche, der Erste zu sein. Ich habe dir früher schon gesagt, ich fand es wirklich unterhaltsam, dass du von dieser Angst getrieben wurdest, aber nicht so weit, dass ich erleben möchte, wie du deine Karriere ruinierst und mir die Sache erschwerst, indem du dich vor unserem Treffen drückst … Versuch es von meiner Warte aus zu betrachten – wo ich so viel zu gewinnen habe, wenn ich auf Tour gehe, während B. C. und Alberta* gespannt meine Zeitungsserie verfolgen, warum sollte ich mir das entgehen lassen? … Lass dich also von der Paranoia wegen meiner Pläne nicht davon abhalten, dich mit mir in Moskau zu treffen.«

* British Columbia (B. C.) und Alberta sind zwei Provinzen im Westen Kanadas.

War ich paranoid? In Tims Versuchen, mich zur Rückkehr nach Moskau zu überreden, schien etwas Verzweifeltes zu liegen. Meine Intuition riet mir, nicht zurückzukehren. Ich beschloss auf der Stelle, es nicht zu tun. Ganz gleich, was Tim ausheckte, die stürmische Jahreszeit würde in Kürze die Westküste Europas erreichen. Ich konnte es mir einfach nicht leisten, mir drei Wochen freizunehmen von der Expedition, ohne Julies und meine eigene Sicherheit zu gefährden. Ich schrieb Tim zurück und sagte ihm, dass ich nicht nach Moskau zurückkäme und dass ich für die Abholung der Kamera andere Arrangements treffen würde. »Es sieht so aus, als würdest du dich extrem schinden, um es bis zum 18. August zu schaffen«, schrieb ich. »Da dies der letzte Tag ist, bevor unsere beiden russischen Visa ablaufen, kann ich das Risiko leider nicht eingehen, nach Russland zu fliegen, wo schon eine leichte technische Verzögerung oder irgendwelche anderen Probleme meinen Abstecher sinnlos machen würden. Ich wünsche Julja und dir einen angenehmen Abschluss dieser Reise.«

»Liebling, sieh dir das hier mal an«, sagte Julie und deutete auf ihren eigenen Computerbildschirm.

Sie hatte gerade Erden Eruçs Fortschritte auf seiner Website kontrolliert, als sie auf ein Update aufmerksam wurde. Erden hatte geschrieben, dass er fieberhaft an seinem Offshore-Ruderboot gearbeitet habe. Einer der Punkte, den er ausführlich schilderte, war die Tatsache, dass er dabei war, ein Videokamerasystem zu installieren, das 90 Tage lang nonstop filmen konnte.

»Wie lange wird er draußen auf See sein, wenn er von Miami nach Panama rudert?«, fragte Julie.

»Gegen diese Strömungen wahrscheinlich ewig«, sagte ich. »Aber ich bin mir sicher, dass er davon ausgeht, es in ein paar Wochen zu schaffen.«

»Und warum muss er dann unbedingt 90 Tage nonstop filmen?«, wunderte sich Julie.

Es war ein Rätsel. Plante er eine längere Rudertour, die er nicht verriet? Oder wurden Julie und ich vom tagelangen Braten in der Sonne einfach paranoide Wracks?

Ukraine zog rasch vorbei. Wir waren beeindruckt von der Qualität der wichtigsten Fernstraße in Richtung Ungarn, nachdem wir gegenteilige Schilderungen ihres Zustands gehört hatten. Das Land war größtenteils flach und von Landwirtschaft geprägt, und überall fanden sich kleine Seen und Teiche. Verwundert waren wir über den häufigen Anblick riesiger Vogelnester – auf Schornsteinen, stillgelegten Fabrikschloten, Basketballkörben und Telefonmasten. Ich vermutete, es seien Nester, die von riesigen, mutierten, im Dunkeln leuchtenden Tschernobyl-Staren gebaut worden waren. Julie entkräftete meine Theorie, als sie die Störche entdeckte, welche die meterbreiten Nester benutzten.

Es war Ende Juli. Die Temperaturen kletterten auf fast 40 Grad Celsius, auf dem Asphalt wahrscheinlich auf knapp über vierzig. Mir taten die kleinen Störche in den schattenlosen Nestern leid. Uns erging es auf der Straße nicht viel besser. Unsere Kleidung war schweißnass, und leichte Kopfschmerzen waren ein erster Hinweis auf einen drohenden Hitzschlag. Wann immer wir konnten, hielten wir an Seen neben der Straße und planschten kurz im Wasser, neben Lastwagenfahrern, die sich ungeniert ihre verschwitzten Eier schrubbten.

Die Karpaten waren das letzte Hindernis vor Ungarn, und wir stellten erleichtert fest, dass die Steigungen mit dem Rad recht gut zu bewältigen waren. Die Gebirgspanoramen waren spektakulär, und ich hatte das Gefühl, als würde ich die Schweiz vor 300 Jahren besuchen. Die Hänge erstreckten sich himmelwärts, und Kiefernwälder wechselten ab mit Weideland. Kühe und Schafe streiften, von Hirten gehütet, unter Glockengeläut über die Hänge. Hoch aufragende Heuhaufen, die von Sensen schwingenden Familien beladen wurden, standen überall verstreut auf den Feldern. Wir füllten unsere Wasserflaschen in den kristallklaren Bächen, die von den Berghängen herabplätscherten. Auf der anderen Seite des Gebirges schwebten wir auf einer glatten neuen Straße mit einem ordentlichen Seitenstreifen für Fahrräder hinunter.

»Wow«, rief Julie aus. »Die Straßen hier sind gut. Und stell dir vor, sie werden nur noch besser werden.«

Das dachten wir jedenfalls.

Wir passierten ohne Probleme die ukrainisch-ungarische Grenze – nur um in das am wenigsten radfahrerfreundliche Land Europas zu kommen.

Die ungarischen Straßen sind, wie wir feststellten, extrem schmal und haben keinen Platz für Radfahrer. Der starke Verkehr rauschte Zentimeter an unseren Fahrrädern vorbei. Uns fielen häufige Schilder auf, die einen stilisierten Radfahrer in einem roten Kreis zeigten – ein Hinweis für Kraftfahrer, auf Fahrräder achtzugeben.

Diese Schilder waren immerhin ein symbolischer Versuch, emissionsneutrales Reisen zu unterstützen, so glaubten wir – bis ein wütender Autofahrer uns belehrte, dass sie in Wirklichkeit bedeuteten: für Fahrräder verboten. Da es keine Ausweichstraßen gab, blieb uns allerdings kaum etwas anderes übrig, als Ungarns Antiradfahrgesetz zu missachten.

Außerdem war Ungarn das einsprachigste Land, in das wir bislang geraten waren. Kaum ein Mensch sprach Russisch, Deutsch oder Englisch, was die Verständigung unglaublich erschwerte. Die Preise für Fertiggerichte waren viel höher als in Osteuropa, sodass Julie und ich dazu übergehen mussten, in Supermärkten Zutaten für unsere Mahlzeiten zu kaufen, um den Rahmen unseres Budgets nicht zu sprengen.

Unsere größte Enttäuschung in Ungarn erlebten wir, als wir die erste Autobahn erreichten. Während meiner sibirischen Torturen hatte ich von den europäischen Schnellstraßen geträumt. Ich stellte mir den ebenen, glatten Asphalt und die breiten Seitenstreifen als die sicherste und schnellste Route durch Westeuropa vor. Unsere Träume vom schnellen Reisen waren nicht von langer Dauer. Zwei Stunden nachdem wir uns auf der ungarischen Autobahn eingeordnet hatten, wurden wir von der Polizei hinuntereskortiert. Der verärgerte Beamte führte uns zu einer von Schlaglöchern übersäten, schmalen, viel befahrenen Nebenstraße – samt »Radfahren verboten«-Schildern – und meinte, hier seien wir sicherer.

Die ungarischen Autofahrer hatten sich die Schilder ihres Landes zu Herzen genommen. Sie halfen, die »Radfahren verboten«-Botschaft mit Stinkefingern, beleidigtem Hupen und – am häufigsten – mit dem Zeigen auf das nächste Verbotsschild verständlich zu machen. Der gelegentliche Radweg schien in den Köpfen der Fahrer ihr feindseliges Verhalten zu rechtfertigen. Julie und ich jedoch lernten die Radwege beinahe ebenso zu hassen wie die Schilder. Oftmals lockte uns eine einladende, asphaltierte Nebenspur, die für Fahrräder ausgewiesen war, von der Straße herunter. Diese Wege führten dann unweigerlich von der Hauptstraße weg und endeten in irgendeinem abgelegenen Dorf, oder es wurde unmöglich, ihnen weiter zu folgen, weil sie sich in einem Labyrinth von Landstraßen verloren. Jedes Mal mussten wir denselben Weg zur Hauptstraße zurückfahren, wobei wir Stunden einbüßten, in denen wir nicht vorankamen.

Trotzdem hielt Ungarn durchaus Höhepunkte für straßenmüde Radfahrer bereit: saubere Toiletten; gut ausgestattete Tankstellen; gut gefüllte Supermärkte und einen untypischerweise freundlichen Autofahrer, der anhielt, um uns warme, von Mutti frisch gemachte Brathähnchen zu schenken.

Nach fünf Tagen in Ungarn schlüpften wir über die Grenze nach Österreich. Der fleißige, perfektionistische Nationalcharakter der Österreicher zeigte sich sofort. Es gab keinen Müll. Jedes Steinhaus sah aus, als würde es als Museumsschaustück unterhalten. Blumenrabatten waren ohne Unkraut. Abblätternde Farbe war ein Fremdwort. Eine derart weitverbreitete Reinlichkeit und Sorgfalt hatte ich noch nie erlebt. Die Dörfer mit ihren alten Steingebäuden an schmalen Kopfsteinpflasterstraßen hätten den Seiten eines Märchenbuchs entnommen und mitten zwischen Felder mit Rebstöcken oder Sonnenblumen verpflanzt worden sein können. Prunkvolle Kirchen, normalerweise am Marktplatz, waren geschmückt mit Springbrunnen, Steinbänken, makellosen Blumenbeeten und Sträuchern. Hinter den Dörfern, mitten zwischen den Sonnenblumen, produzierten moderne Windräder umweltfreundlichen Strom. Das Einzige, was fehlte, waren die Österreicher, da viele der Kulissen auf unheimliche Weise menschenleer waren, wie Drehorte, nachdem die Film-Crew für den Tag nach Hause gegangen ist.

Obwohl die von uns benutzte Schnellstraße nach wie vor schmal war, war der Asphalt brandneu, schwarz und glatt. Die Autofahrer ließen uns viel Platz. Es gab – Hallelujah! – keine »Radfahren verboten«-Schilder mehr.

Ein Einheimischer in den Vierzigern, der ein wenig trainieren wollte, holte uns auf seinem Rennrad ein und fing neben uns an zu plaudern. Julie übersetzte sein Deutsch für mich. Der Mann informierte uns, dass der weltberühmte Donau-Radwanderweg direkt vor uns in Wien beginne. Der asphaltierte Weg verlief parallel zu unserer Reiseroute und bot vielleicht eine malerische Abwechslung zu den stark befahrenen Straßen. Wir könnten in Wien, das einen Tag entfernt lag, auf den Weg stoßen und ihm die ganze Strecke bis nach Deutschland hinein folgen.

Wir zelteten am Rand eines absolut symmetrischen Getreidefeldes, neben einem Windschutz aus Pappeln. Am nächsten Morgen folgten wir breiten Fahrrad-Seitenstreifen, als wir durch die Außenbezirke der Hauptstadt Österreichs radelten. Sobald wir im Zentrum waren, verfuhren wir uns hoffnungslos und verbrachten Stunden damit, über Kopfsteinpflasterstraßen und durch enge Gassen zu holpern.

Schließlich erreichten wir die Donau, den zweitgrößten Strom Europas, von alters her einer der Hauptversorgungswege in die Stadt Wien. Zur Elektrizitätsgewinnung wird der Fluss aufgestaut. Statt jedoch zuzulassen, dass die gestauten Fluten das umliegende Land überschwemmen, wie es ein typischer Wasserkraftstausee in Nordamerika täte, schützten die Österreicher ihre begrenzte Bodenfläche durch Anlage ausgedehnter Deiche längs des Flusslaufs. Diese Deiche ermöglichen der Donau, beträchtlich zu steigen, ohne sich über ihr Flussbett hinaus auszubreiten.

Dann hatten die fortschrittlich denkenden Österreicher noch einen Geistesblitz. Sie beschlossen, die flachen, praktischen Flä-

chen auf den Deichkronen zu nutzen, um einen 800 Kilometer langen Radweg anzulegen. Die Radwanderroute durchquert einige
der malerischsten Gebirgslandschaften Europas.

In Österreich hat die Donau bei ihrer Passage durch die nördlichen Alpen gewaltige Schluchten gegraben. Mittelalterliche Dörfer und Burgen entlang der Flussufer lassen einen leicht vergessen,
dass man sich in einem technologisch fortgeschrittenen und hoch-
entwickelten Land befindet. Am allerbesten – für Radfahrer – ist,
dass der Weg fast vollständig frei von Steigungen ist, selbst wenn
der Fluss mitten durch die Berge läuft.

In der Nähe von Wien begegneten wir Langstreckenradfahrern
und Einheimischen, die auf Rädern oder Inlinern auf dem drei
Meter breiten Weg trainieren wollten. Nach ungefähr 20 Kilometern waren die meisten Benutzer des Weges Radwanderer, die prall
gefüllte Satteltaschen mitschleppten. Trotzdem sorgte unsere von
der Witterung arg strapazierte und durch die Reise verschlissene
Ausrüstung dafür, dass wir neben den glänzenden Rädern und der
neuen Ausrüstung der Österreicher auffielen. Außerdem schleppten wir weit mehr Ausrüstung auf unseren Rädern mit, weil wir
zelteten, statt in den luxuriösen und wahrscheinlich teuren Pensio-
nen und Hotels entlang der Strecke abzusteigen.

Doch auch ohne diese leiblichen Genüsse sollte unsere Fahrradetappe längs der Donau der angenehmste Teil unserer Tour durch
Europa sein.

14 Von Wien nach Lissabon

Die Einsamkeit, das angenehme Zelten am Ufer der Donau und die Erholung von dem starken Verkehr, all das vermittelte uns, als wir von Wien wegfuhren, das Gefühl, gewissermaßen auf Urlaub von unserer Expedition zu sein. Die Stadt Passau an der deutschen Grenze markierte das Ende unseres 800 Kilometer langen Idylls am Flussufer. Hier fanden Julie und ich ein Internetcafé.

Ich öffnete eine E-Mail von meiner Mutter und erstarrte. »Könntest du mich SO SCHNELL WIE MÖGLICH anrufen«, schrieb sie. »Es gibt da ein Problem mit meiner Gesundheit, das ich mit dir besprechen muss.«

Ich wusste, es musste etwas Ernstes sein, da meine Mutter mich nie mit kleinen Wehwehchen behelligen würde. Ich nahm den Hörer des Münzfernsprechers ab und wählte ihre Nummer. Ich betete, dass ich nicht die Neuigkeit hören würde, vor der ich mich fürchtete. Aber ich wusste, ich würde. Mir stiegen die Tränen in die Augen.

»Hallo?« Die Stimme meiner Mutter kam aus einer fernen Welt zu mir.

»Ich habe deine Nachricht bekommen«, sagte ich. »Ist alles in Ordnung?«

Ich wollte, dass sie mir sagte, sie hätte sich ein Bein gebrochen. Vielleicht war sie bei einer Wanderung gefallen. Oder vielleicht wurde sie wieder anämisch. Ein paar starke Eisentabletten könnten das beheben. Stattdessen sagte sie mit schwerer Stimme: »Der Krebs ist wieder da. Ich habe einen Knoten unter dem Arm entdeckt, und man hat durch eine Biopsie festgestellt, dass er bösartig ist. Ich fürchte, er hat Metastasen gebildet.«

Ich wusste nicht, was ich sagen sollte. Was sagt man jemandem, der gerade erfahren hat, dass er Krebs im Endstadium hat? Und es war meine eigene Mutter. Mir war, als hätte ich soeben einen Tritt in die Eingeweide bekommen. Tränen tropften mir die Wangen hinab. »Du wirst ihn besiegen«, sagte ich schließlich. »Keiner ist so zäh wie du. Wenn irgendjemand diesen Kampf gewinnen kann, dann bist du es.«

Meine Worte beruhigten niemanden, aber sie waren alles, was ich zu bieten hatte.

Nachdem ich aufgelegt hatte, schlang Julie die Arme um mich, und wir gingen schweigend zu den Rädern. Die Nachtluft wirkte beklemmend, während wir am Stadtrand nach einer Stelle zum Zelten suchten. Endlich fanden wir eine Industriebrache und bauten in der pechschwarzen Dunkelheit unser Zelt auf.

Vor vier Jahren, wenige Wochen vor ihrem siebzigsten Geburtstag, hatte meine Mutter einen Knoten in ihrer linken Brust entdeckt. Diese Wucherung war mit einer Lumpektomie entfernt worden, auf die eine Strahlentherapie gefolgt war. Die Chancen, dass keine neuen Symptome auftraten, standen günstig. Wenn der Krebs in fünf Jahren nicht zurückgekehrt ist, gilt die Genesung im Allgemeinen als abgeschlossen. Mit jedem Jahr, das verstrich, stieß die ganze Familie einen weiteren Seufzer der Erleichterung aus. Nach vier Jahren glaubten wir alle, der Albtraum könnte vorüber sein. Unsere Mutter war zäh, und sie würde lebend davonkommen. Jetzt aber stellte sich heraus, dass dies nicht der Fall war.

Ich konnte nicht aufhören, an meine arme Mutter zu denken. Sie lebte allein im Comox Valley auf Vancouver Island, und plötzlich war ihr ein Todesurteil ausgehändigt worden. Glückliche Bilder meiner Kindheit gingen mir durch den Kopf: Familienausflüge zum Sproat Lake oder an den Pazifischen Ozean, Wandertouren in den Bergen. Merkwürdig, ein Bild, das ständig wiederkam, war, wie meine Mutter mich hektisch vom Rücksitz des Wagens zieht, als ich etwa vier Jahre alt bin und mir hilflos in die Hose pinkele. Meine gesamte Kindheit hindurch hatte meine Mutter immer wie eine nicht aufzuhaltende Macht gewirkt, die wir für selbstverständlich gehalten hatten. Die Aussicht, dass der Krebs sie nun aus unserem Leben riss, war unbegreiflich.

Meine Expedition erschien plötzlich trivial, und ich wusste nicht, was ich als Nächstes tun sollte. Sollten Julie und ich eine Auszeit von der Reise nehmen und nach Hause fliegen? Wenn wir das täten, müssten wir unsere Ruderfahrt über den Atlantik wegen der bevorstehenden stürmischen Jahreszeit bis zum nächsten Jahr verschieben. Sollte Tim weitermachen, könnte er die Führung übernehmen, aber ich durfte mich in meiner Entscheidung nicht davon beeinflussen lassen. Schließlich und endlich war mein Ehrgeiz, der Erste zu sein, der die Welt umrundete, ein rein egoistisches Streben. Ich durfte nicht zulassen, dass es mich davon abhielt, in der Zeit ihrer Not bei meiner Mutter zu sein.

Wir hatten vorgehabt, in weniger als sechs Wochen in See zu stechen. Ich fürchtete, auf dem Ruderboot gefangen zu sein. Es würde bis zu fünf Monate dauern, über den Atlantik zu rudern, und wenn wir erst einmal unterwegs wären, gäbe es keine Möglichkeit mehr, vom Meer wegzukommen, ohne eine Hochseerettung einzuleiten. Mich verfolgte die Möglichkeit, dass der Krebs meiner Mutter schnell voranschritt, während wir in dem Boot hockten und nie mehr eine Chance hätten, sie wiederzusehen.

Julies Mitgefühl und ihr rationales Denken gaben mir während dieses inneren Aufruhrs Halt. Wir beschlossen, mit den Rädern nach Portugal weiterzufahren, das wir in etwa drei Wochen erreichen wollten, und dann in Lissabon zu entscheiden, ob wir weitermachen sollten oder nicht. Meine Mutter hatte im Laufe der nächsten paar Wochen noch eine Reihe von Untersuchungen vor sich, die allen eine klarere Vorstellung von ihrem Zustand geben würden.

Ich würde sie jeden Tag von unterwegs anrufen und versuchen, sie zu unterstützen und ein wenig abzulenken. Frankreich ist eines ihrer Lieblingsländer. Ich wusste, es würde ihr Freude machen, von unseren Erlebnissen zu hören.

Obwohl der Donau-Radwanderweg längs des deutschen Fluss-abschnitts weitergeht, ist die Strecke schlecht gepflegt, und es ist schwer, ihr zu folgen, sodass wir gezwungen waren, auf die Straßen zurückzukehren.

Das Fernradwandern kann man in großen Teilen Westeuropas nur als grauenhaft bezeichnen. Im Gegensatz zu Osteuropa, wo Radfahrer auf dem Netz der Hauptstraßen fahren dürfen, die oftmals über breite Standspuren verfügen, auf denen ein gefahrloses Radfahren möglich ist, setzen Länder wie Deutschland, Frankreich und Ungarn ihre Radfahrverbote strikt durch. Hier müssen Radfahrer auf schmale, viel befahrene Straßen zweiter oder dritter Ordnung ausweichen, wo einfach nicht genug Platz für ein Fahrrad ist.

Natürlich gibt es in Europa vielerorts durchaus Radwege (wie den Donau-Radwanderweg) und spezielle »Fahrradautobahnen«. Allerdings findet man diese Strecken nur in Gegenden von geografischer oder historischer Bedeutung, in denen der Fremdenverkehr gefördert wird. Viele Leute hatten uns prophezeit, wie sehr wir unsere »ruhige« Radtour durch Europa genießen würden, und ihre eigenen angenehmen Erfahrungen bei Touren durch Weinanbaugebiete oder die Alpen geschildert. Leider sind diese mäandernden Routen nicht über den ganzen Kontinent miteinander verknüpft.

Wir radelten rasch durch Deutschland und versuchten verzweifelt, auf bessere Straßen zu kommen, bevor wir auf den überfüllten und gefährlichen Straßen erwischt würden. Wir hatten ein recht zügiges Tempo durch Europa vorgelegt und von Moskau aus nur knapp einen Monat gebraucht, um die Mitte Deutschlands zu erreichen. In der Kleinstadt Tuttlingen legten wir einen Tag Pause ein und machten es uns an den Ufern der oberen Donau gemütlich, um Geschäftliches nachzuholen.

Wir fanden ein Internetcafé und gingen daran, uns mit einigen der Hürden, vor denen wir standen, zu beschäftigen. Die Eigner des Bootes, das wir gekauft hatten, hatten es nicht wie versprochen an die Spedition geliefert, weil, wie sie zugaben, »wir nicht geglaubt haben, dass Sie es auf Ihren Rädern durch Europa schaffen würden«. Nachdem sie es schließlich überstellt hatten, erwies sich die Spedition als unfähig. Inzwischen sollte das Boot eigentlich in Lissabon sein, doch es befand sich noch immer in einem Versandlager in Nottingham, England.

Während unseres Aufenthalts in Tuttlingen erhielten wir noch eine weitere Nachricht – ein Schock, der aber nicht gänzlich unerwartet kam. Tim hatte Moskau erreicht und verkündete, er werde mit menschlicher Muskelkraft weitermachen bis Vancouver. Auf seiner Website erläuterte er, dass Erden Eruç ihm eine Partnerschaft vorgeschlagen und angeboten habe, sein Ozeanruderboot zu benutzen. Erdens Frau hatte sich bereit erklärt, die Kosten von knapp 100 000 Dollar zu übernehmen. Außerdem merkte Tim an, dass er und Julja nun verlobt seien.

Auf Erdens Website fand sich ein ähnliches Update. Erden ließ keinen Zweifel daran, dass er der Ansicht war, ich hätte Tim im Stich gelassen. »Ich hatte vor Tims Ankündigung mit Julie gesprochen und vorgeschlagen, dass Colin und Tim ihre Differenzen überwinden und diese Reise gemeinsam bis Vancouver zu Ende bringen sollten … Wie will Tim den Atlantik überqueren?«, sann er nach. Er glaubte, er sei verpflichtet zu korrigieren, was er als Ungerechtigkeit empfand. Die Sache würde seinen eigenen Zeitplan um ein Jahr verzögern und seine Frau Zehntausende von Dollar kosten, aber Erden fand, es sei nur fair. Er erwähnte besonders, dass bei seinen eigenen Reisen durch Kanada viele Kanadier sich ihm gegenüber großzügig gezeigt hätten. Tim zu helfen war seine Art, sich für die erwiesenen Gefälligkeiten erkenntlich zu zeigen.

Abgesehen vom Austausch einiger E-Mails kannte Erden Tim kaum. Doch war er offensichtlich ein ergebener Bewunderer. In einem Interview mit *ExplorersWeb*, einer Online-Zeitschrift, die aktuell über große Expeditionen berichtet, fasste Erden seine positiven Eindrücke zusammen: »In Tim erkannte ich Spuren eines Menschen, der einfach kämpft, um sein Team zusammenzuhalten, der auf das schwächste Mitglied des Teams wartet und Mitgefühl im Angesicht unüberwindlicher Herausforderungen zeigt; genau jene Eigenschaften, die uns veranlassen, heute noch immer über [den Polarforscher Ernest Henry] Shackleton zu sprechen.« Ein wirklich hohes Lob.

Erden steckte in den letzten Phasen der Vorbereitung und Verproviantierung seines Bootes für eine Ozeanüberquerung. Das Boot sollte in Kürze per Container von Seattle nach Lissabon verschifft werden, wo es dann im Moment des Ausladens bereit wäre.

Julie und ich lagen in dem Rennen rund um die Welt plötzlich weit abgeschlagen hinter Tim. Geografisch hatten wir einen 3000-Kilometer-Vorsprung. Aber ein motivierter Radfahrer konnte diese nicht sonderlich große Distanz in zwei Wochen zurücklegen. Wenn Julie und ich Lissabon erreichten, müssten wir unser Boot erst noch seetüchtig machen. Dazu würden das Anbringen von Luken, das Streichen des Schiffrumpfs, die Verstärkung von Schwachstellen, die Fiberglasverkleidung, ein Antifouling-Anstrich* und die Überholung des Seewasseraufbereiters, die Überprüfung der Elektronik, die Bestellung neuer Ausrüstung aus der ganzen Welt sowie die Beschaffung und Verpackung von Proviant für fünf Monate gehören. Jeder fehlende Artikel, beispielsweise ein Reservesatz Ruderhalterungen oder Räder für den Rudersitz oder Ersatz-O-Ringe für den Seewasseraufbereiter, konnte Unglück bedeuten. Die Menschen haben immer schon Monate oder gar Jahre auf die Vorbereitungen für Ruderfahrten übers Meer verwendet. Wenn Julie und ich irgendeine Chance haben wollten, unseren Vorsprung vor Tim und Erden zu halten, dann müssten wir das alles in nur ein paar Wochen schaffen.

Tim andererseits müsste zur Vorbereitung auf den Atlantik keinen Finger rühren. Wenn er mit seinem Rad Lissabon erreichte, hätte Erden das Schiff seefertig und sämtliche logistischen Schwierigkeiten ausgeräumt. Tim bräuchte bloß noch vom Rad ab- und ins Boot zu steigen.

Tim muss gewusst haben, dass der taktische Vorteil bei ihm lag. Warum sonst war er wohl so dagegen, einer gemeinsamen Über-

---

* Der Anstrich mit Antifouling-Farbe soll biologisches Wachstum (Algen etc.) an von Meerwasser umspülten Schiffsflächen verhindern.

querung der Ziellinie in Vancouver zuzustimmen? Ich wurde immer nervöser.

Eine E-Mail von Tim traf in meinem Posteingang ein. Betreffzeile: »Großartige Neuigkeit«. Jetzt, wo er in Moskau angekommen war, wollte er Carole Paquette die Videokamera nicht aushändigen. Stattdessen bestand er darauf, sie mir persönlich in Lissabon zu übergeben. »Du wirst entzückt sein, die großartige Neuigkeit zu hören, die ich dir nun anvertrauen kann«, schrieb er, »dass ich mich nämlich mit dir vor deiner Oktober-Abreise in Lissabon treffen kann. Ich werde in etwa 30 oder 32 Tagen dort sein ... Wir sehen uns dann dort.«

Ich hatte genug von Tims Tricks. Ich antwortete, dass er gegen unsere Vereinbarung verstoße, wenn er die PD 170-Videokamera nicht augenblicklich Carole Paquette übergebe. Ich wäre gezwungen, eine neue 7000-Dollar-Kamera zu kaufen und auf dem Rechtswege eine finanzielle Entschädigung zu fordern. Ich schickte seinem Vater, dem Anwalt, eine Kopie und hoffte, er würde seinen Sohn auf den weniger kostspieligen Weg bringen.

Julie und ich konnten kaum mehr tun, als weiterzumachen und zu hoffen, dass wir Tim in Lissabon nicht sehen würden. Wenn unsere Boote tatsächlich gleichzeitig in See stechen würden, ließe sich nicht sagen, wie es Julie und mir bei einem Sprint über den Atlantik im Kampf gegen zwei starke Männer erginge.

Sobald wir die Schweizer Grenze überschritten hatten, fiel der Stress, den wir bei der Fahrt auf den deutschen Straßen gespürt hatten, augenblicklich von uns ab. In der Schweiz, einer Insel inmitten der Europäischen Gemeinschaft, fanden wir ein Straßennetz mit zumeist angegliederter Fahrradspur vor, und höfliche Autofahrer, die uns nicht den Stinkefinger zeigten, wie es in Deutschland allgemein üblich war. Wir befanden uns in der Südwestecke des Landes, weit weg von den großen Bergen, aber die Landschaft erfreute dennoch das Auge, während wir die bewaldeten Ufer des Rheins entlangfuhren. Leider lernten wir nur einen winzigen Teil des Landes kennen. Zwei Stunden nach unserer Ankunft in der Schweiz kamen wir durch die Stadt Basel und überschritten die Grenze nach Frankreich.

Die Tatsache, dass wir an einem einzigen Tag durch einen Teil Deutschlands, durch die Schweiz und nach Frankreich radelten, macht die räumliche Enge vieler europäischer Länder deutlich. Gleichwohl ist Frankreich das drittgrößte Land Westeuropas, und wir würden mehr als zehn Tage brauchen, um es zu durchqueren. Wir wählten eine Route, die uns durch die Mitte des Landes und über die atlantischen Pyrenäen nach Spanien brächte.

Die französischen Dörfer in der Nähe der Schweiz protzten mit der nördlich der Alpen verbreiteten alemannischen Fachwerkbauweise. Unmengen von Blumen und Blüten – von Rosen bis zu Fliedersträuchern – zierten die Dörfer. In der Regel kümmerten sich Ruheständler mit einem Blick für perfekten Blumenschmuck darum. Viele der Häuser schienen Briten oder Amerikanern zu gehören, die ins ruhige, ländliche Frankreich gelockt worden waren.

Je tiefer wir nach Frankreich hineinkamen, desto mehr dominierte Stein die ländliche Bauweise. Rings um die Dörfer breiteten sich Sonnenblumen-, Getreide-, Lavendel-, Senf- und Traubensaaten aus. Manche Bauern hatten ihre Felder mit Hartholzbäumen bepflanzt, einer Kulturpflanze, deren Erträge ihren Enkeln zugutekommen würden.

Die Straßen waren im Großen und Ganzen besser als das, was wir in Deutschland und Ungarn erlebt hatten. Ruhige Landstraßen wechselten sich ab mit stärker befahrenen Schnellstraßen, jedoch ohne Seitenstreifen. Als einmal die Gefahren auf der Straße unerträglich wurden, schlichen Julie und ich uns auf die Autobahn und verbrachten 20 paradiesische Minuten damit, über einen drei Meter breiten Seitenstreifen zu fahren, bevor wir von der örtlichen Gendarmerie hinuntereskortiert wurden. Je näher wir dem Süden Frankreichs kamen, desto häufiger verfügten die Schnellstraßen jetzt über Fahrradspuren, auf denen wir uns kurz erholen und angstfrei radeln konnten.

Obwohl es Hochsommer war, blieb das Wetter kühl. Dunkle Wolken, die sich gelegentlich in Regengüssen entluden, verfolgten uns durch ganz Frankreich. Erst später erfuhren wir, dass wir die Ausläufer einer gewaltigen Schlechtwetterfront erlebt hatten, die verheerende Überschwemmungen in Deutschland und Österreich ausgelöst und Städte und Dörfer entlang der Donau überflutet hatten. Die Überschwemmungen machten weltweit Schlagzeilen, und die Nachrichten beunruhigten unsere Freunde daheim, weil sie dachten, wir hielten uns noch immer in dem Gebiet auf.

Die Grenze zwischen Frankreich und Spanien verläuft über den Rücken der Pyrenäen, eines eindrucksvollen Gebirgszuges, der sich quer durch Europa vom Atlantischen Ozean bis zum Mittelmeer erstreckt. Wir entschieden uns, das Gebirge auf einer Route parallel zum Camino de Santiago zu überqueren.

Der Camino ist eine Pilgerroute, die seit mehr als tausend Jahren benutzt wird. Das Endziel ist die spanische Stadt Santiago de Compostela, die letzte Ruhestätte des Apostels Jakobus. Wege aus ganz Europa laufen in den Pyrenäen zusammen, und anschließend setzt sich die Route noch weitere 700 Kilometer fort. Tausende moderner Pilger folgen Jahr für Jahr diesem Weg. Inzwischen ist der Camino eine weltberühmte Abenteuerwanderung für Menschen auf der Suche nach einer persönlichen Herausforderung mit einem spirituellen Element.

Unsere eigene Reiseroute vereinte sich auf der östlichen Seite der Pyrenäen mit dem Camino de Santiago. Unter schweren Rucksäcken gebeugte Wanderer waren nun ein häufiger Anblick. Wir genossen die Gesellschaft dieser Mitreisenden, die jedes Mal nickten oder winkten, wenn wir vorbeifuhren. Der Camino selbst folgte manchmal einer asphaltierten Straße; dann wieder ging er auf Feldwegen weiter durch die malerische Landschaft. Unsere Straße verlief in Serpentinen und führte uns immer höher hinauf, durch Kiefernwälder und vorbei an Weideland. Steinerne Bauernhäuser und Nebengebäude verschmolzen mit der felsigen Landschaft.

Schließlich erreichten wir die spanische Grenze, von der ich angenommen hatte, dass sie auf dem Gipfel der Pyrenäen liege. Da Spaniens Mitgliedschaft in der Europäischen Union sämtliche Grenzformalitäten beendet hatte, radelten wir an der nunmehr leer stehenden Grenzstation vorbei in ein neues Land. Leicht enttäuscht stellten wir fest, dass die Straße hinter der Grenze auf der anderen Seite des Gebirges nicht etwa hinunterführte, sondern sich stattdessen einen noch steileren Hang hinaufschraubte. Stundenlang quälten wir uns die gewundene Straße hoch, bis wir von dichtem feuchten Nebel umfangen waren. Das Ackerland lag hinter uns; jetzt säumten nur noch dichte Wälder unseren Weg zum Himmel.

Zur Abenddämmerung erklommen wir endlich den Gipfel der Pyrenäen. Ein gespenstischer Tempel, in dichten Nebel gehüllt, bezeichnete die Passhöhe, Ibañeta. Auf der anderen Seite fuhren wir mehrere Hundert Meter bergab, bevor wir eine Wiese entdeckten, auf der wir unser Lager aufschlagen konnten.

Unsere Einreise nach Spanien bezeichnete einen scharfen Übergang von den natürlich bewässerten Landschaften Frankreichs. Spanien liegt im Regenschatten der Pyrenäen. Nachdem wir zwei Stunden gefahren waren, befanden wir uns in einem sehr heißen und sehr trockenen Land. Die wogenden Hügel waren, abgesehen von ein paar Flecken, die von Bauern bewässert wurden, fast ohne jedes Grün.

Spanien überraschte uns mit der Qualität seiner Straßen. Zu behaupten, sie würden sich ein Stück weit besser zum Radfahren eignen, wäre eine sträfliche Untertreibung; es war ein Unterschied wie Tag und Nacht zum Rest Europas. Plötzlich boten alle Straßen breite Seitenstreifen und ideale Radfahrbedingungen. Auf den vierspurigen, geteilten Schnellstraßen war Radfahren erlaubt, solange die Radfahrer Signalwesten und Helme trugen. Selbst die Autofahrer machten einen entspannteren Eindruck, wenn sie im Vorbeifahren fröhlich hupten oder winkten.

Wie kam es, dass Spanien sowohl eine Infrastruktur als auch Verhaltensweisen entwickelt hatte, die dem Radfahren so viel zuträglicher waren? Wir dachten über diese Frage nach, während wir durch die sengende Hitze radelten und aufhörten, uns darüber Sorgen zu machen, dass uns ein Kraftfahrer, der die Höchstgeschwindigkeit überschritt, erwischen könnte.

Obwohl das Land trocken war, konnten wir unsere Wasserflaschen mit kaltem Wasser aus den Tiefen natürlicher Quellen füllen. Die alten Spanier hatten auf Dorfplätzen und manchmal auch am Straßenrand schöne steinerne Auffangbecken gebaut, um diese Wasserreichtümer zu verteilen. Normalerweise stand eine steinerne Figurine über dem Becken, und das Wasser gluckerte von einer ausgestreckten Hand durch ein Kupferrohr, das mit der Zeit grün korrodiert war.

Während wir durch Spanien fuhren und uns unserem letzten europäischen Land näherten, erhielt ich weitere schlechte Nachrichten über den Gesundheitszustand meiner Mutter. Ein CT-Scan* hatte eine Geschwulst in der Lunge zum Vorschein gebracht. Ich rief sofort meinen Bruder George an. Er hatte mit dem Onkologen gesprochen und erzählte mir, dass die Prognose nicht gut sei. Die Geschwulst lasse mit ziemlicher Sicherheit auf das Vorhandensein von Lungenkrebs schließen – der Onkologe beziffere die Wahrscheinlichkeit mit 95 Prozent. Es sei jedoch nicht sicher, ob die Geschwulst in ihrer Lunge ein neuer Krebs sei oder ob ihr Brustkrebs Metastasen gebildet habe. Da meine Mutter Nichtraucherin war, schien Letzteres sehr viel wahrscheinlicher. Sollte diese Diagnose zutreffen, betrage die Lebenserwartung unserer Mutter noch sechs Monate bis ein Jahr.

Bangen Herzens radelten Julie und ich weiter in Richtung Lissabon. Es würde fast genau sechs Monate dauern, bis wir die fernen Küsten Nordamerikas erreichten. Wenn wir unsere Reise wie geplant fortsetzten, riskierte ich, meine Mutter niemals wiederzusehen. Sofern keine drastische Veränderung bei ihrer Prognose eintrat, müssten wir von Lissabon aus nach Hause fliegen und unsere Ruderfahrt über den Atlantik bis zum nächsten Jahr aufschieben.

Nachdem wir die portugiesische Grenze überschritten hatten, stellten wir enttäuscht fest, dass die Straßen dort typischer waren für das, was wir im Rest Europas vorgefunden hatten. Wieder wurden wir von der Hauptdurchgangsstraße verbannt und auf eine

---

* Organ-Längsschnitt per Computertomografie.

von Schlaglöchern übersäte, schmale Straße verwiesen, die vage in Richtung der Hauptstadt mäanderte.

Eine mehrjährige Dürreperiode hatte das Land ausgetrocknet. Man sagte uns, dass in anderen Teilen Portugals unkontrollierte Brände wüteten und bereits weite Teile des letzten noch vorhandenen Waldlandes vernichtet hätten. Korkeichen jedoch schienen das trockene Wetter ohne Probleme zu überstehen, und wir nahmen die grünen Laubbäume fasziniert in Augenschein. Dicke Schichten der schwammigen Rinde, vielleicht fünf Zentimeter, wurden von den Bäumen abgeschält für die Weinindustrie. Ein örtlicher Bauer erklärte, dass es neun oder zehn Jahre dauere, bis die Rinde so weit nachgewachsen sei, dass sie erneut geerntet werden könne. Ein frisch abgeernteter Baum mit seiner frei liegenden dunkelroten Kambiumschicht sah aus wie ein Erdbeerbaum, wie er mir von Vancouver Island so vertraut ist.

Das Klima in Portugal ist ideal für Korkeichen, und das Land sorgt für die Hälfte des Korks weltweit. Obwohl nicht genug Kork verfügbar ist, um die Weinhersteller auf der ganzen Welt zu versorgen, waren selbst die billigsten Weine, auf die wir in Europa stießen, mit echtem Kork verstöpselt. In Nordamerika vertrauen sogar die Hersteller teurerer Weine oft auf synthetischen Ersatz.

Nachdem wir ein paar weitere Tage durch Korkeichenwälder, über wogende Hügel und durch schmucke Dörfer geradelt waren, erreichten Julie und ich die Vororte von Lissabon. Neunundvierzig Tage waren vergangen, seit wir Moskau verlassen hatten. Fast ein Jahr war es her, seit ich mit einem Ruderboot am anderen Ende Eurasiens angekommen war. Im Laufe dieses Jahres war ich mit dem Rad über zugefrorene Flüsse gefahren, durch ein paar der entlegensten Gebiete auf dem Planeten gewandert, hatte unvorstellbare Kälte ertragen und – am schlimmsten – war albtraumhaft gefährliche Fernstraßen entlanggestrampelt, die sich bis in alle Ewigkeit zu erstrecken schienen. Das alles hatten wir plötzlich hinter uns, und zwischen uns und dem letzten Kapitel unserer Reise lag nur noch eine lange und abenteuerliche Fahrt über den Atlantischen Ozean.

Lissabon war der passende Ort zur Beendigung unserer Durchquerung Eurasiens, ein Juwel an der Atlantikküste, weit entfernt von den Gefahren, die nun hinter uns lagen. Die Verbrechensrate ist niedrig in Portugal, und wir fühlten uns sicher, als wir in diese große Stadt kamen. Die Einwohnerzahl der westlichsten Hauptstadt Europas wird oft mit 600 000 angegeben, was jedoch daran liegt, dass die Grenzen der Stadt so nahe am historischen Stadtzentrum verlaufen. Die Bevölkerung des Großraums Lissabon liegt näher bei drei Millionen, und diese Menschenansammlung verleiht der Stadt eine lebendige, kosmopolitische Atmosphäre.

Im Stadtzentrum angekommen, fanden Julie und ich ein preisgünstiges Hotel, in dem wir unsere nomadische Lebensweise vorübergehend aufgeben konnten. Weil wir überall in Europa fast ausschließlich gezeltet hatten, kam uns ein weiches Bett vor wie ein dekadenter Luxus.

Dann erhielten wir eine erstaunliche Nachricht. Weitere Untersuchungen hatten ergeben, dass der Tumor in der Lunge meiner Mutter falscher Alarm gewesen war. Die Wahrscheinlichkeit, dass das Untersuchungsergebnis möglicherweise ein Fleck auf dem Film oder vernarbtes Gewebe in der Lunge war, hatte eins zu zwanzig betragen. Entgegen dieser Wahrscheinlichkeit hatte meine Mutter es geschafft.

Ich konnte es nicht glauben. Eine dunkle Wolke hatte uns durch ganz Europa verfolgt. Es war mir innerlich schwergefallen, meine frühere Disziplin aufrechtzuerhalten und weiter ein hohes Tempo vorzulegen, vor allem als es so aussah, als müssten wir uns möglicherweise aus dem Rennen zurückziehen. Die neuen Untersuchungsergebnisse meiner Mutter deuteten darauf hin, dass der Krebs keine Metastasen gebildet und nicht auf andere Organe übergegriffen hatte. Der Arzt revidierte die Schätzung ihrer Lebenserwartung: Sie liege nun irgendwo zwischen zwei und zehn Jahren, vielleicht mehr.

Die zweite Chance meiner Mutter würde uns erlauben, unsere Reise in der Zuversicht fortzusetzen, dass wir sie bei passabler Gesundheit auf der anderen Seite des Ozeans antreffen würden. Mit frischem Eifer nahmen Julie und ich unsere Bemühungen wieder auf, das Boot in zwei überstürzten Wochen seefertig zu machen.

Noch mehr als die Gefahr, dass Tim uns dicht auf den Fersen war, trieb uns die Tatsache an, dass die stürmische Jahreszeit vor der Westküste Europas rasch näher rückte. Unsere Nachforschungen hatten ergeben, dass die beste Zeit für einen Aufenthalt vor den Küsten Spaniens und Portugals die Monate von April bis Ende September sind. Während dieses Zeitraums herrscht das ruhigere Sommerwetter vor. Vor allem aber wehen die Winde beständiger und stetiger aus Nordosten. Dieser »portugiesische Passat« verbindet sich mit einer nach Süden fließenden Strömung und schafft dadurch die idealen Bedingungen für unser Unternehmen. Wir müssten zuerst nach Süden steuern, vor die Küste Afrikas, um den Passatgürtel zu erreichen, anschließend würden diese Strömungen dann helfen, uns über den Atlantik zu treiben.

Im Oktober jedoch beginnt die Zeit der Herbststürme, und der ansonsten zuverlässige »portugiesische Passat« wird allmählich schwächer. Ein Schiff ohne starken Antrieb, beispielsweise ein Ozeanruderboot, kann in Landnähe bei wechselnden Winden leicht in gefährliche Situationen geraten. Ein plötzlicher auflandiger Wind kann schnell Unglück bedeuten, wenn die Kraft der Ruderer nicht ausreicht und das Boot auf die Klippen gedrückt wird. Wir würden Lissabon spätestens Mitte September verlassen müssen.

Das Wetter vor Europa war nur eine der Variablen bei der Bestimmung des idealen Starttermins für diese Ozeanetappe. Wir mussten außerdem die Hurrikansaison in den unteren Breiten berücksichtigen. Wirbelstürme bilden sich während der gesamten warmen Jahreszeit, im Allgemeinen zwischen April und November, und erreichen im August und September ihren Höhepunkt. Bei einer Abreise Mitte September hofften wir den Orkangürtel erst zu erreichen, wenn die Wirbelstürme gegen Ende November abflauten.

Wir trafen am 5. September in Lissabon ein, sodass wir sehr wenig Zeit hatten, alles vorzubereiten. Julie und ich mussten vier Monate Arbeit in zehn Tagen erledigen.

Ein größeres Problem war: Unser Boot war noch nicht einge-troffen. Die Spedition hatte uns versichert, das Schiff werde Wochen vor unserer eigenen Ankunft nach Lissabon geliefert. Zudem hatten wir, als wir Europa durchquerten, beinahe täglich Vertreter der Firma angerufen. Trotzdem hatten sie ihre Zusage nicht eingehalten. Unser Bitten und Geschrei am Telefon waren auf taube Ohren gestoßen. Anscheinend hielten sie unsere äußerst wichtige Sendung für nicht dringender als Säcke mit Mutterboden. Nachdem ich ihnen in den Ferngesprächen monatelang erfolglos zugesetzt hatte, war ich drauf und dran, einen Flug nach England zu buchen, um das Boot höchstpersönlich mit zurückzubringen. Und genau in diesem Moment erhielten wir Bescheid, dass es auf einen Lastwagen verladen worden sei und sich unterwegs nach Süden befinde.

Während wir auf das Eintreffen unseres Schiffes warteten, machten wir uns an die schwierige Aufgabe, andere an uns adressierte Artikel dem eisernen Griff des Zolls zu entwinden. Viele unserer Sponsoren hatten uns unentbehrliche Ausrüstung geschickt, darunter gefriergetrocknete Lebensmittel von Mountain Foods in den Vereinigten Staaten, neue Ruder von Croker Oars aus Australien, ein Rettungsfloß und ein EPIRB (Emergency Position Indicating Radio Beacon) – eine Notfunkbake – von LiferaftRental.com sowie ein paar Pakete, die unser Freund Dean geschickt hatte und die Dutzende verschiedener Artikel enthielten, die wir in Lissabon nicht würden auftreiben können.

Obwohl die portugiesische Metropole äußerlich wie eine moderne Stadt wirkt, existieren hinter dieser Fassade einige veraltete Systeme – und an vorderster Stelle dieser Artefakte der Vergangenheit stehen die Zollformalitäten, ein wahrer bürokratischer Sumpf. Am leichtesten loszueisen waren die Ruder, die direkt von Flughafen zu Flughafen befördert worden waren. Leider waren trotzdem noch acht Stunden Schwerstarbeit und 300 Dollar an Maklergebühren – die eigentlichen Zollabgaben wurden erlassen – nötig, um sie zu bekommen. Andere Dinge wie das Rettungsfloß und die gefriergetrockneten Lebensmittel schienen beinahe unerreichbar zu sein. Unser größtes Hindernis war das Gesetz, das Ausländer daran hinderte, aus dem Ausland versendete Waren in Empfang zu nehmen.

Zum Glück kam uns Miguel Leal, ein alter portugiesisch-kanadischer Freund von mir, zu Hilfe. Er verwies uns an einen Lissaboner Bekannten. Mario DeAlmeida, ein Grafikdesigner, der mehrere Jahre in Toronto gelebt hatte, wurde unser Schutzengel. Er übernahm nicht nur die gewaltige Aufgabe, unsere Ausrüstung zurückzuholen, sondern bestand auch darauf, uns für die Dauer unseres Aufenthalts in Lissabon bei unseren übrigen Arbeiten weiterzuhelfen. Wir sollten schnell feststellen, dass seine Ortskenntnis im Verein mit einer breiten Palette von Fähigkeiten die perfekte Kombination war, die es uns ermöglichen würde, einen ansonsten unmöglichen Termin einzuhalten.

Julie und ich sahen uns den städtischen Jachthafen an, Doca De Belém, unterhalb der riesigen roten Brücke. Wir fragten, ob es auf dem Gelände des Trockendocks noch Platz gebe. Der Verwalter versicherte uns, das sei kein Problem, außerdem würde man uns durch Erlass sämtlicher Gebühren gern unterstützen. Wir könnten den Hafenkran benutzen, um das Boot bei Ankunft vom Transporter zu heben. Außerdem dürften wir kostenlos in einer leer stehenden Werkstatt auf dem Gelände wohnen und unsere Ausrüstung dort lagern; das Telefon und den Computer im Büro dürften wir ebenfalls benutzen.

Zwar hatten wir keine Zeit für Besichtigungen, bekamen aber, während wir unseren Vorbereitungen nachgingen, dennoch ein Gefühl für Lissabon. Wir legten Pausen ein, um uns in den preiswerten Restaurants der Stadt zu stärken, und ließen uns köstliche Gerichte schmecken – vor allem Lissabons weltberühmte Meeresfrüchte. Mit ihrer die Bucht umspannenden großen »Brücke des 25. April« – die, wie ich feststellte, von derselben Firma entworfen und gebaut worden war, welche die Golden Gate Bridge vollendet hatte – ähnelte die Stadt San Francisco. Selbst die trockene Meereslandschaft in der Umgebung der Stadt erinnerte mich an Marin County nördlich von San Francisco.

Während unsere Vorbereitungen in Lissabon reibungslos vorangingen, hatten wir Gelegenheit, uns über die Fortschritte der anderen Teams auf ihrer Erdumrundung zu informieren.

Der Brite Jason Lewis war monatelang im Hochseekajak durch die tropischen Gewässer Indonesiens gefahren und hatte seine Etappe von Australien nach Singapur fast beendet. Von Singapur aus brauchte er, um seine Expedition zum Abschluss zu bringen, nur noch den eurasischen Kontinent zu durchqueren, eine Entfernung von vielleicht 15 000 Kilometern. Julie und ich mussten noch annähernd 18 000 Kilometer Land und Meer bewältigen. Noch lag Jason klar in Führung.

Erden Eruç schien aus dem Projekt ausgestiegen zu sein, da er seine Zeit und Mittel bereitgestellt hatte, um Tim bei dessen Rückreise nach Vancouver zu helfen.

Und natürlich war unser dritter und neuester Konkurrent, Tim Harvey, eine echte Gefahr. Auf seiner Website erklärte er, dass er vorhabe, Europa in 30 Tagen zu durchqueren und dabei »Colin möglicherweise zu überholen«, was bedeutete, er konnte binnen weniger Tage in Lissabon eintreffen. Erdens letzter Beitrag ließ darauf schließen, dass das Boot hundertprozentig einsatzbereit und unterwegs nach Lissabon sei. Die Ankunft des Schiffes würde für September erwartet, und er und Tim seien bestrebt, spätestens am 3. Oktober aufzubrechen.

Es war ein knappes Rennen. Auf einer Website für Abenteuerreisen, die ausführlich über menschliche Großtaten per Muskelkraft berichtete, war zu lesen, dass Jason Lewis »davon ausgeht, das Rennen im Jahr 2007 zu gewinnen und dann der erste Mensch zu sein, der den Globus mit Muskelkraft umrundet hat«. Zu diesem Zeitpunkt hofften wir, Vancouver lange vor 2007 zu erreichen. Wusste ich's? Das Einzige, was wir tun konnten, war, uns weiter so schnell voranzukämpfen, wie wir konnten, und das fing damit an, unser Boot seetüchtig zu machen und mit Proviant auszurüsten.

Das Boot traf drei Tage nach uns ein. Endlich konnte ich einen Blick auf das Schiff aus viertelzolldickem Sperrholz werfen, als der Hafenkran es behutsam vom Transporter lud. Wir waren erleichtert, dass es bei der Überführung nicht beschädigt worden war, und aufgeregt, weil unser wichtigstes Stück endlich angekommen war.

Mit einer Länge von 7,32 Metern und einem Knickspantenrumpf – bestehend aus vier flachen Schichten Sperrholz – war das Boot nach dem Entwurf des britischen Bootsbauers Phil Morrison gebaut worden. Morrison hatte die steigende Nachfrage nach meerestauglichen Ruderbooten im Blick gehabt, als er ein Boot entwarf, das für diesen Zweck geradezu perfekt geeignet war. Seine Boote enthalten Sperrholz-Fiberglas-Verbindungen, eine der einfachsten und leichtesten Kombinationen, mit denen man im Bootsbau arbeiten kann.

Zwei winzige Kajüten bildeten Bug und Heck des Bootes. Die vordere würden wir als Lagerraum nutzen und die Kajüte achtern als Wohnbereich. Die Schwimmfähigkeit dieser Kajüten würde im Verein mit dem tief im Boot verstauten Ballast gewährleisten, dass das Boot sich aufrichten konnte, sollte es kentern. Zwei robuste Luken aus Aluminium dichteten die Kajüten gegen die Elemente ab.

Der mittlere Teil der Bootes, wo die Ruderer sitzen, war offen. Zwei Gleitsitze mit dazugehörigen Riemenhalterungen würden es zwei Leuten ermöglichen, gleichzeitig zu rudern. Unter dem Ruderbereich war das Deck verschlossen, und acht wasserdichte, runde Luken boten Zugriff auf die Fächer darunter. Wir wollten diese Schotts in erster Linie zur Lagerung der Lebensmittel nutzen. Für Ballast in dem 350 Kilogramm schweren Boot würden 180 Liter Süßwasser für den Notfall, das in Kanistern aufbewahrt wurde, 70 Liter Brennspiritus für den Kocher und die Lebensmittelvorräte sorgen. Das Süßwasser konnte immer im Notfall getrunken und als Ballast durch Salzwasser ersetzt werden.

Weiterer Stauraum stand in der Achterkajüte zur Verfügung, in Schotts unter dem Bett, dem am leichtesten zugänglichen Lagerbereich. Der Wohnraum in der Kajüte bestand aus kaum mehr als einem winzigen Vinylbett, am einen Ende knapp einen Meter breit und am anderen einen Meter zwanzig. Ein Bernhardiner bekäme Platzangst in der Kajüte. Es gab nicht einmal genug Platz, um sich aufrecht hinzusetzen.

Ein einfacher, mit einem Docht versehener Kocher stand direkt draußen vor dem Kajüteneingang. Dieser minimalistische Kocher ist unzerbrechlich, weil er keine beweglichen Teile hat – es ist nichts weiter als ein Behälter für den Brennspiritus mit einem Docht unter dem Brenner. Der Koch konnte am Fußende des Bettes sitzen, während er sich um die kulinarischen Arbeiten kümmerte. Verspürte er ein dringendes Bedürfnis, müsste er über dem Rand des Bootes balancieren.

Unser Boot war zuvor zweimal benutzt worden, um von den Kanarischen Inseln nach Barbados zu rudern, sodass es ziemlich mitgenommen aussah. Die dunkelblaue Farbe war abgeblättert, Aufkleber lösten sich, und die verschiedenen Teile brauchten etwas Liebe und Zuneigung. Julie hatte nur ein paar Stunden gehabt, um das Boot in Schottland unter die Lupe zu nehmen, weshalb wir einen Schiffsgutachter bezahlt hatten, um seinen Zustand einschätzen zu lassen. Die Ergebnisse des Gutachtens erbrachten eine entmutigende Liste notwendiger Reparaturen. Am beunruhigendsten war die Aussage, dass der Seewasseraufbereiter für die Reise nicht geeignet sei, weil er in stehendem Wasser gelagert worden sei. Er schloss seinen Bericht mit der Erklärung: »An dem Boot muss ziemlich viel gemacht werden, bevor es benutzt werden kann.«

Trotz des pessimistischen Berichts glaubten wir nach wie vor, dass es das richtige Schiff für die Aufgabe war. Außerdem hatten wir angesichts unseres Budgets auch gar keine andere Wahl.

Erst jetzt, wo unser Ozeanruderboot sich auf dem Asphalt niederließ, mit seinem verrosteten Anhänger als Wiege, wurde mir langsam das ganze Ausmaß der Arbeit bewusst, die noch vor uns lag. Wenn das Boot in einer komplett ausgerüsteten Werkstatt mit Werkzeugen und Geräten, die mir vertraut waren, abgeladen würde, dann wäre das eine Sache. Aber Julie und ich waren gerade erst auf unseren Rädern in einer fremden Stadt angekommen, mit nichts als dem, was wir in unseren Satteltaschen transportierten.

Der erste Schritt wäre, einen kompletten Satz Handwerkzeuge zu erstehen. Wir bräuchten nicht nur Werkzeuge, um die momentanen Probleme anzugehen, sondern auch, um die Möglichkeit zu haben, irgendwelche Ausfälle auf See zu beheben. Die Werkzeugkiste müsste nicht nur die wichtigsten Schraubenschlüssel und Schraubenzieher enthalten, sondern auch einen handbetriebenen Bohrer, verschiedene Sägen, Werkzeuge für Fiberglas, Spannungsmesser, Fugenspritzen und andere Geräte. In einem Baumarkt legten Julie und ich 1000 Dollar hin, um Werkzeug und Material zu kaufen. Wir waren bereit, unser Schiff zu überholen.

Die dringlichste Aufgabe war, sicherzustellen, dass das Boot wasserdicht bliebe – eine wichtige Kleinigkeit, wenn man den Atlantik überquert. Zuerst sprühten wir das Schiff mit einem Hochdruckschlauch ab und untersuchten anschließend die Schotts auf undichte Stellen. Wir fanden mehrere Risse im Sperrholz, einige poröse Lukendichtungen und Verbindungen, die unsachgemäß kalfatert worden waren. Julie unternahm einen Ausflug zu einer weit entfernten Fabrik, um neue O-Ringe und Dichtungen speziell für die Luken anfertigen zu lassen. Ich machte mich daran, Verbindungen und Fiberglasbereiche, deren Unversehrtheit zweifelhaft war, neu zu kalfatern.

Sobald wir das Boot richtig abgedichtet hatten, gingen wir daran, es von oben bis unten neu zu streichen (was Schiffsbewuchs verhindert). Der Anstrich hatte mehr als bloß kosmetische Gründe, da er unerlässlich ist, um das Holz gegen Feuchtigkeit zu versiegeln. Die Unterseite des Schiffsrumpfes versahen wir mit einer Schicht Grundierung und Antifouling-Farbe und strichen anschließend die Überwasserteile mit roter und weißer Farbe im Muster der kanadischen Flagge. Unser neuer Freund Mario entwarf und druckte Vinyl-Logos mit dem Namen des Bootes, *Ondine* (benannt nach meinem Segelboot), und unserer Web-Adresse – obwohl wir bezweifelten, dass wir mitten auf dem Atlantik irgendwelchen Internet-Surfern begegnen würden.

Wir überholten die Elektrik, tauschten die Blei-Säure-Batterie aus, installierten neue Elektronik (einschließlich eines auf Deck montierten GPS) und konstruierten eine Möglichkeit, unser stattliches Sortiment an eigener Elektronik aufzuladen.

Wenn irgendetwas kaputtging, während wir draußen auf See waren, müsste es repariert oder ersetzt werden. Wir achteten darauf, dass wir für alle unsere wichtigsten elektronischen Geräte redundante Systeme einpackten. Diese Strategie bedeutete, das wir drei GPS-Anlagen, zwei UKW-Funkgeräte, zwei Iridium-Satellitentelefone und drei zusätzliche Seewasseraufbereitungssysteme hatten – einen Umkehrosmose-Entsalzer mit Handpumpe, ein portugiesisches Destillationssystem, das in Verbindung mit dem Kocher arbeitete, und ein Regenauffangsystem.

Unseren elektrischen Hauptentsalzer testeten wir mit einer Lösung aus Wasser und Salz, die wir in einem Supermarkt in der Nähe gekauft hatten. Das System funktioniert, indem Meerwasser mit extrem hohem Druck gegen eine halb durchlässige Membran gepumpt wird. Durch Umkehrosmose wird Süßwasser durch die Membran gesaugt und von einem kleinen Schlauch ausgestoßen. Unser Seewasseraufbereiter war ein Stromfresser und wurde durch eine stattliche Anzahl von Sonnenkollektoren angetrieben, die unser Schiff zierten. Julie und ich sahen enttäuscht zu, als der Abflussschlauch kein Süßwasser ausgab. Vielleicht hatte der Gutachter recht, und das Gerät müsste ausgetauscht werden. Leider waren die 5000 Dollar teuren Vorrichtungen in Portugal nicht erhältlich. Wir hatten noch immer einen Großteil unserer bereits vor Wochen verschickten Ausrüstung nicht erhalten und wollten unser Abreisedatum nicht durch einen Seewasseraufbereiter gefährden, der beim Zoll feststeckte. Außerdem tendierte unser Budget gegen Null. Uns blieb nichts anderes übrig, als das vorhandene Gerät zu reparieren.

Ich verbrachte einen ganzen Tag damit, den Apparat bis auf den letzten Bolzen auseinanderzunehmen, wobei ich verschlissene O-Ringe und defekte Ventile zutage förderte. Zum Glück wurde das Gerät mit Ersatzventilen und -dichtungen geliefert, sodass ich die verschlissenen Teile ersetzen konnte. Ich setzte alles wieder zusammen, und Julie und ich hüpften vor Freude, als Süßwasser aus dem Schlauch spritzte. Wir würden also doch Wasser haben.

Mario befreite endlich unser Rettungsfloß, die Notfunkbake und andere Pakete aus dem Zoll. Unsere gefriergetrockneten Lebensmittel waren jedoch aus den Vereinigten Staaten geschickt worden und würden nicht freigegeben werden, sodass wir uns mit dem begnügen müssten, was auch immer wir in hiesigen Supermärkten an nicht verderblicher Nahrung finden konnten.

Endlich erhielten wir auch die große Videokamera. Nachdem ich Tim mit einer Klage gedroht hatte, händigte er die Kamera schließlich Carole Paquette aus, die sie per Kurier sofort an uns weiterschickte. In Europa hatten wir überall mit einem minderwertigen Camcorder gefilmt, den Julie von zu Hause mitgebracht hatte, und wir freuten uns darauf, wieder die Profikamera benutzen zu können.

In lediglich zwei Tagen kauften wir im größten Lebensmittelkaufrausch meines Lebens Vorräte für fünf Monate. Julie und ich reihten Einkaufswagen an Einkaufswagen voller Beutel mit Reis, Mehl, Zucker, getrockneten Bohnen, Milchpulver, Trockenobst, Cornflakes und anderen Artikeln, die wir auf der Reise brauchen würden. In einem Supermarkt gerieten wir in Panik, als wir, nachdem wir unsere Einkaufswagen mit Lebensmitteln für fast 2000 Dollar beladen hatten, erfuhren, dass der Laden keine Kreditkarten akzeptierte. Nachdem Julie ein Nottelefonat mit ihrer Bank in Vancouver geführt hatte, durfte sie ihr tägliches Auszahlungslimit erhöhen, und wir konnten das Bargeld aus einem Geldautomaten ziehen.

Julie und ich waren aus dem Hotel ausgezogen und schliefen auf dem Betonfußboden der leer stehenden Werkstatt, nur Meter von unserem Boot entfernt. Es war unbequem, aber so müssten wir keine Zeit damit vergeuden, jeden Tag hin und her zu fahren. Obwohl wir leicht in Verzug waren, konnten wir uns schließlich am 18. September zu einem Abreisetermin entschließen: 22. September. Die Wettervorhersage versprach passable Bedingungen mit einigen nördlichen Winden. Es schien ein vielversprechender Tag, um unser Leben und unsere Beziehung dem Meer anzuvertrauen.

Nur ein paar Tage vor unserem Aufbruch erhielten wir eine E-Mail von Kenneth Crutchlow, dem Präsidenten der Ocean Rowing Society. Die ORS ist eine Organisation mit Sitz in Großbritannien, die Statistiken über das Ozeanrudern zusammenstellt und Neuigkeiten über laufende Expeditionen weiterleitet. Angesichts unseres engen Zeitplans hatten wir nie die Zeit gehabt, die Gesellschaft über unsere Aktivitäten zu informieren. Trotzdem hatte Mr Crutchlow von unseren Bemühungen Wind bekommen und kürzlich mit Dean Fenwick in Vancouver korrespondiert.

Crutchlow hatte versucht, uns ein 5000 Dollar teures elektronisches Verfolgungssystem von Argos zu verkaufen. Wir brauchten das Gerät nicht, da wir schon ein System hatten – und eines, das wir für wirkungsvoller hielten –, das sich auf unser GPS und das Satellitentelefon stützen würde. Für den Notfall hatten wir das von der US-Küstenwache empfohlene EPIRB dabei. Dieser Apparat, der per Hand aktiviert werden kann oder sich automatisch einschaltet, sobald er sich unter Wasser befindet, sendet seine GPS-Koordinaten auf einer Notfallfrequenz. Die Koordinaten werden via Satellit an die Seesuch- und -rettungsstellen weitergeleitet. Als Dean das System in unserem Auftrag ablehnte, antwortete Kenneth mit einer spitzen E-Mail.

Hallo Dean,
ich habe heute die Website von Ihren Leuten gelesen … Dort steht, Julie möchte die erste Frau sein, die von Kontinent zu Kontinent rudert. Hat sie überhaupt eine Ahnung, wie schwer das sein wird und auch wie langwierig? Auf der Website heißt es:

»… ist es extrem wichtig, die drei- bis viermonatige Überquerung des Atlantiks in die wettermäßig günstigen Abschnitte zu legen und bei der Fahrt durch die unteren Breiten die Hurrikansaison zu meiden …«

Tatsache ist, dass sie zu jedem x-beliebigen Zeitpunkt zwischen Oktober und März aufbrechen können, das heißt, wenn Passatwinde erwartet werden. Wir kennen einander nicht, aber es ist meine Art, die Dinge beim Namen zu nennen und nicht um den heißen Brei herumzureden.

Was Ihre Crew zu tun vorschlägt, ist völlig abwegig, da an der Grenze des körperlichen Durchhaltevermögens.

Ich habe nicht das Gefühl, dass die beiden wirklich wissen, worauf sie sich da einlassen, es scheint, sie sind bereit, in Portugal anzukommen, ein paar Dosen Bohnen in das Boot zu laden, und ab geht's.

Ich habe Argos nicht bestellt.

Sie erwähnen andere Systeme, die ALLE darauf angewiesen sind, dass die Elektrik auf dem Boot funktioniert. Keine Elektrik, keine Systeme. EPIRB hält 48 Stunden, und nur die Besatzung wird geborgen, das Boot wird aufgegeben.

Um ehrlich zu sein, ich habe nicht das Gefühl, dass das Ruderunternehmen gut geplant und vernünftig ausgerüstet ist.

Ich habe immer ein ungutes Gefühl, wenn irgendein auf Biegen und Brechen festgelegter Stichtag genannt wird und alles zur Abreise drängt.

Was wir viel lieber hören, ist: »Die Abreise erfolgt, wenn Boot und Besatzung bereit und gut ausgerüstet sind.«

Ich weiß, Sie werden sagen: »Die beiden haben kein Geld, um in einem Hotel zu wohnen, und sie müssen los«, wir haben das schon so viele Male gehört. Haben sie Ihnen schon einen Zielort genannt?

Meine Antwort muss lauten: Wenn ihr keine ordentliche Finanzierung habt und nicht richtig ausgerüstet seid, fahrt nicht los. Geht nach Hause, besorgt euch die finanziellen Mittel und kommt ein andermal wieder.

Crutchlow hatte keine Informationen über die Finanzen unserer Expedition, den Zustand des Bootes oder unsere Vorbereitungen, weshalb es höchst erstaunlich war, seine Vermutungen zu lesen. Die lächerlichste Aussage war, dass wir jederzeit zwischen Oktober und März aufbrechen könnten. Jedes Lotsenbuch, das wir gelesen hatten, wies darauf hin, dass genau dies die Monate seien, in denen man die europäische Küste *nicht* verlassen sollte.

Doch es machte mir Sorge. Über einen Ozean zu rudern ist gefährlich, ganz gleich wie gut man vorbereitet ist. Wenn Julie und mir tatsächlich durch Pech etwas zustieße, würden uns einige Kritiker in den Medien Crutchlows »Ich-habe-euch-gewarnt«-Kommentare sicher unter die Nase reiben.

Um den Termin unserer geplanten Abreise am Morgen des 22. September einhalten zu können, mussten Julie und ich die letzte Nacht durcharbeiten. Wir hatten unsere Abreise so gelegt, dass sie mit der Ebbe zusammenfiel, damit die Zwei-Knoten-Strömung uns beim Verlassen des Hafens helfen würde. Mario, seine Frau und ein Freund trafen um fünf Uhr morgens in der Marina ein, um uns auf Wiedersehen zu sagen. Mario drückte uns zwei Flaschen Wein in die Hand und bestand darauf, dass wir unsere Geburtstage stilvoll feierten. Unser kleines Verabschiedungskomitee winkte, während wir die Leinen losmachten und unter den schrägen Strahlen der aufgehenden Sonne aus dem Jachthafen ruderten. Wir waren noch schläfrig, unglaublich erschöpft, und dennoch hatte unsere transatlantische Ruderfahrt gerade erst begonnen.

15 Mit einem roten Ruderboot in See

Als wir an dem Wellenbrecher vorbeiruderten, ergriff eine starke Strömung unser schwer beladenes Boot und trieb uns auf das mehrere Kilometer entfernte offene Meer zu. In der Bucht des Tejo, einem natürlichen Hafen, fehlte um diese Tageszeit die übliche Flottille aus Segeljachten, Dingis und Motorbooten. Abgesehen von einem einsamen Schlepper auf der anderen Seite des Meeresarms, der einen Lastkahn zog, waren Julie und ich allein.

Meine leichten Schläge mit den langen Kohlefaserriemen erhöhten unsere Geschwindigkeit auf vier Knoten, und wir glitten lautlos in den Schatten des berühmten Wahrzeichens von Lissabon, des »Denkmals der Entdeckungen«. Diese 52 Meter hohe Betonskulptur zeigt einen stilisierten Schiffsbug, auf dem berühmte portugiesische Entdecker stehen. Der steinerne Blick von Fernando de Magalhães, des Kapitäns der ersten Expedition, die den Planeten umrundete, entbot uns ein letztes Lebewohl.

Nachdem wir ungefähr 20 Minuten gerudert waren, kam ein dunkelgraues Schiff auf uns zu. Als es näher kam, konnten wir erkennen, dass es die Hafenpolizei war. Julie saß jetzt an den Riemen.

»Vermeide jeden Blickkontakt«, scherzte ich. »Vielleicht fahren sie einfach weiter.«

Eigentlich hatten wir nichts zu befürchten, da Julie sich bereits an die Behörden gewandt und nach den Auslaufformalitäten erkundigt hatte. Wir waren überrascht zu erfahren, dass wir keine Auslaufgenehmigung brauchten und einfach wegrudern durften, ohne uns mit Zoll- und Einwanderungsbehörden in Verbindung zu setzen. Während meiner Segeljahre hatten Verfahren für Ein- und Auslaufgenehmigungen in jedem Land, das ich besucht hatte, zu den üblichen Formalitäten gehört.

Das massige Schiff kam längsseits, und ein uniformiertes Besatzungsmitglied warf uns ein Tau zu. Ich war nervös. Vielleicht hatte es einen Verständigungsfehler gegeben, und wir würden jetzt zurückgeschleppt zu einer mehrtägigen Prozedur wegen der Auslaufgenehmigung. Als Julie sich nach den Auslaufformalitäten erkundigt hatte, hatte sie übrigens nicht erwähnt, dass wir in einem Ruderboot aufbrechen würden.

»Wohin fahren Sie?«, fragte der Kapitän.

»Miami, Florida«, sagte ich.

Die ungefähr acht Mann Besatzung auf dem uneinnehmbar aussehenden stählernen Schiff blickten mit größer werdenden Augen auf unsere winzige Nussschale. Ein paar kicherten. Der Kapitän warf einen Blick auf unser Boot und stellte uns ein paar Fragen nach unserer Sicherheitsausrüstung. Dann verlangte er unsere Pässe und verschwand für ein paar Minuten auf der Brücke. Schließlich kam er an die Reling zurück.

»Sie können losfahren«, verkündete er. »Viel Glück.«

Ich stieß einen Seufzer der Erleichterung aus. Wettermäßig war die Gelegenheit zur Abreise ideal, und es ließ sich nicht sagen, wie lange dieses Wetter anhalten würde. Der portugiesische Passat würde bald nachlassen, und dann hofften wir schon ein ganzes Stück weiter südlich zu sein.

Rotgrüne Navigationsbojen markierten das tiefere Wasser, und Julie hielt sich dicht am nördlichen Ufer. Unser GPS zeigte an, dass die Strömung schwächer wurde und unsere Geschwindigkeit auf 3,5 Knoten gesunken war. Wir befanden uns im Windschatten einer großen Halbinsel, die 20 Kilometer ins Meer hineinragte und uns vor der Wucht der Dünung und des Windes aus Norden schützte.

Wir passierten knallbunte offene Fischerboote mit Besatzungen von drei oder vier Mann, die mit ihren Netzen beschäftigt waren. Die Besatzungen sahen unser Boot jedes Mal erstaunt an, während wir in Richtung Nirgendwo ruderten, und schrien uns auf Portugiesisch aufmunternde Worte zu. Zumindest nahmen wir an, dass sie aufmunternd waren.

Wir wollten schnellstmöglich so weit es geht vom Land wegkommen, um das Risiko zu verringern, an die felsige Küste geschmettert zu werden, falls die Winde sich drehten. Vier Stunden nachdem wir Lissabon verlassen hatten, erreichten wir die Spitze von Cabo da Roca, dem westlichsten Punkt Europas, und waren nun der vollen Gewalt des offenen Meeres ausgesetzt. Zwanzig-Knoten-Winde sorgten für eine bewegte See, und unsere Mägen hoben und senkten sich zusammen mit dem Boot in der gewaltigen Dünung. Da wir genau nach Westen ruderten, trafen die Wellen das Boot von der Seite und erschwerten das Rudern. Es war, als versuchte man auf einem mechanischen Bullen zu reiten. Ab und zu, wenn eine große Welle uns breitseitig erwischte, wurden wir aus dem Gleitsitz und in die Rettungsleinen geschleudert, die verhindern sollten, dass wir über Bord gingen.

Da unser Boot überladen war, stand das Deck ständig unter Wasser. Würden wir versuchen, irgendeine der Luken für die Lebensmittelvorräte zu öffnen, würden die Schotts sofort vollaufen. Ich schluckte nervös und hoffte, dass es im Laufe der nächsten Woche genug ruhige See gäbe, damit wir den Bereich unserer leicht erreichbaren Lebensmittelvorräte wieder auffüllen konnten. Was, wenn die See immer so rau wäre und wir niemals sicher an unsere eingelagerten Lebensmittel kämen? Ich verfluchte den portugiesischen Zoll, weil er unseren leichteren gefriergetrockneten Proviant zurückgehalten hatte. Mit dem würde das Boot jetzt nicht so viel wiegen, und wir hätten dieses Problem nicht.

Julie und ich wechselten uns jede Stunde an den Riemen ab. Der Vektor der auf unser Boot einwirkenden Kräfte – unser westlicher Ruderkurs in Verbindung mit nördlichen Winden und einer Strömung nach Süden – sorgte dafür, dass wir uns insgesamt mit 2,5 Knoten, also etwa 4,5 Stundenkilometern, nach Südwesten bewegten.

Die niedrigen Berge Portugals grüßten uns aus der Ferne wie der Abspann eines denkwürdigen Films. Bald wäre Land nur noch eine Erinnerung, und Julie und ich würden gezwungenermaßen sehr gut vertraut werden mit unserer neuen Wasserwelt. Noch war sie unwirklich, während mein von Ermüdung benebeltes Gehirn einen drei- bis fünfmonatigen Aufenthalt auf dem Meer zu begreifen versuchte. An Land waren wir zu sehr mit der Sorge um die Logistik beschäftigt gewesen, um viel Zeit darauf zu verwenden, über die psychologischen Aspekte der vor uns liegenden Reise nachzudenken. Jetzt, wo wir uns auf einem rauen Ozean an den Riemen abmühten, erschöpft, schläfrig und seekrank, während das Land in der Ferne dahinschwand, wurde mir langsam ernsthaft bange.

Die Wellen krachten seitlich gegen das Boot und durchnässten den jeweiligen Ruderer. Gleichzeitig strömte Wasser durch die Speigatten – kleine Öffnungen, die es dem Wasser ermöglichen, von den Decks abzulaufen –, wirbelte hoch zum Rudersitz und zog sich langsam zurück. Im Gegensatz zu einem Segelboot, das durch seinen tiefen Kiel wie auch durch die Kraft des Windes in den Segeln stabilisiert wird, besaß unser Schiff keinen Anti-Roll-Mechanismus, sodass die schaukelnde Bewegung unglaublich war. Sowohl Julie als auch mir war speiübel, und selbst nach Stunden körperlicher Anstrengung konnten wir abends nur Käse und Kräcker essen.

Um acht Uhr abends erreichte die Sonne den Horizont. Meer und Himmel zeigten kurz ein psychedelisches Aufgebot an Rot und Orange, bevor sie in samtige Schwärze getaucht wurden. Die fast völlige Blindheit, die wir in unserem kleinen, unsicheren Schiff empfanden, vergrößerte nur unser Unbehagen. Sehnsüchtig blickten wir zurück auf das elektrische Leuchten Lissabons, das in der Ferne langsam schwächer wurde. Die einzigen anderen Netzhautreize waren die Positionslichter von Frachtern und Fischerbooten am Horizont. Julie schaltete die winzige Glühlampe in der Kajüte ein und machte unsere Position auf der Karte aus, während ich mich in die Riemen legte.

»Wir sind 36 Seemeilen gefahren«, verkündete sie. Das waren ungefähr 65 Kilometer.

Ich war zufrieden. Der Gezeitenstrom hatte zu unserer Geschwindigkeit beigetragen, aber davon würden wir nur in Landnähe profitieren. Trotzdem war es ein guter Anfang für unseren ersten Tag. Und ich freute mich riesig, als ich sah, wie gut Julie ihre erste Bekanntschaft mit dem Ozean bewältigte. Sie war noch nie auf dem offenen Meer gewesen. Landratten können sich kaum vorstellen, wie entsetzlich so etwas beim ersten Mal sein kann. Obwohl ihr weiter übel war von dem unablässigen Schaukeln, zeigte Julie keine Furcht und klagte auch nicht.

Zwar war das Boot mit zwei Ruderstationen ausgerüstet, dennoch ruderten wir während unserer Atlantiküberquerung fast nie gemeinsam. Im Allgemeinen machte das Boot mit einer Person an den Riemen etwa zwei Knoten Fahrt und 2,5 Knoten mit zwei Ruderern (obwohl der Unterschied bei widrigen Bedingungen ausgeprägter war). Deshalb schien es effizienter, unsere Kräfte zu schonen und die Ruderstunden zu verdoppeln, indem wir in Schichten arbeiteten. Doppelten Antrieb bräuchten wir nur, wenn unser Boot einer felsigen Küste oder einem entgegenkommenden Schiff zu nahe kam und wir plötzlich zusätzliche Kraft benötigten.

Die Riemen bestanden aus Kohlefaser und waren, obwohl über drei Meter lang, federleicht. Es war eine Spezialanfertigung von Croker Oars in Australien, einer Firma, deren Riemen meist die siegreichen Boote bei den Olympischen Spielen antreiben. Der Gleitsitz und maßgebliche Teile stammten von Pocock, einer Firma aus Seattle, die hochwertige Ausrüstung für Weltklasseruderer herstellt.

Als wir uns auf der bewegten, quer laufenden See mit den Riemen herumquälten, kamen wir uns ganz und gar nicht vor wie Weltklasseruderer. Wiederholt blieben die Riemen an den Wellen hängen oder hüpften über die Wasseroberfläche. Dennoch bewegten wir uns langsam vorwärts, und im Moment kam es auf Geschwindigkeit eigentlich auch gar nicht an. Das Wichtigste war, einfach immer weiterzumachen.

Gegen elf Uhr abends waren wir vollkommen erledigt, da wir während der vergangenen 41 Stunden fast pausenlos gearbeitet hatten. Weil wir uns außerhalb der Hauptschifffahrtsstraße befanden und der Schiffsverkehr anscheinend schwach war, zogen Julie und ich uns beide in die winzige Kajüte zurück, um dringend benötigten Schlaf nachzuholen. Wir stellten unsere Stoppuhren, damit wir alle 15 Minuten den Schiffsverkehr überprüfen konnten. Solange die Ruderstation unbesetzt war, würde das Boot einfach frei in Wind und Strömung treiben. Bei den momentanen Bedingungen bewegten wir uns mit etwa einem Knoten nach Süden.

Leider war unsere Kajüte so vollgestopft mit Ausrüstung, dass der Platz gerade reichte, damit eine Person auf dem Rücken liegen konnte, während die andere sich seitlich hineinquetschen musste. Jede Verlagerung der Position erforderte eine koordinierte Anstrengung aus verbalen Verhandlungen und körperlichen Manövern. Es war nicht gerade ein »Holiday Inn«.

Mir war, als hätte man mich in einen kleinen Sarg gesteckt, wo ich nun meine Bestattung in den Wellen erwartete. Es war tintenschwarz und heiß im Innern der Kajüte, während das Boot in alle Richtungen schlingerte. Ohne die Welt draußen zu sehen, hatte ich das unangenehme Gefühl, dass wir auf die Felsen geschleudert oder von einem Frachter erwischt würden. Trotz unserer Erschöpfung machten wir in dieser ersten Nacht kaum ein Auge zu.

Am folgenden Morgen um fünf setzte Julie die inzwischen bereits monotone Plackerei an den Riemen fort, während ich versuchte, unser erstes Frühstück zuzubereiten. Auf dem Kocher machte ich einen Brei aus Hafermehl, Rosinen und Wasser warm. Da wir beide keinen großen Appetit hatten, wanderte der größte Teil meiner Bemühungen über Bord für die Fische. Kaffee wäre ein willkommener Muntermacher gewesen, aber es zeigte sich, dass die Vorstellung, die übervollen Fächer in der schlingernden Kajüte nach den verschiedenen Zutaten zu durchwühlen, mich völlig überforderte. Stattdessen blickten meine glasigen Augen vorbei an Julies Silhouette, die einem sich bewegenden Kolben glich, auf die aufgewühlte See dahinter.

Die steifen Winde bliesen weiter aus Norden. Als stürmisch konnte man das Wetter noch nicht bezeichnen, aber die See war auf jeden Fall ziemlich rau, und die Dünung war auf etwa zweieinhalb Meter angewachsen.

Nachdem ich mit Händen, an denen sich erste Blasen bildeten, die Riemen übernommen hatten, machte Julie den Wasseraufbereiter für den ersten Seeversuch fertig. Wir hielten beide den Atem an – ein Defekt konnte das Ende unserer Reise bedeuten oder Schlimmeres. Zwar hatten wir Reservesysteme, aber die waren arbeitsintensiv und würden unsere Ruderleistung reduzieren. Julie drückte den Knopf, und der Elektromotor fing an zu summen. Kurz darauf begann das nicht mehr ganz taufrische Gerät Süßwasser in einen Kanister zu träufeln. Zweieinhalb Stunden erbrachten zehn Liter Wasser. Ich war erleichtert, als der Kanister voll war und wir das Gerät abstellen konnten. Wenn unser kostbarer Seewasseraufbereiter sein Wunder einmal vollbringen konnte, dann konnte er es, folgerte ich, vielleicht auch 150-mal.

Wir hofften, nicht mehr als zehn Liter Süßwasser pro Tag zu verbrauchen, als Trinkwasser und um unsere Nahrungsmittel einzuweichen. Uns waschen, das Geschirr spülen und auch die Zähne putzen, all das würden wir mit Meerwasser erledigen.

Seekrankheit und Erschöpfung untergruben allmählich unsere Motivation. Schon nach wenigen Tagen war es uns praktisch unmöglich, mehr zu tun als das zum Überleben Notwendigste. Wir zwangen uns, den ganzen Tag an Kräckern und Keksen zu knabbern, damit wir die Kraft hätten weiterzurudern. Unser Zielort, so viele Tausende von Kilometern am gegenüberliegenden Ende eines gewaltigen Ozeans, schien auf der anderen Seite der Milchstraße zu liegen. Unsere Zukunft sah dermaßen trostlos aus – endlose Tage, die nur aus Schaukeln und Rudern bestanden –, dass ich das Boot manchmal einfach wieder in Richtung Europa wenden wollte, bevor es zu spät war.

Ich bewunderte Julie, wie gut sie Arbeiten ausführen konnte, die Konzentration erforderten, beispielsweise Navigieren oder Notizenmachen, obwohl ich wusste, dass sie sich genauso schrecklich fühlte wie ich. Obschon sie noch nie solch ein extremes Abenteuer erlebt hatte, war in Julies bisherigem Leben ein Erfolgsmuster bei allem, was sie sich vornahm, erkennbar. Ob sie danach strebte, ihren Magisterabschluss zu machen oder einen Marathon zu laufen, Julie trieb sich stets selbst an, bis die Aufgabe geschafft war. Interessanterweise schien ihre Motivation sich aus etwas anderem – oder Tieferem – zu speisen als Konkurrenz. Konkurrenzdenken ist Julies Wesen vollkommen fremd, und ich habe mich oft gefragt, ob das so ist, weil sie ein Einzelkind ist.

Als wir die Expedition vorbereiteten, verstanden die Leute Julies zurückhaltende Einstellung gegenüber dem gewaltigen Unternehmen, das sie in Angriff nahm, meiner Ansicht nach oft falsch. Hinter ihrem reizenden Aussehen und den gelegentlichen Scherzen steckte ein Verstand, der mit Intelligenz und Entschlossenheit funktionierte. Sowohl Kenneth Crutchlow, der Präsident der Ocean Rowing Society, als auch die früheren Eigner des Bootes hatten Julie anscheinend nur als ein weiteres hübsches Gesicht mit gefährlichen Illusionen über das eigene Leistungsvermögen abgetan. Zu meinem Glück hatte ich jedoch im Laufe der Jahre das Privileg gehabt, Julies außergewöhnliche Persönlichkeit zu entdecken. Als sie mir sechs Monate zuvor mitgeteilt hatte, dass sie daran interessiert sei, von Moskau nach Vancouver zu reisen, wusste ich, dass ich eine Partnerin hatte, die mich niemals im Stich lassen würde.

Jetzt, wo wir uns auf den gefährlichsten Teil der Expedition begeben hatten, war ich mir sicher, dass unser gemeinsamer Optimismus, harte Arbeit und Teamwork uns auf die andere Seite dieses Ozeans bringen würden.

Unsere ersten drei Tage auf See zogen an uns in einem Zustand ständiger Übelkeit vorbei. Wir machten es uns zur Gewohnheit, in Zwei-Stunden-Schichten 18 Stunden am Tag zu rudern. Wer nicht an den Riemen saß, beschäftigte sich mit Navigation, Kochen und Saubermachen, ließ den Seewasseraufbereiter laufen und inspizierte das Boot auf Probleme. Kleine Aufgaben, die auf dem Festland einfach wären, wurden in der rollenden Dünung grauenhaft schwierig. Wenn wir den Kocher auffüllten, verschütteten wir gewöhnlich genauso viel, wie wir in den Behälter bekamen. Alle mechanischen Arbeiten endeten unweigerlich damit, dass Schrauben und Bolzen verschwanden, wenn das Boot schaukelte. Der Koch trug das Essen oft am Körper, statt es zu verzehren. Manchmal hätte ich vor lauter Frust die Wogen am liebsten einfach angeschrien.

Das Wetter blieb beständig, mit ununterbrochenen Winden aus Norden. Wir hatten die Decksluken noch immer nicht öffnen können, um mehr Lebensmittel heraufzuholen, und hofften auf einen ruhigen Tag. Als wir von Lissabon aufbrachen, hatten wir genug Lebensmittel für zehn Tage in der Hauptkajüte verstaut. Wenn das Wetter länger als zwei Wochen rau bliebe, würden wir anfangen zu hungern.

Wir machten ordentlich südwestliche Fahrt, was gut war, und am vierten Tag waren wir etwa 300 Kilometer vom Land entfernt und befanden uns direkt unterhalb des Südwestzipfels von Portugal. Allerdings frischten die Winde auf 40 Knoten auf, und das Meer wurde zum wütenden Ungeheuer. Die Wellen türmten sich höher, brachen sich rings um das kleine Boot und darüber und gefährdeten oftmals unsere Nussschale. Gelegentlich schleuderten die Brecher das Boot mit einer derartigen Geschwindigkeit vorwärts, dass es sich einen Weg die Oberfläche einer Woge hinunter bahnte wie ein Surfbrett.

Irgendwann wurde es zu schwierig und zu gefährlich zu rudern, sodass wir den Windsack auswarfen. Ein Windsack ist ein trichterförmiges Stück haltbarer Stoff, der durch eine Reihe von Riemen offen gehalten wird. Mit einem etwa 100 Meter langen Tau wird der Windsack anschließend am Bootsbug angeleint. Wenn er ins Meer hinabgelassen wird, wirkt er wie ein Wasserfallschirm und erzeugt, während er durchs Wasser gezogen wird, einen enormen Wasserwiderstand. Dieser Widerstand sorgt dafür, dass der Bug in Wind und Wellen gerichtet bleibt, und verlangsamt das Tempo der Rückwärtsdrift des Bootes.

Soweit zumindest die Theorie. Da der Sturm bedrohlicher wurde, würden wir demnächst feststellen, wie gut die Sache in der Praxis funktionierte.

Große Wellen schlugen über dem Boot zusammen, als ich mich zum Bug vorkämpfte, um den Windsack festzumachen. Das Boot schwankte und stampfte, während ich mit einer Hand an den Knoten herumfingerte. Meine andere Hand klammerte sich, weiß und kalt, an die Sicherheitsreling. Mein Helly-Hansen-Regenzeug stieß das kalte Wasser ab, das sich kübelweise über mir ergoss. Plötzlich, ich hatte den Palstek-Knoten gerade fertig gebunden und den Windsack über den Bootsrand geworfen, überragte eine Riesenwelle, sehr viel größer als die anderen, unser Boot wie eine Faust und brach anschließend. Das brodelnde, schäumende Wasser versetzte unserem Boot einen Schlag wie eine Stange Dynamit, und die *Ondine* rollte auf die Seite, bis sie kurz vor dem Kentern stand. Ich schlang instinktiv einen Arm um die Rettungsleine, um nicht von Bord gespült zu werden. Langsam lief das Wasser durch die Speigatten ab, und unser Schiff richtete sich wieder auf.

Ganz offensichtlich funktionierte das Windsacksystem nicht so gut, wie ich gehofft hatte. Wegen der einzigartigen Form des Rumpfes weigerte unser Boot sich leider, mit dem Bug direkt in die Wellen zu weisen. Stattdessen scherte es um etwa 60 Grad aus. Manchmal drehte es sich fast breitseitig zu den Wogen. Doch wir konnten nicht viel mehr tun, als uns in unsere Kajüte zu kauern, die kaum größer war als eine Hundehütte, und das Ende des Sturms abzuwarten.

In der Kajüte war es feucht, heiß, und es müffelte. Bei diesem hohen Seegang wurde man in ihr heftig hin und her geworfen, wie auf einem bockenden Zirkusgaul. Die Luke musste geschlossen bleiben, um die Brecher draußen zu halten und zu verhindern, dass die Kajüte im Falle eines Kenterns überflutet wurde. Wenn die Achterkajüte sich mit schwerem Wasser füllte, würde das Boot sich nicht mehr aufrichten können.

Stunden verstrichen, in denen Julie und ich eng aneinandergepresst dalagen, während Ausrüstungsgegenstände von beiden Seiten her unseren beschränkten Freiraum beschnitten. Ein knurrendes Zischen kündigte die unmittelbare Ankunft eines neuen Brechers an und gab uns Zeit, uns zu wappnen, bevor eine gewaltige Explosion unser Boot hin und her schleudern würde. In regelmäßigen Abständen dachten wir daran, die Luke für ein paar Sekunden zu öffnen, um den Sauerstoff in unserer wasserdicht verschlossenen Unterkunft aufzufüllen. Ohne diese manuelle Belüftung würden wir in etwa zwölf Stunden ersticken.

Während wir in der Kajüte lagen und das Ende des Sturms abwarteten, riefen wir über das Satellitentelefon Dean Fenwick an, damit er uns die neueste Wettervorhersage durchgeben konnte. Er sah im Internet nach und teilte uns mit, dass die Lage vielversprechend aussehe. Wir könnten uns in ungefähr drei Tagen auf ruhigeres Wetter freuen. In der Zwischenzeit würden die Winde weiter aus Norden wehen und allmählich an Stärke abnehmen.

Dean versorgte uns auch mit den neuesten Nachrichten über unsere Konkurrenz. Erden war in Lissabon angekommen. Er brachte jetzt sein Boot durch den Zoll, und es klang, als hätte er weit weniger Schwierigkeiten, ein paar Pakete wiederzubekommen, als wir.

Tim war im spanischen Salamanca eingetroffen, das mit dem Rad etwa drei Tagesreisen von Lissabon entfernt liegt. Offenbar hatte er keine Probleme gehabt, die russische Grenze zu überqueren, obwohl sein Visum abgelaufen war. Carole Paquette hatte er gesagt, dass er vorhabe, die Posten zu bestechen, um über die Grenze zu kommen. Er hatte von Salamanca aus ein Update auf seine Website gestellt, in dem er erklärte, er und Erden würden gegen Julie und mich antreten, um den Titel des ersten Menschen, der nonstop vom europäischen Festland nach Nordamerika rudert. Seltsamerweise tauschte er, vielleicht nachdem er sich mit Erden beraten hatte, diesen Eintrag bald darauf gegen ein neues Update aus. »Dies ist kein Rennen mehr«, betonte Tim und erklärte, weil Julie und ich in einem nicht seetüchtigen Boot aufgebrochen seien – »die üblichen Bootsvorbereitungen ausfallen ließen, um Zeit zu sparen« –, wollten er und Erden nicht dadurch übermäßigen Druck auf uns ausüben, dass sie ihren eigenen Versuch als Rennen bezeichneten.

Julie lachte, als ich ihr das erzählte. »Das ist ja so nett von ihnen«, scherzte sie. »Ich fühle mich gleich schon sicherer, wo ich weiß, dass sie nicht versuchen, uns zu überholen.«

Dann las Dean Erdens letztes Update vor.

»Colin Angus, Tims ehemaliger Partner, verließ Lissabon im Ruderboot mit seiner Freundin Julie, kurz bevor ich hier ankam. Ich verstehe es so, dass sie überstürzt abreisten, obwohl an ihrem Ozeanruderboot noch Arbeit für weitere zwei Wochen nötig gewesen wäre, als sie losfuhren. Bei diesem Unterfangen das Verfahren abzukürzen ist gefährlich. Ich hoffe, dass sie es heil überstehen. Jeder Rettungsruf auf See von diesen beiden, sollten sie ihn absetzen müssen, wird allen Ozeanruderern ein blaues Auge verpassen und die geachtete Stellung, die wir bei den jeweiligen Einheiten der Küstenwache in den Gastländern bisher besitzen, beschädigen. Ich möchte gern glauben, dass Colin kein Wettrennen mit Tim zurück nach Vancouver veranstaltet … Diese Reise mit den falschen Motiven fortzusetzen ist einfach unangebracht. Eine solche Mentalität ist Gift für die viermonatige Überquerung und sorgt für unnötige Strapazen.«

Erden schien Kontakte mit Kenneth Crutchlow von der Ocean Rowing Society geknüpft zu haben. Julie und ich waren die einzigen Menschen, die um den Zustand unseres Bootes wussten, deshalb war ich verblüfft darüber, wie viele Spekulationen über die *Ondine* kursierten. Noch merkwürdiger war, dass alle sich bemüßigt fühlten, diesen Klatsch so weit wie möglich zu verbreiten.

»Also geht nicht unter«, sagte Dean, als er unser Ferngeplauder beendete. »Ganz egal, wie seetüchtig und gut vorbereitet euer Boot auch ist, bei all diesen Gerüchten, die zirkulieren, werden viele Zeitungen es im Falle des Falles so darstellen, dass bei dir die Katastrophe vorprogrammiert war.«

Wir waren entschlossen, Deans Rat zu befolgen. Wegen der Unberechenbarkeit des Meeres war uns allerdings auch bewusst, dass die Erfolgsformel auf Glück nicht ganz verzichten konnte. Wenn beispielsweise anhaltende starke Winde aus Nordwesten einsetzten, wären wir außerstande zu verhindern, dass wir auf Afrika zutrieben. Das würde bedeuten, um Hilfe zu bitten und uns abschleppen zu lassen. Und dann hätten unsere Möchtegernkritiker wirklich etwas, worüber sie sich hämisch freuen könnten.

Nach anderthalb Tagen beruhigte das Meer sich so weit, dass Julie versuchen konnte, Frühstück zu machen. Während sie sich abmühte, den Kocher in Gang zu bringen, blieb ich eingepfercht in der Kajüte mit den Füßen in Richtung Luke und ordnete unsere Ausrüstung neu, um mehr Platz zu schaffen.

Julie schrie in höchster Angst gellend auf. Mit großen Augen starrte sie zum Himmel links von unserem Boot.

»Was ist los?«, brüllte ich und versuchte verzweifelt, mich herumzudrehen.

Julie war zu verängstigt, um zu antworten. Da sie normalerweise ruhig und vernünftig ist, wusste ich, dass irgendetwas ganz und gar nicht stimmen konnte. Ich drehte mich gerade rechtzeitig herum, um zu sehen, wie sich eine riesige Welle vor der Backbordseite auftürmte. Und hinter der Welle stieg eine Wand aus dunkelblauem Stahl so hoch auf, dass ich bei meiner beschränkten Sicht kein Ende erkennen konnte.

Wir standen im Begriff, von einem Frachter gerammt zu werden!

Während ich auf den Aufprall wartete, gingen mir tausend Gedanken durch den Kopf. Wir waren Hunderte von Kilometern vom Land entfernt, mitten auf einem kalten, stürmischen Ozean. Würden wir unter das Schiff und anschließend durch die gewaltige Dreschmaschine seiner Schraube gezogen? Oder würde unser Boot einfach unter unseren Füßen zu Streichhölzern zerkleinert?

Ich hatte einmal eine schöne Fotografie von Delfinen gesehen, die aus der Oberfläche der Welle heraussprangen, die vor dem Bug eines Frachters hoch aufwogte. Eine identische Szene tauchte jetzt vor uns auf. Außer dass die Delfine fehlten. Und ein 180 Meter langes Schiff uns jeden Moment niedermähen würde.

Julie hörte nicht auf zu schreien, und die schäumende Bugwelle traf unser Boot mit voller Wucht. Die *Ondine* wurde zur Seite geschleudert wie ein Korken. Der Stoß beförderte uns knapp aus der Kollisionsspur, und der stählerne Schiffsrumpf passierte in 30 Zentimeter Abstand unsere viertelzolldicken Sperrholzwände. Diese Entfernung vergrößerte sich schließlich auf Armeslänge. Wir konnten nichts anderes tun, als zuzusehen, wie der Furcht einflößende Anblick von 26 000 Tonnen Stahl eine scheinbare Ewigkeit lang vorüberglitt. Endlich rauschte der Heckbalken des Tankers vorbei. Wir blickten nach oben und konnten den Namen des Schiffes erkennen: *Norca*.

Julie und ich sahen uns in sprachlosem Schrecken an. Ich fühlte mich verwundbarer denn je. Trotz des Radarreflektors auf unserem Boot, mit dessen Hilfe auf einem Schiffsradar ein größeres Signal erzeugt wird, und knallbunter Farben hatte uns niemand auf dem Frachter gesehen, selbst am helllichten Tage nicht. Und obwohl wir wachsam Ausschau gehalten hatten, war dieses Seeungeheuer in der Lage gewesen, sich an uns heranzuschleichen. Steil aufragende Wellen nahmen uns oft die Sicht. Und umgekehrt nahmen diese Wogen auch anderen die Sicht auf unser Boot.

»Ich hatte in meinem ganzen Leben noch nie solche Angst«, verkündete Julie. »Ich kann immer noch nicht glauben, dass er uns nicht erwischt hat – er war doch auf direktem Kollisionskurs.«

Nur die mächtige Bugwelle des Frachters hatte uns gerettet, als sie unser Boot beiseiteschob. Ein quälender Gedanke verfolgte mich. Wir hatten den Windsack im Wasser und 100 Meter Tau verbanden ihn mit dem Boot. Zum Glück hatte die Bugwelle uns *in Richtung des Windsacks* geworfen, sodass es keinen Widerstand gab. Aber was wäre geschehen, wenn wir nur schon ein wenig weiter in unserer Richtung gewesen wären? Die Bugwelle hätte uns *von dem Windsack weg* in Richtung der anderen Seite des Frachters schleudern können, aber der Bremseffekt des Windsacks hätte unser Boot todsicher zum Stillstand gebracht – im wahrsten Sinne des Wortes. Quer zur Fahrtrichtung der *Norca* festsitzend, wären wir zerquetscht worden. Oder was wäre passiert, wenn wir 30 Meter weiter voraus gewesen wären und der Frachter genau zwischen unserem Boot und dem Windsack hindurchgefahren und sich das Verbindungstau geangelt hätte?

Das waren Fragen, von denen ich hoffte, ich müsste sie niemals beantworten.

Wir ließen das Frühstück ausfallen, aßen mehr Kräcker und Kekse, holten den Windsack ein und fingen wieder an zu rudern. Der Zwischenfall mit dem Frachter war erschreckend, aber er würde uns nicht vom Rudern abhalten.

Wie Dean vorausgesagt hatte, beruhigte das Meer sich allmählich. Am zehnten Tag erlebten wir den bislang friedlichsten Ozean. Zum ersten Mal waren Julie und ich nicht mehr seekrank. Eine lange, sanfte Dünung rollte von Norden heran. Jetzt, wo der Schleier aus Lethargie, Seekrankheit und ständigem Unbehagen sich plötzlich lüftete, spürte ich, wie Euphorie und neue Energie mich durchströmten. Zehn Tage hatten wir dem Meer getrotzt und dabei fast 800 Kilometer zurückgelegt. Bald wären wir auf gleicher Höhe mit der Spitze Afrikas, und das war Grund genug zu feiern. Außerdem kämen wir endlich an Lebensmittel heran, die hinter den Decksluken geschützt waren. Julie schrieb eine Liste mit Vorräten, die wir in den nächsten zehn Tagen bräuchten, und wir machten Pause vom Rudern, um uns der köstlichen Aufgabe zu widmen, die wir »einkaufen gehen« nannten.

Wir verstopften die Speigatten mit Schaumstoff, damit weniger Wasser hereinströmte, und hoben vorsichtig jede der acht Decksluken an. Es gibt eine raffinierte Technik, die Luken so zu schließen, dass die entsprechenden Rillen des Lukendeckels und des -rahmens bündig aufeinandertreffen. Leider sah es so aus, als hätten wir uns diese Fertigkeit in Lissabon nicht perfekt angeeignet. Julie öffnete die zweite Steuerbordluke und fand sie bis zum Rand voll mit Wasser. Dosen und Beutel mit Lebensmitteln schwammen herum. »O mein Gott, die Nudeln sind verdorben!«, sagte sie und zog eine durchnässte Tüte nach der anderen heraus.

Uns blieb nichts anderes übrig, als den Inhalt der Pakete über Bord zu kippen. Die anderen Nahrungsmittel waren alle wasserdicht verschlossen, aber die 20 Kilo Nudeln waren ein Riesenverlust. Wir hatten zusätzliche Beutel in einem anderen Schott gelagert, aber die verlorenen Nudeln entsprachen dennoch einem Großteil unseres Bedarfs an Kohlehydraten. Wir inspizierten die übrigen Fächer und waren erleichtert, sie alle trocken vorzufinden.

Angesichts des ruhigeren Wetters kehrte unser Appetit zurück, und wir verwendeten mehr Sorgfalt aufs Kochen. Zum Frühstück gab es normalerweise Haferbrei, Weizenmüsli, Reis oder Tapioka-Pudding, zusammen mit großen Portionen Milchpulver und Rosinen. Diese Mahlzeit wurde jedes Mal mit süßem und milchigem Pulverkaffee hinuntergespült. Da wir Milchpulver mitschleppten, das aufgelöst 200 Liter Milch ergab, machten wir beim Kochen reichlich Gebrauch davon. Für besondere Gelegenheiten hatten wir außerdem Pfannkuchenmischung eingepackt.

Zum Mittagessen stopften wir uns mit getrocknetem Brot oder Kräckern, Käse, Dauerwurst und Schinken oder Thunfisch und Dosensardinen voll. Den ganzen Tag über beflügelten wir unsere Anstrengungen außerdem mit Keksen und Süßigkeiten.

Während ich als Smutje eingeteilt war, nutzte Julie ihre Phantasie, um aus unseren begrenzten Zutaten die unterschiedlichsten Abendessen zu zaubern. Im Laufe unseres ersten Monats auf See gelang es ihr irgendwie, dasselbe Gericht nicht zweimal auf den Tisch zu bringen. Zu diesen kulinarischen Freuden gehörten unter anderem Makkaroni mit Käse (zubereitet aus portugiesischem Frischkäse, Butter, Thunfisch, Mehl, Milch und Nudeln), Chili (Zwiebeln, Knoblauch, Bohnen, Gewürze, Corned Beef und Reis), Omeletts, Eintopf mit Reis, marokkanisches Curry (Kichererbsen, Rosinen, karamellisierte Zwiebeln, Knoblauch, Zimt und Couscous), und Thai-Curry (Kokosmilch, Ananas, Thunfisch, grüne Thai-Curry-Paste, Dosengemüse und Reis).

Unsere dreitägige Periode mit ruhigerem Wetter endete rasch wieder. Der blaue Himmel verblasste, obwohl die Temperaturen warm und schwül blieben. Die Winde begannen aus Südwesten zu wehen, genau der Richtung, aus der wir sie nicht gebrauchen konnten. Es war ein schwerer Schlag, plötzlich gegen Wind und Wellen anrudern zu müssen. Die Riemen waren schwerer zu ziehen und beanspruchten unsere Gelenke bis an die Grenzen. Selbst als wir uns mächtig ins Zeug legten, nahm unsere Geschwindigkeit im Laufe von acht Stunden allmählich immer weiter ab, bis wir standen.

Das Einzige, was noch frustrierender ist, als auf der Stelle zu rudern, ist zurückzutreiben, obwohl man alle Kraft aufbietet. Und genau das geschah, als die südwestlichen Winde 20 Knoten erreichten. Ich grinste trübselig, als ich an einen Freund aus meiner fernen Vergangenheit dachte, der mir gesagt hatte, dass er das Kajak dem Ruderboot vorziehe, weil er, wenn er an den Bootsriemen sitze, nicht sehen könne, wohin er fahre. Könnte ich ihn doch nur auf unser Boot teleportieren, sein Wunsch ginge in Erfüllung: Er könnte sich das Herz aus dem Leib rudern und trotzdem genau sehen, wohin er führe.

Irgendwann gaben wir das Rudern auf und warfen den Windsack über den Bootsrand. Auch wenn er uns nicht in die Wellen drehte, würde er zumindest unsere Rückwärtsdrift verlangsamen.

Drei Tage lang blies der Wind stramm aus Südwest, und unser Boot trieb langsam zurück in Richtung Europa. Es war entmutigend, aber wir konnten nichts anderes tun als warten, dass der Wind nachließ. Allerdings hielten wir nun wachsamer Ausschau, um einer weiteren knappen Begegnung mit einem vorbeikommenden Tanker aus dem Weg zu gehen.

16 Hurrikan Vince

Wir studierten die Lotsenkarten der britischen Admiralität, auf denen die von Tausenden von Schiffen gelieferten Wetterdaten zusammengestellt sind. Unsere Karten deckten den Nordatlantik ab, und es gab zwölf Versionen, eine für jeden Monat des Jahres. Die Karten zeigen die mittlere Wasser- und Lufttemperatur, die Häufigkeit von Stürmen, durchschnittliche Windrichtungen und andere unentbehrliche Informationen. Lotsenkarten sind die beste Quelle umfassender Wetterwahrscheinlichkeiten in einem bestimmten Gebiet. Durch das Studium dieser Karten konnten Julie und ich die Zeit des Jahres ermitteln, zu der wir losfahren mussten, und die Route, die wir nehmen müssten, um die besten Strömungen und Winde zu erwischen.

Den Karten konnten wir entnehmen, dass die südwestlichen Winde, die wir momentan erlebten, nicht der Normalfall waren, sodass sie höchstwahrscheinlich nicht allzu lange Zeit anhalten würden. Außerdem beruhigte es uns zu sehen, dass die Sturmwahrscheinlichkeit in diesem Gebiet zu dieser Zeit des Jahres extrem gering war.

Nachdem wir drei Tage mehr oder weniger apathisch in der Kajüte gelegen hatten, wichen die südwestlichen Winde endlich einer ruhigen Wetterlage, und wir konnten wieder anfangen zu rudern. Wir waren 60 Kilometer weit zurückgetrieben, und es würde einen ganzen Tag harter Arbeit brauchen, um diese verlorene Distanz aufzuholen.

Seit dem Verlassen Portugals bestand unser Ziel darin, so schnell wie möglich nach Westen zu reisen, um von den Gefahren an den Küsten Europas und Afrikas wegzukommen. Wir hofften, die westliche Spitze der Kanarischen Inseln zu passieren; dort würden die Winde sich allmählich stabilisieren und ziemlich beständig aus Nordost wehen.

Widrige Winde hatten uns weiter nach Osten getrieben, als uns lieb war, umso enttäuschender war es, als diese südwestlichen Winde nach nur einem Rudertag wiederkehrten. Wenigstens war es nur eine Brise, etwa zehn Knoten stark, sodass wir vorwärtskommen konnten, egal wie langsam.

Der Morgen des 8. Oktober dämmerte mit Altokumulus- und Zirruswolken herauf, die über den Himmel fegten. Es war ein ungewöhnliches Schauspiel, aber ich wusste nicht, was es zu bedeuten hatte. Die Sonne, ein flackernder Pfirsich am Horizont, überzog das Meer mit schimmerndem Rot. Es war Julies Geburtstag, und ich war entschlossen, ihn zu einem besonderen Tag zu machen.

Während Julie sich mit den Gegenwinden abmühte, machte ich Pfannkuchen. Wir hatten keinen Sirup, aber ich löste dieses Problem, indem ich Zucker in der Pfanne karamellisierte und Wasser hinzugab. Das Frühstück aus Pfannkuchen, Butter, Sirup, Erdbeermarmelade und Schlagsahne (die wir in kleinen Tetrapaks dabeihatten) war fabelhaft.

Julie hatte einen Geburtstagswunsch. Sie hielt ihn geheim, aber ich vermutete, es könnte der Wunsch nach besserem Wetter sein. Die Winde frischten auf, und wir mussten das Rudern erneut drangeben und den Windsack über den Bootsrand werfen.

Ich hatte vorgehabt, ein ebenso dekadentes Abendessen zuzubereiten, inklusive einer Flasche von Marios Wein, aber der Ozean hatte andere konkrete Pläne. Julies geheimem Wunsch zum Trotz fanden wir uns in noch schwererer See wieder und wurden in die falsche Richtung getrieben. Erneut in der Kajüte eingezwängt, begann ich in meinem Notizbuch zu kritzeln, während Julie über das Satellitentelefon ihren Vater anrief. Kurz nachdem ihr Dad abgenommen hatte, änderte sich Julies Tonfall.

»Bist du dir sicher?«, fragte sie. »Wo hast du das gehört?«

Pause.

»Nein, da liegt wahrscheinlich irgendein Irrtum vor«, fuhr sie fort. »Es hat in der Vergangenheit nie irgendwelche Wirbelstürme in der Nähe dieses Gebietes gegeben. Es wäre, als würde sich ein Hurrikan über den Großen Seen bilden.«

Lange Pause.

»Bestimmt haben sie irgendeinen Fehler gemacht«, versicherte sie ihrem Vater. »Vielleicht haben sie die Insel Madeira mit Martinique in der Karibik verwechselt.«

Ich machte mir keine Sorgen. Offensichtlich hatte irgendjemand irgendetwas in den falschen Hals bekommen. Wo wir uns befanden, konnten sich keine Wirbelstürme bilden. Das Wasser war einfach zu kalt.

Schließlich legte Julie auf und drehte sich zu mir um. »Mein Dad behauptet, dass sich direkt bei Madeira ein Hurrikan gebildet hat und genau auf uns zusteuert. Weißt du, was ich mir heute Morgen gewünscht habe? Günstige Winde! Kannst du glauben, dass sich, als ich mir das wünschte, 600 Seemeilen von uns entfernt ein Hurrikan entwickelte?«

Zugegeben, das Wetter *benahm* sich eigenartig. Wir hatten noch nie solche Wolken gesehen, und die Luft schien ungewöhnlich schwül zu sein. Dennoch konnten wir nicht glauben, dass ein Hurrikan unterwegs zu uns war. Ich rief Dean an, nur um sicher zu sein.

»Wärst du so gut, auf der Website des National Hurricane Center nachzusehen?«, fragte ich. Ich wartete, während Dean auf seiner Tastatur tippte. Das Boot hob und senkte sich in der ungewöhnlich schweren Dünung aus Süden.

»Ach du grüne Scheiße, Leute«, sagte Dean mit angespannter Stimme. »Da ist tatsächlich ein Hurrikan ganz in eurer Nähe. Und er steuert …« Es entstand eine lange Pause, während Dean die Seite nach der Information absuchte. »Er steuert direkt auf euch zu. Er bewegt sich nach Ostnordost. O Gott, ich schau mir gerade das Satellitenfoto an. Das ist eindeutig ein echter Hurrikan, mit einem Auge im Zentrum, mit Wolken, die darum herumsausen. Das ist die reine Hölle!«

Bestimmt war es das. Ich hatte das Gefühl, als sei dieser Sturm von Satan höchstpersönlich geschickt worden, geschaffen zu keinem anderen Zweck, als ein Ruderboot aus viertelzolldickem Sperrholz zu vernichten.

Der Hurrikan hatte sich entgegen dem wissenschaftlichen Konsens, wonach ein tropischer Sturm Meerestemperaturen von mindestens 26,5 Grad Celsius braucht, um stärker zu werden, in Gewässern gebildet, die kälter als 24 Grad waren. Wegen dieser Theorie hatten Meteorologen darüber diskutiert, ob dieser hier in die Kategorie tropische Wirbelstürme gehöre. Am Ende wurde ihnen klar, dass es ein Hurrikan sein musste – ein Hurrikan, entstanden in einem Gebiet, wo es ihn nicht geben konnte und eigentlich auch nicht geben durfte.

Und einer, der auf Julie und mich zusteuerte.

»Und was hat Dean gesagt?«, fragte Julie, nachdem ich das Telefon abgeschaltet hatte.

»Es klingt nicht gut«, sagte ich ihr. »Der Hurrikan befindet sich vor der Nordwestküste Madeiras, direkt westsüdwestlich von uns und etwa 500 Seemeilen entfernt. Leider bewegt er sich langsam nach Ostnordost, und man geht davon aus, dass er es weiter tun wird. Bei seiner augenblicklichen Geschwindigkeit dürfte er uns nicht vor morgen Abend erwischen. Die gute Nachricht lautet, dass alle Vorhersagen für diesen Hurrikan wahrscheinlich falsch sind. Da der Sturm so unberechenbar ist, gibt es keine historischen Verlaufsmuster. Also ist auch die vorhergesagte Route vielleicht falsch.«

»Das sind wirklich phantastische Neuigkeiten«, sagte Julie bedrückt. »Das wahrscheinlichste Szenario ist also, dass wir uns in 36 Stunden im Zentrum eines Hurrikans befinden werden.«

Ich nickte.

Es schien wie ein böser Traum. Wir konnten mit hoher Wahrscheinlichkeit davon ausgehen, dass wir nicht lebend aus dieser misslichen Lage herauskommen würden. Hurrikans sind das stärkste Wetterphänomen auf dem Planeten. Sie haben die Kraft, ganze Städte zu zerstören und dem Erdboden gleichzumachen, ganz zu schweigen von winzigen Ruderbooten.

Als junger Mann habe ich fünf Jahre damit verbracht, in Küstengewässern zu segeln, die meiste Zeit davon allein. Insgesamt bin ich in meinem widerstandsfähigen kleinen Boot mehr als 20 000 Kilometer gefahren, anfangs vor Vancouver Island und am Ende, nach der Erkundung entlegener Außenposten im Südpazifik, in den Gewässern um Papua-Neuguinea. Meine Segeljahre hatten mich gelehrt, wie zerstörerisch Wellen in Verbindung mit einem Sturm werden können. Stürme von der halben Stärke eines Hurrikans hatten mich gedemütigt, und ich betete, mich niemals dem Zorn eines wahren Dämons der See stellen zu müssen. Und jetzt, in einem winzigen Ruderboot, zusammen mit dem Menschen auf der Welt, den ich am meisten liebte, sah es so aus, als befände ich mich möglicherweise auf meiner letzten Reise.

Die Tatsachen waren nicht zu leugnen. Wenn der Hurrikan uns mit voller Wucht traf, würde unser Boot wahrscheinlich sinken, und wir würden sterben. Zu wissen, dass uns wahrscheinlich nur noch 36 Stunden blieben, bevor unser Leben in einem fürchterlichen Mahlstrom aus Wind und Wasser ausgelöscht würde, hatte etwas Unwirkliches. Jetzt wusste ich, was es für ein Gefühl sein musste, Häftling im Todestrakt zu sein, 36 Stunden vor der Hinrichtung, während man für eine Begnadigung in letzter Minute betet.

Schnellere Schiffe wie Frachter und Jachten können dem Weg eines Hurrikans flugs ausweichen. Ein solches Manöver war uns unmöglich. Selbst unter den günstigsten Umständen ist Rudern langsam, aber wenn sich ein Hurrikan nähert, machen Winde und raue See diese Art des Antriebs sinnlos. Schlimmer noch, Winde und Strömungen bewegen sich spiralförmig und würden uns unaufhaltsam in Richtung des Sturmzentrums ziehen.

Der saugende Druck in der Mitte des Tiefdruckgebietes ist so groß, dass er sogar die Oberfläche des Ozeans wölbt. Diese Wölbung zieht Wasser im Umkreis von Tausenden von Kilometern an und erzeugt starke Strömungen von bis zu zwei Knoten. Wenn diese Wölbung auf Land trifft, überschwemmen höhere Wasserspiegel die Küstenlinien, das bekannte Phänomen der Sturmflut.

Um die Gefahren zu verstehen, braucht man sich nur die Verwüstungen anzusehen, die der Hurrikan Katrina im August 2005 an der Golfküste der Vereinigten Staaten anrichtete.

Diese Kräfte waren bereits unterwegs. Da das Boot frei trieb, fuhren wir mit etwa 1,5 Knoten auf den Wirbelsturm zu und wurden in Richtung auf ein riesiges schwarzes Loch gezogen, wie das Raumschiff *Enterprise* – nur ohne einen Scotty, um unsere Maschinen zu reparieren.

Es war jetzt später Nachmittag. Die Wolkendecke veränderte sich im raschen Wechsel zwischen dicken grauen Wolken und blauem Himmel, an dem sich die Umrisse gewellter Zirruswolken zeigten, die an die ausgebleichten Rippen eines schon lange toten Tieres erinnern. Der Wind blies jetzt mit etwa 20 Knoten aus Südost, und die Luft war bei vielleicht 28 Grad extrem schwül. Unsere Körper waren glitschig vor Schweiß. Wir konnten deutlich zwei Reihen von Wellen erkennen: eine kurze, steile Reihe aus Südost, die von den örtlichen Winden erzeugt wurde, und die sich langsam bewegende Drei-Meter-Dünung, die aus der Richtung des Hurrikans – der Höhle Satans – heranrollte. Diese letzteren Wogen ähnelten eher schnell steigenden und fallenden Gezeiten als unterschiedlichen Meereswellen.

Julie und ich fingen an, das Boot so gut wir konnten für den Sturm fertig zu machen. Lose Gegenstände wie Kochutensilien und den Kocher verstauten wir in verschließbaren Fächern. Wir untersuchten alle Luken auf undichte Stellen, vergewisserten uns, dass die gesamte Sicherheitsausrüstung einschließlich Rettungsfloß, Notfunkbake, Leuchtraketen und Funkgeräten leicht zugänglich war, und kontrollierten den Windsack.

Irgendwann konnten wir nur noch warten.

Wir knabberten schweigend an Kräckern, Käse, Dauerwurst und Schinken, während das Boot auf einem sich verdunkelnden Ozean bockte.

»An diesen Geburtstag wirst du dich für den Rest deines Lebens erinnern«, sagte ich schließlich in dem Versuch, einen dünnen Schleier des Humors über unsere ernste Lage zu breiten.

»Ja, diese Erinnerungen werde ich mir für die nächsten 30 Stunden bewahren«, erwiderte Julie.

Ich überlegte, wo der Schwachpunkt in der Widerstandsfähigkeit unseres Bootes lag. Würde sich die *Ondine* unter der schieren Wucht von 18-Meter-Brechern einfach in ihre Bestandteile auflösen? Oder würden die Luken leckschlagen und würde das Boot anfangen, bei jedem Schlingern vollzulaufen? Sobald das Boot mit Wasser gefüllt wäre, hätte die Kraft des Meeres mehr zerstörerische Wirkung, weil der größere Ballast sich der Massenträgheit widersetzen würde – das Boot würde der Wucht explodierender Wellen stärker ausgesetzt sein, statt die Kraft in Bewegungsenergie zu übertragen, indem es von dem Stoß davonglitt.

Zum ersten Mal, seit wir Portugal verlassen hatten, konnten wir in der Ferne keine Lichter von anderen Schiffen sehen. Der gesamte Schiffsverkehr war aus der Bahn des Sturms gelotst worden. Diese Umleitung bedeutete immerhin, dass wir keine Angst haben mussten, in der Dunkelheit gerammt zu werden. Trotzdem vermisste ich plötzlich die Gesellschaft der größeren Schiffe in unserer Nähe. Solange wir in pechschwarzer Finsternis hin und her hüpften, wäre es beruhigend gewesen, ein Licht zu sehen und zu wissen, dass wir nicht ganz allein waren. Aber wir waren es.

In dieser Nacht schliefen Julie und ich fast gar nicht. Stattdessen lagen wir teilnahmslos da und fingen hin und wieder ein Gespräch an – das fast immer um den heraufziehenden Sturm kreiste. Wir lasen auf unseren Lotsenkarten die Abschnitte über Hurrikans und versuchten uns mit der Tatsache zu trösten, dass es diesen Sturm eigentlich gar nicht geben dürfte. Vielleicht machte das kältere Wasser dieser Laune der Natur plötzlich den Garaus. Oder vielleicht würde er auf seiner Route allmählich einen Bogen beschreiben, wie so viele der karibischen Wirbelstürme.

Der Wind war auf etwa 30 Knoten aufgefrischt. Die See draußen wurde von gegeneinanderprallenden Wellen aufgewühlt. Trotz des Aufruhrs schien sich unser Boot gut zu halten.

Das Licht der Dämmerung beleuchtete ein trostloses Stück See.

Die Wolkendecke, dicht und schwarz, war mit der Farbpalette des Teufels überarbeitet worden. Brecher zeichneten die schwarze Oberfläche des Ozeans mit weißen Wunden. Und der kreischende Wind zerfraß Wellenkämme zu schäumender Gischt.

Julie rief beim National Hurricane Center in Miami an, um einen aktuellen Lagebericht zu bekommen. Es hatte sich nichts geändert, außer dass der Hurrikan jetzt viel näher war. Der Sturm wurde nach wie vor als ausgewachsener Hurrikan klassifiziert, und er steuerte ebenfalls nach wie vor direkt auf uns zu. Der Beamte im Hurrikanzentrum gab die Koordinaten für den Sturm durch, und wir konnten den neuen Standort ausmachen. Er war 300 Seemeilen entfernt und bewegte sich mit 20 Knoten. Wir konnten damit rechnen, dass wir die volle Wucht des Sturms spätestens am Abend zu spüren bekämen.

Wir hatten jede Menge Sicherheitsausrüstung eingepackt, aber wie bei einem Mann, der mit einem gut bestückten Erste-Hilfe-Kasten von einem 50-stöckigen Gebäude fällt, bot sie nicht viel Trost. Wenn unser Ruderboot sank, konnten wir unser Vier-Mann-Rettungsfloß, das sich selbst aufblies, zu Wasser lassen und die Notfunkbake aktivieren.

Den ganzen Tag über nahm die Windstärke zusammen mit der Höhe der Wellen kontinuierlich zu. Am frühen Nachmittag riefen wir noch einmal im Hurrikanzentrum an und erhielten etwas bessere Neuigkeiten. Obwohl der Hurrikan sich nach wie vor ungefähr in unsere Richtung bewegte, sah es so aus, als ob er nun leicht nach Norden abdrehte. Falls er diese Richtung beibehielt, würde das Auge des Sturms etwa 80 bis 100 Seemeilen nördlich von uns vorüberziehen, was uns den Todesstoß vielleicht ersparte. Es war auf diese Entfernung einfach unmöglich einzuschätzen, wie schwer der Seegang wäre, aber zumindest hatten wir jetzt vielleicht eine Chance.

»Das sind großartige Neuigkeiten«, sagte ich zu Julie.

Julie beendete gerade unsere letzte Positionsbestimmung bezogen auf den Hurrikan. Die beiden neuen Kreuze auf der Karte lagen erschreckend dicht beieinander.

»Wenn er uns um hundert Meilen verfehlt, werden die Winde wahrscheinlich nicht über 50 Knoten auffrischen«, sagte ich mit gekünstelter Fröhlichkeit. »Wir werden ein bisschen Schlingern und Schaukeln erleben und bald schon wieder wie gewohnt durch glatte See rudern.«

Zu diesem Zeitpunkt bliesen die Winde schon mit fast 50 Knoten, und riesige Wellen krachten, wenn sie sich brachen, gegen unser Boot. Eine besonders große Welle traf den Schiffsrumpf mit voller Wucht, und das Boot rollte auf die Seite, bis es sich in einem 90-Grad-Winkel zum Wasser befand. Julie und ich schmiegten uns in der Kajüte aneinander und drückten uns an die Backbordwand. Das Boot verharrte fünf Sekunden in dieser ungünstigen Position, als könne es sich nicht entscheiden, welche Richtung es als Nächstes einschlagen sollte, bevor es sich endlich wieder aufrichtete. Genau in dem Moment wurde es von einer weiteren Welle getroffen, und wir hörten ein lautes Knacken.

»Was war das?«, fragte Julie mit großen Augen.

Ich presste mein Gesicht gegen das Plexiglas und versuchte angestrengt, etwas zu erkennen, aber in dem schwindenden Licht war meine Sicht begrenzt. In 15 Minuten wären wir erneut in totale Schwärze getaucht. Ich überlegte, die Luke zu öffnen, um dem Geräusch auf den Grund zu gehen und das Boot zu inspizieren, aber angesichts der dauernd über das Deck hereinbrechenden Wellen wäre das zu gefährlich gewesen. Auch konnte das Boot jederzeit wieder anfangen zu rollen, sodass wir nicht riskieren konnten, die Luke länger als ein paar Sekunden zu öffnen.

Stattdessen schlang ich meinen Arm um Julie und drückte sie an mich. Heute Nacht würden wir ein für alle Mal erfahren, wie stark unser Boot war.

Wir schätzten, dass der Sturm uns etwa gegen 23 Uhr am dichtesten passieren würde. Je näher diese gefürchtete Stunde rückte, desto heftiger wurden die Bewegungen des Bootes, die Julie und mich in der Kajüte von einer Seite zur anderen warfen wie zwei Würfel in einem Becher. Der Wind stieß ein kreischendes Heulen aus, das in regelmäßigen Abständen von einem noch lauteren Geräusch übertönt wurde: dem Donnern brechender Wellen, wenn sie gegen das Boot krachten. Wenn die Wellen nicht brachen, hob und senkte das Boot sich jedes Mal einfach so lange, bis es den Kamm der Welle erreichte, um dann plötzlich mit Übelkeit erregender Geschwindigkeit hinabzustürzen wie ein Fahrstuhl, dessen Seile durchtrennt wurden.

Ich war erstaunt, wie gut unser Boot mit der Misshandlung zurechtkam. Vielleicht machten das Gewicht unseres überladenen Fahrzeugs und die tief in seinem Bauch verstauten Lebensmittel und Ausrüstungsgegenstände ein Kentern unmöglich. Welle auf Welle traf die *Ondine* mit einer Wucht, dass man das Gefühl hatte, sie reiche aus, um sie umzudrehen. Stattdessen neigte sie sich bloß um 90 Grad, schüttelte die Tonnen Wasser ab, die über die Decks spritzten, und richtete sich dann mit einem Ruck wieder in Normalposition auf. Es schien ihr in den riesigen Wellen sogar besser zu ergehen. Sie tauchte jedes Mal ein wie ein Surfer, der unter der brechenden Welle hindurchtaucht, und die Kraft des Wassers spülte direkt über sie hinweg.

Es wurde 23 Uhr, und unser Boot schwamm immer noch. Julie und mir ging es allerdings nicht so gut. Wir waren mit blauen Flecken übersät, während wir ertrugen, was uns vorkam wie ein Ritt in einer Tonne eine endlose Treppe hinab. Aus irgendeinem Grund hatten wir uns zumindest keine Knochen gebrochen.

Die Außentemperatur musste auf 30 Grad zugehen. Im Innern der Kajüte war es noch sehr viel heißer, wie in einer schwimmenden Sauna, und wir waren schweißgebadet. Unsere Wasserflaschen hatten wir geleert, und es gab keine Möglichkeit, an mehr Wasser zu kommen, bis das Wetter sich beruhigte. Nachdem wir von einem besonders großen Brecher getroffen worden waren, wollten wir die 15 oder 20 Sekunden Ruhe nutzen, um den Lukendeckel einen Spaltbreit zu öffnen und hurrikanfrische Luft in die Kajüte zu lassen.

»Weißt du, ich glaube, wir werden es schaffen«, sagte Julie.

Es war jetzt nach Mitternacht, und zum ersten Mal stellte sich bei uns das Gefühl ein, dass wir eine Chance hatten. Die Stärke des Hurrikans schien sich eingependelt oder vielleicht sogar leicht abgenommen zu haben. Wenn seine Richtung konstant blieb, wäre er in ein paar Stunden an uns vorbei.

Die Minuten verstrichen wie Stunden, und wir zuckten jedes Mal zusammen, wenn eine wirbelnde Welle auf unser Boot eindrosch. Aber offenbar schlugen immer weniger Brecher gegen das Boot. Gegen drei Uhr morgens waren wir uns sicher – das Schlimmste war vorüber, und wir waren verschont geblieben.

Gegen sieben Uhr am Morgen hatte der Wind beträchtlich nachgelassen, obwohl wir uns noch immer in aufgewühlter See befanden, mit Wellen, die aus allen Richtungen heranstürzten, häufig gegeneinanderprallten und explodierende Wasserfontänen himmelwärts schickten. Julie und ich kletterten an Deck und fanden, abgesehen von dem Windsack, alles unversehrt vor. Die Kraft des Meeres hatte das Tau von dem Stoff abgerissen, und es hing jetzt schlaff im Wasser. Ich merkte, wie unser Boot ohne den Windsack mit dem Meer fertig wurde, und mir wurde klar, dass sein Verlust das Beste war, was uns hatte passieren können. Das Boot lag jetzt in einem viel besseren Winkel zu den Wellen, wobei das Heck in einem 45-Grad-Winkel gegen den Wind zeigte, offenbar der ideale Winkel, um die Kraft der Wellen abzulenken und zugleich der Neigung des Bootes zum Wellenreiten entgegenzuwirken. Mit dem Windsack pflegte das Boot sich häufig breitseitig in die Wellen zu drehen – der schlechteste Winkel, um es mit ihnen aufzunehmen. Obwohl wir einen Reserve-Windsack hatten, beschlossen wir, ihn nur zu benutzen, um unsere Abdrift zu verlangsamen, nicht aber als Instrument bei stürmischem Wetter.

Wir warteten weitere 24 Stunden. Schließlich hatte das Meer sich so weit beruhigt, dass wir wieder anfangen konnten zu rudern. Die See war zur Ruhe gekommen, und die Luft war still geworden. Julie strahlte, während sie die Riemen in langen, gleichmäßigen Schlägen durchs Meer zog. Die *Ondine* machte wieder Fahrt.

»Die gute Nachricht«, verkündete Julie vergnügt, »ist, dass wir uns keine Gedanken darüber machen müssen, noch von weiteren

Hurrikans erwischt zu werden. Die Chance, außerhalb der Hurrikansaison und des Hurrikangürtels auf zwei Hurrikans zu treffen, dürfte geringer sein, als zweimal vom Blitz getroffen zu werden.«

Ich konnte ihr nur beipflichten. Unser Risiko, von einem Hurrikan erwischt zu werden, hatte etwa bei Null gelegen, aber irgendwie war es passiert. Wir hatten ihn lebend überstanden, und die Lotsenkarten zeigten, dass relativ ruhige Gewässer vor uns lagen.

17 Wasser, nichts als Wasser

Die nächsten paar Tage verliefen reibungslos, und wir fingen endlich an, uns an das Leben auf See zu gewöhnen. Da Seekrankheit und Lethargie vollkommen verschwunden waren, konnten wir uns nun stärker auf die Schönheit des Ozeans um uns herum konzentrieren.

Echte Karettschildkröten, Delfine und hin und wieder Haie schwammen an uns vorbei, schienen unser klobiges Schiff aber gar nicht wahrzunehmen. Immer wieder sprangen Julie und ich in den Ozean, um uns in den klaren blauen Fluten abzukühlen. Obwohl die Gefahr eines Haiangriffs extrem gering war, konnten wir das unbehagliche Gefühl nie ganz abschütteln, dass große Meeresgeschöpfe unsere baumelnden Beine aus den wässrigen Tiefen beobachteten. Wir gingen abwechselnd schwimmen, sodass immer einer im Boot auf Haiwache bleiben konnte.

Während wir uns in gleichbleibendem Tempo weiter nach Südwesten bewegten, übermittelte Dean uns die neuesten Berichte über Erdens und Tims Fortschritte, die Erden auf seiner Expeditions-Website alle sehr ausführlich darstellte. Sie hatten ihren Abreisetermin vom 4. auf den 12. Oktober verschieben müssen, da sowohl Tim als auch das Boot später als erwartet in Lissabon eingetroffen waren.

Am 11. Oktober, dem Abend vor ihrer Abreise, kam bei heftigen Regenfällen heraus, dass ihre Luken undicht waren. Da sie anscheinend nicht mit einem Schlauch getestet hatten, ob ihr Boot wasserdicht war, war es ein Glücksfall, dass die Regengüsse das Problem – Erden hatte die O-Ringe nicht mit Silikon eingefettet – vor Antritt der Seereise sichtbar gemacht hatten. Es hieß, Reparaturen würden durchgeführt, und ein neuer Abreisetermin wurde für den 17. Oktober festgesetzt, drei Tage später.

Zu dem Gefolge, das zu ihrer Verabschiedung erschien, gehörten die Lissaboner Medien sowie der kanadische und der türkische Botschafter. Als das leuchtend gelbe Ruderboot die saubereren Gewässer des offenen Meeres erreichte, beschloss Erden allerdings, den Seewasseraufbereiter auszuprobieren, wozu er bis dahin noch nicht gekommen war. Schlechte Neuigkeiten. Die Maschine funktionierte nicht, sodass das Duo zur Küste zurückkehren und in den Jachthafen von Cascais, etwa 15 Kilometer von Lissabon entfernt, rudern musste. Es war ein wenig verheißungsvoller erster Tag.

Es gelang Tim und Erden, einen einheimischen Techniker aufzutreiben, um herauszufinden, warum der Wasseraufbereiter nicht funktionierte, und den Fehler zu beheben: Ansaug- und Ablaufschlauch waren beim Einbau vertauscht worden. Tim und Erden hatten vor, gleich am nächsten Morgen wieder aufzubrechen. Doch die Hafenbehörden wollten die Zulassungspapiere für das Boot sehen, die Erden nicht hatte. Aus diesem Schlamassel herauszukommen dauerte zwei weitere Tage. Ein neues Abreisedatum wurde bekannt gegeben. Aber auch dieser Tag kam und ging, und die Männer blieben an Land.

Dann stieß das glücklose Duo auf sein bis dato größtes Problem. Der portugiesische Passat hatte nachgelassen, sodass es zu spät im Jahr war, um gefahrlos von der portugiesischen Küste loszufahren. Erden hatte zuvor eingeräumt, viele seiner Ratschläge von Kenneth Crutchlow von der Ocean Rowing Society erhalten zu haben. Kenneth wird Erden wahrscheinlich denselben Rat gegeben haben, den er auch uns angeboten hatte: irgendwann zwischen Oktober und April von Lissabon abzureisen. Da Erden in einem früheren Update behauptet hatte, dass Anfang Oktober noch zu früh sei, um gefahrlos von Lissabon aufzubrechen (in Wirklichkeit ist es zu spät), ahnte er wahrscheinlich nichts von dem sich verschlechternden Wetter vor der Küste.

Jetzt saßen Erden und Tim in der teuren Touristenstadt Cascais fest und mussten auf eine günstige Gelegenheit hoffen, während vom Atlantik ein Sturm nach dem anderen heranrollte.

Julie und ich konnten nicht umhin, ein klein wenig erleichtert zu sein. Obwohl wir um ihre Sicherheit besorgt waren, war es ein gutes Gefühl, etwas mehr Distanz zu unseren Rivalen bei der Weltumrundung zu haben.

Das Wetter im Gefolge des Hurrikans erwies sich als angenehm, und wir machten weiter gute Fahrt in Richtung Kanarische Inseln. Da wir uns auf den nächsten 2000 Kilometern in der Nähe einer viel befahrenen Schifffahrtsstraße halten würden, blieben große Frachter ein häufiger Anblick. Manchmal entdeckten wir fünf oder sechs an einem Tag. 400 Kilometer vor der Küste Afrikas sichtete uns ein spanischer Fischkutter und änderte den Kurs, um uns genauer in Augenschein zu nehmen. Als das 25 Meter lange rote Holzschiff herankam, erschien die ganze Mannschaft an Deck, um zu johlen und zu brüllen. Der Kutter drehte ein paar Runden, bevor er seinen nordöstlichen Kurs wieder aufnahm.

Wir entdeckten auch noch ein paar andere Besucher, die sich unterhalb des Bootes niederließen. Drei kleine gestreifte Fische, vielleicht 10 bis 15 Zentimeter lang, begannen unserem Boot über den Ozean zu folgen. Immer wenn wir unsere Teller über dem Bootsrand abspülten, kamen sie an die Oberfläche geschwommen, um die Speisereste zu fressen. Bald wurden sie unsere Haustiere. Julie taufte sie Fred, Ted und Ned, und wir konnten sie an leichten Unterschieden in ihrer Zeichnung auseinanderhalten. Die Fische waren so zahm, dass wir mit Maske und Schnorchel unter das Boot tauchen und neben unseren neuen Freunden herschnorcheln konnten. Unsere kleinen Fische schwammen wie wild und hielten dabei mit dem Boot Schritt, während wir uns unaufhaltsam über den Ozean bewegten. Ihre Entschlossenheit wurde stets belohnt, wenn wir unser Geschirr spülten.

Schließlich, nachdem wir mehr als einen Monat kein Land gesehen hatten, machten wir in der Ferne die schwachen Umrisse der Kanarischen Inseln aus. Die Kanaren sind eine Kette vulkanischer Inseln, die etwa 60 Kilometer vor der Küste Afrikas beginnt und sich über 500 Kilometer erstreckt. Das Wetter in diesem Gebiet ist extrem trocken, mit Winden, die von Afrika kommen, und die

Felsnasen, die wir sahen, waren ohne jedes Grün. Die subtropische Lage der Inseln auf dem 28. Breitengrad Nord sorgt die meiste Zeit des Jahres für ein angenehmes Klima, das von europäischen Strandfreunden als ideal empfunden wird. Daher gibt es zahlreiche Urlaubsorte auf den verschiedenen Inseln, und der Himmel zeigte ein ständiges Muster der Kondensstreifen der Düsenjets, die sonnenhungrige Europäer hin und her transportierten.

Wir hatten jedoch nicht die Absicht, einen Zwischenstopp auf den Kanarischen Inseln einzulegen, weil jede Landung mit einem Ruderboot ein gefährliches Unterfangen ist. Stattdessen wollten wir die Inselkette so schnell wie möglich hinter uns bringen, um der Gefahr zu entgehen, gegen eine Leeküste getrieben zu werden. Zum Glück legten sich die Winde noch mehr, als wir uns der Inselkette näherten.

»Was ist das?«, fragte Julie eines Tages, als sie über den Bootsrand spähte.

Ich warf einen Blick ins Wasser und machte die unverwechselbaren schillernden Farben aus. »Das ist eine Dorade«, sagte ich. »Eine Goldmakrele. Diese Art habe ich die ganze Zeit gegessen, als ich auf meinem alten Segelboot war.« Trotz mehrerer Versuche hatten wir bislang keine Fische gefangen.

Julie schnappte sich die Angelrute und ließ den grünen Gummi-Tintenfisch, den sie als Köder eingepackt hatte, ins Wasser hinab. Sofort kam die Dorade aus der Tiefe an die Oberfläche, um nachzusehen. Doch sobald er in der Nähe des Tintenfischs war, verlor der Fisch das Interesse.

»Versuch ihn hin und her zu bewegen«, erlaubte ich mir vorzuschlagen.

Ich erinnerte mich, dass ich auf meinem Segelboot Doraden immer nur gefangen hatte, wenn ich eine Schleppangel benutzte, das heißt die Schnur mit vier oder mehr Knoten durchs Wasser gezogen wurde. Doraden sind es gewohnt, schnelle Fische zu fangen. Unser Boot hingegen stand im Wasser.

Julie fegte mit dem Ende der Rute über das Wasser, und der Gummi-Tintenfisch flitzte hin und her. Mit unglaublicher Geschwindigkeit stürzte sich die Dorade auf den Köder und hing augenblicklich an der Angel. Ein paar Minuten später hievte Julie ihren Drei-Kilo-Fang an Bord.

Ich nahm den Fisch aus, und Julie panierte die Stücke mit Mehl, Salz und Gewürzen und briet ihren Fang in Öl. Zusammen mit einer Dose Gemüse und fertigem Kartoffelbrei war unser Essen an diesem Abend das bei Weitem beste, das wir seit Portugal gehabt hatten.

Es war jetzt Ende Oktober, und wir erhielten das neueste Update der Konkurrenz. Tim und Erden saßen noch immer in Cascais fest. Ein Sturm nach dem anderen hatte die portugiesische Küste durchgerüttelt, und die Winde bliesen weiter aus Süd und Südwest. Erden setzte sich mit den unterschiedlichsten Experten in Verbindung, um deren Rat einzuholen. Carlos Ribeiro Ferreira, ein europäischer Segelchampion, wiederholte die Informationen von den Lotsenkarten und sagte Erden, dass die südlichen Winde zu dieser Zeit des Jahres, wenn sie sich erst einmal festgesetzt hätten, Monate anhalten könnten. »Wenn Sie jetzt nicht aufbrechen«, warnte er die Männer, »kommen Sie vielleicht nie mehr weg.«

Es war klar, dass Erden nun verstand, was der herannahende Winter bedeutete, und dass die Monate Oktober bis März nicht die idealen Abreisemonate waren. »Im Augenblick sind die Verzögerungen nicht günstig für uns«, schrieb er auf seiner Website. »Je länger wir warten, desto mehr werden sich die winterlichen Windverhältnisse verfestigen.«

Erden und Tim hatten es dermaßen eilig aufzubrechen, bevor die volle Wucht des Winters sie traf, dass sie sogar ein »Hafenspringen« erwogen, das heißt, sie wollten kurzfristige Flauten dazu nutzen, von einem Jachthafen zum nächsten zu rudern, um so den raueren Wetterbedingungen besser standhalten zu können. In der Theorie klang das machbar, doch in der Praxis würde jeder derartige Versuch mit ziemlicher Sicherheit in einer Katastrophe enden. Die Männer würden unweigerlich auf dem Wasser überrascht werden, wo ein auflandiger Wind sie gegen die Klippen treiben könnte. Glücklicherweise rieten erfahrene Seeleute Erden von einer solchen unbedachten Entscheidung ab.

Schließlich kamen Erden und Tim nach Wochen des Wartens zu dem Schluss, dass sie nicht von Lissabon aus losfahren konnten. In einem Update vom 29. Oktober verkündeten sie ihre radikal geänderten Pläne: »Wir haben mit Tim entschieden, dass es, um noch in dieser Jahreszeit voranzukommen, unerlässlich ist, den Startpunkt des Bootes zu verlegen. Wir können es uns finanziell nicht erlauben, bis zum Frühjahr in Portugal zu bleiben … Wir treffen nun Anstalten, unser Boot, so wie es in Lissabon ankam, in einem Container nach Marokko zu verschiffen. Der Einfuhrhafen für das Boot wird Casablanca sein. Je nach Windverhältnissen starten wir vielleicht sogar weiter im Süden, in Agadir.«

Erden erklärte, dass frühere Entdeckungsreisende es seit Jahrtausenden vermieden hätten, während der Herbst- und Wintermonate von Portugal abzulegen. Ich dankte der Vorsehung, dass Erden den Fehler gemacht hatte, dem Rat von Kenneth Crutchlow zu folgen, statt eine Entscheidung zu treffen, die sich auf historische Aufzeichnungen stützte. Erden hatte Julie und mich für unsere Eile beim Aufbruch von Lissabon öffentlich gescholten, ohne sich im Geringsten der Tatsache bewusst zu sein, dass der Hauptgrund für unsere schnelle Abreise Sicherheit hieß.

In seinem neuen Update erklärte Erden, dass Tim mit dem Fahrrad zur Straße von Gibraltar fahren und von dort im Kajak oder Ruderboot über das Mittelmeer nach Afrika übersetzen würde. Dort werde er dann mit dem Rad weiter die Küste Marokkos hinunter zu ihrem neuen Abfahrtsort fahren. Erden würde sich unterdessen um die Logistik für das Boot kümmern, das heißt, es versenden und in Empfang nehmen und für die nächste Etappe der Expedition fertig machen.

Es versetzte mich immer wieder in Erstaunen, mit wie viel Eifer Erden bereit war, Tim über den Atlantischen Ozean zu helfen und ihm den Abschluss seiner Odyssee zu ermöglichen. Insgesamt hatte das Projekt Zehntausende von Dollar und Hunderte Stunden Arbeit gekostet. Jetzt plante er, sich auf ein schwieriges und gefährliches Unterfangen – über den Atlantik zu rudern – einzulassen, bei dem jemand anderer den Ruhm einheimsen würde. Und weil die Kosten weiter stiegen und die Logistik komplizierter wurde, sorgte Erden weiter dafür, dass Tim jede Unterstützung bekam, die er brauchte.

»So gern ich auch mit Tim fahren würde, muss ich doch bei meiner Rolle als logistischer Helfer bleiben«, berichtete er in einem anderen Update für die Website. »Diese spezielle Reise bleibt Tim Harveys Trip nach Vancouver. Ich werde versuchen, Tims Fortschritte zu filmen und zu dokumentieren, und dafür sorgen, dass das Boot sicher und unversehrt zu unserem Startpunkt befördert wird.«

Erdens Einmischung dürfte Tim wie ein Sechser im Lotto vorgekommen sein. Ich fragte mich oft, wieso Erden derart motiviert worden war, im wahrsten Sinne des Wortes bis ans Ende der Welt zu gehen, um einem Mann zu helfen, den er kaum kannte. Der Wunsch nach einem kleinen Abenteuer konnte es nicht sein, da Erden doch seine eigene Expedition hatte. Bevor Erden sein die Situation grundlegend veränderndes Angebot gemacht hatte, hatten er und Tim ein paar E-Mails ausgetauscht und vielleicht einmal miteinander telefoniert. Hatte diese überschaubare Interaktion ausgereicht, Bande brüderlicher Zuneigung herzustellen? Für mich war das schwer begreiflich. Natürlich würde ich, wie die meisten Menschen, alles Mögliche versuchen, um einem anderen Menschen in Gefahr zu helfen. Doch nur für jemanden, den ich von ganzem Herzen liebte, würde ich mich auf die außerordentlichen Anstrengungen einlassen, die Erden jetzt für Tims ganz persönliches Streben auf sich nahm.

Während Tim und Erden versuchten, ihr Boot zu verschiffen, schlüpften Julie und ich langsam zwischen den Kanarischen Inseln hindurch. An unserer Backbordseite zog die verdorrte Insel Lanzarote vorbei. Vulkanisch und extrem trocken, wirkte die Insel wie eine zerknüllte Leinwand, die nur mit zwei Farben bemalt worden war: Braun und Schwarz. Steile Klippen fielen ins Meer ab, aber wir wagten uns nicht zu nahe heran, um einen besseren Blick zu haben. Ironischerweise wurde es auf dieser Atlantikreise immer dann am gefährlichsten, wenn wir dem Land zu nahe kamen.

Wir sollten etwa drei Tage brauchen, um die Inselkette zu durchfahren. Trotz der Gefahren herrschte eine festliche Stimmung auf unserem Boot. Wir gingen davon aus, kurz hinter den Inseln die lang erwarteten Passatwinde und -strömungen zu erreichen. Bis dahin genossen wir so oft wie möglich die ruhige Wetterlage, indem wir angelten, schwammen und mit Gourmet-Fischgerichten herumexperimentierten.

Dank unseres Iridium-Satellitentelefons hatte ich fast täglich mit meiner Mutter in Kontakt treten können, und ich war erleichtert, dass es ihr recht gut ging. Sie klagte zwar über ihre neuen Medikamente und meinte, sie spüre einen gewissen Energieverlust, aber diese Klagen schienen relativ, wenn man bedenkt, dass sie nach wie vor ihre regelmäßigen Zehn-Kilometer-Läufe machen konnte. Nicht schlecht für eine 74-Jährige.

Jetzt, wo Julie und ich unseren ersten Monat auf See überstanden und einen Hurrikan überlebt hatten, war meine Mutter, glaube ich, weniger angespannt wegen unseres Wohlbefindens. Nun konnte sie unsere Geschichten über das Rudern und die Tierwelt genießen.

Als wir uns den Inseln Fuerteventura und Gran Canaria näherten, wurde die *Ondine* zunehmend träge. Der Schuldige, so stellten wir schnell fest, war ein dicker Teppich aus Entenmuscheln und Algen, der sich am Boden des Bootes gebildet hatte. Jedes Mal, wenn wir schwimmen gingen, konnten wir die ruderartigen Gliedmaßen der fest am Schiff klebenden Krustentiere, deren Nahrungsaufnahme durch Herausfiltern erfolgt, sehen, wie sie auf der Suche nach Plankton – entgegen der Richtung unserer eigenen Ruder – das Wasser durchkämmten. Ihre langen Muskelstiele hingen fünf bis acht Zentimeter vom Boden des Bootes herab, und diese Rankenmasse erzeugte jede Menge geschwindigkeitsschluckenden Wasserwiderstand.

Julie stand auf Haiwache, während ich im Wasser schwamm und den Rumpf unseres Bootes mit einem Farbspachtel reinigte.

Tausende kleiner Rankenfüßer-Körper fielen wie Schneeflocken in die Tiefe. Bald erschienen Dutzende von Fischen, um sich an den Schalentieren gütlich zu tun. Julie und ich hätten die großen Entenmuscheln, die in Spanien wie in Portugal als Delikatesse gelten, unheimlich gern gegessen, doch wir fürchteten, dass sie möglicherweise Toxine von der Antifouling-Farbe aufgenommen hatten.

Kurz nachdem ich wieder an Deck war, tauchte fast 50 Meter von unserem Boot entfernt ein großer Grindwal auf. Ich bemerkte den schnittigen schwarzen Körper mit der unverhältnismäßig kleinen Rückenfinne erst, als ich durch das laute Ausatmen des Wals, wie ein alter Mann, der zum letzten Mal nach Luft schnappt, erschreckt wurde. Zweimal tauchte das Tier und kam schnell wieder an die Oberfläche, bevor es in der Tiefe verschwand. Augenblicke später tollte ein Pod* aus vier Großen Tümmlern dicht unter der Wasseroberfläche herum. Auch sie verschwanden bald wieder.

Ich stand da und hielt quer über das Wasser Ausschau, in der Hoffnung, dass der Wal wieder auftauchte, als langsam eine Rückenflosse aus dem Wasser emporstieg. Zuerst dachte ich, es müssten die Delfine oder der Wal sein. Aber als die Flosse sich weiter aus dem Wasser streckte und ohne das typische Auf und Ab eines Meeressäugers losflitzte, wurde mir klar, dass ich auf einen Hai blickte.

Die Flosse erhob sich bis zu etwa einem Meter Höhe und umkreiste mit großer Geschwindigkeit das Boot. Ich habe in all meinen Jahren auf dem Meer Hunderte von Haien gesehen, aber noch nie hatte ich eine Flosse beobachtet, die auch nur annähernd so groß gewesen wäre wie die Flosse dieser Kreatur.

»Julie, hol die Videokamera, schnell«, schrie ich. »Da draußen ist ein *riesiger* Hai!«

Julie kletterte mit der großen Videokamera aus der Kajüte.

»Wo ist er?«

Ich zeigte auf die Flosse, die an den Film *Der weiße Hai* erinnerte. Julies Augen wurden größer.

---

* Pods sind die grundlegenden sozialen Einheiten bei Walen; eine solche Gruppe besteht meist aus 20 bis 25 Mitgliedern.

»Ach du dickes Ei!«, rief sie aus. »Der ist ja riesig!«

Nach zwei weiteren Runden um unser Boot glitt die Flosse ins Wasser zurück und verschwand. Wir standen ein paar Minuten ruhig da und warteten, um zu sehen, ob irgendeiner unserer kürzlichen Besucher wiederkäme. Um die Wahrheit zu sagen, ich war überrascht, den Hai überhaupt gesehen zu haben. Man hatte mir oft gesagt, dass Haie sich davonmachen, sobald Delfine in der Nähe sind, weil diese häufig ihre Kiemen rammen. Diese Vorstellung verwies ich nun ins Reich der Meeresmythen.

Plötzlich tauchte etwa 40 Meter vom Boot entfernt eine große graue Gestalt im Wasser auf und steuerte direkt auf uns zu. Die wogende Masse hatte derart gewaltige Ausmaße, dass ich annahm, es müsste wieder der Wal sein, weshalb ich mich freute, dass sie sich dem Boot näherte. Wale sind sanfte Geschöpfe und außerdem gute Navigatoren, sodass ich mir keine Sorgen machte, dass ein kurzsichtiges Exemplar uns jeden Moment rammen würde.

Doch als das Geschöpf sich der *Ondine* bedrohlich näherte, merkte ich, dass die Bewegungen seines Körpers eher wie die eines Fisches wirkten. Meeressäuger bewegen ihre Schwänze rhythmisch auf und ab und nicht von einer Seite zur anderen.

Für einen Moment war ich verwirrt. Die Gestalt schien zu groß, um ein Hai zu sein, doch sie bewegte sich nicht wie ein Wal. Julie richtete die Videokamera auf das rätselhafte Geschöpf.

Das Tier kam dem Boot gefährlich nahe, und seine Merkmale ließen keinen Zweifel mehr. Es war nichts anderes als ein ungeheuer großer Weißer Hai, der berüchtigte König der Meere. Das grauweiße Geschöpf bewegte sich mit beunruhigender Geschwindigkeit dicht unter der Oberfläche, und kurz bevor es das Boot erreichte, tauchte es gerade weit genug ab, um einen Zusammenstoß zu vermeiden. Der Hai war nahe genug an der Oberfläche, dass wir hätten ins Wasser greifen und seine Rückenflosse packen können, als er vorüberglitt. Wahrscheinlich war er etwa sechs Meter lang, aber erstaunlicher als seine Länge war sein Körperumfang. Das Viech war fast so breit wie unser Boot, mit einem walartigen Bauch. Dass dieses gewaltige Biest tatsächlich eine blitzschnelle, mit messerscharfen Zähnen bewehrte Mordmaschine war, ließ mich erschaudern.

Der Hai schien sich für unser Boot zu interessieren, und ich fragte mich, was ihn anlockte. War es der Duft frisch abgekratzter Rankenfüßer? Ich dankte der Vorsehung, dass er sich nicht zwei Stunden früher zu einem Besuch entschlossen hatte, während ich noch im Wasser war. Obwohl uns nur eine dünne Schicht Sperrholz trennte, bezweifelte ich, dass er versuchen würde, uns anzugreifen.

Der Hai tauchte an der anderen Seite des Bootes wieder auf und verschwand dann für immer in der Ferne. Wir schätzten uns glücklich, den spektakulärsten Fleischfresser des Meeres erblickt zu haben, und bekamen neuen Respekt vor den Gewässern um uns herum.

Leider haben Filme wie *Der weiße Hai* den großen »Weißen« einen schlechten Ruf beschert, und ihre Anzahl wurde drastisch reduziert, weil ihr einziger natürlicher Feind, der Mensch, Jagd auf sie machte. Heute sind die großen »Weißen« in vielen Teilen der Erde geschützt, und Umweltschützer hoffen, dass ihre Bestände sich wieder erholen werden.

Die unbarmherzige Natur des Hais geht zurück auf die frühesten Phasen seiner Entwicklung. Haie werden in ihrer Mutter geboren, durch einen Prozess, der als aplazentale Viviparie (Lebendgeburt) bekannt ist. Im Gegensatz zu anderen Fischarten trägt die Mutter die befruchteten Eier solange in sich, bis sie schlüpfen. Die Baby-Haie bleiben in ihrer Mutter, bis sie sich weiterentwickeln. Ohne eine Plazenta als Nahrungslieferantin ernähren die kleinen Haie sich von ungeschlüpften Eiern und schwächeren Geschwistern. Schließlich bringt die Mutter die überlebenden Mitglieder ihrer Familie zur Welt. Bis dahin haben die Neugeborenen sich ausreichend entwickelt, um für sich selbst zu sorgen – und schnell von ihrer Mutter fortzuschwimmen, bevor diese ihren eigenen Nachwuchs verschlingt.

Die Lebenserwartung eines großen »Weißen« ist unbekannt, aber Biologen gehen davon aus, dass Weiße Haie bis zu hundert Jahre alt werden können. Falls die Größe irgendein Hinweis ist, dann war unser kürzlicher Besucher einer dieser hochseetauglichen Greise. Ein großer »Weißer« von fünf Metern gilt als groß, obwohl es Meldungen über Haie gibt, die sogar sieben Meter lang waren.

Nach unserer Begegnung mit dem Hai fingen wir wieder an zu rudern und kamen angesichts des gesäuberten Bootsbodens einen halben Knoten schneller voran. Wir waren 15 Seemeilen von der Insel Gran Canaria entfernt. Als es dunkel wurde, erfüllten die hellen Lichter dieses bedeutenden Urlaubsziels den Himmel mit einem gelben Schein. Julie und ich waren jetzt seit fast einem Monat draußen auf See, ohne jemand anderen zur Gesellschaft zu haben als uns, und es war seltsam, in der Ferne wieder die Lichter der Zivilisation zu sehen. Nur ein paar kurze Meilen entfernt gab es Schnellstraßen, Urlaubsorte, schicke Restaurants, Nachtclubs und all die Dekadenz, die mit so einem Inseltrip einhergeht. Doch trotz der Landnähe hatte sich in unserer Welt nichts geändert. Der Ozean war genauso tintenschwarz wie immer, die Geräusche waren dieselben, und die Gesellschaft war dieselbe, ebenso das Essen. Morgen würden wir zwischen den Inseln Gran Canaria und Fuerteventura hindurchfahren, und bald darauf würden die Kanarischen Inseln in der Ferne verschwinden.

Die Navigation wurde riskanter, da der Schiffsverkehr sich in der trichterartigen Durchfahrt zwischen den Inseln zunehmend ballte. Einheimische Fischerboote trugen zusätzlich zum Verkehr vor der Küste bei.

Gegen 23 Uhr, mitten in ihrer Ruderschicht, weckte Julie mich, während ich in der Kajüte döste. »He, Colin, könntest du wohl mal eben rauskommen«, sagte sie. »Da kommt eine Weihnachtsüberraschung direkt auf uns zu.«

Schiffe benutzen nachts ein System aus roten, grünen und weißen Positionslichtern. Die Lichter sind so abgeblendet, dass sie nur aus bestimmten Winkeln zu sehen sind, was Beobachtern ermöglicht herauszufinden, auf welche Seite des Schiffes sie blicken, und grob einzuschätzen, welchen Kurs das Schiff steuert. Ein grünes

Licht zeigt die Steuerbord- bzw. rechte Seite des Schiffes an, während die Backbordseite ein rotes und das Heck ein weißes Licht aussendet. Sieht man das rote und grüne Licht gleichzeitig, heißt das, man erblickt das Schiff von vorn – mit anderen Worten, es kommt direkt auf einen zu. Julie und ich nannten dieses sehr bedenkliche Auftauchen von Rot und Grün scherzhaft »Weihnachtsüberraschung«.

Da wir nicht einschätzen konnten, wie weit das Schiff entfernt war, begannen wir Abwehrmaßnahmen zu treffen. Julie kletterte in die Kajüte, um das tragbare UKW-Funkgerät und die Leuchtraketen zu holen, während ich anfing, mit drei Knoten und in einem 90-Grad-Winkel zur Fahrtroute des Schiffes zu rudern.

»Hier spricht Ruderboot *Ondine*«, sprach Julie in das Funkgerät. »Wir versuchen Verbindung mit dem Schiff aufzunehmen, das auf uns zuhält. Bitte melden!«

Schweigen. Das grüne und das rote Licht wurden immer heller.

»Hier spricht Ruderboot *Ondine*. Wir zeigen ein weißes blinkendes Stroboskoplicht. Wir fordern das Schiff, das auf ein helles, weißes Stroboskoplicht zufährt, auf, den Kurs zu ändern.«

Nichts.

Ich war überrascht, dass meine Bemühungen an den Riemen unser Boot nicht aus der Fahrtrichtung des Schiffes brachten. Mir wurde zu meiner Beunruhigung klar, dass dieser große nächtliche Reisende offenbar Kurs auf uns nahm und wie ein wärmegeleiteter Flugkörper genau auf unser kleines Fahrzeug zusteuerte. Ich ließ die Riemen los und drehte durch kräftiges Ziehen an den Ruderseilen unser Boot um 180 Grad. Dann fing ich an, mit fast 3,5 Knoten in die entgegengesetzte Richtung zu rudern. Es war zwecklos. Das andere Schiff änderte ebenfalls den Kurs und fuhr weiter schnell auf uns zu.

Julies Bemühungen am Funkgerät blieben weiterhin fruchtlos. Plötzlich tauchte der schwarze Umriss des Schiffsrumpfes ein paar hundert Meter vor unserem Boot auf und stürmte mit voller Geschwindigkeit direkt auf uns los. Uns blieben vielleicht 30 Sekunden bis zum Aufprall.

»STOOOOOOOOOOOOOP!«, schrie Julie in das Funkgerät, ließ dann den Hörer fallen und griff sich die Leuchtrakete, die sie auf Deck hingelegt hatte. Während sie an dem Auslösemechanismus herumhantierte, unternahm ich einen letzten verzweifelten Versuch, einem verheerenden Aufprall auszuweichen, indem ich noch einmal wendete.

Das Schiff befand sich gegen den Wind zu uns, und wir konnten einen beißenden Gestank nach Fisch, Teer und Holz in der warmen Luft riechen. Ich konnte den schwachen Schein im Innern des Ruderhauses ausmachen sowie zwei Männer, einer von ihnen hinter einem großen Steuerrad, der hinaus in die Ferne starrte.

Julie feuerte eine Leuchtrakete ab, aber sie explodierte nicht. Meine quälend langsame Ausweichwende war erst halb beendet. Das Schiff machte fast zehn Knoten. Eine Kollision war nur Sekunden entfernt.

Plötzlich schnappte sich der Mann neben dem Steuermann das Steuerrad und fing an, es mit aller Kraft zu drehen. Offenbar hatte er uns gesehen. Der große hölzerne Fischkutter legte sich auf die Seite, als er auf die scharfe Ruderbewegung reagierte. Zum Glück drehte er das Schiff in die entgegengesetzte Richtung zu meiner, und unsere Schiffe verfehlten einander um zwei Meter. Ich musste den Steuerbordriemen einziehen, um zu verhindern, dass er von dem Kutter in zwei Teile zerbrochen wurde.

Der knatternde Dieselmotor lief weiter auf vollen Touren, und der Fischkutter verschwand wieder im Schleier der Dunkelheit.

»Ach du liebe Scheiße!«, keuchte ich schweißtriefend. »Das war knapp.«

Julie konnte kaum sprechen, so erschrocken war sie. Dies war das zweite Schiff, das uns beinahe untergepflügt hätte. Doch diesmal war eher rätselhaft, was geschehen war.

Unser Stroboskoplicht müsste eigentlich meilenweit zu sehen sein. Da das Meer ruhig war, konnten die Fischer es unmöglich nicht bemerkt haben. Die einzige Erklärung war, dass die beiden Männer absichtlich Kurs auf das Licht genommen hatten. Vielleicht hatten sie es mit einem fernen Leuchtturm oder einem Stroboskoplicht, das ihre Netze markierte, verwechselt. Wenn Licht nur aus einer einzigen Quelle kommt, ist es nahezu unmöglich, Distanzen abzuschätzen, weshalb sie vielleicht annahmen, sie seien noch meilenweit weg. Erst als sie in der tiefsten Schwärze die Umrisse unseres Bootes auftauchen sahen, reagierte einer von ihnen.

Zu unserem ersten Beinaheunfall mit dem Frachter war es gekommen, weil wir nicht sichtbar genug gewesen waren. Die nächste knappe Sache passierte, weil wir zu sichtbar waren. Um künftiger Unklarheit vorzubeugen, wäre die naheliegendste Lösung, uns nicht nur durch das Stroboskoplicht, sondern auch durch die üblichen roten, grünen und weißen Positionslichter bemerkbar zu machen. Ich hatte solche Lichter in Lissabon nicht angebracht, weil die meisten Ozeanruderer glauben, dass sie bei einem derart niedrigen Blickwinkel von anderen Schiffen ohnehin nicht gesehen werden können und dass solche Lichter in Verbindung mit der niedrigen Geschwindigkeit und der ungleichmäßigen Bewegung eines Ruderbootes nicht groß von Nutzen seien. Dieses Mal jedoch war ich mir sicher, dass sie geholfen hätten. Und jetzt war ich frustriert, dass es keine Möglichkeit gab, das Versäumte nachzuholen.

Die Kanarischen Inseln entschwanden hinter uns wie ein verblassender Traum. Wieder waren wir allein auf dem Ozean. Unsere Reiseroute wich nun ab von den Hauptschifffahrtsstraßen. Nach ein paar Tagen sahen wir keine anderen Schiffe mehr. Beständige 35-Knoten-Winde wehten aus Nordost und trieben uns zusätzlich an, aber sie erzeugten auch sehr hohe Wellen. Unser Boot hielt sich untadelig. Aber nachdem wir einen Hurrikan durchgemacht hatten, kam uns jedes andere raue Wetter vor wie eine Fahrt für Kinder im Vergnügungspark.

Meine Mutter informierte uns über Satellitentelefon, dass zwei Männer in einem Ruderboot nur ein paar Tage nach uns die Kanarischen Inseln verlassen hätten. Jerry Rogers, 57, und Keith Oliver, 53, beide Großväter, wollten die Ältesten sein, die von den Kanarischen Inseln über den Atlantik bis zur Karibik ruderten. Als sechs Meter hohe Wellen unser Boot hin und her warfen und der Wind unaufhörlich blies, hoffte ich, dass die Männer wohlauf waren. Bestimmt wäre es für sie keine angenehme Bekanntschaft mit dem Meer.

Dean gab ein paar Neuigkeiten aus einem Artikel auf *Explorers-Web* weiter. Der Titel lautete: »Erden: Alle Systeme funktionieren – NICHT!«

Erden hatte vergeblich versucht, das Boot auf einem Frachter unterzubringen, und er und Tim wurden immer mutloser. Schließlich wendete sich ihr Schicksal, und die Winde drehten auf Nord und sorgten für passable Bedingungen, um mit Ruderkraft von Portugal aufzubrechen. Die langfristige Vorhersage war gut, sodass das Duo keine Zeit verlor, seinen Ozeanruderer endgültig startklar zu machen.

Sie fuhren von Cascais ab, winkten einer kleineren Menge zum Abschied zu und nahmen Kurs aufs offene Meer. Leider musste die beiden mehrere Meilen weit draußen erfahren, dass der Seewasseraufbereiter wieder nicht funktionierte. Sie baten darum, abgeschleppt zu werden, und ein Motorboot zog sie zurück in den Jachthafen. Das Problem wurde gelöst, und das Duo nahm erneut Kurs aufs raue Meer.

Die Winde waren stark und die See rau, aber der Wind trieb sie in die richtige Richtung, und die entschlossenen Ruderer legten sich mächtig ins Zeug, um so schnell wie möglich nach Süden zu gelangen, bevor ein weiterer Sturm oder eine ausgedehnte südliche Brise sie erwischte. Doch das Boot hatte nicht das gleiche Stehvermögen wie seine Ruderer. Bald begannen die Systeme eines nach dem anderen auszufallen. Zuerst verweigerte erneut der Seewasseraufbereiter den Dienst, und die Männer mussten, wenn sie nicht ruderten, per Hand mit dem Notgerät Wasser pumpen.

Noch schlimmer war, dass die Luken wieder anfingen zu lecken; die Jungs kamen kaum nach mit dem Ausschöpfen des hereinströmenden Wassers. Ein anderes Problem war ebenso gefährlich: Das Elektrosystem schwächelte, und Erden befürchtete, das Positionslicht und das GPS würden bald ausfallen – eine ernste Notlage, da sie sich auf einer bedeutenden Schifffahrtsstraße befanden.

Tim und Erden blieb nichts anderes übrig, als in Afrika Land zu erreichen, um ihr nicht seetüchtiges Bot zu reparieren. Als sie sich der Küste näherten, sprangen die Winde nach Süden um, und sie kämpften drei Tage lang gegen heftige Gegenwinde.

»Die Jungs sind noch immer auf See«, berichtete *Explorers Web*, »und ihr Boot fällt auseinander – Stück für Stück.«

Wegen des angeschlagenen Elektrosystems schaltete sich der GPS-Plotter ab, und die Männer mussten auf ihr tragbares Not-GPS zurückgreifen. Ein Teil des Elektrosystems war zusammen mit dem inzwischen ausgedienten Seewasseraufbereiter vollständig von Salzwasser überflutet worden. Alles wurde einfach immer schlimmer.

Schließlich erreichte das Boot, vollgelaufen und fast ein Wrack, mit Mühe und Not die Hafenstadt El Jadida in Marokko. Erden schwor, dass er dem Ärger mit seinem Boot ein für alle Mal ein Ende machen werde. »Sobald wir an Land sind, müssen die restlichen runden Luken auf Deck und die rechteckigen Luken neu gemacht werden«, erklärte er auf seiner Website. »Ich werde die Arbeit persönlich beaufsichtigen und nicht mehr darauf vertrauen, dass wir, wenn Geld bezahlt wird, ein seetüchtiges Schiff bekommen.«

Die Bedingungen für Julie und mich blieben trübe, da weiter starke Winde aus Nordost wehten. Ein dichter Dunstschleier breitete sich über dem Meer aus und begrenzte die Sicht auf ungefähr einen Kilometer. Der Dunst sperrte außerdem eine erhebliche Menge Sonnenlicht aus. Es war, als befänden wir uns ständig in der späten Abenddämmerung. Ich hatte gelesen, dass von Afrika fortgewehter Staub für solche Bedingungen sorgen könne, aber eine so seltsame, entrückte Stimmung hatte ich noch nie zuvor erlebt. In den zehn Tagen seit dem Verlassen der Kanaren hatten wir nur ein einziges Schiff gesehen, einen gespenstischen Frachter, der durch den dunstigen Nebel auftauchte und unsere Welt für einen kurzen Moment teilte.

Mitte November erhielten wir Nachricht, dass die beiden Groß-väter 200 Seemeilen hinter uns ihre Notfunkbake aktiviert hatten und von einem Frachter, der unterwegs nach Rotterdam war, ge-rettet worden waren. Als der graue Dunst dichter wurde und Bre-cher gegen unser kleines Boot schlugen, fühlten wir uns einsamer denn je.

18 Von Delta nach Epsilon

Egal wie lange wir schon auf dem Meer waren, an rauen Seegang gewöhnten wir uns nie so richtig. Alle Verrichtungen, vom Kochen und Rudern bis zum einfachen Aus-dem-Bett-Klettern, wurden dann unendlich viel schwieriger. Der bloße Versuch, einen Teller zu halten, bedeutete oftmals überall verschüttetes Essen. Töpfe kippten vom Kocher und testeten die Grenzen unserer Geduld, wenn sie aus fertigen Mahlzeiten ein schlabberiges Durcheinander in der Bilge machten. In einer Welt sich ständig verändernder Schwerkraft auf dem Boot herumzukriechen erforderte oft gefährliche akrobatische Kunststücke.

Bei rauerem Wetter nahm unser Optimismus daher regelmäßig ab, nur um mit Macht wiederzukehren, sobald die See sich irgendwann wieder beruhigte. Zwölf Tage nach dem Passieren der Kanarischen Inseln taten die Winde endlich ihren letzten Seufzer. Die See wurde ruhig, und unsere Laune hob sich beträchtlich.

Da zahlreiche Doraden unserem Boot folgten, nutzten wir die ruhigere Wetterlage aus, um eine Angelschnur auszuwerfen und unsere Lebensmittelvorräte zu ergänzen. Die Fische wurden jetzt größer, und Julie und ich wechselten uns ab und fingen vier kämpferische Exemplare. Einen der Fische aßen wir sofort in einem Gericht aus Makkaroni und Käse. Die übrigen wurden in Streifen geschnitten und zum Trocknen in die Sonne gehängt.

Der Schwarm um unser Boot war inzwischen ebenso zahlreich wie vielfältig. Zu unserem flossenbewehrten Gefolge zählten nun Goldmakrelen, Drückerfische, irgendwelche kleineren gefleckten Fische und kleine Krabben, die außen am Schiffsrumpf entlangkrochen. Unsere zahmen Fische Fred, Ted und Ned waren entweder fortgeschwommen oder, sehr zur Bestürzung Julies, gefressen worden, aber die 20 Zentimeter langen gepunkteten Fische schienen ebenso zahm zu sein und traten anstandslos deren Nachfolge an.

Wir spekulierten darüber, warum so viele Fische unserem Boot über so große Entfernungen folgten. Doraden findet man oft in der Nähe schwimmender Trümmer, weshalb Fischer ihr Fanggeschirr in der Nähe von Baumstämmen oder anderem großen, vom offenen Meer kommenden Treibgut anbringen. Ich habe Theorien gehört, wonach Doraden den Schatten mögen, obwohl das bei unseren Begleitern nicht der Fall zu sein schien. Während die kleineren Fische viel Zeit direkt unter dem Boot verbrachten, gingen die Doraden die meiste Zeit des Tages weiter entfernt auf Streifzüge, bei denen sie nach ihrer Lieblingsbeute, Fliegenden Fischen, Ausschau hielten. Wir sahen eindrucksvolle Darbietungen von bis zu einhundert Fliegenden Fischen, die in die Höhe schnellten. Die Doraden sausten durchs Wasser hinterher und verfolgten die in der Luft befindlichen Fische oft bis zu hundert Meter weit, um sie bei ihrer Landung zu fangen. Anschließend kehrten die Doraden kurz zum Boot zurück, bevor sie ihre Jagdausflüge fortsetzten.

Doraden können farblich zwischen Hellgelb, Blau und Grau changieren, und sie scheinen ihre Farben sowohl für die Jagd als auch zur Verständigung einzusetzen. Wenn wir unseren Köder durchs Wasser schleiften, verfärbten die Fische, welche die Verfolgung aufnahmen, sich jedes Mal zu einem fast unsichtbaren Grau, während Mitglieder des Schwarms, welche die Jagd aus der Ferne beobachteten, knallbunt blieben. Es sah beinahe so aus, als arbeiteten sie zusammen, wobei einige Fische ihre leuchtenden Farben benutzten, um Beute abzuschrecken und ihren getarnten Gefährten zuzutreiben.

Doraden paaren sich fürs Leben. Nach dem Fang eines Fisches wird sofort ersichtlich, ob er allein ist oder nicht. Sobald er am Haken zappelte, wurde der Fisch sofort hellgelb – vielleicht ein Gefahrensignal –, und alle anderen Doraden nahmen Tarnfärbung an. Der Partner der geangelten Dorade kam gewöhnlich an ihre Seite und schwamm in einem hilflosen Versuch, seiner Gefährtin zu helfen, um sie herum. Die Gefährten vermisster Fische blieben oft tagelang nur Meter von unserem Boot entfernt und verpassten sogar die Jagd, während sie darauf warteten, dass ihre Partnerin zurückkehrte. Die Weibchen verhielten sich nicht anders.

Einmal kamen Julie die Tränen, als sie das Abendessen an Bord holte. Wir hatten ein Doraden-Männchen an die Angel bekommen, erkennbar an seinem knolligen Kopf und weil es größer ist, und die ganze Zeit, die wir den Fisch auszappeln ließen, wich ihm seine Partnerin nicht von der Seite. Schließlich, als wir ihn gerade ins Boot ziehen wollten, trafen sich ihre beiden Mäuler, als gebe seine Partnerin ihm einen Abschiedskuss.

Solche sozialen Wesen zu essen ist eine traurige Übung, aber für uns war es eine wichtige Ergänzung unserer Ernährung, und wir trösteten uns damit, dass wir in einer Fisch-frisst-Fisch-Welt lebten und dass die Doraden die ganze Zeit von Delfinen und Haien gefressen wurden. Tatsächlich waren Delfine die gefräßigsten Doraden-Mörder, und wir begannen uns über ihre Anwesenheit zu ärgern, weil sie die Angewohnheit hatten, unsere schwimmende Speisekammer zu dezimieren. Die Delfine kreuzten nicht oft auf, aber wenn, dann stets am frühen Morgen oder am späten Abend, nachdem das Tageslicht fast vom Himmel verschwunden war.

An unserem zweiten Tag mit ruhigerem Wetter hörte Julie, während sie an den Riemen saß, direkt nach Sonnenuntergang ein heftiges Atmen und Platschen. Ein leicht fischiger Geruch durchdrang die Luft, ein Geschenk der Meeressäuger mit ihrem bekanntermaßen schlechten Atem.

»Die Delfine sind zurück«, sagte Julie.

Ich stöhnte auf. Wir waren zufrieden damit, wie schnell unser Doraden-Schwarm gewachsen war. Das würde sich bald ändern.

Ich konnte die im Wasser auf- und abtauchenden Delfine kaum ausmachen, es herrschte hektische Aktivität unter der Oberfläche. Delfine sind nachts überlegen. Obwohl Doraden einem Delfin mit Geschwindigkeiten von bis zu 50 Knoten davonschwimmen können, sind sie nachts blind, während ein Delfin mittels Sonar präzise navigiert.

Wie die blinde Dorade konnten auch Julie und ich nicht sehen, was los war. Wir hörten nur das Platschen, gelegentliche Quiekser und heftiges Atmen. Unsere Phantasie malte sich den Rest aus. Am nächsten Morgen sahen wir, dass unser Doraden-Vorrat geplündert worden war: Von ungefähr 30 Fischen waren nur noch zwei übrig.

Interessanterweise hatten die Delfine nur die Doraden gefressen; unser Schwarm aus etwa 40 Drückerfischen und gepunkteten Fischen war unversehrt geblieben und schwamm gemächlich neben dem Boot her.

Jede Fischart in der Nähe unseres Bootes spielte eine äußerst wichtige Rolle in unserem mobilen Ökosystem. Die gepunkteten Fische wurden unsere Haustiere und Gefährten. Wenn Julie und ich im Wasser schwammen, wichen sie uns nicht von der Seite. Die Doraden waren sowohl Nahrung als auch eine ständige Quelle der Unterhaltung, wenn wir ihre komplexen Jagdtechniken bestaunten. Die relativen Neulinge, die Drückerfische, wirkten sich ebenfalls positiv auf unser Leben aus – sie fraßen die Rankenfüßer vom Bootsboden und hielten ihn sauber.

Das freundliche Wetter hielt nicht lange vor. Auf unserer Ruderreise nach Westen sichteten wir einen übel aussehenden Sturm. Während wir noch in Sonnenschein getaucht waren, beobachteten wir die von Süden nach Norden verlaufende schwarze Wolkenfront. Die dunkle Masse wirkte unbeweglich, und nur unsere eigene langsame Geschwindigkeit brachte uns dem Unwetter näher.

Nachdem wir 24 Stunden auf das System zugerudert waren, erreichten wir schließlich den Rand der Unwetters. Ehrfurcht ergriff uns angesichts des Schauspiels. Obwohl es drei Uhr nachmittags war, hatte sich die Basis des Sturms pechschwarz verfärbt. Finstere Wolken stiegen in Strudeln und Wirbeln aus dieser Dunkelheit in den Himmel auf. Überall leuchteten Blitze auf – etwa alle fünf Sekunden eine neue Entladung. Ein ununterbrochenes tiefes Grollen ging von dem System aus, wie das Knurren einer tollwütigen Bestie. Ich konnte mir nicht helfen, aber diese Zurschaustellung reiner, dunkler Energie machte mir Angst. Sie kam mir fremd und urzeit-lich vor, als gebäre die See ein mythisches Ungeheuer.

In weniger als einer Minute frischten die Winde aus östlicher Richtung von Flaute auf 60 Knoten auf und trieben uns auf das Zen-trum des Sturms zu. Die Wellen stiegen, und salzige Gischt spritzte über das Wasser und blendete mich fast. In der Nähe kollidierten und explodierten zwei Gruppen kurzer, steiler Wellensysteme. Nur ein paar Hundert Meter vom Boot entfernt prallten zwei Wellen derart heftig aufeinander, dass das Wasser fast 30 Meter in die Höhe schoss, als sei eine Mine im Meer detoniert. Was wäre passiert, wenn unser Boot über eine solche Turbulenz gefahren wäre?

Gleichzeitig gingen Regenschauer mit einer Kraft nieder, wie wir beide sie noch nie erlebt hatten. Zum Glück schienen die Sturz-bäche den Wind zu bändigen, und als wir das Zentrum des Sturms erreichten, hatten die Winde fast völlig aufgehört. In diesem Mega-Wolkenbruch ruderte ich wie ein Verrückter und versuchte warm zu bleiben in meinem nackten Zustand. Die Wolken schluckten das Licht, und mit den in den Wolken über uns pausenlos zucken-den Blitzen wurde unsere Welt zu einer einzigen Klang- und Licht-show. Das ununterbrochene Prasseln des Regens und das Donner-grollen waren so ohrenbetäubend, dass mich die Furcht überfiel, dieses Ungeheuer habe die Absicht, uns zu töten. Da war einfach zu viel Energie, und wir fühlten uns sehr schutzlos in unserem kleinen Ruderboot.

Ich hatte den Kurs leicht geändert, um mir in einem 90-Grad-Winkel einen Weg durch das Sturmsystem zu bahnen. Nach zwei Stunden anstrengenden Ruderns durch die Schlechtwetterfront kamen wir aus den sintflutartigen Regenfällen und dem Gewitter heraus und erreichten eine Welt mannigfaltiger Wolken, kleiner Sturmböen und gelegentlicher blauer Abschnitte. Die Sonne ging gerade unter, und sie erzeugte unzählige Farben, als ihr Licht durch Altozirrus- und Kumulonimbus-Wolken hindurchschimmerte.

»Vielleicht sollten wir Dean noch einmal anrufen«, schlug Julie vor. »So unterschiedlich aussehende Wolken habe ich seit dem Hurrikan Vince nicht gesehen.«

Ich konnte nicht widersprechen. Die Lage sah bedrohlich aus. Ich nahm das Satellitentelefon und rief Dean an.

»He, fangt ihr viele Fische?«, fragte er fröhlich.

»Ja, wir kriegen auf jeden Fall unser Vitamin D«, sagte ich, bemüht, mit seiner guten Laune gleichzuziehen, als ob ein Schuss Optimismus das schlechte Wetter vertriebe. »Wir haben hier ein paar merkwürdige Wolken. Wahrscheinlich ist es nichts, aber wenn du auf der Website des Hurrikanzentrums mal nachsehen könntest, wäre das großartig.«

»Logisch. Ich bin mir sicher, es ist nichts – ihr könnt schließlich nicht außerhalb des Hurrikangürtels zweimal von einem Hurrikan erwischt werden«, versicherte mir Dean. »Ich bin kein Zocker, aber ich möchte wetten, bei euch wird alles in bester Ordnung sein ...«

Plötzlich verstummte er.

»Ach du grüne Scheiße!«, verkündete er. »Da steuert noch einer auf euch zu. Er heißt ›Tropischer Sturm Delta‹ und steht kurz davor, zum Hurrikan zu werden.«

Ich stöhnte. Julie griff bestürzt nach meiner Hand. Sie hatte die Art der Neuigkeit erraten.

»Und wo ist er?«, fragte ich.

»Ungefähr tausend Meilen westlich von euch, und er ist auf dem Weg nach Osten.«

»Noch ein Wirbelsturm, der auf uns zusteuert«, schimpfte ich. »Das macht mich krank.«

»Weißt du, ich habe da eine Idee«, sagte Dean strahlend. »Ich kam darauf, nachdem ihr den letzten Hurrikan überstanden hattet, als du mir erzähltest, wie du in der Kajüte hin und her geworfen wurdest.«

»Hm«, sagte ich, nur halb zuhörend.

»Also, wie es aussieht, besteht eine der größten Gefahren darin, dass eure Köpfe gegen die Wand oder gegeneinander geschlagen werden. Vielleicht könntet ihr aus Kleidungsstücken eine Art Hurrikanhelm oder -turban bauen, um euch vor Kopfverletzungen zu schützen.«

Ich hielt das für eine hervorragende Idee. Falls wir diesen nächsten Hurrikan überlebten, könnten wir uns »Hurrikanhelme« patentieren lassen und sie an andere unglückliche Seeleute verkaufen. Doch im Moment hatten wir andere Sorgen.

Ich schaltete das Satellitentelefon ab, und Julie und ich überlegten uns unsere Strategie. Das Zentrum des Sturms war noch anderthalb Tage entfernt, aber das Wetter wurde bereits zu rau, um noch rudern zu können. Da die Winde aus Südwesten kamen, warfen wir den Windsack über den Bootsrand, um das Tempo unserer Rückwärtsdrift zu verlangsamen. Wir sicherten unsere gesamte lose Ausrüstung, brachten Wasser und Lebensmittel für ein paar Tage in der Kajüte unter und lehnten uns anschließend zurück und warteten. Wieder einmal.

»Mir ist eine gute Methode eingefallen, wie wir unsere Hurrikanhelme machen können«, sagte Julie, als wir dalagen und uns über unser winziges Bett hinweg anstarrten. Sie wickelte sich etwas Helly-Hansen-Fleece um den Kopf und zog anschließend ein Paar Strumpfhosen (die uns ein deutscher Segler als Planktonsieb geschenkt hatte) über den Webpelz, um ihn zusammenzuhalten. Dann band sie die Beine der Strumpfhose unter dem Kinn zusammen, damit der Kopf gut geschützt war.

Julie sah derart lächerlich aus mit ihrem Strumpfhosenhelm, dass ich einfach laut losprusten musste. Sofort fabrizierte ich mir aus einem anderen Paar Strümpfe meinen eigenen dämlich aussehenden Helm. Um die Polsterung zu testen, fingen wir an, unsere Köpfe zusammenzuknallen wie Widder in der Brunft. Zweimal Bravo! Wir konnten uns kaum halten vor Lachen, bevor die Realität sich wieder bemerkbar machte: Wir würden sterben. Aber zumindest nicht an einer Kopfverletzung.

Wir lagen in der Kajüte, während die Wellen größer wurden. Alle vier bis sechs Stunden riefen wir im Hurrikanzentrum an, um einen aktuellen Bericht über den Sturm zu erhalten. Es schien unmöglich, dass noch ein Wirbelsturm auf uns zuhielt. Es war der 24. November, das äußerste Ende der Hurrikansaison, und wir befanden uns noch immer außerhalb des Hurrikangürtels. Nach den

Lotsenkarten tendieren die wenigen Hurrikane, die sich zu dieser Zeit des Jahres bilden, im Allgemeinen dazu, viel weiter westlich von unserer augenblicklichen Position zu beginnen und dann nach Westen auf das Karibische Meer zuzusteuern. Dieser »Zyklon Delta« jedoch hatte beschlossen, sich in die entgegengesetzte Richtung zu bewegen – direkt auf uns zu.

Der Himmel sah weiter aus wie ein Teufelskessel. Gelbe Sonnenstrahlen fielen schräg zwischen schwarzen Sturmböen ein, und wellige Zirruswolken verbanden die restlichen blauen Flächen. Gewaltige Ambosswolken stiegen auf und bauschten sich wie träge Atomexplosionen. Blitze erhellten den Horizont. Eine solche Energie und Wechselhaftigkeit wären atemberaubend schön gewesen, wenn wir von irgendwo anders hätten zusehen können und sie für uns nicht das Vorspiel zu einem Mördersturm gewesen wären.

Am nächsten Morgen erhielten wir gute Neuigkeiten. Der Sturm drehte etwas mehr nach Norden ab und steuerte jetzt auf die Kanarischen Inseln zu. Wenn er diesen Kurs beibehielt, würde das Auge uns um 200 Meilen verfehlen. Doch das war immer noch bedrohlich nahe.

Es sah so aus, als hätten die Kanarischen Inseln es Delta angetan und seine Aufmerksamkeit von unserem kleinen rot-weißen Ruderboot abgelenkt. Getreu der Vorhersage schoss das Auge des Sturms etwas mehr als 300 Kilometer über uns hinaus. Die Winde erreichten 40 Knoten, begleitet von fast acht Meter hohen Wellen – beides kein ernsthafter Test für die Sturmtauglichkeit unseres stabil gebauten Ruderbootes.

Am 28. November schien der Sturm sicher an uns vorbei zu sein. Wieder waren wir ungeschoren davongekommen. Andere hatten nicht so viel Glück. Delta zog 170 Kilometer nördlich der Kanarischen Inseln vorbei, und 19 Menschen fielen seinem Ungestüm zum Opfer.

Der 29. November war mein Geburtstag, und das Wetter war relativ gut. Julie machte ein verführerisches Frühstück aus Pfannkuchen, Schlagsahne, Erdbeeren und Karamellsirup.

»Wünsch dir bloß nichts zum Geburtstag«, scherzte sie. »Du weißt, was dann passiert.«

Noch während Julie diese Worte aussprach – obwohl wir es natürlich nicht wissen konnten –, zeigte ein weiteres Wesen seine Ankunft in dieser Welt an: Hurrikan Epsilon, geboren am 29. November 2005.

Nachdem wir uns vor Deltas Wucht gedrückt hatten und die Hurrikansaison jetzt in zwei Tagen offiziell zu Ende ging, waren wir in Hochstimmung. Wie es aussah, hatten wir den Höhepunkt der stürmischen Jahreszeit endlich überstanden. Ich rief Dean an, um unsere Koordinaten durchzugeben. Ein mehrstimmiges »Happy birthday«, gesungen von Dean und seiner Freundin Sarah, begrüßte mich.

»Stell dir vor!«, sagte Dean. »Erden und Tim sind wieder in See gestochen, und fast nichts an ihrem Boot wurde repariert. Der Seewasseraufbereiter ist noch immer kaputt, niemand hat sich um das Elektrosystem gekümmert, und an den Sieben, die sie als Luken bezeichnen, ist kein Handschlag gemacht worden.«

»Warum?«, fragte ich ungläubig. »Sie brauchen sich keine Gedanken mehr darüber zu machen, ihre günstige Wettergelegenheit zu verpassen, jetzt, wo sie es nach Afrika geschafft haben. Wieso zum Teufel riskieren sie ihr Leben, indem sie mit ihrem seeuntüchtigen Bananendampfer aufs Meer hinausfahren?«

»Ich habe nicht die leiseste Ahnung«, sagte Dean. »Wenigstens haben sie laut Vorhersage gutes Wetter vor sich, und ich denke, genau darauf zählen sie. Sie haben zusätzliches Wasser in das Boot geladen, um das Fehlen eines Seewasseraufbereiters auszugleichen, und steuern die Kanarischen Inseln an. Ich vermute, dass sie vorhaben, alle Arbeiten dort zu erledigen, weil die Inseln über modernere Einrichtungen verfügen.«

Ihr riskanter Plan kam mir vor wie eine Partie Russisch Roulette mit zwei Kugeln in der Waffe. Die erste und offenkundigste Gefahr bestünde darin, in einem maroden Schiff auf raue Wetterbedingungen zu stoßen. Noch beunruhigender war die Aussicht, auf den Kanarischen Inseln nicht an Land zu kommen. Wegen der niedrigen Leistung eines Ruderbootes kann man sich niemals darauf verlassen, dort zu landen, wo man es geplant hat. Widrige Winde und Strömungen können schnell die Oberhand über den Ruderer gewinnen und ihn zu einer völlig neuen Route zwingen.

Falls Tim und Erden auf beständige östliche Winde trafen, konnten sie zu weit nach Westen abgetrieben werden, um die Kanaren zu erreichen. Die vorherrschenden Winde würden sie daran hindern umzudrehen, und den beiden Männern bliebe kaum etwas anderes übrig, als eine Rettungsaktion auf hoher See einzuleiten oder mit einem kaputten Seewasseraufbereiter und einem unzuverlässigen Boot eine Reise von vielen Monaten über den Atlantischen Ozean fortzusetzen. Bei keinem dieser Szenarien wäre ich gern dabei.

19 Ein Geburtstag und ein Weihnachtsfest auf See

»Sarah und ich haben ein Geburtstagsgeschenk für dich«, verkündete Dean aus 14 000 Kilometer Entfernung über unsere Satellitentelefonverbindung, »das wir dir mitten auf den Atlantik schicken können.«

»Was ist es?«

»Das Ende der Hurrikansaison!«, sagte Dean. »Morgen ist der letzte Tag. Von da an ist es ein Kinderspiel für euch.«

Ich feierte mein vierunddreißigstes Jahr auf dem Planeten mit Schwimmen, Angeln und dem Verzehr einer Dose Litschis. Julie holte unseren Fang des Tages mit der Harpune ein. Mit dem Speer in der Hand sah sie aus wie ein Bond-Girl, während sie geduldig am Dollbord wartete, bis eine arglose Dorade sich längsseits schlich. Anschließend verarbeitete sie den Fisch mit Bohnen, Gewürzen, Dosentomaten, Zwiebeln, Knoblauch, reifem Käse und Reis zu einem Chili.

Wir verschlangen das Doraden-Chili, als wäre es Haute Cuisine. Es war kaum zu glauben, dass wir jetzt mehr als zwei Monate auf See waren und noch immer fürstlich speisen konnten. Gerade als ich dachte, es könnte nicht mehr besser werden, zauberte Julie einen Geburtstagskuchen hervor, inklusive brennender Streichhölzer anstelle von Kerzen.

»Happy birthday to you!«, sang Julie, während ich die Streichhölzer ausblies.

Hauptbestandteil ihrer Kuchenkreation waren in Kaffee und Rum eingeweichte Löffelbiskuits. Diese leckere Unterlage hatte sie dann mit einer Schicht selbst gemachtem Tapioka-Pudding mit Vanillegeschmack sowie einer Schicht Himbeermarmelade bedeckt und das Ganze anschließend mit Schlagsahne gekrönt. Für mich stand außer Zweifel, dass dies das beste Essen war, das jemals in einem Ruderboot verzehrt worden war, und ich bewunderte Julies mittelatlantische kulinarische Zauberkunst.

Als Julie und ich vor fünf Monaten von Moskau aufgebrochen waren, hatten unzählige Leute uns gewarnt, dass die Expedition der ultimative Test für unsere Beziehung wäre. Wenn wir die dabei auftretenden unvermeidlichen Belastungen überstünden, könnten wir alles überstehen. Die Überfahrt im Ruderboot erschien wie die größte Prüfung. An Land kann man immer einen kleinen persönlichen Freiraum und etwas Privatsphäre finden. Einen solchen physischen und psychischen Luxus gab es auf unserem winzigen Boot nicht. Unsere gemeinsame Welt war auf eine Kajüte von der Größe einer Hundehütte und auf einen Rudersitz geschrumpft. Das war's auch schon. Der Rudersitz war der Kajüte zugekehrt, sodass der Ruderer stundenlang ununterbrochen auf die Person dort drinnen starrte. Selbst seitlich über den Bootsrand zur Toilette zu gehen war irgendwie ein Gemeinschaftserlebnis, da die Kajütenluke einen Panoramablick auf die Decks und alles, was dort passierte, bot.

Trotz des Fehlens von Privatsphäre und persönlichem Freiraum sowie der ständigen Belastungen und Gefahren konnten Julie und ich extrem gut zusammenarbeiten. Wir sind beide willensstarke, unabhängige Denker, und der gegenseitige Respekt, den wir füreinander hegen, trug dazu bei, unsere persönliche Beziehung als auch unsere für diese Reise notwendige gute Zusammenarbeit zu festigen.

Selbst nach Monaten des Zusammenseins versiegten unsere Gespräche nie. Wir redeten über alle möglichen Themen, beispielsweise über unsere Pläne nach unserer Rückkehr, unsere Erlebnisse in Europa, unsere Beobachtungen der Tierwelt oder einfach über Strategien, um den Erfolg unserer Ozean-Ruderfahrt sicherzustellen. Dabei wurde unsere Beziehung niemals unromantisch. An besonderen Abenden wie meinem Geburtstag legten wir mit einer Flasche Wein eine Pause ein und beobachteten – so wie junge Liebende überall auf der Welt – fest umschlungen den Sonnenuntergang.

Am Tag nach meinem Geburtstag wurden wir um sechs Uhr morgens durch ein lautes Getöse geweckt.

Es klang wie ein Rammbock, der aus der Tiefe hochkam und gegen unser Schiff hämmerte. Julie stürzte nach draußen, um nachzusehen.

»O mein Gott!«, rief sie aus. »Eine Riesenschildkröte greift unser Boot an!«

Ich streckte den Kopf durch die Luke und erblickte eine gewaltige Unechte Karettschildkröte, die zum Luftholen an die Oberfläche kam. Dann tauchte sie ab, ihr Panzer, der einen Durchmesser von einem Meter hatte, verschwand unter dem Boot, und die krachenden Geräusche gingen weiter.

Vielleicht versuchte sie die paar vereinzelten Rankenfüßer zu fressen, welche die Drückerfische übersehen hatten. Oder vielleicht hatte sie unsere Nussschale mit der Mutter aller Schildkröten verwechselt und sich in sie verliebt. Wie auch immer – ich wurde jedes Mal, wenn die *Ondine* sich in der Dünung hob und gegen den Panzer der Schildkröte krachte, etwas unruhig. Immerhin wog das Tier wahrscheinlich 110 bis 140 Kilogramm, und um diese Art von Schlägen auszuhalten war unser Boot nicht konzipiert.

Wir machten ein paar Fotos und Videoaufnahmen von der Schildkröte. Im Gegensatz zu den kleineren Unechten Karettschildkröten, die wir gesehen hatten, zeigte dieser große Bursche keine Furcht vor uns. Aus früheren Begegnungen mit Schildkröten hatten wir gelernt, dass ihr Sehvermögen recht gut ist. Sie beobachteten das Boot aus bis zu 100 Metern Entfernung, und wenn sie einen Menschen auf den Decks erkannten, flohen sie ausnahmslos. Wenn wir uns jedoch in der Kajüte versteckten und durch die Luken spähten, schwammen die Schildkröten um das Boot herum und inspizierten es.

Dieser Typ hier schwamm direkt zu uns hin, streckte seinen schrumpeligen Kopf gut einen halben Meter von uns entfernt aus dem Wasser und starrte uns in die Augen. Sein Gesicht sah aus wie das eines alten Mannes, und sein unverwandtes Starren verursachte mir ein leichtes Unbehagen.

Schließlich fanden wir, es sei an der Zeit, unserem Gast auf Wiedersehen zu sagen, da wirklich die Gefahr bestand, dass er das Boot beschädigte. Ich beugte mich über den Bootsrand, um die Schildkröte zu berühren und zu verscheuchen. Da meine Berührung dem Tier erstaunlicherweise keine Angst machte, fuhr ich mit der Hand über seine ledrigen Schwimmflossen und seinen Panzer und drehte das riesige Geschöpf sogar um, weil ich seine Unterseite begutachten wollte.

Die Schildkröte schien unseren spielerischen Umgang zu genießen. Zu guter Letzt schwang Julie sich an die Riemen und ruderte, so schnell sie konnte. Die Schildkröte schwamm ein paar halbherzige Züge hinter unserem Boot her, bevor sie aufgab und in der Ferne verschwand.

Die Unechte Karettschildkröte ist gefährdet, und die Ursache für fast all ihre Schwierigkeiten ist der Mensch. Wegen des Fleisches, der Eier und des Panzers wird das Tier bis heute stark gejagt. Fanggeschirr, mit dem auf Fische gejagt wird, tötet unbeabsichtigt sehr viele dieser Geschöpfe. Leider trägt der dicke Rückenpanzer, der das Tier vor Haien und anderen Meerestieren schützt, ganz und gar nicht dazu bei, es vor dem Menschen zu retten. In Mexiko und Teilen Zentralamerikas gelten Schildkröteneier als schmackhafter Kneipen-Leckerbissen, und man glaubt fälschlicherweise, sie würden die Manneskraft stärken. Nachdem ich an diesem Morgen in die runzeligen Augen unseres prähistorischen Freundes geblickt hatte, betrübte mich der Gedanke, dass der Bestand an Unechten Karettschildkröten dank der leichtgläubigen Ansichten schlappschwänziger Trinker vernichtet wurde.

Ich rief meine Mutter über das Satellitentelefon an, um ihr von der Schildkröte zu erzählen.

»Habt ihr schon von dem Hurrikan gehört?«, äußerte sie zur Begrüßung.

»Großer Gott, nein. Gibt es noch einen Hurrikan?«

»Ja, dieser hier heißt Epsilon«, erklärte sie. »Er ist in der Nähe der Bermudas, und man rechnet damit, dass er in Richtung Europa zieht.«

Ich seufzte vor Erleichterung. Die Bermudas lagen tausend Meilen nordwestlich unserer Position. Wenn der Hurrikan sich auf Europa zubewegte, würde er nirgendwo in der Nähe unseres Bootes vorbeikommen.

»Mach dir keine Sorgen, Mom. Wir befinden uns weit südlich von diesem Sturm. Er dürfte sich nicht mal auf unser Wetter auswirken.«

Meine Versicherungen beruhigten ihre mütterlichen Instinkte keineswegs. Sie war nicht restlos davon überzeugt, dass wir uns über den Hurrikan Epsilon keine Sorgen zu machen brauchten. Dennoch gab sie sich alle Mühe, meinen Geschichten über Geburtstagskuchen und neugierige Schildkröten zu lauschen.

Manchmal wissen Mütter es wirklich am besten. Während meine Mom sich noch meine Reiseanekdoten anhörte, zerbrachen sich die Hurrikanmeteorologen am National Hurricane Center der Vereinigten Staaten bereits die Köpfe über die letzte Anomalie auf dem Atlantik. Epsilon hatte sich in Gewässern mit Durchschnittstemperaturen von 21 bis 24 Grad gebildet, weit unter den für die Entstehung eines Hurrikans als notwendig erachteten 26,5 Grad, dazu in einem Gebiet mit viel atmosphärischer Scherung (angrenzende Luftbewegungen unterschiedlicher Geschwindigkeit oder Richtung) – Bedingungen, die tropischen Stürmen nicht förderlich sind.

Angesichts von Bedingungen, die einer weiteren Tiefdruckaktivität derart zuwiderliefen, sagten die Meteorologen voraus, dass Epsilon sich bald auflösen werde. Der widersetzte sich jedoch ihren Vorhersagen und kämpfte weiter um sein Leben. Am 2. Dezember wurde aus dem tropischen Sturm ein ausgewachsener Hurrikan. Die Meteorologen blieben bei ihrer Vorhersage, dass er sich abschwächen werde, aber Epsilon hatte andere Pläne, zu denen auch gehörte, von seiner vorausgesagten Route nach Europa abzuweichen. Stattdessen schien er nur noch Augen für ein kleines rot-weißes Ruderboot zu haben.

»Es gibt keine einsichtigen Gründe – und ich werde keinen Grund erfinden –, um das jüngste Erstarken von Epsilon zu erklären«, stellte Dr. Lixion Avila, Meteorologe bei der National Ocean and Atmospheric Administration, in einer öffentlichen Erklärung fest.

Julie und ich glaubten allerdings den Grund zu kennen. Weder Vince noch Delta war es gelungen, die *Ondine* zu versenken. Vielleicht war Epsilon der Hurrikan, der das Werk endlich vollbrachte.

Entstanden war der Hurrikan Epsilon etwa 6500 Kilometer von uns entfernt, sodass er fast eine Woche brauchte, um unser Gebiet zu erreichen. Es war eine Woche der Sorge, und wieder einmal sank unsere Stimmung, während wir uns für den nächsten Wirbelsturm wappneten. Mit regelmäßigen Anrufen beim Hurrikanzentrum hielten wir uns über Epsilons Vorrücken auf dem Laufenden. Wir konnten nicht umhin, ihn für den weltgrößten Flugkörper mit Zielsucheinrichtung zu halten.

»Er hat einen Bogen gemacht und steuert jetzt direkt nach Süden, geradewegs auf euch zu«, informierte uns Dean am Morgen des 5. Dezember. Epsilon war jetzt 1600 Kilometer entfernt und kam rasch näher.

»Ich kapier das nicht«, sagte ich. »Wieso zum Teufel kriegen wir diese ganzen tropischen Stürme und Hurrikane ab, die einer nach dem anderen auf uns losgehen? Das spottet jeder Logik. Epsilon dürfte es eigentlich gar nicht geben, und er sollte eigentlich nach Europa ziehen. Jetzt schickt er sich an, uns niederzumähen.«

»Also, es gibt auch gute Neuigkeiten«, sagte Dean. »Sie sagen voraus, dass er von seinem gegenwärtigen südlichen Kurs abweichen und eine südwestliche Richtung einschlagen wird. Dann müsste er euch verfehlen.«

Viel Trost bot diese Neuigkeit nicht. Die Vorhersage stammte von denselben Meteorologen, die eine Woche zuvor gesagt hatten, der Sturm steuere auf Europa zu und werde sich auflösen. Zum jetzigen Zeitpunkt hätte ich einem Tarotkartenleser mehr vertraut als einem Meteorologen.

Das Wetter hatte sich total verändert. Wieder war der Himmel von Zirrus- und Altokumuluswolken verhangen. Eine gewaltige

Dünung hob und senkte sich aus Norden. Zwar konnte dieses ständige Auf und Ab unserem Boot nichts anhaben, aber es war ein Furcht einflößender Indikator für das, was auf uns zukam. Es war windstill, und die Meeresoberfläche war, abgesehen von den ölartigen Zehn-Meter-Wogen, nach wie vor spiegelglatt. Das Boot glitt diese Monster so sanft hinauf und hinunter, dass man bei geschlossenen Augen das Gefühl hatte, sich auf einem Mühlteich zu befinden. Wir konnten jetzt noch immer rudern, standen aber vor einem Dilemma.

Wenn wir weiterruderten und der Hurrikan tatsächlich, wie vorhergesagt, nach Südwesten abdrehte, würde jeder Riemenschlag uns der Bahn des Hurrikans näher bringen. Andererseits konnte uns, falls der Hurrikan seine südliche Richtung beibehielt, jede Vorwärtsbewegung ein klein wenig von seinem Routenverlauf entfernen.

Wir beschlossen, den Meteorologen noch eine Chance zu geben, es richtig zu machen. Wir hörten auf zu rudern. Wir banden die Riemen am Boot fest, und unser Schiff wurde zu einem leblosen Stück Treibgut auf einem menschenfeindlichen Ozean. Nachdem wir unsere gut einstudierten Hurrikanvorbereitungen abgeschlossen hatten, setzten Julie und ich uns vor die Kajüte und beobachteten das noch ruhige Meer und den immer seltsameren Himmel.

»Glaubst du, dieser wird es sein?«, wollte Julie wissen.

»Wird was sein?«

»Du weißt schon«, sagte Julie mit einem verzagten Lachen, »der Hurrikan, der uns endgültig versenkt?«

Eine Dorade verfolgte einen Schwarm von etwa einem Dutzend Fliegender Fische. Die glitzernden Tiere glitten durch die Luft, kamen ganz nahe an unserem Boot vorbei und platschten 50 Meter entfernt ins Wasser.

Ich beneidete sie. Sie brauchten bloß tiefer zu tauchen, um den Auswirkungen des Hurrikans zu entgehen.

»Natürlich nicht«, entgegnete ich. »Wir sind zäh, und unser Boot könnte seetüchtiger nicht sein. Du wirst es schaffen, nicht wahr, *Ondine*?« Ich klopfte liebevoll auf das Sperrholzdeck.

»Für Menschen wie meine Mutter und meinen Vater muss es beruhigend sein, an ein Jenseits zu glauben«, sagte Julie. »Bedrohungen wie Wirbelstürme werden dadurch so viel weniger bedeutungsvoll.«

»Ja, aber die beiden kommen in unterschiedliche Himmel«, sagte ich. Julies Mutter ist Christin, während ihr Vater Moslem ist. »Das muss ziemlich schwierig gewesen sein, als sie zusammenkamen – zu wissen, dass sie bis in alle Ewigkeit getrennt von dem geliebten Menschen leben würden.«

Julie seufzte. »Darüber brauchen wir uns wohl keine Gedanken zu machen. Wenn dieser Hurrikan uns tatsächlich vernichtet, werden wir beide zusammenbleiben – auf dem Grund des Meeres.«

Ich legte meine Arme um sie. »Wir werden es schaffen. Wir haben uns vorgenommen, über diesen Ozean zu rudern, und was auch immer die Dämonen des Meeres heimlich planen, unsere Kraft und Entschlossenheit werden uns auf die andere Seite bringen.«

Das war meine ehrliche Meinung. Ich war auf all meinen Expeditionen auf die außerordentlichsten Hindernisse gestoßen, aber stets wurden sie überwunden. Nach diesem Muster war es immer abgelaufen, und ich hatte das Gefühl, dass es so weiterginge.

Julie rief Dean wegen des neuesten Lageberichts an.

»Gute Neuigkeiten«, sagte sie, als sie auflegte. »Der Hurrikan ändert, wie vorhergesagt, den Kurs und steuert nun nach Südwesten. Wenn er diesen Kurs beibehält, werden wir verschont.«

Obwohl es ein guter Anfang war, konnten wir uns noch nicht entspannen. Der Sturm hatte sich bislang unberechenbar verhalten, und es gab keine Garantie, dass er nicht wieder den Kurs ändern würde. Die schlechte Nachricht lautete, dass der Hurrikan Epsilon nach fast einer Woche anderslautender Vorhersagen immer noch so stark war wie eh und je. Selbst wenn der Hurrikan seinen gegenwärtigen Kurs beibehielt, würden wir trotzdem einige Schläge einstecken. Wich er ab, konnten wir getötet werden.

Das Vorspiel zu dem Sturm hätte einem monoton vorkommen können, wären da nicht die Sorge und die Ungewissheit gewesen, welche gewaltige Naturkraft uns möglicherweise traf oder wann.

Wieder einmal lagen Julie und ich eingeengt und schwitzend in der Kajüte, während draußen die See stampfte und das Boot hin und her warf. Das Schlimmste kam nach Einbruch der Nacht, und wir lagen in völliger Finsternis da und hofften, dass die *Ondine* noch einen weiteren Sturm überstehen würde.

Während wir in der Kajüte lagen, konnten wir das Vorrücken des Hurrikans über das Iridiumtelefon verfolgen. Diesmal stimmten die Vorhersagen: Epsilon bewegte sich weiter nach Südwesten. Die volle Wucht des Sturms würde uns um 480 Kilometer verfehlen. Die Winde erreichten um drei Uhr morgens mit 45 Knoten ihren Höchstwert und flauten dann allmählich ab. Wieder hatten wir einen Hurrikan überlebt.

Am Spätnachmittag des folgenden Tages konnten wir die Riemen losbinden und weiterrudern. Wir waren während des Hurrikans zurückgetrieben worden und mussten jede Menge Boden gutmachen.

Insgesamt waren wir von unserer Reisegeschwindigkeit seit Lissabon enttäuscht. Die Auswirkungen eines Wirbelsturms nach dem anderen hatten unser Vorwärtskommen extrem verlangsamt. Es war nicht bloß das unbeständige Wetter. Diese gewaltigen Wettersysteme störten auch den normalen Druckausgleich, der für beständige östliche Passatwinde sorgt. Bislang waren die Passatwinde zusammen mit den sie begleitenden Strömungen größtenteils ausgeblieben – ein zuvor in diesen Breiten beinahe unbekanntes Phänomen.

Es war jetzt zweieinhalb Monate her, seit wir von Lissabon losgefahren waren, und wir hatten etwas mehr als ein Drittel der Strecke über den Atlantik geschafft. Wenn wir in diesem Tempo weitermachten, würden wir für die gesamte Überquerung statt der anfänglich veranschlagten fünf Monate fast sieben brauchen.

Wir kämpften uns gegen anhaltende leichte Gegenwinde weiter, und unsere Laune verschlechterte sich langsam. Wir hatten nicht genug Lebensmittel, um sieben Monate auf See durchzuhalten, zumindest nicht ohne strenge Rationierung. Um unsere Vorräte zu strecken, aßen wir mittags und abends Dorade.

Am Morgen des 16. Dezember quälte Julie sich ab, das Boot durch eine spiegelglatte See zu bewegen. Die Gegenwinde waren endlich abgeflaut, aber die Passatwinde hatten sich noch nicht eingestellt. Seit Tagen ruderten wir über ein Quecksilbermeer, das unter einem wolkenlosen Himmel kochte.

Obwohl es erst sieben Uhr morgens war, lief mir der Schweiß bereits herunter, als ich Pfannkuchen machte. Normalerweise frühstückten wir einfacher, aber heute feierten wir, dass wir nach genau 84 Tagen auf See die Hälfte der Strecke über den Atlantik geschafft hatten.

»Ist das ein Segelboot?«, sagte Julie, während sie in die Ferne blinzelte.

Ich lehnte mich aus der Luke und machte etwa eine Seemeile entfernt die Umrisse eines Segelbootes aus.

»Lass es uns über Funk rufen«, sagte Julie. »Vielleicht kommen sie rüber, um Hallo zu sagen. Vielleicht … vielleicht schenken sie uns große Tüten mit Süßigkeiten für Weihnachten.«

Ich gab Julie das UKW-Funkgerät, und sie setzte den Funkspruch ab.

»Ruderboot *Ondine* ruft ein blaues Segelboot unter Motorkraft. Bitte melden!«

Fast augenblicklich erhielten wir eine Antwort. »Segelschiff *Ripple* ruft Ruderboot *Ondine*. Wo sind Sie?«

»Wir sind neunzig Grad steuerbord von Ihnen, etwa eine Meile entfernt«, sagte Julie.

»Wir können Sie noch nicht sehen, aber wir werden den Kurs ändern, um zu kommen und Hallo zu sagen.«

Wir beobachteten, wie das blaue Boot den Kurs änderte und in unsere Richtung fuhr. Als es näher kam, erkannte ich, dass es sehr viel größer war, als ich zuerst vermutet hatte – fast dreißig Meter lang. Sechs Besatzungsmitglieder standen johlend und winkend an Deck, als die Luxusjacht sich unserem viel kleineren Fahrzeug näherte.

»Großer Gott, ihr zwei müsst euch einen Satz Segel besorgen«, sagte der Mann am Ruder.

Die Besatzungsmitglieder waren alle jung und attraktiv – in den Zwanzigern und Dreißigern –, und sie starrten mit offenen Mündern auf den Anblick, der sich ihnen bot.

Es war unglaublich, nach fast drei Monaten auf See anderen Menschen so nahe zu kommen. Die Einzigen, die wir bislang zu Gesicht bekommen hatten, waren in einiger Entfernung die spanischen Fischer gewesen. Der Skipper hieß Alex, und er und seine Mannschaft überführten das Schiff nach Antigua, wo der Eigner sich mit ihnen treffen würde. Alex stammte aus England; der Rest der Crew kam aus anderen Ländern Europas, darunter die Schweiz und Frankreich. Eine Stunde lang schrien wir über das Wasser hin und her und tauschten Geschichten vom Meer aus. Die *Ripple* war vor sieben Tagen von den Kanarischen Inseln losgefahren, und die Besatzung rechnete damit, in weiteren sechs oder sieben Tagen Antigua zu erreichen – ein krasser Gegensatz zu dem halben Jahr auf See, das wir veranschlagt hatten. Da auf der ganzen Strecke seit den Kanarischen Inseln Windstille geherrscht hatte, waren sie ununterbrochen mit Motorkraft gefahren.

Alex musterte unsere auf Deck trocknenden Doraden und meinte: »Ich schätze, eure Ernährung wird wohl langsam ziemlich eintönig. Habt ihr Lust auf ein paar Leckerbissen?«

Julie und ich nickten begeistert. Fran, die Köchin, verschwand unter Deck, um nachzusehen, was sie zusammenkratzen konnte. Augenblicke später ließen die Segler am Ende einer Andockstange mehrere stabile Einkaufstaschen zu unserem Boot hinunter. Julie öffnete die Taschen und schrie auf. Unsere großzügigen Besucher hatten uns mehrere Dutzend gekühlte Dosen Limo und Bier, große Tüten gemischter Kartoffelchips, einen großen Karton Pralinen, Tetrapaks Milch, Kellogg's Corn Flakes und verschiedene nahrhaftere Gerichte geschenkt. Außerdem hatten sie neun Schund-Taschenbücher und mehrere Zeitschriften dazugepackt, darunter *Men's Journal* und *Cosmopolitan*.

Unsere neuen Freunde wünschten uns Glück, brachten ihr Schiff auf Touren und nahmen ihre stetige Fahrt nach Westen wieder auf. Stille trat ein, und wir waren wieder allein.

»Wow, ich kann nicht glauben, was gerade passiert ist«, sagte Julie und nippte an einer gekühlten Dose Eistee. »Es kommt mir vor wie ein Traum.«

Ich konnte nur zustimmen. Nachdem wir fast drei Monate lang nur 30 Grad warmes Wasser getrunken hatten, war ein gekühltes Getränk eine unserer lebhaftesten und häufigsten Phantasievorstellungen geworden. Wir hatten geglaubt, erst an Land wieder in den Genuss einer solchen Köstlichkeit zu kommen. Jetzt, wo die *Ripple* hinter dem Horizont verschwunden war, schienen unsere kalten Getränke beinahe unwirklich. Wir packten sie in eine Decke, damit sie länger kalt blieben, und legten eine zweistündige Ruderpause ein, um uns an Pralinen, Chips, Limo und Bier gütlich zu tun, während wir die Hochglanzmagazine durchblätterten.

»Der Weihnachtsmann hat uns hier mitten auf dem Atlantik nicht vergessen«, sagte Julie verträumt, während sie das Foto eines geistig verwirrten Serienmörders in *Maxim* studierte.

Der Zeitpunkt war perfekt gewählt. Weil in zehn Tagen Weihnachten war und wir all die neuen Leckereien hatten, konnten wir Pläne für die Feiertage schmieden. Leider würde zu unserer Weihnachtszeit auch gehören, 18 Stunden am Tag und sieben Tage die Woche an den Riemen zu sitzen.

Wir ruderten ununterbrochen immer weiter. Kurz vor Weihnachten setzten endlich die Passatwinde wieder ein und gaben unserer Fahrt willkommenen Auftrieb. Obwohl wir nun schneller nach Westen kamen, standen wir noch vor einer ernsten navigatorischen Herausforderung. Die verdrehten Wetterabläufe und Strömungen im Umfeld der tropischen Stürme hatten uns viel weiter nach Süden abgetrieben, als ideal war. Sogar die augenblicklichen Passatwinde wehten aus Nordost, wodurch es schwierig wurde, unsere verlorene Breite zurückzugewinnen. Um wie geplant in Miami Land zu erreichen, müssten wir zehn Grad nördlicher Breite gewinnen, was immer unmöglicher aussah. Die Winde kamen weiterhin aus Nordost, während wir nur nennenswert Breite gewinnen würden, wenn sie aus Ost oder Ost-Südost kämen.

Am Ende beschlossen Julie und ich, unser Reiseziel zu ändern. Wir studierten die Karten, lasen die Lotsenbücher und entschieden uns für Puerto Limón in Costa Rica als den idealen Zielhafen. Wind und Strömungen würden uns in diese Richtung treiben, und am wichtigsten war, dass, sobald wir das überfüllte Karibische Meer erreichten, der Ozeanabschnitt in dieser Richtung relativ frei von Riffs und Inseln war. Zwar müssten wir zusätzliche 1000 Kilometer rudern, aber trotzdem schien dies die klügste Route zu sein. Auch unsere Radtour nach Hause würde dadurch um mehr als 2000 Kilometer länger, aber zumindest verband eine Straße Puerto Limón mit Vancouver.

Nachdem wir Kurs auf unseren neuen Landungsort genommen hatten, erfuhren wir, dass Tim und Erden ebenfalls hofften, in Puerto Limón an Land zu gehen. Das Wetter zeigte sich ihnen neuerdings gewogen und ermöglichte dem Team, auf seiner Reise von Afrika nach Gran Canaria ausgezeichnet voranzukommen. Die Männer hofften, so schnell wie möglich die Kanarischen Inseln zu erreichen.

Neben undichten Luken, einem fehlerhaften Elektrosystem, einem ausgedienten Seewasseraufbereiter und irgendeiner (beim Aufenthalt in dem afrikanischen Hafen entstandenen) Beschädigung der Konstruktion hatten sie ein neues Problem: »Um das Maß vollzumachen«, schrieben sie in einem Update vom 6. Dezember, »haben fünf der Luken, hinter denen unsere Lebensmittel lagern, sich festgefressen und versperren uns den Zugang zu unseren eigenen Vorräten.«

Angesichts der drohenden Aussicht auf Hunger und Durst müssen die Männer bestürzt gewesen sein, als das Wetter immer schlechter wurde, je näher sie ihrem Ziel kamen, bis Winde in Sturmstärke aus Südwesten bliesen. Tim und Erden kämpften sich schließlich bis auf ganze 22 Kilometer an Land heran, kamen dann aber nicht mehr vorwärts und verloren den Abstand allmählich, während sie zurück auf den offenen Atlantik gezogen wurden. Die Lage sah langsam verzweifelt aus, und das wahrscheinliche Ergebnis war ihnen nur allzu bewusst.

»Sollten wir nicht an der nächsten Insel anlegen, wären wir dazu verurteilt, fünf Monate lang Wasser per Hand zu pumpen, mit unserem Überlebenswasseraufbereiter, unserer Reserve, unserem einzigen Sicherheitsspielraum«, vermerkte Erden später auf seiner Website.

Konfrontiert mit der Aussicht, in ihrem klapprigen Boot bei begrenztem Zugang zu Lebensmitteln und Wasser aufs Meer hinausgetrieben zu werden, wurde Tim und Erden plötzlich klar, dass ihnen nichts anderes übrig blieb, als um eine Hochseerettung zu bitten.

»Erden veranschaulichte einmal mehr das Pfadfindermotto ›Allzeit bereit‹, als er die Telefonnummer des Direktors des Real Club Nautico de Gran Canaria (des Königlichen Segelclubs von Gran Canaria) hervorzauberte«, erzählte Tim auf ihrer gemeinsamen Website.

Der Direktor des Jachtclubs benachrichtigte sofort die Behörden. Die Gendarmerie Maritime entsandte das Rettungsschiff *Salvamento Maritimo*, um die Ruderer zu bergen. Nachdem man sie durch den Sturm an Land geschleppt hatte, war Erden entschlossen, das Boot für die 7000 Kilometer offenes Meer, die noch vor dem Duo lagen, wieder seetüchtig zu machen. »Während ich mich weiter auf das Boot konzentrierte«, schrieb er, »konnte Tim sich für einen Ausflugstag frei machen, um das Innere der Insel zu erkunden.«

Unterdessen genossen Julie und ich bei angenehmen Winden und in Festtagsstimmung unsere Vorweihnachtszeit. Julie hatte vorher ein paar Dekorationen versteckt, sodass wir unser Boot nun mit Silbergirlanden und glitzernden Sternen schmückten. Wir schilderten Dean unsere Pläne für die Feiertage, und er stellte unsere Beschreibung der weihnachtlichen Szene auf unsere Expeditions-Website.

»Mit dem Beitrag der *Ripple* haben wir nun den ersten Weihnachtsfeiertag geplant. Zu unserem Fest werden gehören: warmes Bier, süße Leckereien und das Grölen von Weihnachtsliedern in einen blauen Abgrund. Das Abendessen wird aus hausgemachten

Käsemakkaroni und Dorade bestehen, zubereitet mit einem hoffentlich gefangenen Fisch und unserem letzten dicken Stück portugiesischem Käse, mehr als 100 Tage gereift bis zur Vollendung. In gewisser Hinsicht freuen wir uns, ein so minimalistisches Weihnachten zu feiern. An den Feiertagen geht es darum, mit geliebten Menschen zusammen zu sein, und das ist bei uns der Fall.«

In allen Zwölf Nächten* kamen wir phantastisch voran, ohne unsere Schichten an den Riemen jemals einzustellen. Zwischen den Rudersitzungen erledigten Julie oder ich hastig unsere Routinearbeiten und widmeten uns anschließend erholsameren Aktivitäten, beispielsweise warmes Bier zu schlucken und den, der gerade die Riemen besetzte, mit ein paar falsch gesungenen Liedern zu unterhalten. Es war, da waren wir uns einig, unser denkwürdigstes Weihnachten überhaupt.

---

* Auch die »Zwölften« genannt, umspannen diese Tage im christlichen Festkalender die Zeit vom 25. Dezember (Weihnachtsabend) bis zum 6. Januar (Heilige Drei Könige).

20 In die Tropen

Ungefähr eine Woche nach Neujahr hängte ich die Angelrute über den Bootsrand, um etwas fürs Abendessen zu fangen. Wir hatten Portugal mit nur zwei Ködern und drei Haken verlassen. Einer dieser Haken war abgebrochen, und dem Gummi-Tintenfisch waren alle Fangarme bis auf zwei abgebissen worden. Wir hatten den Tintenfisch ausrangiert und benutzten jetzt einen Plastikstöpsel in Form eines Fliegenden Fischs, um die Doraden zu fangen.

Eine riesige, etwa 35 Kilogramm schwere Dorade hatte sich dem Schwarm unter dem Boot angeschlossen, und wir hatten uns nach Kräften bemüht, dass sie uns nicht an die Angel ging. Der Fisch war so außergewöhnlich groß neben seinen Artgenossen, dass es jammerschade schien, ein so herrliches Geschöpf zu töten. Außerdem war er auch zu groß, um ihn aufzuschneiden und zu trocknen, sodass wir unsere Bemühungen stattdessen darauf richteten, die kleineren Fische zu fangen. Den großen Fisch hatten wir Legend, »Legende«, getauft, und wir achteten darauf, den Köder nicht auszuwerfen, wenn er in der Nähe war.

Heute jedoch sah ich Legend nicht unter dem Boot und vermutete ihn auf der Jagd.

Eine kleinere Sieben-Kilo-Dorade trieb sich in der Nähe der Steuerbordseite herum, und ich warf den Köder in ihre Richtung. Ich fing an, ihn hin und her zu schwenken, um die Aufmerksamkeit des Fisches zu erregen. Eine ganze Batterie Fische schoss unter dem Boot hervor, und bevor ich noch reagieren konnte, biss Legend in den Köder und hing am Haken. Sofort nahm der Fisch Reißaus, und die Angelrolle kreischte, bis Legend 50 Meter vom Boot entfernt war. Dort sprang er vier Meter in die Luft, schüttelte den Kopf und zerriss die Schnur.

Ich war entsetzt. Die Monofilamentschnur war noch nie gerissen. Was wir soeben verloren hatten, war auf dem Meer sein Gewicht in Gold wert – der Köder, der Haken, die Verbindungsmontage und ein kleines Bleigewicht. Normalerweise wäre ein solches Vorkommnis eine leichte Enttäuschung, einfach der Verlust eines Lieblingsköders. Aber hier draußen, mitten auf dem Atlantischen Ozean, gefährdete jeder unerwartete Verlust unsere Gesundheit und Sicherheit. Wir brauchten Fisch, um bei Kräften zu bleiben, und alles, was wir noch übrig hatten, waren ein zweiarmiger Gummi-Tintenfisch und ein einziger Angelhaken.

Legend hatte noch immer den Haken im Maul, und sein neues Körperpiercing machte ihn wahnsinnig. Der zwei Meter lange Fisch schwamm vom Boot weg und versuchte dann den Köder abzuschütteln, indem er Pirouetten in unmögliche Höhen hinauf vollführte. Selbst aus einem Kilometer Entfernung konnte ich noch sehen, wie sein Körper aus dem Wasser schoss und im Sonnenlicht funkelte.

»Wir müssen ihn noch mal fangen«, sagte Julie.

»Was?«, entgegnete ich, fassungslos über eine solche Idee.

»Wenn wir ihn mit dem anderen Haken irgendwie fangen können«, überlegte Julie, »können wir uns unseren Angelköder und Haken zurückholen.«

»Was ist, wenn die Schnur wieder reißt?«, gab ich zu bedenken.

»Dann haben wir rein gar nichts mehr, womit wir angeln können.«

»Ich denke, es ist einen Versuch wert. Wir können ihn wirklich behutsam auszappeln lassen – und darauf achten, dass die Spannung so gering wie möglich bleibt.«

Wir holten den zweiarmigen Tintenfisch aus dem Ruhestand und befestigten ihn an unserem letzten Haken. Dann warteten wir, dass Legend zum Boot zurückkehrte.

»Da ist er!«, rief Julie aus, während sie in die Tiefe starrte.

Tatsächlich zeichnete sich Legends riesige Gestalt zwischen den kleineren Doraden ab. Ich konnte sogar den Stöpsel sehen, der ihm aus dem Maul hing. Julie ließ den kümmerlichen grünen Tintenfisch über die Wasseroberfläche hüpfen, aber Legend blieb ungerührt. Mehrere andere Fische jagten hinter dem Köder her, sodass Julie ihn vorübergehend aus dem Wasser zog, um sie nicht zu fangen. Wir versuchten es über eine Stunde lang, konnten Legend aber nicht für den verkrüppelten Tintenfisch interessieren. Stattdessen fing er wieder an, Luftsprünge zu machen, und versuchte, indem er mit seinem mächtigen Körper hin und her schnellte, das metallische Ärgernis in seiner Lippe abzuschütteln.

»Es funktioniert nicht«, sagte ich. »Wir brauchen etwas, das schmackhafter aussieht als ein zweiarmiger Tintenfisch.«

»Lass uns eine andere Dorade fangen und sie in Köderstreifen schneiden«, schlug Julie vor.

Wir hatten früher schon Doradenstreifen als Köder verwendet, und die Methode hatte gut funktioniert. Doraden speisen so lange nach Kannibalenart, wie kein Schwanz zu der Beute gehört. Vielleicht ist der Schwanz ein sichtbarer Hinweis darauf, dass der Fisch einer ihrer Artgenossen ist.

Julie bekam eine kleinere Dorade an die Angel. Als ich den Fisch ausnahm, fiel ein Bleigewicht aus seinem Bauch auf unser Deck. Ich war sprachlos. Wo war dieses Angelgewicht hergekommen, hier draußen, mitten auf dem Atlantik? Dann dämmerte mir die einzig mögliche Erklärung: Als meine Schnur gerissen war, hatte sich wohl das Gewicht gelöst. Dieser Fisch musste es sich geschnappt haben, während es auf den Meeresboden hinabsank. Es war einfach der größtmögliche Zufall (oder vielleicht war dies der gefräßigste Fisch), dass wir von den 30 oder 40 Doraden, die unser Boot umlagerten, ausgerechnet diese eine gefangen und somit unser Ausrüstungsteil wiedergefunden hatten.

Ich schnitt einen 20 Zentimeter langen Streifen Doradenfleisch so, dass er ungefähr die Form eines Fliegenden Fisches hatte. Julie befestigte diesen Streifen an dem Haken und fing an, ihn über die Wasseroberfläche hüpfen zu lassen. Ein Dutzend Doraden nahm die Verfolgung auf, aber Legend rührte sich nicht. Nach einer Stunde gestanden wir uns die Niederlage schließlich ein. Die Sonne ging unter, und wir mussten zurück an die Riemen.

Genau in diesem Moment setzte Legend zu einer neuen Runde seiner Sprünge an, stürmte vom Boot weg und kehrte dann langsam zurück. Als er etwa 30 Meter entfernt war, vollführte der goldene Fisch einen weiteren gewaltigen Satz himmelwärts. Während wir Legends Akrobatik bewunderten, löste sich etwas von seinem Körper, segelte im Bogen durch die Luft und landete im Wasser. Es war der Köder! Legend hatte ihn endlich von seiner Lippe abgeschüttelt.

Ich sprang vom Bootsrand und schwamm in Richtung des winzigen treibenden Gegenstandes. Augenblicke später war ich zurück im Boot und hielt triumphierend Haken und Köder in die Luft. Wir hatten das Unmögliche geschafft und Köder, Haken und Gewicht zurückgeholt. Von dieser »Legende« würden wir noch unseren Enkelkindern erzählen.

Unsere Route nach Costa Rica würde uns über die zu den Kleinen Antillen gehörenden Inseln über dem Winde führen, eine Kette, die dem östlichen Ende des Karibischen Meeres gegenüberliegt. Dies wären die einzigen Inseln, auf die wir träfen, bevor wir unseren anvisierten Landungsort erreichten. Wenn alles nach Plan lief, würden wir uns zwischen den Inseln St. Lucia und Martinique hindurchschleichen und die restlichen 2500 Kilometer weiter nach Puerto Limón rudern.

Während diese üppigen tropischen Inseln näher kamen, werteten wir unsere Lotsenbücher aus, um eine bessere Vorstellung von den Strömungen, Wetterbedingungen und Gefahren zu bekommen. Die Lotsenbücher enthielten auch exotische Farbfotos von schwarzen Sandstränden, Kokospalmen und türkisfarbenen Gewässern. Die Inseln sahen aus wie das schönste Idyll auf dem Planeten.

Der Hauptgrund, warum wir nicht an Land gehen wollten, war letztendlich der Wunsch, jegliche Gefährdung auf ein Minimum zu beschränken. Jedes Mal, wenn ein Ruderboot sich einer Küste nähert, steigen die Risiken außerordentlich. Fehlerhafte Navigation, nicht gekennzeichnete Gefahren in Küstennähe und auflandige

Winde können zur Katastrophe führen. Gleichzeitig war allerdings die Versuchung anzulegen sehr groß geworden. Wir lebten jetzt seit vier Monaten auf unserem Ruderboot. Und so wurde es schier unmöglich, dem Reiz von frischem Obst, der würzigen karibischen Küche und eiskalter Getränke zu widerstehen. Die Winde hatten sich stabilisiert, und inzwischen hatten wir auch mehr Vertrauen in unser seemännisches Geschick. Solange die Winde nicht unerwartet drehten, schätzten wir, könnten wir ruhig auf St. Lucia einen Boxenstopp einlegen.

Dean richtete uns aus, dass Sarah Petrescu, eine *Globe and Mail*-Reporterin, versuche, sich mit uns in Verbindung zu setzen. Ich rief sie zwischen zwei Ruderschichten an.

»Hi, Colin, ich hab mich gerade gefragt, ob Sie wohl wissen, was mit Tim Harvey los ist«, sagte Sarah.

»Ja, er ist mit seinem neuen Partner Erden Eruç auf den Kanarischen Inseln. Sie haben vor, in See zu stechen, sobald das Boot repariert ist …«

»Eigentlich nicht«, korrigierte sie mich. »Wahrscheinlich haben Sie es noch nicht gehört. Tim ist gerade aus dem Rennen ausgestiegen. Er und Erden gehen getrennte Wege.«

»Und was ist passiert?«, fragte ich.

»Ich weiß es noch nicht«, sagte Sarah. »Es wurde heute Morgen auf der Expeditions-Website bekannt gegeben, ohne dass Einzelheiten genannt wurden. Ich versuche selbst, Tim zu erwischen, um Informationen zu bekommen.«

Sarah stellte ein paar Fragen über das Leben auf dem Meer und verabschiedete sich dann von uns.

Ich war sprachlos. Es war kaum zu glauben, dass Tim endgültig nicht mehr dabei war. Ich war mit ihm auf den Fersen um den halben Planeten gereist. Erst als Dean den Artikel in der *Globe and Mail*-Ausgabe vom folgenden Morgen vorlas, glaubte ich, dass es wirklich ernst gemeint war.

»Mr Harvey ist am 1. Januar aus einem Unternehmen ausgestiegen, das eine Reise um die Welt gewesen wäre«, hieß es in dem Artikel.

Der Artikel erklärte nicht, wie es zu dem Bruch gekommen war. Ich nahm an, dass Tim und Erden angesichts des Medienzirkus, den Tims und meine Trennung ausgelöst hatte, extrem zurückhaltend mit öffentlichen Äußerungen über ihre Situation gewesen waren. Der Artikel wies darauf hin, dass der Riss in der Beziehung begonnen habe, als die Männer sich den Kanaren näherten. »Aber ihre Reise endete«, schrieb Petrescu, »als das Boot allmählich auseinanderfiel und die beiden Männer sich nicht darauf einigen konnten, was als Nächstes zu tun sei.«

Tim gab zu, dass die mangelnde Einbeziehung in Entscheidungen zu seinem Entschluss beigetragen habe. »Weil ich keine Entscheidungen treffen konnte, liefen die Dinge sehr schlecht für mich«, hatte er der Reporterin erzählt. Und er fügte hinzu, dass seine finanziellen Mittel erschöpft seien und er auf Bänken und am Strand schlafe. Er habe vor, per Anhalter auf einer Segeljacht nach Nordamerika zurückzukehren. Außerdem deutete der Artikel an, dass es auch in Tims Fernbeziehung mit seiner Verlobten Julja kriselte. »Die Sache hat sich ein bisschen abgekühlt«, räumte Tim hinsichtlich ihrer Beziehung ein.

Damit hatte sich's also. Erden hatte getan, was vermutlich das größte Opfer seines Lebens gewesen war, und jetzt ließ Tim ihn zurück. Ich konnte nicht umhin, mich zu fragen, ob Erden in Tim immer noch einen modernen Shackleton sah, wie er es *Explorers Web* früher erzählt hatte.

Erden wollte allein weitermachen. »Es gibt nur einen Grund, warum ich auf dieser Seite des Atlantiks bin, und zwar, weil ich bei Tim Harveys Reise behilflich sein wollte«, erklärte er auf seiner Website. »Mein Rudersolo nach Puerto Limón in Costa Rica ist eine Rettungsoperation. Mein Boot ist auf der falschen Seite des Atlantiks im Einsatz, unsere finanziellen Mittel wurden aufgezehrt, um Tims Reise zu unterstützen, und der einzige erschwingliche Weg, der mir noch bleibt, ist, mit dem Boot hinüberzurudern.«

Es kam mir wie eine verdammt unangenehme Geschichte vor. Erden wurde gezwungen, über einen Ozean zu rudern, weil es die einzige erschwingliche Möglichkeit war. Er hatte die Finanzen seiner Frau erschöpft, hatte ein Jahr seines Lebens darauf verwendet, sich für Tim abzurackern, nur um zu erleben, wie sich die Grundlage für die Expedition unter seinen Füßen auflöste.

Das war's dann wohl. Es blieben nur noch zwei Teams übrig, die versuchten, bei der Weltumrundung die Ersten zu sein: Expedition 360 (Jason Lewis) und Expedition Kanada. Jason Lewis und sein Team waren weiterhin in Südostasien und mussten noch 15 000 Kilometer zurücklegen. Julie und ich hatten nur noch 12 000 Kilometer zwischen uns und Vancouver. Die Aussicht, die erste Umrundung des Planeten nur mit Muskelkraft zu einem Abschluss zu bringen, schien allmählich sehr real.

Nachdem wir 120 Tage auf dem Meer verbracht hatten, verriet am 18. Januar ein schwacher blauer Fleck am Horizont die unmittelbare Nähe von St. Lucia.

»LAND IN SICHT!!!!!«, schrie ich.

Julie krabbelte aus der Kajüte, und wir umarmten uns begeistert, während wir auf den winzigen Fleck am Horizont starrten. Er sah aus wie eine Wolke, außer dass seine Form unveränderlich war – ein kleiner Fleck, der so vieles symbolisierte. Hinter uns lagen 7500 Kilometer Ozean. Ich konnte nicht glauben, dass wir in unserem kleinen Sperrholz-Ruderboot eine so riesige Wasserfläche überquert hatten.

Vier Monate lang hatten Julie und ich innerhalb der Grenzen unseres Acht-Meter-Ruderbootes von dem gelebt, was wir hatten mitführen können. Die primitive Einfachheit unserer Welt war beinahe unbegreiflich, und die Aussicht, wieder festes Land und die Zivilisation zu betreten, erschien so unwirklich, als erreiche man nach Jahren in einem Raumschiff einen fernen, bewohnten Planeten.

Die Winde waren jetzt stark, und es gab eine für uns günstige Ein-Knoten-Strömung. Obwohl beides unsere Geschwindigkeit unterstützte, kam es entscheidend darauf an, dass wir das Boot richtig auf dieses Wasserfließband setzten. Trieben wir zu weit nach Süden ab, konnten wir gegen die vulkanischen Klippen auf der dem Wind zugekehrten Seite der Insel geschmettert werden. Steuerten wir zu weit nördlich, würden wir hilflos an der Spitze der Insel vorbeitreiben.

Sobald wir das nördliche Vorgebirge erreicht hätten, bliebe uns nur eine Spanne von wenigen Hundert Metern für Kurskorrekturen, um schnell in den Schutz der Leeseite der Insel zu rudern, heraus aus den Winden und der Strömung.

Der Wind frischte auf 35 Knoten auf. Unsere Sorge wegen der nahen Gefahren des Landes überlagerte jetzt die Erregung über unsere Ankunft. Die Konturen der Insel zeichneten sich nun deutlicher ab, und wir konnten von Wolken eingehüllte Vulkangipfel ausmachen. In der Dunkelheit sahen wir den Schein elektrischen Lichts, der den Himmel ausfüllte, eine Andeutung nicht allzu ferner Freuden und Genüsse. Aber noch befanden wir uns in unserer winzigen, isolierten Welt und ruderten unruhig.

Am frühen Morgen des 19. Januar zeichnete sich die bergige Insel St. Lucia 15 Seemeilen entfernt ab. Wir waren die ganze Nacht wach geblieben und hatten versucht, das Boot auf dem immer aufgewühlteren Ozean auf Kurs zu halten. Die Wellen bäumten sich sechs Meter hoch auf, während böige Winde mit 40 Knoten wehten. Um uns der Insel gefahrlos nähern zu können, brauchten wir ruhige Bedingungen, und diese Wetterlage war alles andere als ruhig. Die ganze Nacht hindurch überschwemmten Wellen das Boot und droschen auf denjenigen ein, der sich gerade an den Riemen abschuftete. Normalerweise hätten wir die Ruderstation spätestens jetzt verlassen, uns in die Sicherheit der Kajüte geflüchtet und das Boot allein dem Sturm standhalten lassen. Aber angesichts der Landnähe war das unmöglich. Nicht allzu weit entfernt krachten gewaltige Brecher gegen steile Klippen, sodass wir an den Riemen bleiben mussten, um den Kurs zu halten.

Kurz vor Tagesanbruch musste ich das Boot seitlich in die Wellen drehen, um mich nach Norden zu kämpfen und unsere Richtung zu korrigieren. In dieser ungeschützten Position erwischte eine skrupellose Welle die *Ondine* und warf sie auf die Seite. Der Backbord-Riemen schlug gegen das Schiff und brach entzwei, während die *Ondine* derart schwankte, dass sie beinahe kenterte. Ich fiel vom Rudersitz und gegen die Backbord-Rettungsleine, die sich unter Wasser befand. Nur indem ich meinen Arm um die Leine schlang, konnte ich verhindern, fortgespült zu werden, als das Boot sich wieder aufrichtete.

Es war das erste Ruder, das uns kaputtging, seit wir Lissabon verlassen hatten. Ich band ein Reserveruder los und ersetzte die schlaffen Reste des alten durch das neue Ruder. Als endlich eine rote Sonne über dem Horizont aufging, um St. Lucia anzustrahlen, bot sich uns ein ernüchternder Anblick. Wir waren noch 25 Kilometer von der Insel entfernt, aber die Kraft der Brecher an den Klippen war unmissverständlich. Wogen, die auf dem ganzen Weg über den Atlantik Kraft gesammelt hatten, kollidierten mit steilen Vulkanklippen und jagten weiße Gischtwolken 30 Meter in die Luft. Oberhalb der Klippen erstreckte sich dichter Dschungel bis zu den Hängen zerklüfteter Berge, eine Oase über dem Chaos. Vielleicht war ein Insel-Zwischenstopp doch keine so gute Idee. Allmählich kam mir unsere gefährliche Landung auf St. Lucia so vor, als versuche man dem Rachen eines Krokodils einen Diamanten zu entreißen.

Ein Fischer-Skiff mit starkem Außenborder tuckerte durch die Wellen auf uns zu. Sechs Männer afrikanischer Abstammung winkten fröhlich. »Woher kommt ihr?«, schrie einer von ihnen mit französischem Akzent.

»Portugal!«, schrie ich zurück.

»Das ist ganz schön viel zu rudern!« Die Männer lachten. »Habt ihr viele Fische unter eurem Boot?«

Ich wusste, was als Nächstes käme. Und wir waren einfach bestürzt, als die Männer ihre Schleppangel auswarfen, unser Boot umkreisten und Dutzende unserer Doraden einholten. Zum Glück war Legend nicht unter denen, die sie erwischten. Nachdem sie die meisten Fische gefangen hatten, winkten die Männer zum Abschied und nahmen Kurs auf Martinique, wobei sie mühelos über Wellen glitten, die fast acht Meter hoch gewesen sein dürften.

Am späteren Vormittag ließen die Winde leicht nach, und uns gelang ein tadelloser Annäherungsversuch an Pointe Du Cap, dem nördlichsten Punkt der Insel. Um unsere Kraft zu verdoppeln, ruderten Julie und ich jetzt immer gemeinsam, wenn wir uns in den Wind und in die Wellen drehten. Ein paar hundert Meter vor dem Vorgebirge zu kreuzen, während die Wellen gegen die schwarzen Klippen donnerten, war furchterregend.

Die Strömung floss mit fast 2,5 Knoten an der Landspitze vorbei, sodass wir so schnell wie möglich aus ihr herauskommen mussten, um nicht an der Insel vorbeigetrieben zu werden. Wir waren schweißgebadet und ruderten mit aller Kraft im perfekten Gleichklang. Langsam gelangten wir auf die Leeseite von Pointe Du Cap, und die enormen Wellen und die starke Strömung ließen allmählich nach. Weitere 15 Minuten an den Riemen brachten uns in Gewässer, die fast so ruhig waren wie ein See, während wir uns dicht an der geschützten Küstenlinie hielten. Verstreut entlang der Küste fanden sich zahlreiche Urlaubsorte. Hobie Cats* und Windsurfer hüpften über die aquamarinblauen Untiefen. Langsam schoben wir uns mit unserem Boot in die überfüllte Rodney Bay. Nach und nach heftete sich eine Flottille an unser Fahrzeug: kleine Fischerboote, Beiboote von Jachten und Einheimische, die sich mit Dreadlocks und Batikhemden stolz auf ihren farbenfrohen offenen Holzbooten zeigten, die *Bob Marley* oder *Rasta* hießen.

An Land klatschten Leute und jubelten, als wir durch die enge Einfahrt der Rodney-Bay-Lagune auf den Jachthafen zuruderten. Die plötzliche Aufmerksamkeit machte mich schwindlig und konfus. Und gleichzeitig ungeheuer zufrieden. Wir hatten es mit Ruderkraft den ganzen Weg von Lissabon bis in die Karibik geschafft.

Ein einheimischer Rasta-Mann am Ruder eines Hilfsbootes namens *Sparkle Laundry* leitete uns zu einem leeren Kai in der Marina und half uns beim Festmachen. Eine etwa zwanzigköpfige Menge, die meisten Jachtfahrer von ausländischen Segelbooten,

---

* Segel-Katamarane und -Trimarane, benannt nach ihrem amerikanischen Konstrukteur Hobart Alter und dem Hersteller, der amerikanischen Werft Hobie.

hatte sich auf dem Kai versammelt, um zuzusehen, wie wir von Bord gingen.

»Tja, das wär's, Schatz«, sagte ich. »Nach vier Monaten in einem Ruderboot werde ich meine ersten Schritte tun.«

Ich kletterte auf die Betonpier und wäre beinahe ins Wasser gestürzt, hätte mich nicht einer der Segler schnell am Arm gepackt. Ich konnte kaum ein paar Schritte torkeln, ohne umzukippen. Ich kam mir vor wie ein Kleinkind, das vor den Augen der stolzen Eltern seine ersten Gehversuche unternimmt.

Julie war genauso wackelig auf den Beinen. Alle brachen in schallendes Gelächter aus, als sie einen zögernden Schritt vor den anderen setzte. Das Erstaunen in ihren Augen sagte alles. Die Verkümmerung der zum Gehen benutzten Muskeln machte die Fortbewegung auf zwei Beinen gefährlich und urkomisch. Selbst meine Knie kamen mir locker vor, als ob die Bänder und Sehnen sich um ein paar Nummern gedehnt hätten. Nachdem wir zwei Minuten um das Boot herumgewankt waren, ließen Julie und ich uns erschöpft mit dem Hintern auf den Kai fallen. Ein Franzose namens Jean-Marc drückte jedem von uns eine eiskalte Flasche mit irgendeinem lokalen Gebräu in die Hand.

»Gratuliere«, sagte Jean-Marc, »zu dieser Tour. Großartig!«

St. Lucia ist wegen seiner idyllischen Strände und des tropischen Klimas ein weltberühmtes Reiseziel. Seine ersten Bewohner waren die indigenen amerikanischen Völker der Arawak und dann der Kariben. Kolumbus sichtete St. Lucia im Jahr 1499, als er als erster Europäer auf die Insel stieß, allerdings nicht an Land ging.

Der erste Europäer, der sich auf der Insel niederließ, war François Le Clerc, ein Pirat, besser bekannt unter dem Namen Jambe de Bois (»Holzbein«). Er operierte von Pigeon Island aus, der winzigen Landnase, an der Julie und ich auf der Herfahrt vorbeigekommen waren, und griff vorbeifahrende spanische Schiffe an.

Ab der Mitte des 17. Jahrhunderts lieferten sich Franzosen und Engländer erbitterte Kämpfe um den Besitz des strategisch günstig gelegenen Eilands. 150 Jahre gehörte die Insel abwechselnd der einen oder der anderen Nation, bis St. Lucia 1814 endgültig an die Engländer fiel. Seitdem ist sie Teil des British Commonwealth (bis 1926 British Empire). Im Jahr 1979 wurde sie ein unabhängiges Land innerhalb des Commonwealth.

Während des 18. Jahrhunderts wurden Sklaven aus Afrika hergebracht, um die Zuckerplantagen zu bestellen, und ihre Nachfahren machen die heutige überwiegend schwarze Bevölkerung aus. Obwohl die offizielle Sprache Englisch ist, sprechen viele Insulaner nach wie vor Französisch, ein Erbe der früheren französischen Kolonialherrschaft.

Die Rodney Bay Marina schien eine Welt und ein Wirtschaftssystem für sich zu sein, abgesondert vom Rest der Insel und ganz auf die Segelbranche ausgerichtet. Funkelnde Millionen-Dollar-Boote aus der ganzen Welt ließen unser winziges Fahrzeug nur umso kleiner erscheinen.

Hier herrschte eine lockere Atmosphäre, und entsprechend waren auch die Zoll- und Einwanderungsbeamten gestimmt, die den Kai hinunterschlenderten und uns sagten, wir sollten sie nach dem Wochenende aufsuchen, damit wir die Abfertigungsformalitäten durchgehen könnten. Der Jachthafen verzichtete für die Dauer unseres Aufenthalts auf die Liegegebühr von 30 Dollar pro Tag.

Unsere Zeit auf der Insel verflog in fieberhafter Aktivität. Das Boot war zwar noch in tadellosem Zustand und erforderte nur minimale Arbeit, aber es gab sehr viele Dinge, um die wir uns kümmern mussten.

Eine der aufregendsten Entwicklungen war eine sich anbahnende Partnerschaft mit Truestar Health, einem kanadischen Unternehmen, das auf individuelle Bedürfnisse zugeschnittene Nahrungsergänzungsmittel liefert. Auf See hatten wir ständig die Tatsache beklagt, dass die einzigen Nährstoffanreicherungen, die wir dabeihatten, Multivitamine einer namenlosen Marke waren. Christine Leakey, eine Freundin von Julie, die bei verschiedenen Expeditionsaufgaben geholfen hatte, arbeitete zufällig für Truestar, und sie hatte unsere Reise gegenüber ihrem Chef, Tim Mulcahy, dem Generaldirektor des in Toronto ansässigen Unternehmens, erwähnt. Mulcahy sah sofort die Möglichkeit einer Partnerschaft. Für uns war die Chance, unsere Ernährung für den Rest der Expedition mit erstklassigen Ergänzungsstoffen zu optimieren, von unschätzbarem Wert. Truestar hatte vor, einen Vertreter nach St. Lucia zu schicken, der die Ergänzungsmittel überbringen und uns mit dem Unternehmen bekannt machen sollte.

Es dauerte über eine Woche, bis Julie und ich in der Lage waren, mehr als ein paar Hundert Meter zu schlurfen, ohne uns ausgelaugt zu fühlen, weshalb sich all unsere anfänglichen Aktivitäten in der Nähe des Bootes abspielten: es reinigen und inspizieren, Lebensmittel fragwürdiger Qualität wegwerfen und uns im Internetcafé der Marina um geschäftliche Dinge kümmern.

Weitere gute Neuigkeiten erhielten wir von unseren Sponsoren Wallace & Carey. Dort war man stolz auf unsere jüngste Leistung und bot uns weitere finanzielle Unterstützung an, damit wir es bis zum Ende schafften. Julie und ich waren überglücklich. Andauernd kamen unvorhergesehene Ausgaben dazwischen, und es war klar geworden, dass unsere 50 000 Dollar nicht bis Vancouver reichen würden. Die Unterstützung von Truestar und von Wallace & Carey war zu einem entscheidenden Zeitpunkt der Expedition gekommen.

Sobald wir wieder einigermaßen sicher auf den Beinen waren, erkundeten Julie und ich die Insel. Wir spazierten durch das nahe gelegene Dorf und aßen lokale Spezialitäten wie Jerk Chicken* und frisches Obst. Viele Einheimische sahen aus wie Jünger von Bob Marley und spickten ihre Unterhaltungen mit der karibischen Phrase »Yeah, mon«. Ein bunt gekleideter Bursche stellte sich als Jamon vor (ausgesprochen natürlich »Yeah, mon«).

»Du heißt Jamon?«, fragte ich, das J spanisch aussprechend.

»Yeah, mon«, sagte er.

Ich war mir nicht sicher, ob das zustimmend gemeint war, oder ob er eher meine Aussprache korrigierte.

---

* In sogenannten Jerk-Tonnen (der Länge nach aufgeschnittene alte Ölfässer) gegrillte Hähnchen, die zuvor in einer Paste aus Chili und Gewürzen mariniert wurden.

Während unserer Zeit auf St. Lucia verschlangen wir Bananen, Papayas, Passionsfrüchte, Pampelmusen, Apfelsinen, Kaktusfeigen und Mangos. Da wir bald wieder draußen auf See sein und frisches Obst und Gemüse erneut von unserem Speiseplan verschwinden würden, freuten wir uns darauf, uns mit Gary McIntosh von Truestar Health zu treffen, der soeben von Toronto hergeflogen war. Gary, zwischen zwanzig und dreißig und gut in Form, traf mit einem Seesack voller kalt gepresster Multivitamine, Proteinpulver, Energiespendern, Nahrungsergänzungsmischungen und Kleidung im Jachthafen ein.

Nach 14 Tagen auf St. Lucia verspürten Julie und ich frische Kraft, hatten das Boot aufgeräumt und waren bereit, wieder in See zu stechen. Wir gingen davon aus, dass es ungefähr einen Monat dauern würde, die 3000 Kilometer nach Puerto Limón in Costa Rica zurückzulegen, und wir würden unterwegs auf keine Inseln mehr treffen. Wir freuten uns darauf, diese abschließende Etappe unserer Atlantiküberquerung hinter uns zu bringen, hatten aber auch Angst davor. Viele Segler hatten uns vor den Gefahren des Karibischen Meeres gewarnt. Die Winde frischen kräftig auf, und Wellen, die von den Küsten der umliegenden Inselketten zurückgeworfen werden, sorgen für eine aufgewühlte und raue See.

Eine norwegische Familie, die mit ihrem Segelboot neben uns angelegt hatte, half uns während unseres Aufenthalts in St. Lucia. Wir durften ihr Schlauchboot mit Außenbordmotor benutzen, um Lebensmittel aus dem Supermarkt am Wasser zu holen, die Norweger liehen uns einen Laptop und schenkten uns Kevlargewebe, damit wir unser kaputtes Ruder reparieren konnten. Als wir bei den letzten Vorbereitungen waren, gab Erik, der Vater, uns seinen Laptop.

»Den werden Sie draußen auf See für Ihre Kommunikation brauchen«, sagte er. »Sie können ihn uns zurückschicken, wenn Ihre Reise vorbei ist.«

Am 1. Februar um zehn Uhr morgens ruderten wir aus der Marina. Sirenen jaulten, und eine Flotte von Jacht-Beibooten folgte uns in die Bucht, um uns Glück zu wünschen. Julie legte sich kräftig in die Riemen und sorgte dafür, dass St. Lucia bald nur noch in der Ferne sichtbar war.

Was das Rudern betraf, so war das Karibische Meer eine neue Erfahrung. Die Strömungen nahmen an Geschwindigkeit zu, erreichten oftmals zwei Knoten und brachten uns mächtig in Schwung. In den ersten zwei Wochen machten wir bei beständigen Rückenwinden und starken Strömungen gute Fahrt.

Als wir uns der Küste Kolumbiens näherten, erreichten die Strömungen kräftige 4,5 Knoten. Hier, am nördlichsten Abschnitt Südamerikas, prallen die über den Atlantik kommenden Strömungen gegen den Kontinent und werden über sein oberes Ende hinweggeleitet. Beschleunigt von diesen Strömungen, bewegten wir uns, selbst wenn wir nur leicht ruderten, mit Geschwindigkeiten von 5,5 Knoten.

In den ersten zwei Wochen nach dem Verlassen St. Lucias war es eine tadellose Fahrt gewesen. Dann erhielten wir entmutigende Neuigkeiten von Dean. Man rechnete damit, dass die Winde ein paar Tage lang auf mehr als 50 Knoten auffrischen würden. Obwohl der heraufziehende Sturm nicht unter die Kategorie Zyklon fiel (ihm fehlten die typischen spiralförmigen Wolkenfelder, und er war insgesamt nicht so stark), waren die Windgeschwindigkeiten so hoch wie jene, die wir bei unseren flüchtigen Begegnungen mit den Hurrikans erlebt hatten.

Während der nächsten zwei Tage frischten die Winde weiter auf, und die Wellen stiegen auf knapp zwölf Meter. Wir versuchten, weiterhin zu rudern, aber nachdem wir drei Riemen zerbrochen hatten (einschließlich des auf St. Lucia reparierten), beschlossen wir stattdessen, das Boot abwechselnd mit dem Ruder zu steuern und sein Heck an den Wellen auszurichten. Das bedeutete, man saß unbeweglich auf dem Gleitsitz, während man das Ruder mittels zweier an der Ruderpinne befestigter Schnüre kontrollierte.

Das Meer wurde grau, und Gischt peitschte von den Wellenkämmen. Brecher wühlten die See stürmisch auf. Mit beängstigender Kraft schlugen sie über unserem Ruderboot zusammen und jagten es immer wieder die steilen Wellentäler hinab wie ein bauchiges Surfbrett. Die *Ondine* glitt dann jedes Mal dahin wie ein Motorboot und beschleunigte, bis riesige Heckfontänen zu beiden Seiten aufspritzten. Bei solchen Wellenritten erreichte das Boot Geschwindigkeiten von 20 Stundenkilometern, und man kam sich vor wie in einem außer Kontrolle geratenen D-Zug.

Wir waren fast 9000 Kilometer gerudert und nur noch 1000 Kilometer von unserem endgültigen Landeplatz entfernt, und dennoch hatte ich das Gefühl, als ob dieser Sturm derjenige sein könnte, der unserer Reise letztlich doch noch ein vorzeitiges Ende bereiten könnte. Es waren die stärksten Wellen, in die wir bislang geraten waren, und unser Boot wurde unablässig auf die Seite gerollt.

Beim Schichtwechsel am zweiten Tag des Sturms öffnete Julie die Luke, um den Platz mit mir zu tauschen. Als ich die Ruderschnüre losließ, brach sich eine zwölf Meter hohe Monsterwelle über dem Schiff, und Wasser für zehn Kübel flutete in die Kajüte, wo es Lebensmittel, Kleidung und ziemlich viel Elektronik durchnässte. Der Laptop, den uns die Norweger mitgegeben hatten, geriet unter Wasser und wurde zerstört.

Es war kein guter Tag.

21 Wieder auf festem Boden

Wir ertrugen scheußliche drei Tage in einem nassen, stinkigen, unentwegt schaukelnden Boot. Wieder einmal hielt die *Ondine* durch. Unsere Aufregung wuchs, da wir uns dem Ende unserer fünfmonatigen Ozeanüberquerung näherten. In den vergangenen viereinhalb Monaten hatten wir ständig von der Aussicht geträumt, nicht mehr täglich zehn Stunden – und zwar jeden Tag – rudern zu müssen.

Leider erwiesen sich die letzten Tage vor dem Anlegen nicht als die Zeit des besinnlichen Feierns, die wir uns erhofft hatten. Strömungen von bis zu 2,5 Knoten drückten gegen das Boot, und uns blieb nichts anderes übrig, als dass jeder von uns 15 Stunden am Tag ruderte. Die sechs Stunden täglich, während derer unsere Ruderschichten sich überschnitten und wir uns im Tandembetrieb mächtig ins Zeug legten, waren die einzige Zeit, wo wir überhaupt vorwärtskamen und etwa einen Knoten Fahrt machten. Während der verbleibenden 18 Stunden, in denen immer nur einer ruderte, gelang es uns lediglich, unsere Position zu halten.

Während wir uns fast ohne Schlaf vorwärtsquälten und nicht einmal Zeit zum Kochen hatten (wir ernährten uns ausschließlich von Keksen, Kräckern, Milch und Truestar-Ergänzungsmitteln), verwandelten wir uns in erschöpfte Zombies. Als wir unter einen dichten Wolkengürtel gerieten, der die Küste von Costa Rica verhüllte, als würden wir die King-Kong-Insel ansteuern, durchnässte uns ein unaufhörlicher tropischer Wolkenbruch und kühlte uns aus bis auf die Knochen. Selbst als wir näher kamen, versperrten dichte Wolken und Regen jede Sicht auf Land.

Puerto Limón ist der einzige Hafen im Osten Costa Ricas, aber die Stadt verfügt über keine Hafenanlagen. Stattdessen gibt es lediglich lange Molen, die ins Meer hineinragen und gleichzeitig als Entladeterminals und Wellenbrecher dienen. Solange die Frachter auf ihre Abfertigung warten, ankern sie auf offener See, wo sie voll der rollenden Dünung des Ozeans ausgesetzt sind.

Am 23. Februar 2006 um zwei Uhr morgens machten wir durch strömenden Regen hindurch endlich die Lichter der vor Anker liegenden Frachter und den Schein der Stadt aus. Wir waren drei Tage lang wie verrückt gerudert, und trotz des mit dem Ende unserer atlantischen Ruderfahrt verbundenen Auftriebs schwanden unsere Kräfte.

Um vier Uhr morgens erreichten wir einen vor Anker liegenden Frachter. Die ausgehende Strömung hatte noch immer 1,5 Knoten. Ich warf den Anker über den Bootsrand und hoffte, dass die Tiefe weniger als 25 Meter betrug – die maximale Tiefe, in der wir mit unseren 100 Metern Tau sicher ankern konnten.

Bei 20 Metern spürte ich, dass der Anker den festen Boden Nordamerikas berührte. Wir konnten uns ausruhen.

Ich legte einen Arm um Julie, während es weiter in Strömen regnete. Wegen des Schlafentzugs verschwammen die Lichter der Stadt in meiner Wahrnehmung zu einem kaleidoskopischen Bild. Zu müde, um die Freude zu empfinden, die wir uns verdient hatten, kletterten wir in die Kajüte und kippten todmüde um. Nach 145 Tagen auf See hatten wir den Atlantischen Ozean überquert.

Um zehn Uhr morgens ruderten Julie und ich zu einer Betonmole. Eine Menschenmenge hatte sich zu unserer Ankunft auf dem Kai versammelt, darunter Vertreter von Presse, Zoll und Einwanderungsbehörden Costa Ricas sowie ein Team des kanadischen TV-Senders Discovery Channel.

Mit wackligen Beinen betraten wir festes Land und umarmten einander. Die widrigen Strömungen, Hurrikans und Beinahezusammenstöße mit Schiffen, all das lag jetzt hinter uns. Julie war soeben die erste Frau geworden, die von Kontinent zu Kontinent über den Atlantischen Ozean gerudert ist, und ich hatte in meinem Streben, die Welt zu umrunden, die letzte große Hürde genommen.

Von hier aus lagen nur noch 8000 Kilometer Straße zwischen uns und Vancouver.

Zoll, Einwanderungsbehörde, Medien und Hafenbehörden, alle wetteiferten um unsere Aufmerksamkeit, gaben Anweisungen, wo wir unser Boot festmachen sollten, bombardierten uns mit Fragen und baten uns, für Fotos zu posieren. Nach so vielen einsamen Tagen auf See machte mich eine solche Meute ganz benommen. Der Kontrast hätte vollständiger nicht sein können. Ich sehnte mich nach einem ruhigen Zimmer in einem Hotel und wünschte mir, ich könnte die Zeit ein paar Stunden vorspulen.

Mitten in der Menge standen zwei Männer vom kanadischen Konsulat, die mit einem Notpass für mich von San José hergefahren waren. Als wir Lissabon vor fünf Monaten verlassen hatten, war ich beunruhigt gewesen, weil mein Reisepass in vier Monaten ablief, hatte aber geglaubt, dass daraus keine ernsthaften Probleme erwachsen würden. Wir hatten vorgehabt, in den USA anzukommen, wo ich keinen Pass bräuchte. Außerdem waren wir davon ausgegangen, Nordamerika zu erreichen, bevor mein Pass ablief.

Bevor wir Costa Rica erreichten, hatte ich mich mit dem kanadischen Konsulat in Verbindung gesetzt, und dort erkundigte man sich in meinem Namen beim costaricanischen Einwanderungsministerium. Ich würde eingesperrt und abgeschoben – es gebe hier keine Ausnahmen –, erklärte man dem Konsulat. Daher bemühte das Konsulat sich sehr um die Ausstellung eines Notpasses, der mir übergeben werden sollte, wenn ich an Land käme. Da man dort kein Foto von mir hatte, erschienen die Männer bewaffnet mit einer Polaroidkamera, schossen ein Bild von mir, als ich gerade reisemüde vom Boot stieg, und klebten es anschließend in den Pass.

Der uniformierte Einwanderungsbeamte betrachtete anerkennend mein neues Ausweisdokument und verlangte unsere übrigen Papiere zu sehen. Julie wandte sich von der Pressemeute, die das Boot umringte, ab, um unseren feuchten Stapel Dokumente durchzublättern. Nachdem wir neben einem geparkten Wagen unzählige Formulare für Zoll und Einwanderungsbehörde ausgefüllt hatten, waren die Beamten zufrieden, und wir durften wankenden Schritts Costa Rica betreten.

Sieben Stunden vergingen von unserer ersten Landberührung bis zu dem Moment, wo wir endlich mit den Bürokraten und Medien fertig waren. Als der letzte Reporter ging, machten Julie und ich unser Boot sicher am Schiff der Küstenwache fest, brachten jede Menge zusätzliche Puffer an, um den starken Seegang auszugleichen, und wagten uns endlich weg vom Meer.

Obwohl das Laufen uns schwerfiel, nahm es nicht solche grotesken Formen an wie sechs Wochen zuvor in St. Lucia. Wir wankten durch das asphaltierte Gewerbegebiet, vorbei an Versandcontainern und großen Gabelstaplern, auf den Eingang des Hafengeländes zu. Es war nicht der schönste Ankunftshafen, aber wir hatten es uns nicht aussuchen können. Der Rest der Küste wird vor rudernden Eindringlingen durch schwere Brecher geschützt, die auf Felsen oder sandige Strände krachen.

Das Stadtzentrum liegt direkt hinter den Verladeplätzen, und Julie und ich kamen durch ein schweres Tor heraus wie zwei neugierige Affen, die aus dem Zoo ausbrechen. Wir waren müde, und uns taten schon die Beine weh, aber die Begeisterung darüber, endlich das Ende unserer atlantischen Ruderfahrt feiern zu können, ließ uns weiterlaufen.

Da wir keine Zeit gehabt hatten, uns zu informieren, wussten wir absolut nichts über Puerto Limón, sodass wir unsere Umgebung begierig in uns aufnahmen. Die große Zahl an Obdachlosen und Bettlern auf den Straßen gibt der Stadt eine raue Note. Dennoch verströmt sie den schäbigen Charme, der so typisch ist für Hafenstädte auf der ganzen Welt. Matrosen und Hafenarbeiter verkehrten in ihren vielen Kneipen, heruntergekommene Hotels säumten die Straßen, und allerorten traf man auf Verkäufer, die alles anpriesen, von frisch gepresstem Orangensaft bis zu geblümten Damenschlüpfern. Ein paar alte Kolonialgebäude sind noch erhalten und deuten auf die Langlebigkeit der Stadt hin.

An der Stelle, wo heute Puerto Limón liegt, betrat Christoph Kolumbus im Jahr 1502 zum ersten Mal nordamerikanischen Boden. Die Stadt selbst wurde 1870 gegründet und entwickelte sich schnell zum florierenden Hafen im Dienste der Bananenplantagen der Gegend. Ein großer Prozentsatz der heutigen Bevölkerung besteht aus schwarzen Arbeitern, die aus Jamaika zur Arbeit auf den hiesigen Bananenplantagen herübergebracht wurden, was der Region eine karibische Atmosphäre verleiht.

Wir fanden schnell ein preiswertes, aber komfortables Hotel, wo wir unsere Habseligkeiten einlagern konnten, bevor wir nach einem Restaurant suchten, um dort zu feiern. Abgesehen von ein paar Kräckern hatten wir den ganzen Tag noch nichts gefuttert. Unweit unseres Hotels fanden wir ein lebhaftes Restaurant, und wir setzten uns an einen schweren Holztisch. Innerhalb von Minuten brachte die Kellnerin uns geeiste Krüge mit Bier und große Platten, auf denen sich Pommes frites, Salat und gegrillte Burger häuften.

»Auf eine erfolgreiche Überquerung des Atlantischen Ozeans in einem Ruderboot«, sagte Julie mit einem strahlenden Lächeln. Unsere Gläser trafen sich, und der Klang der klirrenden Gläser hatte etwas Endgültiges.

Eine enorme Last war von meinen Schultern genommen worden. Seit den Anfängen der Expedition vor drei Jahren war ich von Zweifeln verfolgt worden. Ein kleiner Teil von mir hatte immer geglaubt, dass ich mich auf eine unmögliche Reise begab, dass ich meine Zeit verschwendete und mein Leben riskierte. Jetzt, wo wir endlich Nordamerika erreicht hatten, waren diese quälenden Ängste mit einem Mal verflogen. Natürlich lagen noch Gefahren vor uns, aber die Reise schien nicht mehr unmöglich zu sein. Das Ende rückte näher. Trotzdem durften wir uns nicht in Selbstzufriedenheit wiegen. Noch hatten wir mehr als 8000 strapaziöse Kilometer mit dem Fahrrad vor uns. Zentralamerika und Mexiko sind berüchtigt für aggressive Fahrer, und auf den Schnellstraßen sind Banditen keine Seltenheit.

Wir zogen uns in unser Zehn-Dollar-Hotel zurück und ließen uns auf ein weiches Bett fallen. Seit mehr als fünfeinhalb Monaten war dies die erste Nacht, die wir außerhalb des Ruderbootes verbringen würden. Selbst auf St. Lucia waren wir jede Nacht auf unser Boot schlafen gegangen. Das Zimmer schien hin und her zu schaukeln, während ich in den angenehmsten Schlaf meines Lebens fiel.

Um uns zwei Wochen lang auf die nächste – und abschließende – Fahrradetappe vorzubereiten, war Puerto Limón perfekt. Die Stadt liegt eingebettet in einer paradiesischen Krümmung, wo die Regenwälder auf den Ozean treffen. Die nahe gelegenen Strände bieten die besten Voraussetzungen zum Surfen und Wellenreiten, und die Kulisse der Urwälder beherbergt eine der größten Artenvielfalten der Welt, darunter Affen, Papageien, Faultiere und farbenprächtige Schmetterlinge. Reichliche Niederschläge auf einer nördlichen Breite von zehn Grad schaffen ideale Bedingungen für Flora und Fauna.

Puerto Limón selbst ist eine Arbeitsstadt, ihr Hauptgewerbezweig ist der Hafen. Von hier aus werden Bananen und Ananas bis in ferne Winkel des Planeten verschifft. Abgesehen von den Tagesausflüglern der Kreuzfahrtschiffe schenken die meisten Touristen sich die Stadt und steuern stattdessen in der Nähe Strandgemeinden wie Puerto Viejo an. Für Julie und mich jedoch war Puerto Limón mit seinen billigeren Preisen und dem reichlichen Waren- und Dienstleistungsangebot genau das, was wir brauchten. Zudem ist hier – im Gegensatz zu vielen Teilen Zentralamerikas – wegen der zahlreichen jamaikanischen Immigranten Englisch weitverbreitet. Und nicht zuletzt bedeutet die Verschmelzung der karibischen mit der zentralamerikanischen Küche, dass man regelmäßig in den Genuss von Gerichten kommt, die frisches Obst, Fisch, Kokosnüsse und jede Menge Gewürze kombinieren.

Das Boot wurde von einem Kran aus dem Wasser gehoben und in einem Lagerraum auf dem Hafengelände abgestellt. Es würde später nach Kanada verschifft werden. Da wir unsere Fahrräder nicht von Portugal aus hatten versenden können, schickte Norco zwei neue VFR4-Performance Bikes, zusammen mit Axiom-Gepäckträgern und wasserdichten Satteltaschen. Diese ultraleichten

Fahrräder würden uns ermöglichen, schnell voranzukommen, und waren trotzdem stabil genug, um die holprigeren Straßen auszuhalten.

Um so schnell wie möglich zu sein, wollten wir zusammen lediglich zwei kleine Satteltaschen mitnehmen, in die wir nur das Allernotwendigste packen würden. Abgesehen von dem, was wir anhatten, würde unsere Kleidung aus einem Paar Socken und einer Garnitur Unterwäsche für jeden, zwei T-Shirts und Julies Fleecejacke bestehen. Außerdem würden wir zwei kleine Daunenschlafsäcke, ein extrem leichtes Zelt, das zwölf Dollar kostete, einen rudimentären Werkzeugkasten, eine kleine Videokamera und eine Digitalkamera mitschleppen. Auf den Luxus von Schlafmatten, Regenzeug, Campingkocher und schweren Werkzeugen würden wir verzichten. Selbst die am stärksten auf Gewichtsreduzierung bedachten Langstreckenradfahrer mochten unsere Ausrüstung für spartanisch halten, aber es war alles, was wir brauchten, um es bis nach Hause zu schaffen.

Mitte März fuhren wir auf unseren Rädern zum Hafen, warfen einen nostalgischen Blick auf die Stelle, wo das Boot festgemacht gewesen war, und traten dann die lange Heimfahrt an. Die Hauptschnellstraße in westlicher Richtung nach San José ist extrem stark befahren und besitzt keine Seitenstreifen. Vor allem sind es große Lastwagen, die ihre Waren zum Hafen transportieren oder von dort abholen. Während der Fahrt auf dem bankettlosen Rand war ich jedes Mal starr vor Schreck, wenn sie vorbeirumpelten.

Wir fuhren so dicht wie möglich an der Asphaltkante, wodurch sich eine zusätzliche Gefahr ergab. Da sich durch die starken Niederschläge in der Region ein Teppich aus Tang gebildet hatte, verloren unsere Reifen jedes Mal die Haftung, wenn wir der Randneigung zu nahe kamen. Einmal, als der Verkehr besonders stark war, fuhr Julie zu dicht an der Kante, und ihr Rad rutschte blitzschnell unter ihr weg. Sie fiel der Länge nach hin, quer zur Fahrtrichtung, direkt vor den rollenden Verkehr, und war einen Moment lang benommen von der Wucht des Sturzes.

Ich fuhr einige Meter hinter ihr und war erschrocken, dass sie nicht sofort versuchte, sich in Sicherheit zu bringen. Instinktiv schrie ich aus Leibeskräften.

Mein wahnsinniger Schrei rüttelte sie auf, und Julie kroch von der Straße, nur Sekunden bevor ein Laster über die Stelle donnerte, an der sie gelegen hatte. Da der Verkehr aus der anderen Richtung nicht abriss, hätte der Fahrer keine Möglichkeit gehabt auszuweichen.

Wir zitterten beide, als wir am Straßenrand standen, und Julies Hände bluteten von den Abschürfungen auf dem Asphalt. Das war gerade noch mal gut gegangen. Eine halbe Stunde lang schoben wir unsere Fahrräder in dem Graben neben der Fahrbahn und fanden nur langsam die Fassung wieder. Es war unser erster Tag, und Julie wäre auf den ersten 40 Kilometern beinahe getötet worden.

Ich wusste nicht, was ich davon halten sollte. Die Expedition war ohne Bedeutung im Vergleich zu Julies Leben. Zwischen hier und Kanada gäbe es jede Menge vielbefahrener Straßen und schlechter Fahrer. Waren wir einfach nur töricht? Ich wollte unsere Fahrräder am liebsten für immer im Graben schieben, um Julie von diesem Verkehr fernzuhalten. Es schien, als wäre es nur eine Frage der Zeit, bis irgendetwas Tragisches passierte. Die ganze Zeit dachte ich, dass wir einfach in ein Flugzeug steigen, nach Hause fliegen, ein Haus auf dem Lande kaufen, diese ganze lächerliche Expedition vergessen und glücklich bis ans Ende unserer Tage leben könnten. Aber irgendwann verließen wir den Graben doch und kehrten auf die Straße zurück.

Zum Glück sollten wir später feststellen, dass die Ausfallstraße aus Puerto Limón eine der schlimmsten war, auf die wir im Verlauf der gesamten Strecke nach Hause treffen würden. Etwa 100 Kilometer hinter Puerto Limón bogen wir nach Norden ab, auf eine sehr viel ruhigere Straße, die der Ostseite der kontinentalen Wasserscheide folgt. Diese Landstraße führt durch üppigen Dschungel, Ackerland und kleine Dörfer. Da wir nicht mehr um unser Leben fürchteten, konnten wir die Landschaft ringsherum genießen.

Da die landwärts wehenden Passatwinde viel Feuchtigkeit mit sich bringen, fallen an der Ostseite der kontinentalen Wasserscheide, die über den Rücken der Bergketten von Anden und Sierra Madre verläuft, gewaltige Niederschlagsmengen. Die in üppigen Dschungel gehüllten, zerklüfteten Berge waren eine Oase, die dazu aufforderte, erkundet zu werden. Muntere Bäche stürzten über die Flanken vulkanischer Berge in die Tiefe und flossen unter der Straße her. Die Kehrseite solcher Pracht waren regelmäßige Regengüsse, die uns bis auf die Haut durchnässten. Wir hatten kein Regenzeug dabei und hofften, das tropische Klima würde uns warm halten. Doch als die Wolkenbrüche stundenlang weitergingen, begannen wir allmählich zu frieren.

Wegen der niedrigen Übernachtungspreise und da wir nur die allernötigsten Campingsachen dabeihatten, entschieden wir uns, solange wir in Zentralamerika waren, in Hotels zu übernachten. Weiter nördlich, in Nicaragua, Honduras und El Salvador, wäre es vor allem aus Sicherheitsgründen noch wichtiger. Da es in den meisten Dörfern und Städten Hotels gab, würden wir unsere Tagestouren so planen, dass sie abends an entsprechenden Orten endeten.

Costa Rica ist sehr viel entwickelter als seine Nachbarländer, und die meisten Dorfbewohner, denen wir begegneten, schienen finanziell einigermaßen gesichert zu sein: Sie trugen modische Kleidung, und manche besaßen ein Auto. Sie winkten jedes Mal fröhlich, wenn wir vorbeifuhren.

An unserem dritten Tag verwandelte sich die Straße in Schotter, und unsere leichten Fahrräder kämpften sich ohne Klage über 20 Kilometer holpriger, von Schlaglöchern übersäter Pisten. Der Asphalt kehrte bald zurück, und wir überquerten die tiefste Stelle der kontinentalen Wasserscheide, bemerkten das Gefälle aber kaum. Ein paar Stunden nach Erreichen der westlichen Wasserscheide trafen wir an der Panamericana und der nicaraguanischen Grenze ein.

Von hier aus würden wir hauptsächlich auf der Panamericana reisen, einem Netz von Straßen, das sich von Alaska bis zum unteren Ende Südamerikas erstreckt – mit einer sumpfigen und gefährlichen Lücke von 87 Kilometern in Panama.

Wir gelangten an die Grenze, wo Autos und Lastwagen und lange Schlangen Busreisender auf ihre Abfertigung hofften. Ein costaricanischer Geldwechsler kam auf uns zu, während wir auf unsere Einreisestempel warteten.

»Geld tauschen?«, erkundigte sich der stämmige Mann.

Zuvor waren bereits mehrere andere an uns herangetreten, und wir hatten abgelehnt. Doch diesmal gaben wir nach, um uns einen Abstecher zur Bank auf der anderen Seite zu ersparen.

»Welchen Kurs geben Sie uns?«, fragte Julie.

Der Mann tippte eine annehmbare Zahl in seinen Taschenrechner.

»In Ordnung, wir tauschen 100 000 Colón (etwa 200 Dollar).«

Er drückte noch ein paar Tasten und zeigte uns dann, was wir bekämen. Der Mann schnippte das Geld aus einem Bündel und gab es Julie. Als sie nachzählte und merkte, dass er sie um 19 Dollar übers Ohr gehauen hatte, war er bereits in der Menge verschwunden.

Nachdem wir ungefähr zehn Dollar für unsere Einreisegenehmigung bezahlt hatten, fuhren wir nach Nicaragua hinein. Dort war Armut sehr viel verbreiteter als in Costa Rica. Die makellosen Uniformen der Schulkinder, an deren Anblick wir uns langsam gewöhnt hatten, wurden verdrängt von schmutzigen Lumpen. Weniger Fahrzeuge befuhren die Straßen, und die, die man sah, stießen oft schwarzen Rauch aus ihren Auspuffrohren aus. Noch auffälliger als der fehlende Wohlstand war die große Menge an Feuerwaffen. Beinahe jede Art von Geschäft, das etwas anspruchsvoller war als ein Schuhputzerbetrieb, wurde von Wachmännern geschützt, die bedrohliche Gewehre schwangen.

Auf unserer Straße herrschte sehr wenig Verkehr, und sie war in wesentlich besserem Zustand als die von Schlaglöchern übersäten Schnellstraßen Costa Ricas. Außerdem verfügte sie über breite Seitenstreifen, eine überaus willkommene Überraschung. Später sagte man uns, dass ein Großteil der Panamericana von der US-amerikanischen Regierung finanziert worden sei, daher der ausgezeichnete Zustand der Straße überall in Nicaragua, Honduras und El Salvador.

Erfreut sahen wir, dass Fahrräder als eines der wichtigsten Beförderungsmittel galten, und wir teilten die Straße mit anderen Reisenden, die per Muskelkraft unterwegs waren und deren Fahrräder oft mit Getreidesäcken, Werkzeugen oder ein oder zwei Mitfahrern beladen waren. In den Städten und Dörfern waren Fahrradtaxen allgegenwärtig, und die Alten oder Gebrechlichen, die nicht mehr mit dem eigenen Rad fahren konnten, wurden von denjenigen befördert, die körperlich dazu in der Lage waren.

Beinahe unmittelbar nachdem wir die Trockenzonen Südwest-Nicaraguas erreicht hatten, kam der Nicaraguasee in Sicht. Starke östliche Winde fegten über seine von Wellen aufgewühlten braunen Fluten. Mit einer Fläche von mehr als 8000 Quadratkilometern ist der Nicaraguasee der zwanzigstgrößte See der Welt. Er ist über einen schiffbaren Fluss mit dem Karibischen Meer verbunden, und sein Westufer ist nur 19 Kilometer vom Pazifik entfernt.

Obwohl dieser trübe, windgepeitschte See alles andere als schön ist, fesselt er die Welt seit 1825, als man fand, die Stelle eigne sich hervorragend für den Betrieb eines Kanals, der Atlantik und Pazifik miteinander verbinden sollte. Die Kolonialverwaltung Spaniens entschied, dass der ideale Standort für den Bau eines Kanals entweder Panama wäre – wegen seines Tieflands und der geringen Breite des Landes – oder Nicaragua, das, obwohl breiter, den geografischen Vorteil eines schiffbaren Flusses und Sees hatte, die sich fast über seine gesamte Breite erstreckten.

Aber die Spanier bauten den Kanal nie, und die US-Regierung handelte die Rechte sowohl für die Panama- als auch für die Nicaragua-Route aus. Nach reiflicher Überlegung entschied sie sich schließlich für Panama als Kanalstandort.

Nicaragua versucht noch immer, internationale Unterstützung für den Bau eines Kanals zu bekommen, dessen Kosten auf 25 Milliarden Dollar veranschlagt werden. Würde der Kanal tatsächlich gebaut werden, würde er die Strecke New York – San Francisco gegenüber der Panamakanalroute um 800 Kilometer verkürzen, und er würde die Passage sehr viel größerer Schiffe ermöglichen, als der Panamakanal bewältigen kann.

Am späten Abend erreichten Julie und ich die alte Kolonialstadt Granada am oberen Ende des Nicaraguasees. Granada gilt als Atlantikhafen, da die Stadt vom Karibischen Meer, dem Nebenmeer des Atlantiks, aus über den See angefahren werden kann, und ihre Lage im Landesinnern macht sie zu einem strategisch wichtigen Standort. Sie wurde 1524 gegründet, womit Granada eine der ältesten Städte auf dem amerikanischen Kontinent ist. Nachdem Nicaragua von Spanien unabhängig geworden war, war Granada streckenweise Landeshauptstadt.

Es war dunkel, als Julie und ich durch die verkehrsreichen Straßen Granadas radelten, aber es war immer noch leicht, die großartige Kolonialarchitektur zu erkennen, als wir das alte Stadtzentrum erreichten. Bislang hatten wir nur Armut, Elendsquartiere und Unordnung erlebt, und es war schwer, sich die wohlhabende und geordnete Welt vorzustellen, die diese prunkvollen Steinbauten und Kopfsteinpflasterstraßen hervorgebracht hatte. Granada ist ein Reiseziel für Touristen, und im Stadtzentrum konnten wir ein komfortables Hotel ausfindig machen.

Von Granada aus fuhren wir direkt nach Norden, durch die Mitte des Landes, und kamen durch unfruchtbare Wüste mit einzelnen verstreuten Dörfern. Drei Tage nachdem wir Costa Rica verlassen hatten, erreichten wir einen Grenzübergang – ein krasser Gegensatz zu dem geschäftigen Austausch an der costaricanischen Grenze. Die einzige Spur von Leben waren zwei Einwanderungsbeamte, die in angrenzenden Hütten auf jeder Seite der Grenze residierten. Die Zollabfertigungs- und Einreiseformalitäten waren kurz, und Minuten später rollten Julie und ich über die Grenze nach Honduras.

Unmittelbar nach dem Überqueren der Grenze begann eine lange Gefällstrecke, die größte, auf die wir seit Russland gestoßen waren. Eine halbe Stunde lang erholten wir uns, während wir mit 30 bis 45 Stundenkilometern mühelos bergabrollten. Bei unserem

Abstieg vom Hochland in die tiefer gelegenen Täler mit ihren Treibhaustemperaturen wurde mir fast schlecht vor Hitze, obwohl wir im Freilauf fuhren. Als wir wieder in die Pedale treten mussten, waren unsere Sachen schnell schweißnass und unsere Gesichter gerötet von Hitze und Feuchtigkeit.

In zwei langen Tagen durchquerten wir die kleine Landzunge, die Nicaragua und El Salvador trennt. Die Straßen waren breit, bestanden aus glattem Asphalt, und eine beruhigende weiße Linie trennte den Seitenstreifen von der Fahrbahn. Um etwaige Begegnungen mit Straßenräubern möglichst auszuschließen, übernachteten wir auch weiterhin in preiswerten Hotels neben der Straße.

An der Grenze zu El Salvador regelten wir rasch die Einreise- und Zollformalitäten und waren erstaunt über den krassen Gegensatz zu den letzten beiden Ländern, durch die wir gekommen waren. El Salvador ist viel stärker unter westlichen Einfluss geraten, und die ausländischen Investitionen sind am Vorhandensein von Tankstellen und Fastfood-Lokalen multinationaler Konzerne ablesbar. Das Land schien politisch stabiler zu sein als Nicaragua und Honduras, trotz der Tatsache, dass es vor Kurzem erst einen Bürgerkrieg überwunden hat und ihm hohe Verbrechensraten nachgesagt werden.

Julie und ich genossen ausgiebig unsere dreitägige Reise durch El Salvador. Wir folgten der zweitwichtigsten Schnellstraße, die sich an der Pazifikküste entlangzieht. Der südliche Abschnitt dieser Route verbindet kleine Surferstädte, die an wunderschönen, zwischen felsigen Landspitzen eingebetteten schwarzen Sandstränden liegen. Als wir weiter nach Norden kamen, wurde die Gegend immer abgeschiedener und die Landschaft noch schöner. Es gab nur wenige Dörfer, und Julie und ich hielten mit unseren Rädern oft an Stellen an, wo die Straße an einem Steilhang entlang verlief, und bewunderten, wie das Meer teilweise 150 Meter unter uns gegen die Klippen brandete. Trotz der Achterbahnstrecke, der wir folgten, war die Straße in gutem Zustand, und der breite Seitenstreifen hörte selbst in den zahlreichen Tunneln nicht auf.

Die Menschen, denen wir in El Salvador begegneten, waren freundlich, die Preise waren niedrig, und das Essen war hervorragend. Was unsere Sicherheit betraf, so sahen wir uns vor und behielten unsere Gewohnheit bei, wann immer möglich in Hotels zu übernachten. In einem kleinen Dorf, das über keine Unterkunft verfügte, lud man uns ein, unser Zelt mitten in einem Freiluft-Restaurant aufzuschlagen. Am Morgen kletterten wir noch müde aus dem Zelt, nahmen Platz und bestellten Eier und Kaffee.

Guatemala durchquerten wir schnell. Wir reisten durch einen flachen Landesteil mit verstreuten kleinen Dörfern und kümmerlichen Wäldern. Das Land war jetzt wieder grün von den reichlicheren Niederschlägen, und die Straßen, oftmals gänzlich ohne Seitenstreifen, waren erheblich schlechter geworden.

Zwölf Tage nachdem wir von Puerto Limón aufgebrochen waren, erreichten wir schließlich in La Libertad die mexikanische Grenze. Bei der Fahrt in die kleine Stadt verirrten wir uns in einem Labyrinth schmaler Gassen und Straßen.

»Donde esta la frontera?«, fragte ich einen Soldaten. »Wo ist die Grenze?«

Er deutete in die nördliche Richtung, und wir rumpelten über Kopfsteinpflaster auf einen Fluss zu. Am Ufer angekommen, bot sich uns ein merkwürdiger Anblick. Dutzende von Leuten durchquerten den 200 Meter breiten Strom auf Autoschläuchen. Die Erfindungsreicheren verwendeten mehrere Schläuche, bedeckt von Sperrholzplatten. Diese behelfsmäßigen Wasserfahrzeuge waren beladen mit Passagieren, vollgestopften Säcken, Fahrrädern und sogar Vieh.

»Mir scheint, das ist nicht der offizielle Grenzübergang«, sagte Julie ungläubig, während sie die Szene unter ihr betrachtete.

Wir folgten dem Fluss in westlicher Richtung und fanden den richtigen Grenzposten neben einer großen, den Fluss überspannenden Betonbrücke. Zwanzig Minuten später betraten wir das 17. Land unserer Expedition: Mexiko. Wir waren jetzt in der für ihre uralte Maya-Architektur berühmten Chiapas-Region. Mir war ein wenig bange vor diesem Streckenabschnitt, da wir von einigen beunruhigenden Vorfällen gehört hatten, bei denen Reisende von Banditen angegriffen worden waren.

Gregg Bleakney, ein Langstreckenradler, der von Alaska nach Tierra del Fuego, Feuerland, unterwegs war, hatte in E-Mail-Verbindung mit uns gestanden, da wir großenteils dieselbe Route in entgegengesetzten Richtungen befuhren. Wenige Tage bevor wir nach Chiapas kamen, war Gregg durch dasselbe Gebiet gekommen, und er hatte uns eine düstere Geschichte zu erzählen. Er und sein Tourpartner waren von Banditen angegriffen worden, und Gregg verwies uns auf den aktuellen Bericht, den sein Partner auf die Website gestellt hatte.

Am Mittag des 5. März, einem Sonntag, wir befanden uns mit den Rädern in der Nähe der Ruinen von Palenque, Mexiko, kamen vier oder fünf Männer aus dem Dschungel gelaufen und versuchten uns kurz vor dem oberen Ende einer langen Steigung anzugreifen. Ein Auto fuhr vorbei, und sie rannten alle zum Straßenrand, sodass uns gerade genug Zeit blieb, in die Pedale zu treten und schnell an ihnen vorbei bis zu einem abschüssigen Straßenstück zu fahren, wo wir uns von dem Ort der Gefahr entfernten. Wir winkten einen vorbeifahrenden Wagen heran und baten den Fahrer, uns bis zur nächsten sicheren Stadt oder zum nächsten sicheren Dorf zu eskortieren. Er willigte ein, und eine Meile später kam ein Polizeiwagen vorbei, den wir anhielten, um den Polizisten um Hilfe zu bitten. Er sagte uns, er werde drei Meilen vorausfahren bis zu der bedeutenden Touristenattraktion Agua Azul Falls, die Straße sichern und dann zwischen uns und Agua Azul Falls hin und her pendeln, um darauf zu achten, dass uns nicht passiert. Er garantierte, dass die vor uns liegende Straße sicher sei.

Zwei Meilen weiter wurden wir erneut von zwei schwarz maskierten Männern mit Macheten angegriffen. Sie kamen aus dem Dschungel gerannt, und es dauerte nur ein paar

Sekunden, bis sie uns erreicht hatten und eine Flucht
unmöglich war. Wir hoben die Hände über den Kopf, während sie uns mehrere Male mit den stumpfen Seiten ihrer
Macheten schlugen und versuchten, unsere Satteltaschen von
den Fahrrädern zu zerren. Es gelang ihnen lediglich, zwei der
Taschen von Greggs Fahrrad zu lösen, und aus ihrer wachsenden Wut und Enttäuschung heraus eskalierte der Konflikt
binnen gut einer Minute. Sie zogen sich an den Straßenrand
zurück, um Greggs Taschen auszuleeren und sich vor einem
vorbeifahrenden Auto zu verstecken.

In diesem Augenblick kehrten wir um und radelten
300 Meter zu der Hütte einer Familie am Straßenrand zu
Füßen eines Hügels. Wir fragten die Leute, ob es ihnen
recht sei, wenn wir dort auf Hilfe warteten, und sie waren
einverstanden. Wir fragten sie weiter, ob es an diesem Ort
für uns sicher sei, was sie verneinten. Ein paar Minuten
später tauchten mehrere zwielichtige Gestalten mit
feindseligen Mienen aus dem Dschungel nahe der Hütte
auf. Wir waren beide auf der Hut vor einem dritten Angriff
und errichteten mit unseren Fahrrädern und Körpern eine
Straßensperre, um vorbeikommende Autos anzuhalten
und auf uns aufmerksam zu machen. Obwohl mehrere
Autos im Straßengraben um uns herumfuhren und sich weigerten anzuhalten, gewannen wir durch diese Taktik so viel
Zeit, dass der Polizeiwagen auf seiner Rückrunde umkehren
konnte, um uns zu helfen. Der Polizist warf unsere Räder
hinten auf seinen Pick-up und geleitete uns aus dem Gebiet
heraus.

Keiner von uns wurde während dieses Angriffs körperlich
verletzt, aber psychisch hatte die Sache uns beide arg mitgenommen. Wir raten allen Touristen und Radfahrern, die
Straße von San Cristobol über Agua Azul Falls und die Ruinen von Palenque bis zu dem Grenzort Bethel in Guatemala
zu meiden. Aus unseren Gesprächen mit örtlichen Polizisten
haben wir erfahren, dass es in diesen Zonen inzwischen

mehrmals pro Woche zu Angriffen auf Touristen kommt. Einige der Angriffe betrafen große Reisebusse und Zubringer-Kleinbusse.

Gregg erzählte uns, dass in diesem Gebiet in den vergangenen fünf Wochen vier andere Gruppen ausländischer Radwanderer von Pistolen und Macheten schwingenden Banditen ausgeraubt worden seien. Da die Zahl der Radwanderer in diesem Teil der Welt gering war, folgerten wir, dass das Risiko, angegriffen zu werden, extrem groß war.

Ein Großteil der Chiapas-Region wird von der »Zapatistischen Armee der Nationalen Befreiung« EZLN (Ejército Zapatista de Liberación Nacional) kontrolliert, einer bewaffneten revolutionären Gruppe in diesem ärmsten mexikanischen Bundesstaat. Zu ihren erklärten Zielen gehören die Vertretung der Rechte der einheimischen Maya-Bevölkerung und der Widerstand gegen das Vordringen einer kapitalistischen Entwicklung. In einigen Gemeinden hat die Gruppe ihre eigenen Regierungsorgane geschaffen, und gegenwärtig gibt es in Chiapas 32 »Zapatistische Rebellische Autonome Landkreise« (Municipios Autonómos Rebeldes Zapatistas, MAREZ). Dennoch ist die Chiapas-Region weiterhin instabil, immer noch erzählt man sich viele beklagenswerte Geschichten.

Mehrere Kilometer hinter der Grenze zu Guatemala erreichten wir eine Straßensperre aus brennenden Reifen und laut irgendwelche Parolen skandierenden Dorfbewohnern. Als wir das Hindernis umfuhren und durch die wütenden Scharen radelten, wurde die Menge aufmerksam auf uns und stimmte einen neuen Sprechchor an, in dem irgendetwas über die Gringos vorkam. Wir beschleunigten unser Tempo und traten kräftig in die Pedale, bis Chiapas zwei Tage später hinter uns lag.

Seit dem Verlassen Costa Ricas hatten wir uns nur mit viel Mühe zurechtgefunden. In Puerto Limón hatten wir an einer Tankstelle eine Straßenkarte von Costa Rica gekauft und uns gedacht, dass es kein Problem sein sollte, solche Karten auch in den nächsten Ländern zu finden. Leider mussten wir bald die Erfahrung machen, dass Straßenkarten Luxusartikel sind, die in Nicaragua, Honduras, El Salvador, Guatemala und Chiapas unmöglich aufzutreiben waren. Aus lauter Verzweiflung hatten wir eine Zentralamerika-Karte fotografiert, die wir an der Wand eines Restaurants entdeckt hatten, und bis jetzt hatten wir auf die körnigen Bilder in unserer Digitalkamera zurückgegriffen, damit sie uns durch das Gebiet lotsten. In Zentralmexiko konnten wir dann endlich in einer Buchhandlung einen guten Straßenatlas auftreiben.

Anhand unserer detaillierten Karten planten wir eine Route, die von der Pazifischen Platte weg auf die kontinentale Wasserscheide und Mexiko-Stadt zuführen würde. Wir hatten viele Tage damit verbracht, durch relativ flaches Land zu fahren, und waren bestürzt, nun in ein Gebiet zu kommen, das sich als das bergigste Terrain unserer gesamten Reise um den Planeten erweisen sollte. Als wir die Sierra Madre del Sur erreichten, schlängelte sich unsere kurvenreiche, schmale Straße himmelhoch hinauf. Erleichtert erreichten wir schließlich die Passhöhe, in dem Glauben, wir würden nach der Abfahrt vom Gipfel einem ebenen Talgrund folgen. Stattdessen erklomm die Straße einen Pass nach dem anderen, jeder höher als der vorherige. Die Sonne brannte vom Himmel, und der Schweiß tropfte von unseren Körpern, während unsere Beine im niedrigsten Gang heftig wirbelten. Große Laster fuhren nur Zentimeter an unseren Rädern vorbei, wenn sie um Kurven jagten, und wir fürchteten ständig, gerammt zu werden.

Die Landschaft allerdings war schön, und zackige, regenarme Gipfel erstreckten sich in der Ferne. Längs der Straße verstreut lagen winzige Bergdörfer, deren Bewohner die Agavenplantagen für die Mescal-Produktion bewirtschafteten. Bauern lüpften zur Begrüßung ihre Hüte, wenn wir vorbeifuhren.

Nachdem wir fünf gewaltige Pässe überquert hatten und mehrere Male von Fahrzeugen um ein Haar gerammt worden wären, erreichten wir endlich den Bundesstaat Oaxaca, wo das Land flacher wurde. Während wir Mexiko-Stadt immer näher kamen, fanden Julie und ich eine Alternative zur Fahrt auf den extrem tückischen, schmalen Staatsstraßen. Ein Netz mautpflichtiger Schnellstraßen durchzieht das Land, und obwohl sie reichlich mit »Radfahren verboten«-Schildern gepflastert sind, scheint diese Vorschrift nicht sonderlich ernst genommen zu werden. Die Straßen selbst werden tadellos instand gehalten und protzen mit drei Meter breiten Seitenstreifen, die geradezu darum betteln, von Radfahrern benutzt zu werden.

Auf diesen besseren Straßen kamen wir Mexiko-Stadt schnell näher. Mit dem Fahrrad durch das Chaos einer der größten Städte der Welt zu fahren war erstaunlich angenehm, ein Erlebnis, das einem lebensechten Videospiel ähnelte. Verkehrsregeln schien es keine zu geben, da VW-Transporter, Busse, Hunde und Fußgänger um Platz konkurrierten.

Trotz des allgemeinen Durcheinanders waren die meisten Fahrer außerordentlich geschickt im Manövrieren ihrer Fahrzeuge und verharrten in einem Zustand gutmütiger Ruhe. Ein anschauliches Beispiel erlebten wir, als der Fahrer eines klapprigen Busses vor Julie rechts ranfuhr und dadurch unser eigenes und das Vorwärtskommen des gesamten übrigen Verkehrs blockierte. Über das ganze Gesicht strahlend kam er heraus und hielt uns zwei Fruchteis am Stiel hin. Der Mann mittleren Alters mit einem großen Schnurrbart deutete auf unsere kanadischen Flaggen und erklärte, dass er in unserem Heimatland gearbeitet und ihm diese Erfahrung außerordentlich gefallen habe. Die Fahrgäste in seinem Bus und die Autos dahinter warteten inzwischen geduldig, während unsere Unterhaltung weiterging.

Wir fanden auch weiter Geschmack an Mexiko, während wir nach Norden fuhren. Die Preise waren zwar viel höher als in Zentralamerika, aber die Einheimischen waren freundlich und hilfsbereit. Das Angenehmste von allem war die bessere Qualität der Straßenrestaurants, ein krasser Gegensatz zu den Lokalen in ganz Südmexiko, die fades Essen servierten.

Trotz der positiven Veränderung bei den Straßen und beim Essen wurden Hotels seltener, je weiter wir nach Norden kamen, sodass wir gezwungen waren, die meisten Nächte in der Wüste zu zelten. Aber das machte uns nichts aus, weil es angenehm war, das

Zelt zwischen Kakteen und unter einem ewig klaren Himmel aufzuschlagen.

Allerdings wurden unsere von der Reise abgefahrenen Reifen immer schlechter, und als wir uns der US-Grenze näherten, stieg die tägliche Anzahl an Platten und erreichte mit 14 an einem einzigen Tag ihren Höhepunkt. Ungefähr 60 Kilometer vor der Grenze gaben die Schläuche für immer den Geist auf, und wir mühten uns vergeblich, klaffende Löcher zu flicken und defekte Ventile zu reparieren. Uns blieb nichts anderes übrig, als per Anhalter nach Nuevo Laredo zu fahren, um neue Schläuche zu kaufen.

Am nächsten Tag radelten wir zum Ort unserer Panne zurück, damit es keine Lücken in unserer Reise per Muskelkraft gäbe. Dann setzten wir unsere Fahrt nach Norden fort und erreichten schließlich in Laredo, Texas, die Grenze.

Gemeinsam mit Scharen von Mexikanern schoben wir unsere Räder über eine Brücke, die den Rio Grande, den Grenzfluss zwischen den USA und Mexiko, überspannt. Eine gewaltige amerikanische Flagge bauschte sich in der texanischen Hitze und markierte einen der bislang größten Meilensteine der Expedition. Ich war immer der Ansicht gewesen, dass ich mich, sobald ich die USA erreichte, endlich würde entspannen können. Obwohl noch eine ganz schöne Plackerei vor uns lag, waren die Gefahren nun erheblich geringer. Zum ersten Mal seit fast zwei Jahren war ich zuversichtlich, dass wir es bis zum Ende schaffen würden.

In Laredo wollten Julie und ich unseren zweiten fahrradfreien Tag nehmen, seit wir vor 30 Tagen in Puerto Limón losgefahren waren. Es würde allerdings ein geschäftiger freier Tag werden, da ich einen 5000-Wörter-Artikel für *Reader's Digest* abliefern musste und Julie für die Zeitschrift *Venus* schrieb. Trotzdem fanden wir noch Zeit, reichliche Portionen der texanischen Küche zu genießen und die Tatsache auszukosten, dass wir das letzte Land vor der Heimat erreicht hatten. Es war ein gutes Gefühl.

»Meine Güte, ich kann gar nicht glauben, dass ihr auf euren Fahrrädern die USA durchquert«, sagte der Tankwart gedehnt. »Ich hab von Leuten gehört, die so was machen, aber ich habe es noch nie mit eigenen Augen gesehen.«

Julie und ich hatten an einer texanischen Tankstelle halt gemacht, um ein paar Kleinigkeiten zu essen für unterwegs zu kaufen. Das naive Staunen des Tankwarts sollte die Standardreaktion bei unserer Fahrt durch Amerikas größten Grenzstaat sein.

Die Neugier und Überraschung der Texaner schienen daher zu rühren, dass wir für sie ein absolutes Novum waren, da nur wenige Langstreckenradfahrer den Staat durchqueren – trotz der Tatsache, dass Lance Armstrong, der siebenfache Tour-de-France-Sieger, Texas als seine Heimat nennt.

Obwohl Julie und ich bei unserer Fahrt durch Texas nur vier Erwachsene auf Fahrrädern entdeckten, empfanden wir den »Lone Star State« als die fahrradfreundlichste Gegend, in die wir bei unserer Tour durch 17 Länder auf der ganzen Welt geraten waren. Alle von uns benutzten Straßen verfügten über drei Meter breite Seitenstreifen. Im Verein mit höflichen Autofahrern, die jedes Mal ausscherten, um uns noch mehr Platz zu lassen, boten diese Fahrbahnen ein Maß an Sicherheit, wie wir es bislang noch nicht erlebt hatten.

Wir fuhren auf dem Highway 38 durch das tiefste ländliche Texas mehr oder weniger immer nach Norden. Die ruhige Straße durchquert zunächst das Weideland im Süden und dann das Ackerland im Norden. Unsere Route umging größere Städte, und die meisten Gemeinden, durch die wir kamen, hatten 300 bis 1500 Einwohner. Die kürzeren Entfernungen zwischen den Städten erlaubten Julie und mir, in Schnellrestaurants ausgiebig zu futtern. Auch Hotels waren häufig und erschwinglich, obwohl wir uns meist dafür entschieden, auf den Feldern und in der Wildnis abseits der Straße zu zelten.

Texas mag nicht gerade berühmt sein für seine landschaftliche Schönheit, aber die Landschaft wird lebendig im roten Licht und in den langen Schatten der untergehenden Sonne. Ein anderer reizender (und häufiger) Anblick sind Windmühlen, die klappern und quietschen, wenn sie von den trockenen Winden angetrieben werden, um Brunnenwasser für durstige Rinder zu pumpen.

Und – wie ein Einheimischer uns erklärte – Texas hat keine Berge, aber dafür hat es Löcher, und der Staat ist der Beweis dafür, dass auch Löcher schön sein können. Tiefe, von Wind und Wasser gegrabene Canyons beschwören Wildwest-Kulissen mit Hoodoos* und Kakteen herauf. Der fette rote Lehm wechselt den ganzen Tag die Farbe wie ein nach innen gewölbter Ayers Rock.

Weil es auf den Straßen ruhig zuging, konnten wir uns unterhalten, was half, die Kilometer zu überbrücken, und im Allgemeinen drehten sich unsere Gespräche um unsere Beobachtungen.

»Ist dir aufgefallen, dass die Leute hier nicht wissen, was ›Waschräume‹ sind«, sinnierte Julie, als wir von einem Schnellrestaurant losfuhren.

»Ja, hier in den Staaten nennen sie es ›Ruheräume‹«, sagte ich.

»Ich habe die Theorie, dass das Wort, das für WC benutzt wird, ein Hinweis auf die kollektive Psyche einer Nation ist«, sagte Julie. »Die Briten beispielsweise sagen Toilette. Also, das trifft die Sache auf den Punkt – typisch britisch. Die Kanadier sagen ›Waschraum‹, was eine realistische Beschreibung dessen ist, was man dort drinnen tun könnte, ohne in die Einzelheiten zu gehen. Für mich klingt das kanadisch – höflich, aber trotzdem verständlich machen, worum es geht. Aber ›Ruheraum‹? Wer geht in einen stinkigen Raum aus Porzellan, um sich auszuruhen? Das ist doch glatte Verleugnung.«

»Na schön, ich werde in Zukunft ›Wasserraum‹ sagen«, kicherte ich, »weil wir ihn hauptsächlich dazu benutzen, um unsere Wasserflaschen aufzufüllen.«

Nachdem wir zehn angenehme Tage lang durch Texas geradelt waren, kamen wir über die Grenze nach New Mexico und durchquerten in einem Tag die dürregeplagte Nordostecke dieses Bundesstaates, bevor wir Colorado erreichten. Die Straßenverhältnisse wurden, verglichen mit den texanischen Durchgangsstraßen, bald schlechter, waren aber nach internationalen Asphaltmaßstäben noch immer hervorragend.

---

* Hohe, schlanke Felsnadeln aus Kalkstein, typisch für den Südwesten der USA.

Seit dem Beginn unserer Fahrradreise in Zentralamerika hatten wir im Schnitt 130 Kilometer pro Tag zurückgelegt (einschließlich unserer beiden freien Tage), was zu langen, anstrengenden Tagen im Sattel geführt hatte. In Mexiko und Zentralamerika hatten die körperlichen Strapazen im Verein mit der mühsamen Orientierung, dem ständigen Druck, etwas zu essen und Wasser aufzutreiben, sowie den Sorgen wegen Banditen uns viel Motivation abverlangt. Aber unsere Beziehung blieb stark, allerdings hatten Julie und ich uns mächtig anstrengen müssen, um uns gegenseitig bei Laune zu halten.

In den USA jedoch, wo die Straßen breit und die Autofahrer rücksichtsvoll waren und uns keine Gefahr von Straßenräubern drohte, konnten wir uns entspannen und die ständig wechselnden Panoramen genießen. Es war kein Problem, unsere Wasserflaschen in Tankstellen an der Straße oder in öffentlichen Toiletten immer wieder aufzufüllen, und es gab überall Lebensmittelgeschäfte und Schnellrestaurants am Straßenrand.

Nach dem Abstieg vom Raton-Pass an der Grenze von New Mexico und Colorado wurde Julie und mir ein spektakulärer und doch vertrauter Anblick gegönnt: die schneebedeckten Gipfel der Rocky Mountains. Plötzlich sah die Landschaft nicht mehr so fremd aus. Die Heimat kam mir unbeschreiblich nahe vor.

Die Temperaturen begannen zu fallen, als wir am Fuß der Rockies entlangradelten, und unsere kurzen Hosen und T-Shirts reichten nicht mehr aus. In Colorado hielten wir, um für 60 Dollar No-Name-Fleecekleidung zu kaufen, die uns durch die vor uns liegenden kälteren Landstriche bringen sollte. Obwohl es Anfang Mai war, wurden wir zwei Tage nachdem wir den Nachbarstaat Wyoming erreicht hatten, von einem Schneesturm überrascht. Die Temperaturen von minus drei Grad standen in krassem Gegensatz zu den 37 Grad heißen Nachmittagen, die wir nur Tage zuvor in Texas erlebt hatten.

Wir befanden uns in der Nähe der kontinentalen Wasserscheide, während der Schnee um uns herum tiefer wurde, und es fiel uns zunehmend schwerer, die Fahrräder weiter durch zehn Zentimeter hohen Schnee zu bewegen. Wir radelten jetzt durch den abgeschiedensten Teil der USA, in den wir bislang geraten waren, und allmählich machte ich mir Sorgen, als schmelzender Schnee sich einen Weg in meine Kleidung bahnte, sodass ich bald völlig durchgefroren war. Dass das Wetter so schlimm wäre, damit hatten wir nicht gerechnet.

Eine einsame, heruntergekommene Tankstelle tauchte in der Düsternis auf, eine Oase in einer weißen Wüste. Julie und ich schoben unsere Räder vom Highway und betraten das kleine Gebäude.

»Wie geht's euch?«, fragte uns ein schlanker, bebrillter Mann in breitem Texanisch. »Was zum Teufel macht ihr an einem solchen Tag auf euren Fahrrädern? Bei dem Wetter möchte ich nicht mal mit meinem Auto fahren.«

Das Innere war schwach erleuchtet, und eine fünf Meter lange Bar säumte eine Wand des verrauchten, zehn mal sechs Meter großen Raums. Ein paar alte Männer hockten da und tranken bedächtig ihr Bier.

Der Mann hinter der Theke stellte sich als Kenneth vor und sagte uns, wir sollten uns wie zu Hause fühlen. Dankbar gossen wir uns zwei Becher Kaffee ein und setzten uns zu den Männern an der Bar, um durch das Fenster das weihnachtliche Bild zu beobachten. Meisen umflatterten eine Vogelkrippe, während der Schnee weiter niederging.

»Laut Vorhersage sollen es heute Nacht bis minus zehn Grad werden«, informierte uns Kenneth.

Ich zitterte bei dem Gedanken, die Nacht im Freien in unserem Zwölf-Dollar-Zelt mit unseren Sommerschlafsäcken und ohne Schlafmatten verbringen zu müssen.

Kenneth sah uns mitfühlend an. »Wenn ihr wollt, könnt ihr die Nacht in meinem Wohnwagen hinter dem Haus verbringen. Es ist kein Palast, aber es ist hundertmal besser, als da draußen zu sein.«

Wir nahmen dankbar an. Während wir warteten, dass Kenneth Feierabend machte, beschrieb er das Leben auf seinem abgeschiedenen Außenposten am Highway. Ursprünglich aus Texas, war Kenneth nach Wyoming gekommen, um seinem guten Freund zu helfen, dem die Tankstelle gehörte. Kenneth hatte kürzlich in einer Herzoperation vier Bypässe gelegt bekommen, und sein gegenwärtiger stressfreier Lebensstil war seiner Genesung nur zuträglich.

Während Kenneth plauderte, schob er eine Tiefkühlpizza in den Ofen.

»Wie hat euch das texanische Essen geschmeckt?«, erkundigte er sich.

»Sehr lecker«, sagte Julie, »und große Portionen!«

»Die texanische Küche ist der Grund, warum mein Herz irgendwann nicht mehr mitmachte«, knurrte Kenneth. »Alles wird frittiert und trieft vor Fett. Bis es zu spät war, wusste ich nicht, dass Muttis Essen mich umbrachte.«

Kenneth merkte, wie ich einen kurzen Blick auf seine Figur warf, hager wie eine Bohnenstange, und beantwortete die Frage, die ich gerade stellen wollte. »Es spielt keine Rolle, ob man mager ist, es verstopft einem trotzdem die Adern.«

Kenneth wechselte das Thema und deutete auf fünf oder sechs Männer, die durch die Tür kamen. »Das sind die Jungs aus der Gegend, die auf einer Bohrinsel ein paar Meilen von hier arbeiten. Die Burschen sind der Grund, warum dieses Lokal existieren kann. Wie ihr sicher gemerkt habt, hält hier wegen Benzin fast niemand mehr an.«

Die stämmigen Männer stampften den Schnee von ihren Füßen und bestellten eine Runde Bier. Kenneth machte den ganzen Abend den Barkeeper für die Arbeiter. Julie und ich unterhielten uns mit den freundlichen Männern und erfuhren vom anstrengenden Leben eines Ölbohrers. Ein tätowierter Bursche von Ende zwanzig wurde von seinen Kollegen stolz als ein Neffe des berühmten US-Countrysängers Johnny Cash vorgestellt.

Um elf Uhr abends ging der letzte der Ölmänner, und wir folgten unserem freundlichen Gastgeber zu seinem mollig warmen Wohnwagen. Wir schliefen schnell ein, während draußen der Schnee weiter fiel.

Am nächsten Morgen war der Himmel klar, und die Straßen waren geräumt, sodass wir früh aufbrechen konnten. Wir überquerten zweimal die kontinentale Wasserscheide, weil wir uns an einem einzigartigen Ort befanden, wo sie sich zunächst teilt, um sich später längs des Rückens der Rockies wieder zu vereinigen. Das Land zwischen den beiden Wasserscheiden ist ein flaches Becken mit Wüstenklima. Wir waren fast zweieinhalbtausend Meter über dem Meeresspiegel, aber das Land war überraschend langweilig – baumlos und flach.

Schließlich glitten wir von diesem Hochplateau und hinunter nach Utah. Die Temperaturen wurden wärmer, während wir durch die auffälligsten Landschaften radelten, auf die wir in den USA treffen sollten. Leuchtende Hoodoos aus rotem Sand und vom Wind modellierte Felsen rahmten Aussichten ein, die vom Highway aus wirkten, als seien sie direkt aus Auto-Werbespots geklaut. Wir fuhren durch Schluchten hinab, bis wir zu guter Letzt eine offene weite Fläche erreichten und der Große Salzsee in Sicht kam. Dann wendeten wir uns nordwärts nach Idaho. Rückenwinde trieben uns über die ebenen Highways, die durch Idaho, Oregon und in den Bundesstaat Washington führten.

Mit dem Wind im Rücken kamen wir am 16. Mai über den Küstengebirgszug, und die Landschaft wechselte vom hügeligen, trockenen Ackerland zur typischen Landschaft des Nordwestens – Regenwälder mit Zedern und Douglasfichten, die hohe, schneebedeckte Berge verhüllten.

Als ich den schweren Duft feuchter Nadelbäume einatmete, wusste ich, dass ich fast zu Hause war. Ungefähr 43 000 Kilometer waren unter meinen Füßen vorbeigezogen, seit ich Vancouver verlassen hatte. Jetzt lag unser endgültiges Reiseziel nur noch 250 Kilometer entfernt. Während Julie und ich auf die kanadische Grenze zuradelten, begann ich mich nach einer Tour zurückzusehnen, die noch gar nicht beendet worden war.

22 Nach Hause

Am 19. Mai erreichten wir endlich die kanadische Grenze. Der Grenzposten stellte uns ein paar einfache Fragen und winkte uns durch. Wir stiegen wieder auf unsere Räder und glitten langsam von dem Postenhäuschen weg und nach Kanada hinein. Unser Reiseziel lag 60 Kilometer nördlich, und als ich mir die vertraute Landschaft um mich herum ansah, wurde ich von Gefühlen überwältigt.

Zwei Jahre lang war die Straße mein Zuhause gewesen. Jeden Abend legte ich mich an einem neuen Ort schlafen – im Zelt, im Ruderboot oder im Kanu. Manchmal kam mir unsere Tour gar nicht wie eine Expedition vor; sie hatte sich in eine alle Bereiche umfassende Art zu leben verwandelt, die fest in meiner DNA verankert war. Mein Leben war gekennzeichnet von einem Zustand permanenten Unterwegsseins und dauernder Gefahr. Seltsamerweise schien genau das inzwischen das Normalste von der Welt zu sein, während an einem Ort zu bleiben als das merkwürdigste Verhalten erschien, was man sich vorstellen konnte. Es kam mir äußerst merkwürdig vor, dass all dies bald zu Ende gehen sollte.

Während die Spätfrühlingssonne auf uns niederbrannte und in der Ferne die North Shore Mountains sichtbar wurden, verschwammen meine Erinnerungen an die vergangenen zwei Jahre. Es schien, als hätte ich mich plötzlich von jemandem auf einer unglaublich schwierigen und strapaziösen Expedition zurückverwandelt in einen gewöhnlichen Westküstenbewohner, der nur eine kleine sportliche Radtour unternehmen will.

Stand ich wirklich im Begriff, die erste Umrundung des Planeten Erde nur mit Muskelkraft zu vollenden? Als Julie und ich im Gleichklang über vertraute Straßen in Richtung Heimat radelten, dachte ich an alles zurück, was dazu beigetragen hatte, dass es zu diesem Finale hatte kommen können. Ich dachte an die Jahre des Planens und Träumens vor Beginn der Expedition. Ich dachte an die Stürme auf dem Beringmeer und die Schinderei während unseres sibirischen Marsches. Ich dachte zurück an meine Zeit in dem sibirischen Krankenhaus und wie ich mich bei den gefühlten Minus-100-Grad-Temperaturen in Russlands Fernem Osten verirrt hatte. Und an die Abertausende Kilometer eintöniger Plackerei. Tag für Tag, Monat für Monat, Jahr für Jahr.

Während der vergangenen zwei Jahre hatte ich mich im Durchschnitt 16 Stunden am Tag in dem Bemühen gequält, mein Ziel zu erreichen. Der physische Aspekt, an einigen der mörderischsten Orte auf Erden täglich ungefähr die Leistung eines Marathonläufers zu bringen, war nur ein Teil des gesamten Arbeitspensums gewesen. Angesichts nur einer Handvoll Teilzeit-Freiwilliger daheim, die bei der Logistik halfen, verwandten wir einen Großteil unserer Zeit vor Ort darauf, Geldmittel aufzutreiben, Nachforschungen anzustellen und uns mit der elenden Bürokratie herumzuschlagen. Wenn wir uns nicht körperlich vorantrieben, hingen wir gewöhnlich am Satellitentelefon oder standen an einem Münzfernsprecher neben der Straße und riefen Speditionsunternehmen, Sponsoren und Bürokraten in fernen Winkeln des Planeten an.

Zusätzlich zu allem anderen mussten wir ständig Auszeiten von unserer Reise nehmen, um die Expedition mit Videoaufnahmen und Standfotos akribisch zu dokumentieren. In zwei Jahren hatte ich nicht einen einzigen Tag frei gehabt, um einfach die Füße hochzulegen und mich zu entspannen. Der erste Weihnachtsfeiertag, Geburtstage und andere Feiern machten da keine Ausnahme. Wir mussten vom Morgengrauen bis zur Schlafenszeit arbeiten. Stets konzentriert und motiviert zu sein war die einzige Möglichkeit, unser ungeheuer anspruchsvolles Ziel jemals zu verwirklichen.

Und nun war ich, nachdem ich 14 000 Kilometer auf dem Wasser und 29 000 Kilometer über Land gereist war, fast wieder dort, wo ich angefangen hatte. Beinahe zwei Drittel der Strecke hatte ich mit meiner zukünftigen Frau bewältigt, und die Stärke, Entschlossenheit und Intelligenz, die sie auf dieser Reise gezeigt hatte, gaben mir das Gefühl, dass es eine besondere Ehre war zu glauben, ich würde den Rest meines Lebens mit ihr verbringen. Früher hatten wir uns Sorgen gemacht, dass die Expedition unsere zukünftige Beziehung als Eheleute gefährden könnte, aber unsere Bindung war im Gegenteil verstärkt worden bis zur Unzerbrechlichkeit.

Wir erreichten New Westminster, einen Vorort von Vancouver, und fuhren fortan auf einem Radweg, der parallel zur Strecke des Sky Train* verläuft. Wir waren jetzt aus dem starken Verkehr heraus und müssten uns auch nicht wieder hineinbegeben. Abgesehen von einem Überfall auf offener Straße konnte uns fast nichts mehr davon abhalten, unser Ziel zu erreichen.

Es war ein herrlicher, sonniger Tag, und wir fuhren etwas langsamer, um die letzten Momente der Expedition genießen zu können. Wir mischten uns unter die Hunderte von Radfahrern, mit denen wir den Weg teilten, und schlängelten uns durch einige an der Strecke liegende Parks. Bei einem kleinen chinesischen Lebensmittelhändler hielten wir an und kauften ein paar Leckereien und Saft, die wir auf einer Bank genießen wollten.

»Was ist das für ein Gefühl«, fragte Julie, »zu wissen, dass du morgen früh fertig sein wirst? Es ist nicht einfach das Ende einer weiteren Etappe, sondern du hast die Expedition zu Ende gebracht, deinen Lebenstraum.«

In mir drehte sich alles bei dem Gedanken. Nur Meter entfernt fütterten ein paar Kleinkinder Tauben, während in der Ferne das Summen elektrischer Züge zu hören war.

»Es ist aufregend«, sagte ich.

Ich suchte nach passenderen Worten, um auszudrücken, was ich empfand. Klar, ich war aufgeregt, aber das machte die vielschichtigen Gefühle, die mich bewegten, nicht hinreichend deutlich. Ich stand zwölf Kilometer vor dem Ende einer zweijährigen Odyssee. Die zwei Jahre waren von einer emotionalen Intensität gewesen, wie sie kaum aufrechtzuerhalten war. Wegen der ungeheuren Mo-

---

* Der Vancouver Sky Train ist ein fahrerloses Nahverkehrssystem auf Schienen, eröffnet 1986 aus Anlass der Weltausstellung.

tivation und Disziplin, die erforderlich gewesen waren, um in stetigem Tempo weiterzumachen, hatte ich mich häufig auf dem Tiefpunkt gefühlt. Zwei Jahre lang hatte ich mir nicht gestattet, mich erschöpft fallen zu lassen und mehr als ein paar Stunden geistig und körperlich auszuspannen.

Gelegentlich hasste ich es. Dann träumte ich davon, eines Tages ein festes Zuhause zu haben und nicht in einem Zustand permanenter Anstrengung und Ungewissheit zu leben. Zu anderen Zeiten war ich euphorisch, wenn ich die neuen Erfahrungen und das Gefühl, etwas geleistet zu haben, genoss. Die Vertrautheit mit der Tierwelt, die wir mitten auf Atlantik erlebten, als wir in unserem winzigen Ruderboot auf und ab schaukelten, ist eine Erinnerung, die ich für den Rest meines Lebens hüten werde.

Als wir zum Geräusch heulender Wölfe und umherschwirrender Schneeflocken durch Sibirien fuhren, war Heimat eine zu ferne Vorstellung gewesen, um eine motivierende Kraft zu sein. Stattdessen war unser Antrieb aus den Freuden des Erlebens einer der abgeschiedensten Regionen auf dem Planeten erwachsen. Hier sahen wir Tausende von Walrössern vor den Stränden herumtoben und beobachteten Grizzlybären, die sich von laichenden Lachsen ernährten. Die Ureinwohner, die in Symbiose mit diesem wilden Land lebten, luden uns regelmäßig in ihre Behausungen aus Häuten ein.

Rasch umschlagende Wetterbedingungen in der Arktis machen den Menschen im Norden das Leben zunehmend schwer, aber dennoch teilten sie großzügig das Essen, das sie sich so mühsam beschaffen müssen. Ich fühlte mich schuldig, weil meine Mitmenschen in der sogenannten industrialisierten Welt zu den negativen Veränderungen beitragen, die in der so weit entfernten Heimat dieser Menschen stattfinden.

Der ursprüngliche Antrieb zu meiner Reise um den Planeten war aus dem Wunsch erwachsen, ein Beispiel dafür zu liefern, was die Beschränkung auf die eigene Antriebskraft für die Bekämpfung des Klimawandels zu leisten vermag. Ironischerweise hatte diese zweijährige Odyssee unser Team durch einige der schlimmsten meteorologischen Katastrophen in der neueren und neuesten Geschichte geführt. Zuerst waren wir auf die Dürren im Norden Kanadas und in Alaska gestoßen, die Rekordwaldbrände verursachten. In Europa reisten wir von den Überschwemmungen Mitteleuropas, die 42 Menschen das Leben kosteten und Milliarden-Euro-Schäden verursachten, zu den Dürren und Waldbränden Portugals. Dann ruderten wir von den rauchigen Küsten Portugals mitten hinein in die schlimmste Hurrikansaison seit Beginn historischer Aufzeichnungen.

Obwohl man sicher nicht zweifelsfrei behaupten kann, dass diese Wetteranomalien ausschließlich auf die globale Erwärmung zurückzuführen sind, ist diese eine unbestreitbare Tatsache, und sie wird zu einer weiteren Zunahme extremer Wetterverhältnisse führen.

Viele Menschen in den Industrienationen sind zu wenig bereit, ihren Lebensstil zu verändern, um so einen Beitrag zur Reduzierung der Treibhausemissionen zu leisten. Sie sind der Ansicht, dass die Menschheit als Ganze die erforderlichen Ziele ohnehin niemals erreichen werde, warum also bei sich selbst anfangen? Zugegeben, es ist vielleicht die größte Hürde, vor der die Menschheit jemals stand, aber der Aufwand für den Einzelnen wäre minimal. Möglicherweise würden die Preise für Waren, Transport und Energie leicht steigen. Aber die Menschen lebten insgesamt gesünder, und um unseren Planeten wäre es besser bestellt.

In der Vergangenheit (und Gegenwart) haben die Menschen Gräueltaten, Entbehrungen und Hungersnöte ertragen, gegenüber denen die infolge einer Reduzierung des Verbrauchs fossiler Brennstoffe auftretenden Unannehmlichkeiten verblassen. Doch die Weigerung der Menschheit, die notwendigen Veränderungen tatsächlich in Angriff zu nehmen, wird möglicherweise das Kostbarste zerstören, was wir besitzen: den Planeten Erde. Unser kleiner Himmelskörper ist eine Oase, einsam in einem Abgrund unbelebten Raums. Meine Reise um diesen Planeten, bei der ich mich der einfachsten Antriebsart – der menschlichen Muskeln – bediente, hat mir einen anderen Blick auf den gesamten Globus verschafft und mir neue Zusammenhänge vermittelt. Menschen, Tiere und Pflanzen haben eine gemeinsame Biosphäre, aber wir sind die einzige Spezies, die bedeutsame Veränderungen vornehmen könnte, indem wir unseren Verstand benutzen. Im Laufe der nächsten paar Jahre kann der Mensch beweisen, ob er lediglich ein intelligentes, unaufhaltsames, einzig durch Gier motiviertes Virus ist oder ein Geschöpf, das mit anderen Geschöpfen koexistieren kann.

Die meisten Leute hatten geglaubt, eine Reise um den Planeten nur per Muskelkraft sei unmöglich. Die Reise sei zu gefährlich, zu langwierig und zu kompliziert, um jemals erfolgreich zu Ende geführt zu werden. Ich war anderer Meinung gewesen, und nach zwei Jahren engagierter Teamarbeit und in dem unbeirrbaren Glauben an die Machbarkeit näherten Julie und ich uns schließlich dem Ziel.

Sieben Kilometer vor dem Totempfahl machten wir am Haus von Mary Hearnden und Dan, Freunden von uns, halt, um dort die letzte Nacht unserer Expedition zu verbringen.

Am 20. Mai 2006 radelten Julie und ich zum Museum für Anthropologie an der Universität von British Columbia, einem vereinbarten Treffpunkt, von wo aus Radfahrer, welche die Reise gemeinsam mit uns beenden wollten, uns auf den letzten fünf Kilometern zum Totempfahl vor dem Maritime Museum begleiten würden. Wir fuhren die landschaftlich schöne Strecke am Jericho Beach mit ihren unvergesslichen Aussichten auf Meer und Wald entlang. Schließlich blieben nur noch zwei Kilometer, und mir war, als durchliefe ich einen Traum. Ich hatte mir diesen Augenblick so viele Male vorgestellt, für die kleinsten Details im Geiste das Drehbuch verfasst, und endlich war er wirklich da.

Als ich den Totempfahl in der Ferne entdeckte, löste das eine Flut von Erinnerungen an die Mühen aus, die es gekostet hatte, bis hierher zu gelangen. Es schien unmöglich, dass ich nur mit meiner eigenen Körperkraft zwei Ozeane und drei Kontinente überquert hatte. Die Nacht in der Schneehöhle in Sibirien kehrte als verschwommener Traum zurück, in derselben wirren Struktur, in der meine ausgekühlten Nervenzellen das beinahe tödliche Ereignis registriert hatten. Ich hatte gelernt, dass der Weg, mein gewaltiges Ziel zu erreichen, darin bestand, es in kleinere Schritte zu zerlegen und immer nur einen Schritt auf einmal zu tun. Ich erwachte jeden Morgen, brachte so viel Begeisterung wie möglich auf und konzentrierte mich darauf, das Tagesziel zu erreichen. Das Gesamtziel war oft zu überwältigend, als dass wir hätten versuchen können, unser Denken darauf zu richten. Und wenn ich es dennoch tat, erschreckte mich das Ausmaß des ganzen Unternehmens zu Tode. Nun endlich, nach 720 Tagen harter Arbeit, stand ich im Begriff zu vollenden, was ich mir vorgenommen hatte.

Als Mungo Martins Totempfahl näher kam, konnte ich einen Haufen Leute sehen, die darauf warteten, uns zu Hause willkommen zu heißen. Julie und ich fuhren nebeneinander, und ich genoss die letzten paar Sekunden der Reise. Eine Gestalt in einer schwarzen Jacke sprang auf und nieder und versuchte mich auf sich aufmerksam zu machen. Es war meine Mutter. Sie sah genauso gesund aus wie beim letzten Mal, als ich sie gesehen hatte.

Unser Freund Dean hatte ein Zelt und eine Lautsprecheranlage neben dem Totempfahl aufgebaut und ein Zielband angebracht. Seine Stimme dröhnte durch das Mikrofon und peitschte uns während der letzten Augenblicke der Reise vorwärts. Hinter der Menschenmenge, die sich versammelt hatte, um uns nach Hause zu begleiten, präsentierte sich der Panoramablick auf die English Bay. Segelboote glitten über die Wasser der Bucht, die der Stadtlandschaft und den panoramaartigen North Shore Mountains gegenüberlag.

Julie und ich fuhren die letzten paar Meter und zerrissen das Zielband, schlangen die Arme umeinander und umarmten anschließend den Totempfahl. Mein alter Freund und abenteuerlustiger Kumpel Dan Audet verspritzte eine Flasche Champagner über uns.

Zwei Jahre zuvor hatten Julie und ich genau an dieser Stelle gestanden, ängstlich und uns unserer Zukunft nicht sicher. Seitdem waren wir 43 000 Kilometer um unseren Planeten gereist, während unsere Welt sich 38 Milliarden Kilometer durch den Weltraum bewegt hatte. Aber alles schien unverändert zu sein. Der Totempfahl, die Landschaft, das Museum, alles war genau so, wie ich es in Erinnerung hatte. Es schien unglaublich, dass all dies weiterexistiert hatte, während mein eigenes Leben sich in einer anderen Welt abspielte.

Rein äußerlich hatte sich nichts verändert, das stimmte. Aber innerlich war alles anders geworden. Die Nervosität war jetzt Erleichterung gewichen, Sorge durch Hoffnung ersetzt, und meine Liebe zu Julie war stärker denn je.

Meine Erkundungsreise hatte mich überall und nirgends hingeführt, aber vor allem brachte sich mich wieder an den Anfang zurück. Sie brachte mich zurück an die Westküste Kanadas, wo ich geboren und aufgewachsen war. Sie brachte mich nach Hause in ein Land mit Regenwäldern, Bergen und Gletschern und einem Meer, die, wie ich inständig hoffe, immer da sein werden für zukünftige Generationen.

Epilog

Fünf Monate sind vergangen, seit Julie und ich unsere Reise zum Abschluss brachten. Immer noch kommt es mir seltsam vor, morgens aufzuwachen und mich nicht, unter Schmerzen und müde, für zwölf Stunden Schinderei im Sattel eines Fahrrads oder auf einem Rudersitz niederlassen zu müssen.

Wir haben für uns ein Zuhause abseits vom Gedränge der Großstadt gefunden, ein ruhiges Stück Land zur Pacht auf Vancouver Island. Ein Bach fließt neben unserem Haus, und ich vertreibe mir die Zeit gern damit, auf der Brücke zu sitzen und die Fische unter mir zu beobachten. Wenn wir nichts anderes zu tun haben, erkunden Julie und ich die Flüsse und Wälder in der Umgebung unseres Heims. Den Hochzeitstermin haben wir auf den 11. August 2007 festgelegt.

Obwohl wir auf dem Lande leben, setzen wir unsere emissionsarme Lebensweise fort, indem wir für alltägliche Besorgungen ausschließlich Fahrräder benutzen. Alles, von Lebensmitteln über Computer bis zum Rasenmäher, wird mit Fahrradanhängern und Satteltaschen nach Hause geschafft. Sogar unseren Müll karren wir mit den Rädern fort. Die wenigen Male, wo wir ein Auto mieten müssen, arbeiten wir mit Zerofootprint zusammen, einer Firma, die sich dem Ausgleich der Kohlenstoffemissionen verschrieben hat.

Eines der Dinge, die wir nach 30 000 Fahrradkilometern gelernt haben, ist, dass man, wenn man die Leute dazu ermuntern will, mit ihren Fahrrädern zu fahren, für sichere Strecken sorgen muss. Wir haben uns mit einer Organisation zusammengetan, die diese Überzeugung teilt, der Trans Canada Trail. Dieser gemeinnützige Verband hat es sich zur Aufgabe gemacht, den längsten Freizeitpfad der Welt anzulegen, der sich über 18 000 Kilometer erstrecken und alle drei Kanada umschließenden Meere miteinander verbinden soll. Durch unsere Vortragsreisen und gemeinsame Veranstaltungen treiben wir Geldmittel auf und schärfen das Bewusstsein, um zum Bau des »Trails« beizutragen und die Leute zu ermuntern, ihn auch zu benutzen. Wer daran interessiert ist, mehr über diesen Wander- und Radweg zu erfahren, der besuche die Website www.tctrail.ca.

Während Julie und ich uns von der nomadischen Lebensweise entwöhnten, die wir so lange genossen hatten, setzte Tim seine emissionsneutrale Reise fort. Nachdem er sich von Erden getrennt hatte, schloss er sich einer Crew junger Schweden an, die nach Venezuela in Südamerika segelten. Anschließend radelte er zurück nach Vancouver und beendete Mitte November seine eigene Erdumrundung. Momentan lebt Tim bei seiner Mutter auf Galiano Island, von wo aus er eine weitere Expedition plant. Julja ist noch in Irkutsk.

Erden setzte seine Rudertour von den Kanarischen Inseln aus allein fort. Kurz nach Fahrtantritt fing sein Rücken an, ihm Ärger zu machen, und in seinen regelmäßigen Updates sann er über eine Lösung dieses Problems nach. Er erwog, sich gegen die Strömungen zur Küste zurückzukämpfen, zu versuchen, einen Frachter anzuhalten, oder einfach gar nichts zu tun. Schließlich nahm Erden nach einigen Tagen die Riemen auf und ruderte wieder nach Westen. Er schaffte es die ganze Strecke bis zu den Karibischen Inseln und ruderte weiter in Richtung Puerto Limón, seinem erklärten Reiseziel. Als ein Tiefdrucksystem aus der Ferne drohte, beschloss Erden, seinen Versuch aufzugeben, und bat darum, zu der Insel Martinique zurückgeschleppt zu werden, wo seine Reise endete.

Erden ist wieder bei seiner Frau in Seattle und hat vor, seine eigene Expedition per Muskelkraft um die Welt fortzusetzen. Er will versuchen, über den Pazifischen Ozean zu rudern, und will im Frühjahr 2007 anfangen.

Meine Mutter ist weiterhin das weibliche Aushängeschild für die Altersheilkunde und erfreut sich bester Gesundheit. Sie wandert in den Bergen und unternimmt noch immer ihre Zehn-Kilo-meter-Läufe. Sie hat gute Aussichten, Julie und mich beim bevorstehenden Vancouver Sun Run zu schlagen.

Julie und ich arbeiten nach wie vor schwer, um unsere gewaltigen Expeditionsschulden abzuzahlen. Den ganzen Sommer über haben wir 100 Stunden Videomaterial zu einem 50-Minuten-Film zusammengeschnitten, der wie dieses Buch *Beyond the Horizon* heißt, und eine Vortragsreise durch 20 kanadische Städte organisiert. Während ich diese Zeilen schreibe, haben wir unsere Tour beinahe beendet und mehr als fünftausend Menschen an unserer Reise teilhaben lassen. Wir freuen uns enorm darüber, dass die Dokumentation mehrere Preise gewonnen hat, darunter den als »Best Adventure Film« beim Taos Mountain Film Festival. Wir haben vor, ein paar von den anderen 99 Stunden Filmmaterial zu nutzen, um daraus eine mehrteilige Fernsehserie zu machen.

Gelegentlich ist es mir schwergefallen, meine zweijährige Reise auf die Seiten nur eines Buches zu komprimieren. Zum Glück schreibt Julie ihr eigenes Buch, *Rowboat in a Hurricane*, in dem sie die Geschichte ihrer unglaublichen Reise erzählt und das sich stärker auf den Abschnitt der Expedition konzentrieren wird, der auf dem Atlantischen Ozean stattfand. Julies naturwissenschaftliche Vorbildung wird es ihr ermöglichen, die Funktionsweise der Welt, durch die wir gereist sind, zu entschlüsseln und zu vermitteln. Ihr Buch wird im Herbst 2008 in Kanada und in den USA erscheinen.

Vor vier Tagen erst wurden Julie und ich von der Zeitschrift *National Geographic Adventure* mit dem »Adventure of the Year«-Preis 2006 geehrt. Am 14. November nahmen wir den Preis im Hauptquartier von *National Geographic* in Washington, D.C., entgegen. Sich in Gegenwart so vieler bedeutender Forschungsreisender zu befinden, unter denen viele waren, deren Reisen wir durch die Beschreibungen in ihren Büchern genossen hatten, war ein Erlebnis, das Bescheidenheit lehrte.

Ein Großteil meines eigenen Forscher- und Entdeckergeistes war von den Seiten der abgewetzten *National Geographic*-Hefte meiner Kindheit geweckt worden. Voller Ehrfurcht hatte ich mir stets die Bilder angesehen, fasziniert von entlegenen Regionen, die so unzugänglich zu sein schienen wie das All. Jetzt, als Julie und ich im Publikum saßen, während unser kurzer Film im National Geographic Theatre gezeigt wurde, kam ich mir vor wie in einem Traum. Bilder fremder Landschaften, ferner Kulturen und wilder Meere flimmerten über die Leinwand. Es war, als sähe ich mir die Reise von jemand anderem an. Aber es war unsere eigene. Ich wandte meinen Blick von einem Bild Julies, wie sie das Boot ruderte, ab und begegnete ihrem Blick.

»Zeit für ein neues Abenteuer«, sagte sie mit einem Lächeln.

Dank

Die körperliche Anstrengung, 43 000 Kilometer zurückzulegen, war überwältigend. Ebenso einschüchternd waren die logistischen, finanziellen und bürokratischen Schwierigkeiten, vor denen wir andauernd standen. Nur mit der großzügigen Hilfe zahlreicher Einzelpersonen und Organisationen konnten wir diese Hürden aus dem Weg zu räumen und unser gewaltiges Ziel letztendlich erreichen.

Ein Riesendank gebührt meinem guten Freund Dean Fenwick für die unzähligen Stunden, die er damit verbrachte, sich für uns abzumühen. Mein Bruder, George Spentzos, kam zu Hilfe, als unsere Expedition kurz vor dem Zusammenbruch stand, und stand uns während der gesamten Reise mit moralischer Unterstützung zur Seite. Danke, George. Die freundlichen Leute bei Wallace & Carey, die während unserer Reise unsere zweite Familie wurden, verdienen ebenfalls ein herzliches Dankeschön.

Dieses Buch zu schreiben war ein eigenes Abenteuer, und ich möchte all den wunderbaren Leuten bei Doubleday Canada danken, die mit Rat zur Stelle waren und mithalfen, dieses Projekt zu vollenden. Danke, Nicholas Garrison, für all deine Hilfe und Ermutigung. Ein weiteres riesiges Dankeschön geht an David Leach, der lange, harte Tage damit zubrachte, meinen Wortwirrwarr so zu redigieren, dass daraus etwas Überschaubares wurde.

Meine aufrichtige Dankbarkeit möchte ich auch meiner Mutter, Valerie Spentzos, aussprechen, die während dieser gesamten Expedition eine verlässliche Stütze war. Meine Schwestern Jane und Patty waren ebenfalls ständige Quellen des Zuspruchs.

Ein Dankeschön an meinen zukünftigen Schwiegervater, Husam Wafaei, dass er mich mit offenen Armen in die Familie aufnahm, obwohl ich ein Komplize der kühnen Eskapaden seiner Tochter war. Ich kann nicht widerstehen, Husams ermutigendste Worte hier wiederzugeben, die uns mitten auf dem Atlantischen Ozean erreichten, als Julie und ich Tausende von Kilometern von festem Land entfernt hilflos auf und ab schaukelten: »Leute, ihr müsst schnell an Land kommen. Da kommt ein Hurrikan auf euch zu!«

Ein großes Dankeschön geht auch an Helga Wafaei, Randi, Raine und Alexandria Spentzos, Frank und Anita Carey, Jackie Bellerose, David Morgan, Dan Audet, James und Shelley Campbell, Kris Byarnson, Valerij Oralow, Carole Paquette, Mary Hearnden, Dan Carey, Mario DeAlmeida, Christine Leakey, Betty Angus, KJ und Murray Klontz, Brad Hill, Bob Pope, Jason Brannon, Liz Cameron, Lloyd Pritchard, Karen Best, Shelley Russell, Bob Stubbs, Terry McIsaac, Ben Kozel und Corrine Hockley.

Und Dank an die folgenden Organisationen, weil sie an uns glaubten: Truestar Health, Wallace & Carey, Schulbezirk 51, Bema Gold, Mountain Equipment Co-op, Iridium Satellite Solutions, Denturistsoftware.com, Kelowna Flightcraft, Helly Hansen, Norco Performance Bikes, Axiom, Caorda, Liferaftrental.com, Mountain House, Freeze Dry Foods, Siteaction.com, die Stadtverwaltung von Providenija, den Rodney-Bay-Jachthafen, Valandre, Hilleberg, B.O.B Trailers, Croker Oars, Gerber Knives, Karhu Skis and Bindings, Serratus, Nokian Tires, Mack Printers, das Vancouver Maritime Museum, Baffin Boots, West Marine, das Westin Bayshore und Johnny Walker.

Dank auch den Medienunternehmen, die mitgeholfen haben, unsere Botschaft zu vermitteln. Dazu gehören *National Geographic, The Globe and Mail*, die Rundfunksender CBC und CKNW sowie der Fernsehsender Global Television.

Und schließlich: Danke schön Tim Harvey. Obwohl wir unsere Meinungsverschiedenheiten hatten, teilen wir beide den Forscher- und Entdeckerdrang. Es waren unsere vereinten Anstrengungen, die es uns ermöglichten, einige der schönsten Plätze auf dem Planeten zu erleben.

Nachwort

Im Oktober 2007 beendete der Engländer Jason Lewis seine Expedition rund um die Erde. Seine Leistung bezeichnete er als »die erste Umrundung der Welt mit Muskelkraft«, wobei er mein eigenes Unternehmen einfach abtat. Medien auf der ganzen Welt wiederholten seine Behauptungen und füllten ihre Schlagzeilen damit, dass ein Brite die erste Umrundung der Welt mit Muskelkraft abgeschlossen habe.

Um die Medien von seinen Behauptungen zu überzeugen, gab Lewis irreführende und falsche Pressemitteilungen heraus, die besagten, dass Guinness World Records seine eigenen Anstrengungen bestätigt habe, während meine für ungültig erklärt würden. Die Presse, die diese Behauptungen für bare Münze nahm, hielt ein solches Urteil von dritter Seite für einen ausreichenden Nachweis, um Jason Lewis' Behauptungen zu verbreiten. Leider überprüften nur wenige Journalisten die von Lewis gelieferten Informationen im Licht der Tatsachen.

Obwohl es stimmt, dass Guinness World Records meine Anstrengungen nicht bestätigte, akzeptierte man dort auch Jason Lewis' Reise nicht als rechtmäßige Umrundung. Aber bevor ich zu viel Tinte dafür vergeude, Guinness in dieser Sache Glauben zu schenken, sollte ich deren Beitrag vielleicht in die richtige Perspektive rücken:

Wie ich am Anfang dieses Buches erwähnt habe, wurde große Mühe darauf verwandt, die Route der Expedition zu planen und sicherzustellen, dass wir einem Weg folgten, der als rechtmäßige Umrundung interpretiert würde. Nur zwei angesehene Organisationen stellten Richtlinien für eine solche Reise bereit. Wir folgten denen der FAI. Gleichzeitig nahm ich, bevor die Expedition losging, wiederholt Verbindung zu Guinness World Records auf, um zu erfahren, ob man dort interessiert wäre, bei dem Unternehmen als Schiedsrichter zu fungieren oder irgendwelche Richtlinien beizusteuern. Meine Anrufe und E-Mails blieben unbeantwortet. Ich setzte mich erneut mit Guinness in Verbindung, als Julie und ich im Begriff standen, den Atlantischen Ozean zu überqueren, und endlich erhielt ich eine Antwort. Man erklärte mir klipp und klar, dass man nicht interessiert sei:

»Wir sind uns bewusst, dass dies enttäuschend für Sie sein wird. Doch wir haben Ihren Vorschlag gründlich erwogen, im Kontext des spezifischen Themenbereichs und von Rekorden generell, und unsere Entscheidung in dieser Sache ist endgültig.« Amanda Sprague – Record Management Team – Guinness World Records

Zu meinem Erstaunen veröffentlichte Guinness trotz des erklärten Desinteresses an meinem Rekordversuch im Dezember 2006 (sieben Monate nach Beendigung meiner eigenen Expedition) unerklärlicherweise eine Reihe von Richtlinien darüber, woraus ihrer Ansicht nach eine Umrundung mit Muskelkraft zu bestehen habe. Man erklärte, dass jegliche Fortbewegung ausschließlich aus eigener Kraft erfolgen müsse (d.h. Tandem-Rudern ist nicht erlaubt), was meinen eigenen Versuch sofort ausschloss. Außerdem verlangt Guinness – im Gegensatz zu den FAI-Richtlinien –, dass bei einem Umrundungsversuch der Äquator überquert werden müsse, etwas, das ich nicht getan habe.

Jason Lewis' Versuch entspricht den Guinness-Regeln aber auch nicht. Er hat Etappen nicht ordnungsgemäß beendet (für Guinness ausgeschlossen) und hat die Ozeane im Tandem überquert (wie Julie und ich).

Bis zu dem Zeitpunkt, wo ich dies hier schreibe, hat Guinness World Records sich in öffentlichen Erklärungen weder hinter Lewis' noch hinter meine Bemühungen gestellt, und es ist unwahrscheinlich, dass dies geschehen wird. Was die Rechtmäßigkeit unser beider Bemühungen betrifft, sollten die von Guinness aufgestellten Regeln eindeutig nicht ins Gewicht fallen. Schließlich wurde Guinness vor

Beginn des Unternehmens kontaktiert, und man stellte dort klar, dass man an einer Schiedsrichterrolle nicht interessiert sei. Jegliche Versuche seitens Guinness, nach Abschluss des Unternehmens als Schiedsrichter zu fungieren, bedeuten zweifellos einen Interessenkonflikt.

Ein anderes Argument, das Jason Lewis vorbrachte, um zu versuchen, meine Leistung zu schmälern, lautet, dass meine Umrundung keine antipodischen Punkte (Punkte auf der Erde, die einander genau gegenüberliegen) erreicht habe. Er behauptet, dass eine Umrundung dies verlange. Interessanterweise erreichen viele gültige Umrundungsversuche mit anderen Beförderungsmitteln, darunter Segelboote, Flugzeuge, Hubschrauber etc., keine antipodischen Punkte. Steve Fossett erreichte bei seiner berühmten Weltumfahrung im Ballon im Alleingang ebenfalls weder antipodische Punkte, noch überquerte er den Äquator. Segelboote bei der Vendée-Globe-Regatta rund um die Welt müssen keine antipodischen Punkte erreichen. Guinness World Records führt als schnellste Umrundung der Welt in der Luft einen 31-stündigen Concorde-Flug auf, der weder antipodische Punkte erreichte noch den Äquator überquerte. Es ist schwer zu begründen, dass die Anforderungen an eine Reise per Muskelkraft strenger sein sollen als die an einen Düsenjet, der von 250 000-PS-Triebwerken angetrieben wird.

Wahrscheinlich werden Lewis und seine Anhänger weiter behaupten, er sei der Erste gewesen, den unleugbaren Fakten zum Trotz. Meine eigene Reise wurde über ein Jahr vor seiner beendet, und die Route entsprach bestehenden und vernünftigen Richtlinien. Zwei Ozeane wurden überwunden, drei Kontinente durchquert und 43 000 Kilometer (mehr als der Erdumfang) zurückgelegt.

Meine ist ganz einfach die erste Reise um die Welt per Muskelkraft.

Colin Angus
im Mai 2008

Grönland

Europäische
Nordme

Fairbanks Whitehorse

KANADA

Hyder
Prince George

Vancouver

Start am 1. Juni 2004
Ankunft am 20. Mai 2006

USA

Atlantischer
Ozean

Lissabon

Base

Laredo

Kanarische
Inseln

Mexiko-
Stadt

Puerto Limón

St. Lucia

Pazifischer
Ozean

Atlantischer
Ozean

Nordpolarmeer
Sibirien
Ural
RUSSLAND
Egvenikot
Anadyr
Ust-Nera
Jakutsk
Moskau
Kurgan
Omsk
Krasnojarsk
Tscheljabinsk
Nowosibirsk
Irkutsk
Ulan-Ude
Kiew
Lemberg
CHINA
Pazifischer Ozean
Indischer Ozean
N
0
4.000 km
Antarktis

Einfach mal aussteigen

Ewan McGregor/Charley Boorman
Long Way Down
Von Schottland nach Kapstadt

Zwei Männer, zwei Motorräder, 15 000 Meilen von den schottischen Highlands nach Südafrika: »Witzig, äußerst unterhaltsam und dabei immer authentisch.«

Motorrad

Robert Jacobi
Amerika der Länge nach
Meine Reise auf der Panamericana

Allein und mit leichtem Gepäck auf Amerikas Traumroute: »Packende und humorvolle Abenteuerliteratur.«

Süddeutsche Zeitung

Gillian Kendall
Mr. Dings Hühnerfüße
Als Lehrerin allein unter chinesischen Matrosen

Turbulenter Sprachkurs auf hoher See: Aus unbändiger Reiselust und chronischer Geldnot bricht eine junge Australierin auf zu dem Abenteuer ihres Lebens.

MALIK NATIONAL GEOGRAPHIC

10/1049/02/3s